四川藏区史

经济卷

任新建　李明泉◎主编

李敬洵◎著

四川人民出版社

图书在版编目（CIP）数据

四川藏区史. 政治、经济卷 / 任新建主编. —成都：四川人民出版社，2018.12

ISBN 978－7－220－10449－7

Ⅰ.①四… Ⅱ.①任… Ⅲ.①藏族－民族地区－地方史－四川②藏族－民族地区－地方政治－史料－四川③藏族－民族地区－区域经济－经济史－四川 Ⅳ.①K297.1

中国版本图书馆 CIP 数据核字（2018）第 231938 号

SICHUAN ZANGQUSHI · JINGJIJUAN

四川藏区史 · 经济卷

任新建　李明泉　主编

李敬洵　著

责任编辑	喻　磊
装帧设计	戴雨虹
责任校对	韩　华
责任印制	李　剑
出版发行	四川人民出版社（成都槐树街 2 号）
网　　址	http://www.scpph.com
E-mail	scrmcbs@sina.com
新浪微博	@四川人民出版社
微信公众号	四川人民出版社
发行部业务电话	（028）86259624　86259453
防盗版举报电话	（028）86259624
照　　排	四川胜翔数码印务设计有限公司
印　　刷	自贡市华华广告印务有限公司
成品尺寸	170mm×240mm
印　　张	23.75
字　　数	320 千
版　　次	2018 年 10 月第 1 版
印　　次	2018 年 10 月第 1 次印刷
书　　号	ISBN 978－7－220－10449－7
定　　价	158.00 元（全二册）

目录

第一章

农 业

农业是人类利用生物自身的生长机能，通过劳动去强化或控制生物的生命过程，从而获得适合社会需求产品的部门。因此，农业既包括利用植物生长机能生产适合社会需求产品的种植业，也包括利用动物生长机能生产适合社会需求产品的畜牧业。由于农业既是经济的再生产过程，也是一种自然的再生产过程，因而农业生产既与社会生产力水平有关，同时也与一定的自然条件密不可分。

四川藏区地处青藏高原的东部和横断山脉北部，主要地貌类型为高原、山原和高山峡谷。高原集中分布在四川藏区北部的石渠、色达、壤塘、阿坝、红原、若尔盖一带，大体分为东、西两个部分，其中以石渠、色达为主的西部为丘状高原，海拔 3800—4500 米，丘间多陷落盆地；包括壤塘北部和阿坝、红原、若尔盖大部分地区的东部为高平原，海拔 3400—3600 米，沼泽分布甚广，是我国最大的沼泽地区之一。高原以南是山原，为高原向山地的过渡地带，海拔 3300 米左右，地势起伏增大。再南为高山峡谷地区，山高谷深，河谷与山岭的相对高差为 1200—3000 米，最大可达 6000 米。由于四川藏区各地的海拔高差悬殊，地形复杂，因而水热状况的垂直变化极为显著。南部高山峡谷区的谷底属于暖温带和温带气候，而北部的山原、高原则属温带和寒温带气候；自低海拔到高海拔，年平均气温从 12℃～

15℃降到0℃以下，无霜期从210—270天降到无绝对无霜期。这种热量的垂直变化，对农业的布局有着直接的影响。[①] 同时，四川藏区又位于“民族走廊”地带，历史上民族迁徙频繁，各民族的社会经济条件不尽相同，农业生产存在着明显的族群差异。

第一节 农作物的地理分布

四川藏区的农作物种类，是随着农业的形成、演变和发展而不断地发生着变化。早在原始社会前期，进入四川藏区的古人类，已经通过渔猎和采集等经济活动，将野生动植物资源转化为食物，并有可能将大麦驯化为栽培作物。但是从总体上看，四川藏区的农作物，无论是栽培作物还是饲养的家畜，几乎全部都是由外地传入。早期的传入方式，主要是民族迁徙和不同民族之间的相互交流，其特点是同一类作物通常存在着多次传入的现象。在后期，特别是自清朝末年在四川藏区推行“新政”之后，农作物的引进、改良和推广，基本上是在政府的主导下实施，其特点是普遍采用行政手段进行推广，这种状况在中华人民共和国成立之后尤为明显。

一、主要粮食作物

1. 粟和黍

粟（Setaria italica），藏语称为drus ma，四川古时汉语俗称小米；黍（Panicum miliaceum），藏语称为khre，四川古时汉语俗称黄米。粟和黍在植物分类上是不同“属”的作物，但是二者的生长条件和栽培条件相似，种植和分布也常在一处，只是用途有所不同，黍可用于酿酒，而粟只能做

① 西南师范学院地理系四川地理研究室：《四川地理》，西南师范学院学报编辑部1982年版。

饭。以黄河流域为主要地区的中国北方，粟和黍是最早驯化的栽培谷物，也是世界粟、黍起源的中心之一。

四川藏区栽培粟和黍的历史，可以上溯到新石器时期。在茂县营盘山遗址浮选出土的炭化植物种子中，就有粟和黍的籽粒。其中炭化粟粒均呈圆球状，直径在1.2毫米左右，粟粒的表面较光滑，胚部因烧烤而爆裂呈深沟状；炭化黍粒的形状也是圆球状，但个体较大，直径接近2毫米，表面较粗糙，胚部爆裂呈张开的凹口状。

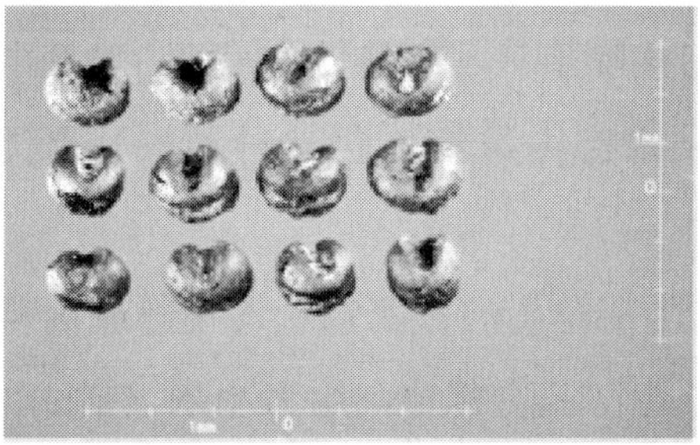

营盘山遗址出土的炭化粟粒

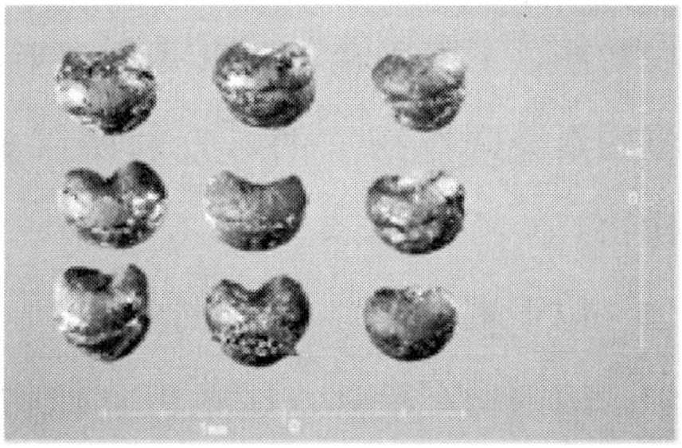

营盘山遗址出土的炭化黍粒

营盘山遗址是岷江上游地区的一处重要史前聚落遗址，年代在距今5300—4600年之间。学术界普遍认为，营盘山遗址的文化遗存与甘青地区的仰韶文化晚期和马家窑文化遗存之间存在着非常密切的关系。而甘青地区仰韶文化晚期和马家窑文化的社会经济皆以种植业为主，其主要的栽培作物就是粟、黍。因此，营盘山遗址出土的粟、黍，应当是从黄河上游的甘青方向传播而来。①

2006年，在马尔康县哈休遗址的试掘中，对发现的灰坑填土进行了浮选，收集的植物送中国社科院考古研究所进行鉴定，经初步分析，可以确认其中有粟等作物品种。哈休遗址的年代，初步判定略早于营盘山遗址，

① 赵志军、陈剑：《四川茂县营盘山遗址浮选结果及分析》，载《南方文物》2011年3期。

是迄今在大渡河上游地区发现的年代最早的史前文化遗址。[①]

在毗邻四川藏区的西藏昌都卡若遗址，出土许多炭化粟粒和谷灰。[②] 而以卡若遗址为代表的卡若文化因素，在四川藏区及其邻近地区的新石器时代文化中，均可见其痕迹。受到卡若文化因素影响的地区，很可能都有粟的种植。[③]

在四川藏区，时代晚于营盘山遗址的考古发掘中，也曾出土粟、黍类作物。其中在岷江上游的汶川县萝卜寨 SLM3 石棺墓内出土的粮食作物，经鉴定为粟稷属（Paniceae）。[④] SLM3 石棺墓的时代，上限在战国末期至秦汉初期，下限不晚于西汉武帝初年，[⑤] 年代晚于营盘山遗址。因此，该墓出土的粟黍类作物表明，直到西汉前期，岷江上游地区仍然种植黍、粟类作物。

位于岷江上游西南的青衣江流域，在荥经县的曾家沟，发掘的战国墓中，棺内均有粮食，这些粮食作物经四川农学院鉴定，均为小米（setaria italica,〈L〉），[⑥] 即栽培的粟。

根据上述的考古资料，大致可以确定，在西汉武帝以前，粟、黍曾经是四川藏区广泛种植的谷类作物。然而随着麦类作物的兴起和畜牧业的发展，粟、黍的种植迅速衰落。东汉时期，位于岷江上游的汶山郡，已经是“不生谷、粟、麻、菽，唯以麦为资，而宜畜牧”[⑦]。在汶山郡以西的白狼、槃木、唐菆等百余部，更是“食肉衣皮，不见盐谷”[⑧]，完全以畜牧为生。

---

① 陈剑、陈学志：《大渡河上游史前文化寻踪》，载《中华文化论坛》2006 年 3 期。
② 西藏自治区文物管理委员会、四川大学历史系：《昌都卡若》，文物出版社 1985 年版。
③ 童恩正、冷健：《西藏昌都卡若新石器时代遗址的发掘及其相关问题》，载《民族研究》1963 年 1 期。
④ 冯汉骥、童恩正：《岷江上游的石棺葬》，载《考古学报》1973 年 2 期。文中提到的粮食作物经鉴定为粟稷属（Paniceae）。但 Paniceae 应是黍属（Panicum L）下的黍种（Trib. Paniceae R. Br），而不是栽培的粟稷（Setaria italica）。
⑤ 冯汉骥、童恩正：《岷江上游的石棺葬》，载《考古学报》1973 年 2 期。
⑥ 四川省文管会、雅安地区文化馆、荥经县文化馆：《四川荥经曾家沟战国墓群第一、二次发掘》，载《考古》1984 年 12 期。
⑦ 《后汉书》卷 86《南蛮西南夷列传·冉駹夷》。
⑧ 《后汉书》卷 86《南蛮西南夷列传·筰都夷》。

虽然自东汉以后，粟、黍已经不再是四川藏区的主要栽培作物，但是少量的种植，一直延续到中华人民共和国成立之后。

西晋末年，吐谷浑占据着今甘肃、四川、青海三省之间的地区，在其境内也有粟的种植。[①] 吐谷浑的南界在龙涸，即今岷江上游的松潘县镇坪一带。由于岷江上游地区在被吐谷浑占据之前就已经有粟的种植，而吐谷浑原本是游牧部落，并不从事种植业，因此吐谷浑种植的粟，应当是被其征服部族原有栽培作物的延续。直到民国时期，原属松潘的南坪，仍然出产“粟谷、糜谷”[②]，即粟和黍。

在明代，岷江上游及其以西的大渡河上游，以及青衣江流域，仍然有粟的种植，故《蜀中广记》卷32引《四夷风俗记》说，维州、董卜、金川、杂谷等地的婚嫁，“富者以猪、羊、毛毡、布匹、粟、麦为礼”。清朝雍正年间，康区种粟较多的地方有巴塘。[③] 清朝末年，曾在巴塘扩大粟黍的种植面积，但因自然条件恶劣，收效甚微。[④] 民国时期，四川藏区种粟的地方，主要有巴安、得荣。[⑤] 此外，南坪也出产粟米和糜子。[⑥] 中华人民共和国成立后，在四川藏区，粟的主要产区仍然在康南的得荣、乡城。[⑦] 而岷江上游的羌族地区，同样有黍子和粟谷的种植，其中粟谷还分为狗尾和猫尾两个品种。[⑧]

2. 麦类作物

四川藏区曾先后种植过多种麦类作物。根据目前已有的考古资料，最早的麦类作物是在岷江上游营盘山遗址中发现的3粒“疑似黑麦”籽粒。其

① 《魏书》卷101《吐谷浑传》。
② 民国《南坪乡土志·物产类》，南坪县志办公室印1983年版。
③ 王世睿：《进藏纪程》，载吴丰培辑：《川藏游踪汇编》，四川民族出版社1985年版。道光《巴塘志略·物产》亦称，巴塘的物产有“粟米”。
④ 《光绪三十二年巴塘粮员吴锡珍呈文》，四川省档案馆藏。
⑤ 四川省档案馆、四川民族研究所编印：《近代康区档案资料选编·西康各县农牧资源统计表》，四川大学出版社1990年版。
⑥ 民国《松潘县志》卷8《物产》。
⑦ 中国科学院民族研究所：《藏族简志》（下编），1963年编印。
⑧ 《羌族社会历史调查》，四川省社会科学院出版社1986年版，第83页。

形态特征非常接近现代黑麦的谷粒，但因黑麦是外来品种，且出土数量太少，因此被称之为“疑似黑麦”[①]。这种“疑似黑麦”在甘肃省民乐县东灰山遗址内也有发现，很可能就是分布于现在西北高寒地带的山黑麦（Secale montanum）原始种。[②] 四川藏区有关黑麦种植的记载甚少，这可能与其未能得到普遍推广有关，但是直到民国时期，地处岷江上游的松潘县仍然有黑麦的种植。[③]

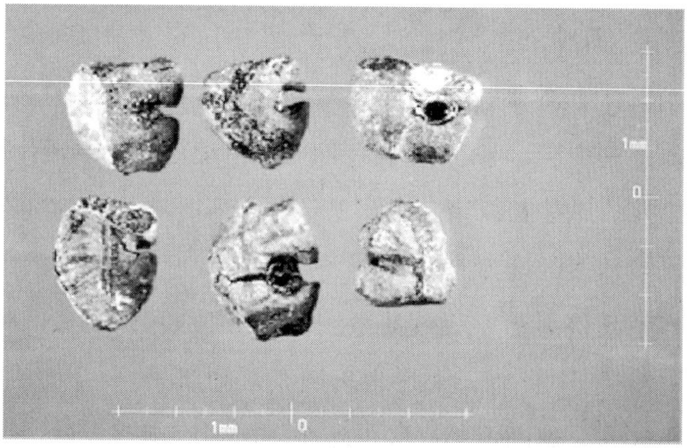

营盘山遗址发现的“疑似黑麦”

四川藏区有着悠久的大麦栽培历史，而且还可能是世界栽培大麦的起源中心之一。关于栽培大麦的起源，自 1840 年发现野生二棱大麦后，一般认为，野生二棱大麦是栽培二棱大麦和六棱大麦的祖先种。1938 年，瑞典学者 E. 艾伯格（Aberg）在西藏和四川藏区的道孚县获得野生六棱大麦，定名为 Hordeum agriocrithon，并认为这是栽培六棱和二棱大麦的祖先种，西藏和四川甘孜地区是栽培大麦的起源地。1964 年以后，中国学者在西藏和四川甘孜地区再次发现野生六棱大麦，同时还发现野生二棱大麦和中间

① 赵志军、陈剑：《四川茂县营盘山遗址浮选结果及分析》，载《南方文物》2011 年 3 期。
② 李璠等：《甘肃省民乐县东灰山新石器遗址古农业遗存新发现》，载《农业考古》1989 年 1 期。
③ 周开庆：《四川经济志·松潘经济概况》，台湾商务印书馆 1972 年版，第 333 页。

型野生大麦。通过对其性状遗传、细胞学核型和酶谱等研究，认为栽培大麦的原始种是野生二棱大麦，人类驯化大麦时相继产生了六棱柄型、六棱无柄型和六棱棵粒型等野生大麦。其后才进化为栽培六棱大麦，而栽培二棱大麦则是选育大穗、大粒的结果。① 包括四川甘孜地区在内的中国青藏高原是世界栽培大麦起源中心之一。② 但是这个观点还需要得到考古发掘的支持。

四川藏区种植的大麦，分为有稃大麦和无稃大麦两种。根据古代文献和目前已有的考古资料，无论是有稃大麦或无稃大麦，种植时间皆晚于粟、黍。其中最早的大麦是在岷江上游发掘的石棺墓中多次出土的皮大麦。③ 而岷江上游石棺墓的时代，皆晚于发现粟、黍的茂县营盘山遗址和发现粟的马尔康县哈休遗址。在东汉，位于岷江上游的汶山郡，“土地刚卤，不生谷、粟、麻、菽，唯以麦为资”④。这里提到的麦，应当就是在岷江上游石棺墓中出土的皮大麦。南北朝时期，吐谷浑“亦知种田，有大麦、粟、豆”⑤。吐谷浑种植的大麦，也应当是自秦汉以来就在岷江上游地区种植的皮大麦。皮大麦属于有稃大麦，其特征是稃壳和籽粒粘连。早期有稃大麦的主要用途是作为粮食供人食用。直到南北朝时期，在吐谷浑统治下的羌人，其习俗还是“食麦衣皮”⑥。然而随着无稃大麦的兴起，加工较为困难的有稃大麦，其主要用途逐渐转变为牲畜饲料，同时也作为接济饥荒的杂粮。因此，自唐代以后，虽然四川藏区一直种植有稃大麦，但有稃大麦始终没有很重要的地位。民国时期，位于岷江上游的茂州、松潘、南坪皆种

① 徐廷文：《中国栽培大麦的起缘与进化》，载《遗传学报》1982 年 9 卷 6 期。
② 邵启全等：《栽培大麦的起源与进化》，载《遗传学报》1975 年 2 卷 2 期。
③ 《四川茂汶羌族自治县石棺葬发掘报告》，载《文物资料丛刊》1983 年 7 辑；《四川理县佳山石棺葬发掘报告》，载《南方民族考古》1987 年 1 辑。
④ 《后汉书》卷 86《南蛮西南夷列传・冉駹夷》。
⑤ 《魏书》卷 101《吐谷浑传》。
⑥ 《周书》卷 42《刘潘传》。

植大麦，[①] 康区的泸定、丹巴、九龙、雅江、理化、定乡、稻城、巴安、得荣、义敦等县也出产大麦。[②] 中华人民共和国成立后，四川藏区种植大麦的地方，主要集中在丹巴、得荣、乡城、木里等县。[③]

四川藏区种植无稃大麦的最早记载，始见于南北朝时期。当时位于四川藏区的附国，以及其东部的嘉良夷，“土宜小麦、青稞”[④]。青稞即无稃大麦。同时，有关青稞栽培的最早文献记载也见于南北朝时期成书的《齐民要术》。然而根据考古发掘，青稞在中国的种植，可以上溯到新石器时代。目前在中国境内已发现两处新石器时代的青稞遗存，一处是在甘肃省民乐县东灰山遗址内发现距今约5000年的青稞遗存，[⑤] 另一处是在西藏贡嘎县昌果沟遗址发现距今约3500年的青稞种子炭化粒。[⑥] 由于南北朝时期的附国与今西藏地区有着密切的关系，因而其种植的青稞很有可能是从西藏方向传来。

在唐代，青稞也被称为大麦。唐《新修本草》卷19《米部》就说，大麦，“即今稞麦，一名麰麦，似穬麦，唯无皮耳。[谨案] 大麦出关中，即青稞麦是。形似小麦而大，皮厚，故谓大麦，殊不似穬麦也”。然而从四川地区的情况来看，大麦通常是指皮大麦，即有稃大麦；青稞是指稞麦，即无稃大麦，而且青稞这个名称一直沿用至今。吐蕃王朝称青稞为gnag，其义为“黑”（nas），即“黑”粮。[⑦] 现在的青稞也有黑、白两个主要品种。从吐蕃将青稞称为黑粮来看，当时栽培的青稞品种，应当是黑青稞。现代

---

① 周开庆：《四川经济志·松潘经济概况》，台湾商务印书馆1972年版，第327、333页。民国《南坪乡土志》，南坪县志办公室1983年印，第32—33页。

② 四川省档案馆、四川民族研究所：《近代康区档案资料选编·西康各县农牧资源统计表》，四川大学出版社1990年版；游时敏：《四川近代贸易史料·西康主要物产》，四川大学出版社1990年版，第58—61页。

③ 中国科学院民族研究所：《藏族简志》（下编），1963年编印。

④ 《北史》卷112《附国传》。

⑤ 李璠等：《甘肃省民乐县东灰山新石器遗址古农业遗存新发现》，载《农业考古》1989年1期。

⑥ 傅大雄：《西藏昌果沟遗址新石器时代农作物遗存的发现、鉴定与研究》，载《考古》2001年3期。

⑦ 王尧、陈践：《吐蕃简牍综录》，文物出版社1986年版，第27页。

藏族将青稞统称为Nei，四川羌族语称青稞为Rei。

青稞的特点是稃壳和籽粒分离，无须脱壳而易于加工，且具有早熟、耐旱、耐盐、耐低温冷凉、耐瘠薄等特点，尤其适宜在无霜期短、气温较低，太阳辐射能量较大的四川藏区种植，加之吐蕃王朝亦以青稞为传统粮食，[①] 因此在吐蕃占据今四川藏区后，青稞的种植范围明显扩大。明清时期，青稞已经成为四川藏区最重要的粮食作物。乾隆《雅安府志》卷5《物产》甚至说："打箭炉。瘠土不毛，惟播种青稞、豌豆，蓄养牛、羊。挤乳作酥，拌糌粑而食。"清朝嘉庆年间以后，随着马铃薯、玉米相继传入四川藏区，青稞的地位有所下降，但仍然是最重要的粮食作物，"自打箭炉而外，以至里塘，地塞雪草，遇有陆地，只产青稞"[②]。民国时期，青稞依旧是四川藏区最主要的粮食作物。在阿坝地区，青稞是仅次于玉米的粮食作物，民国三十八年（1949），青稞播种面积占整个地区播种总面积的20.21%，产量占总产量的14.04%。在川边地区，青稞是最重要的粮食作物。据当时人估计："青稞在各种作物中，占总量百分之七十，小麦占百分之十五，豌豆占百分之十，其他如燕麦、油菜等约占百分之五。"[③] 其产地有康定、泸定、丹巴、九龙、泰宁、雅江、理化、定乡、稻城、巴安、得荣、义敦、白玉、甘孜、瞻化、道孚、炉霍、德格。[④] 民国三十八年（1949），在今甘孜州，青稞的播种面积为37.91万亩，占粮食作物总播种面积的37.91%，总产量1.97万吨，平均亩产52公斤。中华人民共和国成立后，青稞依然是四川藏区最重要的粮食作物。据王治《青稞的由来和发展》一文介绍，在甘孜和阿坝两州，青稞的总播种面积和总产量，每年都分别居其地区粮食作物的第一位。其地理分布："四川的甘孜、阿坝两个自治州

① 《旧唐书》卷196（上）《吐蕃传》（上）。

② 四川省民族研究所《清末川滇边务档案史料》编辑组：《清末川滇边务档案史料·四川布政司等详复川边开办垦屯商矿情形》（上），中华书局1989年版。

③ 郑象铣：《西康高原区之农业与移植》，载《边政公论》1943年2卷11—12期合刊。

④ 四川省档案馆、四川民族研究所：《近代康区档案资料选编·西康各县农牧资源统计表》，四川大学出版社1990年版；《任乃强藏学文集》（中），中国藏学出版社2009年版。

内，青稞一般分布在2500—2800公尺的河谷地带，其播种面积占同高度总播种面积的10%～20%，在2800—3000公尺的河谷地带占20%～30%；在3000—3300公尺的河谷地带占40%～60%，3300公尺以上要占70%～90%。冬青稞在甘孜藏族自治州主要分布于康定、丹巴、九龙、雅江、稻城、乡城、得荣、巴塘等县，道孚、炉霍、甘孜、色达、德格、理塘等县生产春青稞。一般情况，冬青稞的单产要比春青稞的单产高60%左右。”①

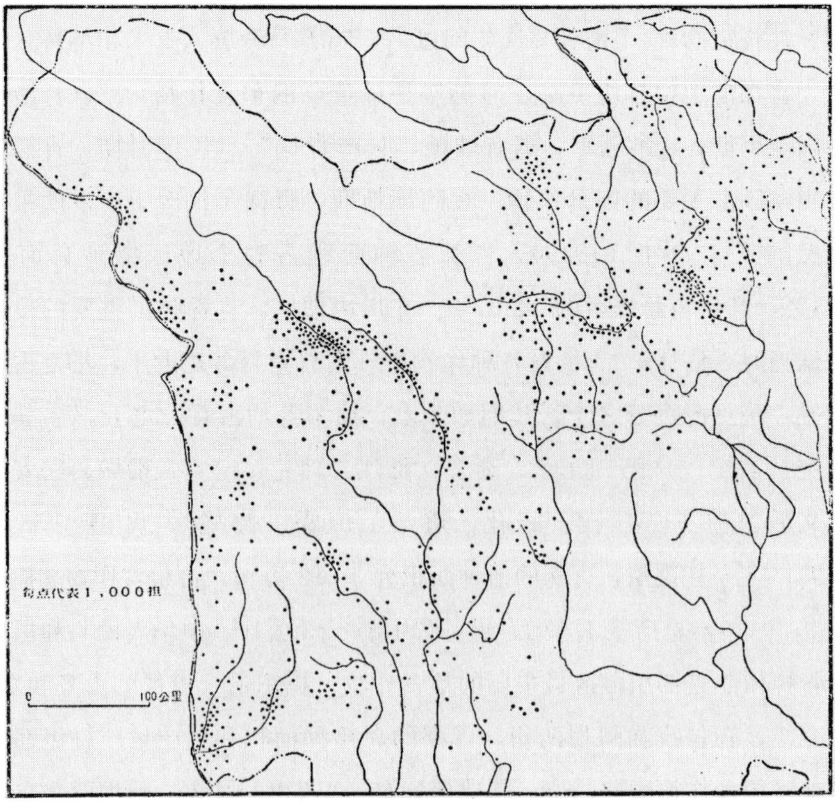

中华人民共和国初期四川青稞产量分布图②

① 《农业考古》1991年1期。
② 孙敬之：《西南地区经济地理》，科学出版社1960年版，第33页图。

小麦在四川藏区种植的最早记载，始见于南北朝时期的附国和嘉良夷，“土宜小麦”①。入唐以后，同样以小麦为主要粮食作物的吐蕃②在占据四川藏区后，使得小麦的种植范围在四川藏区显著扩大。在明代，来自云南的纳西族移民，则将小麦的种植技术传入巴塘、稻城、得荣等康南地区。③ 入清以后，小麦在四川藏区已经成为仅次于青稞的重要粮食作物。民国时期，四川省管辖的茂县出产小麦。松潘、南坪、包座、铁布、阿坝、壤塘等地区，“主要作物是青稞，约占耕地面积的十分之七、八，阿坝尚种十分之一、二的小麦，包坐因小麦产量低，只种青稞，铁布种耕地十分之三四的小麦。壤塘种植的小麦，占耕地的十分之二三”④。松潘县“小麦栽培区域较广，凡有农作之处，概可见之。在二千八百公尺以下之地区，全为冬小麦范围，以上则为春小麦”⑤；南坪县亦出产小麦和“春麦”⑥。嘉绒藏族则将小麦作为仅次于青稞的重要粮食作物进行种植。在康区，康定、泸定、丹巴、道孚、炉霍、甘孜、德格、瞻化、义敦、白玉、雅江、理化、巴安、定乡、稻城、得荣等县，皆出产小麦。⑦ 其主要地理分布是在海拔 3000 米以下水利灌溉较为便利的康南河谷、湖滨地带。由于具有较高的经济价值，民国时期，对小麦的发展较为重视，随着水利事业的发展，种植面积呈扩大之势。在阿坝地区，已成为主要的细粮，其播种面积和产量，次于玉米、青稞而居于第三位。民国三十八年（1949），阿坝地区的小麦，占粮食作物总播种面积的 18.65%，总产量的 14.48%。甘孜地区的播种面积为 17.62

① 《北史》卷 112《附国传》。
② 《旧唐书》卷 196（上）《吐蕃》（上）。
③ 林俊华：《康南纳西族文化的由来与变迁》，载《丽江木氏土司与滇川藏交角区域历史文化研讨会论文集》，中国藏学出版社 2008 年版。另据民国时何许人《康南游记》（载《康导月刊》1942 年 4 卷 2—3 期）说，巴塘原不产麦子，清初在此经商的陕商“见巴安土质气候宜种，于是始由陕西携有种来，故至今土人，仍称巴安麦子为‘西麦子’（即陕西麦）”。
④ 《四川省阿坝藏族社会历史调查》，四川省社会科学院出版社 1985 年版，第 24 页。
⑤ 周开庆：《四川经济志·松潘经济概况》，台湾商务印书馆 1972 年版，第 333 页。
⑥ 民国《南坪乡土志》，南坪县志办公室 1983 年印，第 33 页。
⑦ 任乃强：《康定县视察报告》，载《任乃强藏学文集》（中），中国藏学出版社 2009 年版；游时敏：《四川近代贸易史料·西康主要物产》，四川大学出版社 1990 年版；四川省档案馆、四川民族研究所：《近代康区档案资料选编·西康各县农牧资源统计表》，四川大学出版社 1990 年版。

万亩，总产9514.8吨，平均亩产54公斤。中华人民共和国成立后，小麦的种植继续得到发展。在阿坝州，小麦成为仅次于玉米的粮食作物。在甘孜州，1950—1955年间，小麦种植得到快速发展，从而成为仅次于青稞的粮食作物。

小麦分为春小麦和冬小麦两种。春小麦适宜在高寒地区种植，春播秋收；冬小麦适宜在冬季气温0℃～12℃的地区种植。四川藏区多数地方不适宜冬小麦越冬生长，因而主要种植春小麦，仅在热量条件较好的河谷地区种植冬小麦。

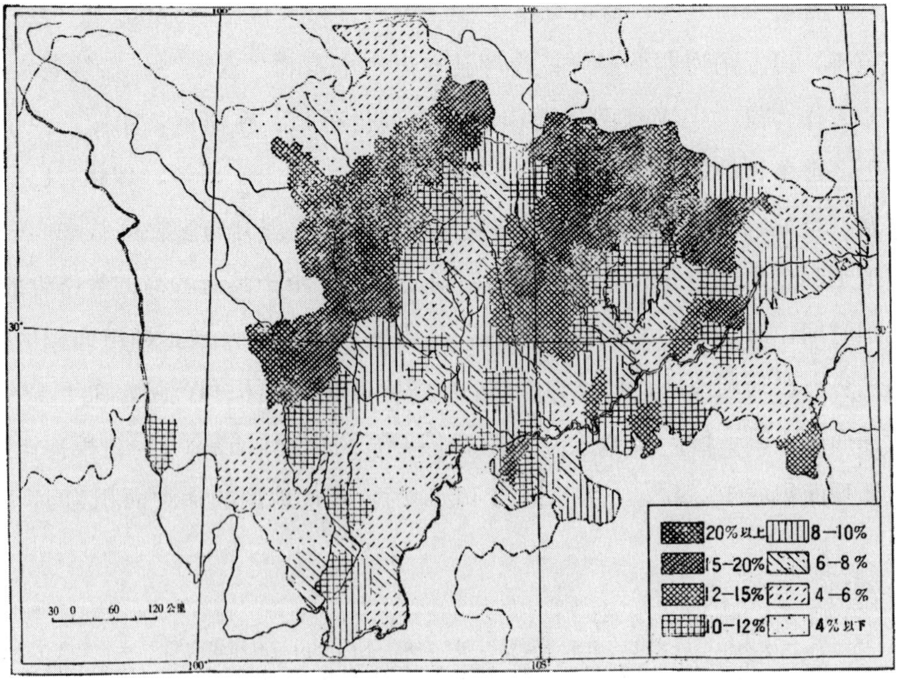

中华人民共和国初期四川小麦占作物播种面积百分比图①

① 孙敬之：《西南地区经济地理》，科学出版社1960年版，第29页图。

荞麦是吐蕃的传统粮食作物。在唐代，随着吐蕃向东扩张，荞麦也随之传入四川地区。唐人薛逢《芙蓉溪送前资州裴使君归京宁拜户部裴侍郎》诗中有“桑柘林枯乔麦干”① 之语。芙蓉溪在绵州，西邻岷江上游，荞麦可能是由吐蕃传入岷江上游地区，再东传至绵州。② 在明代，位于绵州以北的龙州，“地早寒，多植甜荞、苦荞二种，全籍此以生”③。在康南及木里地区，明代纳西族移民在当地开垦拓植，也引进了荞麦等农作物。④ 在清代，龙州改为龙安府，而荞麦依然是这里最重要的粮食作物，以至于“一岁之供，全赖乎荍”⑤。荍即荞麦。在龙安府以西的岷江上游地区，荞麦的种植也较为普遍，因此茂州的一些土司交纳的赋税就是荞麦。⑥ 岷江上游以西的懋功五屯，亦以种植荞麦为主。⑦ 在川边地区，荞麦主要分布在康南的巴塘等地。然而随着玉米的推广，荞麦的种植范围逐渐缩小。民国时期，岷江上游仍是四川藏区种植荞麦较多的地方；在康区，康定、泸定、丹巴、九龙、雅江、定乡、稻城、巴安、得荣、瞻化等县皆出产荞麦或荞子。⑧ 中华人民共和国成立后，四川藏区的荞麦，依旧主要分布在阿坝地区，其中岷江上游种植较多，其品种有春荞、冬荞、八月荞和苦荞。而在甘孜地区，荞麦的种植较为零散，大多分布在海拔 3200 米以下温暖湿润的河谷地。⑨

3. 豌豆和蚕豆

豌豆在四川地区的最初名称是“胡豆”。《蜀中广记》卷 64《方物记·

① 《全唐诗》卷 548。
② 郭声波：《四川历史农业地理》，四川人民出版社 1993 年版，第 159 页。
③ 《大明一统志》卷 73《龙州宣抚司》。
④ 林俊华：《康南纳西族文化的由来与变迁》，载《丽江木氏土司与滇川藏交角区域历史文化研讨会论文集》，中国藏学出版社 2008 年版；刘龙初：《四川木里藏族县俄亚乡纳西调查报告》，载《四川纳西族社会历史调查》，四川省社会科学院出版社 1987 年版。
⑤ 道光《龙安府志》卷 3。
⑥ 嘉庆《四川通志》卷 96《武备·土司》。
⑦ 周询：《蜀海丛谈》卷 2《制度类》。
⑧ 任乃强：《康定县视察报告》，载《任乃强藏学文集》（中），中国藏学出版社 2009 年版。四川省档案馆、四川民族研究所：《近代康区档案资料选编·西康各县农牧资源统计表》，四川大学出版社 1990 年版。
⑨ 孙敬之：《西南地区经济地理》；中国科学院民族研究所编印：《藏族简志》（下编）。

食馔》："戎菽，蜀人所谓胡豆也。《志》云：'蜀人得种于羌戎，故名。'"明人李时珍在《本草纲目》卷24《谷·豌豆》中认为，蜀人所说的胡豆实为豌豆，只是在明代，"蜀人专呼蚕豆为胡豆，而豌豆名胡豆，人不知矣"。从"蜀人得种于羌戎"推测，豌豆可能是随着胡系部族的迁徙，在汉晋时期传入岷江上游及其以西地区。宋代的蜀人已将其称为"豌豆"，故陆游《巢菜》诗序说："蜀蔬有两巢，大巢即豌豆之不实者，小巢生稻田中，一名翘摇，一名野蚕豆。"① 藏族则称豌豆为gre'u。

豌豆在四川藏区的推广，可能是在明代。由于豌豆是长日照植物，喜欢凉爽湿润气候，耐寒，能够在贫瘠土地上生长，且生长期较短，种子及嫩荚、嫩苗均可食用，茎叶还可用作绿肥和牲畜饲料，适宜在四川藏区种植，用途也较广，因而在清代成为重要的杂粮。民国时期，豌豆仍是四川藏区种植最普遍的豆类作物。其中在川边地区，是次于青稞、小麦而位居第三的作物，约占各种作物总量的10%。② 主要产地有康定、九龙、稻城、巴安、甘孜、瞻化、炉霍、得荣等县。③ 民国三十八年（1949），甘孜地区的豌豆播种面积为7.4万亩，总产3522吨，平均亩产48公斤。④ 而阿坝地区的茂县、松潘亦出产豌豆，⑤ 南坪则有大豌豆、白豌豆、麻豌豆和菜豌豆等品种。⑥ 嘉绒藏族和草地藏族，亦将豌豆视为重要杂粮而加以种植。中华人民共和国成立后，甘孜州的几种主要粮食作物依次是青稞、小麦、豌豆，而阿坝州的豌豆种植也相当普遍。⑦

蚕豆。根据考古发掘，目前世界上出土的最早蚕豆，是在中东地区，

---

① 陆游：《剑南诗稿》卷16。
② 郑象铣：《西康高原区之农业与移植》，载《边政公论》1943年2卷11—12期合刊。
③ 四川省档案馆、四川民族研究所：《近代康区档案资料选编·西康各县农牧资源统计表》，四川大学出版社1990年版；游时敏：《四川近代贸易史料·西康主要物产》，四川大学出版社1990年版。
④ 甘孜州志编纂委员会：《甘孜州志》，四川人民出版社1997年版，第932页。
⑤ 周开庆：《四川经济志·茂县经济概况、松潘经济概况》，台湾商务印书馆1972年版。
⑥ 民国《南坪乡土志·物产类》，南坪县志办公室1983年印。
⑦ 孙敬之：《西南地区经济地理》，科学出版社1960年版，第93、95页。

其中以色列耶太遗址发现的蚕豆，年代为公元前 6500—6000 年。[①] 蚕豆传入中国，相传是汉代张骞从西域引进。[②] 然而关于蚕豆的最早记载却是北宋人宋祁的《益部方物略记》："佛豆。粒甚大而坚，农夫不甚种，唯圃中莳以为利，以盐渍食之，小儿所嗜。赞曰：丰粒茂苗，豆别一类，秋种夏敛，农不常莳。"佛豆就是蜀人对蚕豆的最早称谓，而这个称谓应当与其传入有关。在南北朝时期，占有今岷江上游部分地区的吐谷浑崇信佛教，并且与蜀地的关系非常密切，在成都建有佛寺，因而蜀人将其视为佛国。[③] 同时，南北朝时期，吐谷浑也是南朝经益州通往西域的交通要道，而西域诸国也"常由河南国而抵益州"[④]，"其语言待河南人译然后通"[⑤]，加之吐谷浑与西域关系也较为密切，包括蚕豆在内的一些作物因此传入吐谷浑，《魏书》卷 101《吐谷浑传》所说的吐谷浑出产的"豆"，应当就包括蚕豆。而吐谷浑"其地与益州接，常通商贾"[⑥]，蜀民亦"慕其利，多往从之"[⑦]。在这种情况下，蚕豆也就经吐谷浑传入蜀地，因其来自信仰佛教的吐谷浑，故称"佛豆"。位于吐谷浑南境及吐谷浑与益州主要交通干线上的岷江上游地区，也应当是在这个时期开始种植"佛豆"，即今蚕豆。在明代，来自云南的纳西族移民，则将蚕豆带入康南藏区种植，从而扩大了蚕豆在四川藏区的种植范围。[⑧] 入清以后，四川藏区的蚕豆种植，渐趋普及。但是蚕豆的地位，始终不及豌豆重要。民国时期，四川藏区种植蚕豆的县有松潘、九龙、道孚、理化、瞻化等。[⑨] 而嘉绒藏族和草地藏族亦有少量的蚕豆种植。民国三十八

---

① 游修龄：《蚕豆的起源和传播问题》，载《自然科学史研究》1993 年 12 卷 2 期。
② 李时珍：《本草纲目》卷 24《谷之三・蚕豆》。
③ 《梁书》卷 54《西北诸戎・河南王传》。
④ 《南齐书》卷 59《芮芮传》。
⑤ 《梁书》卷 54《滑国传》。
⑥ 《梁书》卷 54《西北诸戎・河南王传》。
⑦ 《北史》卷 96《吐谷浑传》。
⑧ 林俊华：《康南纳西族文化的由来与变迁》，载《丽江木氏土司与滇川藏交角区域历史文化研讨会论文集》，中国藏学出版社 2008 年版。
⑨ 周开庆：《四川经济志・松潘经济概况》，台湾商务印书馆 1972 年版；游时敏：《四川近代贸易史料・西康主要物产》，四川大学出版社 1990 年版；四川省档案馆、四川民族研究所：《近代康区档案资料选编・西康各县农牧资源统计表》，四川大学出版社 1990 年版。

年（1949），甘孜地区的蚕豆播种面积为3337亩，总产194吨。产地只有康定、道孚、炉霍、色达。中华人民共和国成立后，蚕豆作为辅助性粮食，在四川藏区仍然有所种植，多半分布在海拔3200米以下温暖湿润的河谷地。

4. 水稻

水稻在四川藏区的种植较晚，直到宋代，才有岷江上游种植水稻的记载。① 明代，在云南丽江的木氏土司占据康南藏区后，将其治下的纳西人移民到该地区，从而使丽江等地纳西人的传统粮食作物红米也随之传入康南藏区。② 红米就是旱稻。在清代，红米已成为康南藏区的重要粮食作物，主要产地在巴塘，故道光《巴塘志略·物产》说：巴塘的物产有“稻米”。而清代汉族移民的大量迁入，更使得水稻在四川藏区的种植区域呈扩大的趋势。清朝末年在川边地区推行屯垦政策时，亦大力推广水稻的种植，并成立农技改良机构，从内地引进水稻试种。其中稻坝因试种水稻，于光绪三十三年（1907）设立稻成县，民国二十八年（1939）改名稻城县。打箭炉、炉霍屯亦曾因兴修水利而试种水稻成功。③

民国时期，西康省通过设立的农业建设机构，继续改良和推广水稻等作物的良种。④ 在九龙县“沿雅砻江一带产麦区域”，利用山泉灌溉，“试种冷水稻，略有成效”。⑤ “泸定最肥美富庶之地为冷碛、沈村、磨西与县治附近”，⑥ 被康定天主教堂高价租入，“开辟稻田，皆著成效，现在年收租谷2000余石”⑦。虽然民国时期努力推广水稻的种植，但因自然地理条件的制

---

① 《蜀中名胜记》卷7文同《茂州汶川县胜因院记》。

② 林俊华：《康南纳西族文化的由来与变迁》，载《丽江木氏土司与滇川藏交角区域历史文化研讨会论文集》，中国藏学出版社2008年版。

③ 四川省民族研究所《清末川滇边务档案史料》编辑组.：《清末川滇边务档案史料·王典章禀报厅属喇嘛寺等处修渠告成》，中华书局1989年版；邓前程：《论清末川边垦殖》，载《思想战线》2007年3期。

④ 《国民政府年鉴》第二回《地方之部·西康省》6页，1943年。

⑤ 九龙县长殷崇实1942年10月2日致康农所函，（川档249—77），参见邱述钤：《九龙经济建设之研讨》，载《康导月刊》1940年2卷1期。

⑥ 任乃强：《西康札记·天主堂垦地》，新亚细亚月刊社，1931年。

⑦ 任乃强：《西康图经·民俗篇》（下篇）《垦民小史》，载《任乃强藏学文集》（上），中国藏学出版社2009年版。

约，水稻在四川藏区的种植仍然非常有限。其中松潘地区，仅南坪出产水稻，“松属南坪小河，气候较暖，略有稻田，产谷无多”①，种植面积不超过500亩。② 由于种稻的水田数量太少，以至民国《松潘县志》卷2《田赋》说：“民国二年，奉巡按使令，调查县属地亩。松潘无水田，概属旱地，播种青稞、小麦为大宗，外则有胡豆、豌豆、羊芋，余无别种。”除南坪以外，茂州亦出产“粳稻，即饭谷，产县属茅亭、白岩、马家村、坡底等地”③。民国三十八年（1949），阿坝地区稻谷播种面积为2833亩，总产量42万公斤。而“西康产米，全省约三百余万市担，以宁属为最多，约占三分之二以上，雅属则仅七八十万担，康属则仅泸定等县约产数千担而已”④。

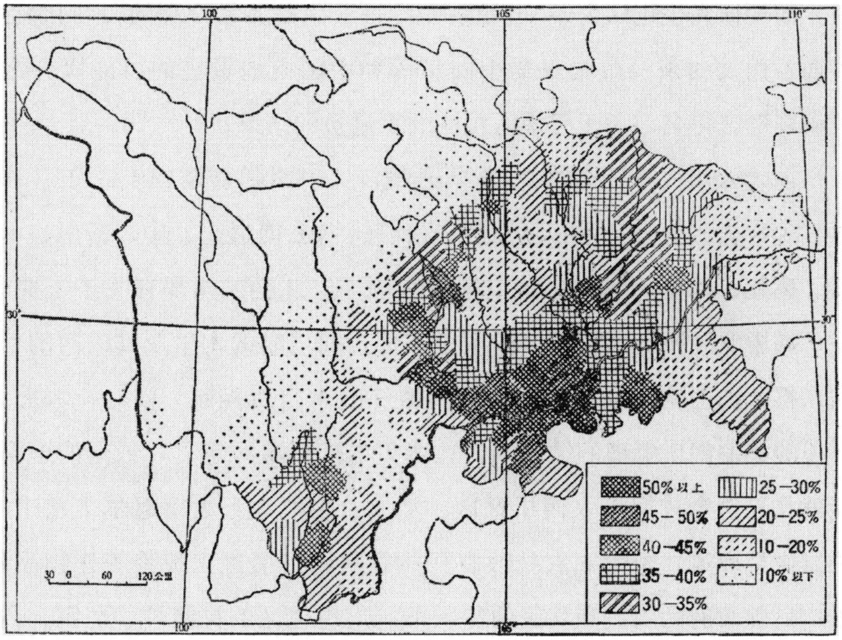

中华人民共和国初期四川水稻占播种面积百分比图⑤

① 民国《松潘县志》卷2《学校附实业》。
② 周开庆：《四川经济志·松潘经济概况》，台湾商务印书馆1972年版，第333页。
③ 民国《汶川县县志》卷4《物产》。
④ 蒋君章：《西南经济地理》，商务印书馆1943年版，第46页。
⑤ 孙敬之：《西南地区经济地理》，科学出版社1960年版，第27页图。

民国三十八年（1949），甘孜地区的水稻播种面积为7582亩，分布在泸定、九龙、康定、巴塘四县境内，其中泸定占92.3%。中华人民共和国成立后，继续推广水稻的种植，从而使四川藏区的水稻种植地域有所扩大。在甘孜地区，1957年，泸定、九龙、康定、巴塘四县的水稻播种面积增加到1万亩。1958年，丹巴县试种水稻86亩。

5. 玉蜀黍

玉蜀黍原产于美洲，后辗转传入中国。关于玉蜀黍传入中国的路线，1906年西方著名汉学家洛佛（Berthold Laufer）撰写了一篇名为《玉蜀黍传入东亚考》的文章，认为玉蜀黍是在16世纪输入中国云南和中国内地。此后，何炳棣先生也认为，“玉蜀黍先传进云南是非常合理的”。同时提出，专为西番而设的茶马市是玉蜀黍向京师和中国内地输进的可能媒介之一，而“御麦”之得名，源于云南土司向北京进贡的结果。①

目前，云南关于玉蜀黍的最早记载，见于明朝嘉靖四十二年（1563）的《大理府志》。在稍后的万历四年（1576）《云南通志》中，云南、大理、永昌、蒙化、鹤庆、姚安、景东等府和顺宁、北胜二州都有关于玉蜀黍的记载。其中北胜州与四川藏区的木里毗邻，而当时的木里及其以西的稻城、乡城、得荣和巴塘等地，先后被云南丽江的木氏所控制。同时，木氏还将出产玉蜀黍的鹤庆等地的纳西人迁往木里等四川藏区定居，云南的玉蜀黍，可能就是在这个时期传入四川藏区。清末，川滇边务大臣赵尔丰在川边地区推行屯垦政策，并设立农技改良机构，从内地引进玉蜀黍等作物品种加以推广。在政府的引进和移民的传入下，川边地区的打箭炉、炉霍、白玉、理塘、九龙等地皆有玉蜀黍的种植。②

在今阿坝地区，玉蜀黍的传入是在清代。成书于道光十一年（1831）的

---

① 何炳棣：《美洲作物的引进、传播及其对中国粮食生产的影响》，载《历史论丛》5辑，1985年。
② 刘祥秀、郭平若：《清末屯垦政策在川边藏区的实施及其对环境的影响》，载《西藏研究》2007年2期。

《茂州志》卷3称："芋麦一种，又名包谷，近来三十年间始有。"包谷即玉蜀黍。从"近来三十年间始有"的记载推测，茂州是在嘉庆初年才开始引种玉蜀黍。而大小金川在乾隆时期改土归流后，招引内地汉族农民前往垦殖，到道光年间，当地农业生产除种植原有的品种以外，也增加了玉蜀黍等作物。① 同时，在道光年间，玉米还传至懋功厅，② 并向西扩展到丹巴，逐步在中山以下地区，取代青稞、小麦、荞麦，成为当地的主要粮食作物。③

民国时期，岷江上游的茂县、松潘、南坪等县皆出产玉蜀黍，④ 其中汶川县每年"产量约三万七千二百八十市石，为本县主要食粮"⑤。民国三十八年（1949），玉蜀黍的产量占阿坝地区粮食总产量的37.68%。而"西康省之玉蜀黍生产，仍以宁属为中心，康属之丹巴等县，亦盛产之。其分布大抵在水田之上，凡山坡较峻或水源不足之地，均为玉蜀黍之耕种区域"⑥，主要产地有康定、泸定、丹巴、九龙、雅江、巴安、稻城等县。⑦ 民国三十八年（1949），甘孜地区的播种面积为19.44万亩，总产量1.33万吨，平均亩产68公斤。中华人民共和国成立后，四川藏区的玉蜀黍种植，在阿坝州境内，主要集中在岷江上游的河谷地带，为大春的主要作物，主要产区为汶川、理县和茂县。在甘孜州境内，玉蜀黍的种植，分布在大渡河、雅砻江、金沙江流域的高山峡谷区，海拔高度在1110—3160米，是次于青稞、小麦，居第三位的粮食作物，其中泸定为主要产区。

---

① 道光《绥靖屯志》卷4。
② 道光《绥靖屯志》卷7。
③ 《羌族简史》编写组：《羌族简史》，四川民族出版社1986年版，第51页。
④ 周开庆：《四川经济志·茂州经济概况、松潘经济概况》，台湾商务印书馆1972年版；民国《南坪乡土志·物产类》，南坪县志办公室1983年印。
⑤ 民国《汶川县县志》卷4《物产》。
⑥ 蒋君章：《西南经济地理》，商务印书馆1943年版，第54页。
⑦ 任乃强：《康定县视察报告》，载《任乃强藏学文集》（中），中国藏学出版社2009年版；四川省档案馆、四川民族研究所：《近代康区档案资料选编·西康各县农牧资源统计表》，四川大学出版社1990年版。

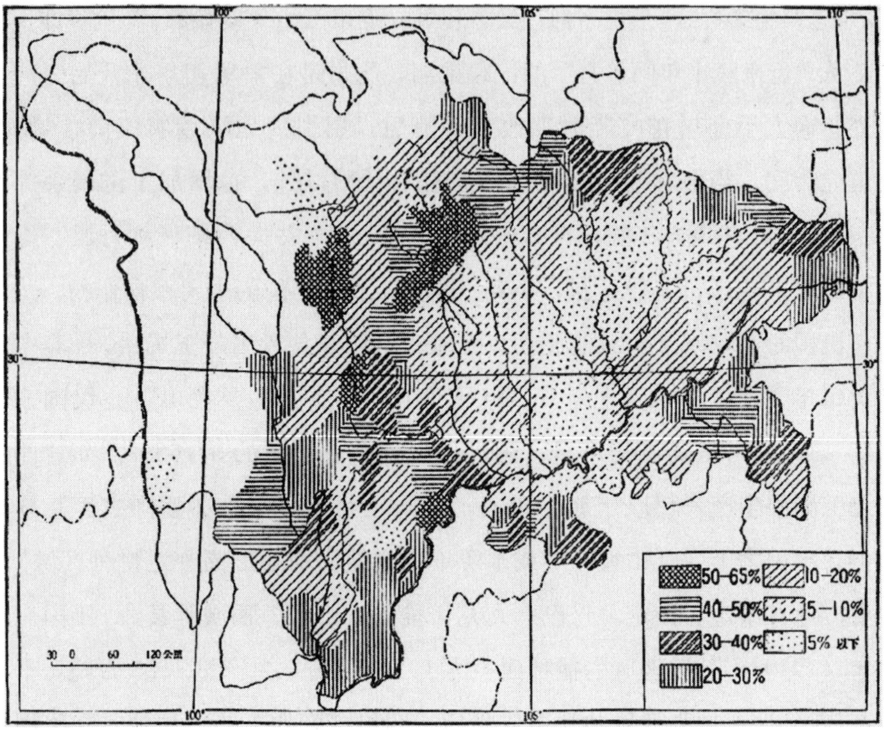

中华人民共和国初期四川玉蜀黍分布图①

6. 马铃薯

马铃薯起源于南美洲的安第斯高原，后经欧洲传入我国。清朝乾隆年间，随着移民进入川、陕、鄂三省交壤的巴山老林地区开荒种地，马铃薯也被引入该地区。严如熤在《三省边防备览》卷8《民食篇》就说："洋芋花紫、叶圆，根下生芋，根长如线，累结实数十、十数棵，色紫如指，如拳，如小杯，味甘而淡，山沟地一块挖芋常十数石。"洋芋就是四川人对马铃薯的俗称。

大约在清朝嘉庆年间，马铃薯逐渐由巴山老林地区向西传入四川藏区，故道光《茂州志》、道光《绥靖屯志》和同治《直隶理番厅志》皆有出产

① 孙敬之：《西南地区经济地理》，科学出版社1960年版，第31页图。

"洋芋"的记载。在茂州，光绪初年又传入一种优良品种"王洋芋"，并很快成为当地的主要粮食作物之一。① 在清末的川边屯殖过程中，打箭炉、炉霍、甘孜、瞻化、白玉、邓科、理塘等地皆引进马铃薯，② 其中邓科"自设治，成立农业试验场，教种马铃薯，成为特产；盖此物宜于高原沙地，重有一、二斤者，现为人民大宗食料"③。

马铃薯是块茎作物，可以粮菜兼用。由于营养丰富且能稳产高产，对高原环境适应性强，所以在四川藏区的种植普及很快，民国时期，马铃薯已成为阿坝地区居第四位的粮食作物。民国三十八年（1949），马铃薯播种面积 6.71 万亩，总产量 549.5 万公斤，占整个地区粮食总产量的 9.66％。在甘孜地区，马铃薯的主要产地有康定、泸定、雅江、理化、道孚、丹巴、九龙、炉霍等县。④ 民国三十八年（1949），马铃薯栽培面积 2.6 万亩，占粮食作物播种面积的 2.6％，总产量 226 万公斤，占粮食总产量的 4％。中华人民共和国成立后，马铃薯仍然是四川藏区重要的辅助性粮食作物，种植甚广。在阿坝地区，岷江上游海拔 2000—3000 米的地区，种植较多的作物是荞麦、马铃薯、玉米和豌豆；在岷江上游西南的大、小金川和梭磨河流域及北部牧区个别河谷地带，作物以青稞、马铃薯为主。在甘孜地区，1950—1957 年，马铃薯种植面积扩大到 3 万亩左右。其后更扩大到 4 万—5 万亩，成为次于青稞、小麦、豌豆和圆根的作物。

---

① 四川省编辑组：《羌族社会历史调查》，四川省社会科学院出版社 1986 年版，第 11 页。

② 刘祥秀、郭平若：《清末屯垦政策在川边藏区的实施及其对环境的影响》，载《西藏研究》2007 年 2 期。

③ 民国《邓科县志略·地质》。

④ 游时敏：《四川近代贸易史料·西康主要物产》，四川大学出版社 1990 年版；四川省档案馆、四川民族研究所：《近代康区档案资料选编·西康各县农牧资源统计表》，四川大学出版社 1990 年版；任乃强：《炉霍县视察报告》，载《任乃强藏学文集》（中），中国藏学出版社 2009 年版。

二、主要经济作物

1. 芜菁

芜菁又名蔓菁、圆根、诸葛菜。唐代人认为，四川地区种植芜菁是在蜀汉时期。唐人韦齐休《云南行记》云："嶲州界缘山野间有菜，大叶而粗茎，其根若大萝卜。土人蒸煮其根叶而食之，可以疗饥，名为诸葛菜，云武侯南征用此菜籽莳于山中，以济军食。"① 唐人韦绚《刘宾客嘉话录》也有关于诸葛亮令兵士种蔓菁的记载，并且说："三蜀之人，今呼蔓菁为诸葛菜，江陵亦然。"然而四川藏区种植芜菁，可能是在晚于蜀汉的东晋南北朝时期。据《魏书》卷101《吐谷浑传》记载，吐谷浑出产芜菁，尤其是"其北界气候多寒，唯得芜菁、大麦"，故宋人寇宗奭《本草衍义》卷19芜菁、芦菔条说，芜菁"又出吐谷浑"。今岷江上游的松潘一带曾经是吐谷浑的南境，其芜菁的种植可能始于吐谷浑统治时期。

在四川藏区的南部，芜菁的传入与纳西族有着密切的关系。元代李京在《云南志略》说，末些蛮"饮食疏薄，一岁之粮，圆根已半实粮也"。末些蛮即今纳西族，圆根即芜菁。在明代，来自云南的纳西族移民就将芜菁带入木里和康南藏区种植。② 而在原吐谷浑统治过的岷江上游松潘一带，芜菁仍为常种之物。在清代，随着屯垦政策在四川藏区的实施，芜菁的种植呈扩大的趋势。

民国时期，四川藏区普遍栽种芜菁。其中在种植业较发达的康定、茂县、汶川等地，多以芜菁为饲料或蔬菜；在半农半牧地区，芜菁通常是充作粮食；牧区则不出产芜菁。中华人民共和国成立之后，四川藏区的芜菁

---

① 《太平御览》卷980引。

② 刘龙初：《四川木里藏族县俄亚乡纳西调查报告》，载《四川纳西族社会历史调查》，四川省社会科学院出版社1987年版；林俊华：《康南纳西族文化的由来与变迁》，载《丽江木氏土司与滇川藏交角区域历史文化研讨会论文集》，中国藏学出版社2008年版。

种植，主要集中在甘孜州境内，是次于青稞、小麦和豌豆的重要作物。同时，在石渠、色达等牧业县还逐步试种耐寒的芜菁等作物，但收成尚不稳定。[①]

2. 花椒

花椒是中国的原生植物，早在商代就已经对花椒资源加以利用。[②] 西周时期，花椒的主要用途是作为敬神的香料。春秋时期，已经作为药物被利用。至迟在东汉，花椒开始真正成为调味品。[③] 此后，药用和食品调味便成为花椒的主要用途。

我国古代的花椒产地，分布甚广，而最为著名的则是秦椒和蜀椒。秦椒的主要产地在天水、陇西，而蜀椒，据西汉《范子·计然》云："蜀椒出武都，赤色者善。"[④] 武都是指武都郡，西汉武帝元鼎六年（前 111），以白马氐之地置武都郡。在西汉，武都郡以南是广汉北部都尉辖区，领有阴平道、刚氐道、甸氐道三县，是以氐人为主的氐、羌杂居之地，"所出与武都略同"[⑤]，应当也是花椒产地。东汉末年，曹操以其地置阴平郡，晋初省，泰始年间复置阴平郡，因此阴平郡也出产花椒。此外，据萧梁时期的陶宏景说，蜀椒"出蜀郡北部，人家种之"[⑥]。蜀郡北部，应当是指蜀郡北部都尉。据《隋书》卷 29《地理志》记载，汶山郡汶山县"旧曰广阳。梁改为北部都尉，置绳州、北部郡"，其地在今茂县。后周置汶州，隋文帝时改称蜀州，随即更名为会州，隋炀帝时又改为汶山郡，因此汶山郡也是蜀椒产地。由此看来，汉代以来的蜀椒，主要产地是在岷山地区的武都、阴平、汶山等郡。李善注《文选·左思·蜀都赋》亦称："岷山特多药草，其椒尤好，异于天下。"由于武都、阴平、汶山等地的居民主要是氐人，因此最早

① 孙敬之：《西南地区经济地理》，科学出版社 1960 年版，第 95 页。
② 丁永祥：《河南固始商代墓内发现花椒》，载《农业考古》1991 年 3 期。
③ 曾京京：《我国花椒的栽培起源和地理分布》，载《中国农史》2000 年 4 期。
④ 《艺文类聚》卷 87 引。
⑤ 《华阳国志》卷 2《汉中志》。
⑥ 《唐·新修本草》卷 14《蜀椒》引。

种植蜀椒的民族应为氐人。梁朝人吴均曾在《饼说》一文中将“仇池并蒂之椒”[①] 列为当时著名的调味品，而仇池就是氐人杨氏以原武都、阴平二郡之地建立的割据政权。这也从一个侧面证明氐人善种花椒。宋元以后，在岷山地带的花椒产区中，茂县花椒最为著名。民国时期，年产量在1500担以上。“茂县种椒之户，多属富绅财主，其最著者，年收花椒在百担以上，其他年收数石至数十石者亦不下数十家……种椒区域，在城周回龙山与龙洞溪等山坡，南路各山坡与岷江对岸水西坡诸村，西路亦有椒区，然甚少……茂县花椒分东西两路出口。东路由安县、北川、绵竹、绵阳之商人，按时来茂收买，转销涪江流域各县。南路系崇、彭、灌一带商人批买后集中运灌，转运川东一带销售。抗战以前，每年贸易额达十余万元。”[②] 中华人民共和国成立后，茂县花椒仍然是四川藏区的著名土特产品。

在唐代，蜀椒还由岷山地区向南传至黎州。据《元和郡县图志》卷32《黎州》记载，黎州“开元贡：椒一石”。唐代的黎州地区有三王蛮，“盖筰都夷白马氐之遗种。杨、刘、郝三姓世为长，袭封王，谓之三王部落”[③]，其地在今泸定、汉源、石棉三县交壤的大渡河与流沙河之间。由于三王蛮为白马氐之遗种，而汉代的武都郡就是以白马氐之地设置的，二者应当有渊源关系。黎州种植花椒，很可能就是随着白马氐遗种的迁徙而传入。黎州出产的花椒被称为黎椒，自唐代列为贡品之后，便成为四川地区最著名的花椒。民国《汉源县志·食货志》说：“黎椒树如茱萸有刺，今通俗名花椒。县中广产，以附城、牛市坡为最佳。盖每粒有小粒附之，故称为子母椒。世传唐元奘法师西行过此，插梨杖于今署中滋生传种。气味辛和，用途也广。本境方物，历贡此品。《元和志》贡黎椒，《寰宇记》贡红椒，《明统志》贡花椒，《大清一统志》贡花椒，官斯土者，每年除入贡外，以小红

① 《全上古三代秦汉三国六朝文》卷60《全梁文》。
② 周开庆：《四川经济志·茂县花椒》，台湾商务印书馆1972年版，第365—366页。
③ 《新唐书》卷222（下）《南蛮》（下）。

囊印记分遣，得者莫不以为贵。”子母椒可能就是梁朝人吴均在《饼说》一文中提到的“仇池并蒂之椒”，现称“清溪花椒”，俗称“娃娃椒”。此外，黎椒还有“大红袍”等品种。中华人民共和国成立后，黎椒通常被称为汉源花椒，依旧是四川最著名的花椒。

3. 罂粟

罂粟为一年生或两年生植物，其花绚丽华美，具有观赏性；其种子含油高达50%，可以榨油；以其蒴果乳汁制成的鸦片（Opium），具有多种医疗用途，但长期吸食，会对人体造成严重伤害。

罂粟原产于地中海东部和小亚细亚等地，在唐代传入四川地区。唐代成都人雍陶在《西归斜谷》诗中写道：“行过险栈出褒斜，出尽平川似到家。万里客愁今日散，马前初见米囊花。”[①] 米囊为罂粟的别名，[②] 米囊花即罂粟花。这是四川地区有关罂粟的最早记载。在宋代至明朝期间，罂粟的主要用途是作为观赏作物，[③] 而罂粟子则为保健品，“烹为佛粥”[④]。明朝万历年间，始以罂粟制鸦片，入药。李时珍《本草纲目》卷23《阿芙蓉》就说：“阿芙蓉前代罕闻，近方有用者，云是罂粟花之津液也。罂粟结青苞时，午后以大针刺其外面青皮，勿损里面硬皮，或三五处，次早津出，以竹刀刮，收入瓷器，阴干用之。”阿芙蓉即鸦片，其制作的基本过程至今仍没有太大的变化。在清代，根据现有方志资料的初步统计，嘉庆年间，四川省有24个州厅县出产罂粟，其中属于四川藏区的有松潘厅。[⑤]

清朝道光初年，由英属印度传入云南的夷种鸦片罂粟，被引入四川，偷种于安宁河流域，[⑥] 随即蔓延全省。道光十一年（1831），平武、会理已

① 《全唐诗》卷518。
② 《本草纲目》卷23《罂子粟》。
③ 嘉靖《洪雅县志》卷3《物产》。
④ 苏辙：《种药苗》。苏轼则有：“道人劝饮鸡苏水，童子能煎莺粟汤”之句，莺粟即罂粟。
⑤ 周邦君：《晚清四川鸦片生产及其动因探析》，载《西华大学学报》（哲学社会版）2006年3期。
⑥ 四川省编辑组：《四川彝族历史调查资料档案资料选编》，四川省社会科学院出版社1987年版。

有鸦片罂粟的种植。[①] 鸦片战争后，烟禁渐弛，罂粟种植遂由平武沿龙门山西侧南下，至迟在光绪年间，已传入茂县羌区。[②] 清宣统二年（1910），打箭炉同知王典章曾颁发禁种鸦片的告示，可知今康定地区在清末亦有罂粟的种植。而丹巴也是在清末出现偷种罂粟。在民国前期四川军阀混战期间，四川藏区的罂粟种植得到较快发展，特别是刘文辉在1934年退据西康后，宣称“种烟是本军的生命线”，号召大种罂粟，并代购烟种，从而使西康成为全国重要的鸦片产区。1935—1940年，四川实施6年禁绝鸦片计划。在汉族聚居的内地，禁烟成效显著，但在政情复杂的藏区，不仅没有禁绝鸦片，反而使罂粟种植呈扩张发展之势，从而成为著名的鸦片产区。其中属于四川省管辖的松潘、理番、懋功、茂县、汶川是当时四川省最重要的鸦片产区，具体产地，一为懋功全境，二为靖化之一部，三为理番所属之黑水、白草及大小姓诸番地，其余各处亦渐有熏染。民国三十八年（1949），茂县专区6个县的耕地面积为673100亩，种烟面积就占30000亩。在西康省，凡适宜种植罂粟的地区皆有种植。其中在康属地区，罂粟的种植主要集中在康东的丹巴、康定、泸定和九龙。其中丹巴自清末开始出现偷种罂粟，“最后发展为全县境内，除巴底、巴旺、丹东三土司管辖的差事地之外，满山遍野尽种鸦片”[③]；康定“县属鱼通、孔玉乡，地区边远，交通梗阻”，部分适宜地区也广种罂粟以制鸦片；[④] 在九龙县，民国初年，鸦片自凉山传入九龙三坝、湾坝等彝族聚居地区，1942年已遍及全县，“除开砍火地种植的鸦片外，种鸦片的耕地约占农地的20％～30％”[⑤]。而汉族聚居的

① 《清宣宗实录》卷198。
② 四川省编辑组：《羌族社会历史调查》，四川省社会科学院出版社1986年版，第202页。
③ 牟子、周晓阳：《鸦片烟毒的泛滥与根绝——记丹巴县解放前鸦片泛滥与解放后烟毒禁绝的情况》，载《甘孜州文史资料》11辑。
④ 高谦：《建国前康定县的农（牧）业及田赋征收实物》，载《康定县文史资料选辑》2辑，1988年。
⑤ 王道敏：《民国时期的九龙“禁政”——官绅争利的鸦片战》，载《九龙县文史资料》1辑，1989年。

泸定县，也是当时重要的鸦片产地。[1] 此外，理化亦出产“烟土”[2]。

中华人民共和国成立后，政务院于1950年2月24日发布《严禁鸦片烟毒的通令》，要求在战争结束地区，自1950年春起，禁绝种植罂粟；在少数民族地区，如有种者，应斟酌实际情况，采取慎重措施，有步骤地进行禁种。据此，西南军政委员会和川西区、西康省等先后发布禁烟禁毒实施办法，在汉族地区，采取“禁种、禁贩、禁吸三禁并举，重在禁贩”的策略；在少数民族地区，则采取逐步推进禁政的策略，即在少数民族地区只宣传烟毒的危害性，具体的禁烟措施，须慎重、有计划进行，且应经过少数民族代表会议协商同意，不得采取强禁政策，以免影响民族地区的安定团结。为此，茂县专区在1951年将茂县划为4个禁烟区，一等禁烟区为凤仪镇，禁种、禁运售、禁吸；二等为石纽、东兴、富顺、太平、靖平等五乡，禁种、禁运售，禁吸方面只要求80％的瘾民戒烟；三等为白马、黑虎、三龙、渭门、蚕陵、小北等六乡，除禁运售外，只要求熟地不种烟，通过宣传使60％的瘾民自觉戒吸；四等为曲谷、雅都、维城、大姓等四乡，只进行宣传教育。其余各县，基本上也是按照分类外理的原则，进行禁烟。西康省同样是重点在汉族地区开展禁烟运动，到1951年底，汉族地区基本禁绝种植。1952年，根据中共中央布的《关于肃清毒品流行的指示》，四川地区分三期开展禁毒运动，西康省也在20个市县开展为期3个月的肃毒运动，重点打击烟毒贩运活动。对少数民族种烟、贩烟和吸烟问题，主要是通过与民族头人协商，订立不在汉人地区买卖烟土的公约。1953年，四川省人民政府颁布《关于推行戒烟、禁种鸦片和收缴农村存毒的指示》，但在少数民族地区，戒烟、禁种、收毒工作，一律暂缓进行。从1955年冬季开始，四川省在甘孜、阿坝、凉山三个少数民族自治州全面开展民主改革。各州政

---

① 任乃强：《泸定县视察报告》，载《任乃强藏学文集》（中），中国藏学出版社2009年版。
② 游时敏：《四川近代贸易史料・西康主要物产》，四川大学出版社1990年版。

府结合民主改革，开展禁毒工作，通过宣传禁烟禁毒，在各族各界人民代表会议通过“禁烟条例”，家家户户订立“禁烟公约”，查禁贩烟，制订戒烟计划等，逐步在少数民族地区禁烟。至20世纪50年代末，四川藏区基本禁绝罂粟的种植。

三、主要畜种

1. 牛

四川藏区的牛，主要有三种，即黄牛、牦牛和犏牛。其中黄牛的出现，可以上溯至新石器时代。在茂县营盘山遗址中就出土有黄牛骨骸。[①] 由于营盘山遗址文化遗存与甘青地区的马家窑文化遗存有着非常密切的关系，而在甘肃省天水市发现的距今5400—4700年师赵村遗址马家窑文化层出土有驯化黄牛骨骸，[②] 表明马家窑文化时期已有驯化的黄牛，因此茂县营盘山遗址出土的黄牛，很可能就是从甘青方向传入。在时代稍晚于营盘山遗址的大渡河上游地区，也可能有了驯化的黄牛。[③] 由此看来，黄牛可能是四川藏区最早引进并饲养的牛。然而随着气候的变化和牦牛的引进，黄牛的饲养迅速衰落，在汉代和两晋南北朝时期，基本上没有关于四川藏区饲养黄牛的记载。入唐以后，由于犏牛繁殖技术的引进，黄牛的饲养再次受到重视，但是其地位，始终不如牦牛重要。现代四川藏区较为著名的黄牛为主要产于汶川的三江黄牛，因其净肉率低，役力强，通常用作役畜使用。

牦牛最初是在青藏高原上被驯化，即现存野牦牛分布区的周边地带。四川藏区的牦牛，可能与战国时期青海地区羌人中的“氂牛种”南下有关。据《后汉书》卷87《西羌传》记载，羌人无弋爰剑的子孙分为一百五十种，

① 何锟宇等：《浅论动物考古学中两种肉量估算方法》，载《考古与文物》2009年5期。
② 傅罗文等：《论中国甘青地区新石器时代家养动物的来源及特征》，载《考古》2009年5期。
③ 陈剑、何锟宇：《大渡河上游史前文化、环境与生业初析》，载《四川文物》2007年5期。

其中“牦牛、白马羌在蜀、汉”。牦牛即牦牛。进入蜀、汉地区的牦牛羌，很有可能就是在四川藏区最早饲养牦牛的部族。根据《史记·西南夷列传》《后汉书·南蛮西南夷列传》记载，在汉代，汶山郡、沈黎郡和越嶲郡及其以西地区皆有牦牛，即汉代牦牛分布在今岷山—邛崃山—夹金山—大相岭以西，这与目前四川牦牛的分布范围基本相同。牦牛具有耐寒怕热的特性，因此在四川藏区通常分布在海拔3000米以上地区。而在3000米以下地区，则是黄牛分布地。清道光年间，今九龙县和康定县的藏族，对一场牛瘟中幸存的牦牛进行较为严格的人工选择、自群繁育和竞争性选配，并采用较好的饲牧管理，由此形成一个具有共同来源、体型外貌较为一致、内部结构比较完整、遗传性较为稳定、体格硕大、肉用性能良好、毛绒产量较高的“谷地型”地方良种，即今九龙牦牛。[①] 民国年间，原在康北麦柯河一带游牧的麦巴部落，迁徙到今阿坝州麦洼地区，利用当地野牦牛于配种季节进入牦牛群配种，再经过长期选育，形成对高寒沼泽草地有较好适应性、产奶量大、乳脂率较高、驮力大的“草地型”牦牛品种，即今麦洼牦牛。[②]

犏牛是公黄牛与母牦牛杂交的第一代杂交种，最早育成的地方是在青藏高原。据《贤者喜宴》第七品记载，雅隆王朝在达布聂塞赞普时，已经有“犏牛、骡子等杂交牲畜”。而在汉文史籍中，则是在唐代才有关于犏牛的记载。唐人颜师古在为汉代司马相如的《子虚赋》作注时就说：“牦牛，即今之所谓犏牛也。”[③] 这种说法虽然是将牦牛与犏牛混为一物，但唐代已有犏牛且为人们所熟悉，应是毋庸置疑的。四川藏区的犏牛繁殖技术，大约也是在这个时期，随着吐蕃的东进而传入。到了明代，岷江上游已经以出产犏牛著称。由于犏牛性格较牦牛温驯，且产乳量之高，肉味之美，毛

① 蔡立：《肉用型良种牦牛——九龙牦牛调查研究》，载《中国牦牛》1980年1期。
② 卢勋、李根蟠：《民族与物质文化史考略》，民族出版社1991年版。
③ 王毓湖：《中国畜牧史资料》，科学出版社1958年版；任乃强：《羌族源流探索》，载《任乃强藏学文集》（中），中国藏学出版社1990年版。

之柔长，耐劳耐热性能之强，皆优于牦牛，因而用途甚广。四川藏区的耕地、运输等役用牛，多为犏牛。清道光《龙安府志》就说："番民耕地用双牛耕，其牛呼犏牛，出松潘寨，价颇贵，每头价约十金，耕地有力。亦养牦牛，多供宰杀，贫而无力者，亦用牦牛耕地。"

民国时期，阿坝地区普遍养牛，其中松潘"牛分牦牛、黄牛、犏牛三种，共约三十万头。牦牛亦称犁牛，原出西藏印度间之喜马拉雅山腹。平均体高约100公寸，体长约110公寸，体重约二百七八十公斤。黄牛体格甚小，关内饲养较多，草地则只闻作配种之用。犏牛赋性驯良耐劳，草地运输多利赖之，母乳较牦牛多，取乳者乐于饲养"①。在西康省，"旧属养牛四十六万余头，以理化县为首约十万头，次为石渠县，再次为甘孜、得荣、道孚等县……康属之牛以毛牛为首，犏牛次之，黄牛又次之……毛牛就是犛牛，多生长于不宜耕种而牧草丰富之山地，康人多畜养之，毛色犛黑，其长委地，所以有毛牛之称。毛牛容貌丑陋，但是筋肉坚实，能耐劳苦，为康藏往来之主要交通工具。毛牛与黄牛之杂种为犏牛，其毛为最佳之雨衣原料，康省亦有相当产量"②。

中华人民共和国成立后，据1956年统计，甘孜州除泸定县之外，全州共有牦牛及犏牛1742244头、黄牛68056头、水牛6头；③ 同年，阿坝州共有牛447966头，其中牦牛336641头、黄牛42956头、杂牛68366头。④

2. 羊

四川藏区的羊主要有绵羊和山羊两种。绵羊是与古代羌族有密切关系的羊种，其进入四川藏区，应当与羌人的迁徙有着直接的关系。秦汉时期，位于岷江上游的汶山郡已经饲养羊，故《后汉书》卷86《南蛮西南夷列传》

---

① 周开庆：《四川经济志·松潘经济概况》，台湾商务印书馆1972年版，第334页。
② 蒋君章：《西南经济地理》，商务印书馆1943年版，第141页。
③ 四川省编辑组：《四川省甘孜州藏族社会历史调查》，四川省社会科学院出版社1985年版，第6页。
④ 阿坝藏族羌族自治州计划经济委员会：《阿坝藏族羌族自治州经济社会发展四十年（1950—1990）》，四川民族出版社1993年版，第162页。

说，其“地有咸土，煮以为盐，麢、羊、牛、马食之皆肥”。位于汶山郡以北的广汉属国有黑、白水羌，紫羌，[①] 广汉属国以西有参狼种羌、白马羌，汶山郡以西又有大牂、龙桥、薄申等羌。[②] 这些羌人部落，皆畜养绵羊。而与羌人杂居的氐人，亦出产羊，[③] 其种类，应当与羌人相同。由此看来，汉代氐羌的分布地域，大体上就是当时四川藏区绵羊的主要分布范围。

四川藏区的山羊，可能是在汉晋之际迁徙进入川西南地区的彝族先民古侯、曲涅二支带来的山羊，再经川西南地区向北传入四川藏区。

在南北朝和唐代，随着四川藏区与西藏关系的不断加强，来自西藏地区的羊也传入四川藏区，并在长期的衍替下，形成藏山羊、草地藏系绵羊和山谷型藏系绵羊。

元、明时期，四川藏区的养羊业有较大发展，其中岷江上游和川西北高原的绵羊最为有名。[④] 清代以后，岷江上游和大渡河中游的养羊业逐渐转变成农家副业，而在川西北高原的牧区和偏远的半农半牧区，养羊仍是次于养牛、养马的产业。民国时期，四川藏区各县皆产羊。中华人民共和国成立后，据 1956 年统计，甘孜州除泸定县之外，全州共有绵羊 1092642 只、山羊 251822 只。[⑤] 同年，阿坝州有羊 431465 头，其中绵羊 295783 头、山羊 135682 头。[⑥]

3. 马

四川藏区最早的马，可能是随着羌人的南下而传入。据《后汉书》卷 87《西羌传》记载，羌人无弋爰剑的子孙分为一百五十种，其中“氂牛、白马羌在蜀、汉”。白马羌显然已经饲养马。先秦时期，四川藏区养马的部

① 《华阳国志》卷 2《汉中志》。
② 《后汉书》卷 86《南蛮西南夷列传》。
③ 《后汉书》卷 86《南蛮西南夷列传》;《华阳国志》卷 2《汉中志》。
④ 《寰宇通志》卷 70 引《大元一统志》,《蜀中广记》卷 32 引《四夷风俗记》。
⑤ 四川省编辑组:《四川省甘孜州藏族社会历史调查》，四川省社会科学院出版社 1985 年版，第 6 页。
⑥ 阿坝藏族羌族自治州计划经济委员会:《阿坝藏族羌族自治州经济社会发展四十年（1950－1990)》，四川民族出版社 1993 年版，第 164 页。

族有氐、羌、冉駹、筰人，其中筰人的马被称为“筰马”，深受巴蜀之民喜爱。[①] 东晋南北朝时期，占据着今川西北高原东部的吐谷浑出产两种马，一种是“蜀马”，一种是“青海骢”。[②] “蜀马”就是先秦时期传入四川藏区的马，这种马具有体形小、窄胸、刀状肢势、抗逆性强、善走山路等特点，现代将其划入“西南马”类型；“青海骢”是由吐谷浑引进的波斯马与本地“良牝马”交配而成的优良马种，这种马体格高大，骑乘速度快，挽力也较大，可作优良军马，清人陆炳在《川马行》中将其称为松潘马，[③] 主要分布在甘肃、四川、青海三省交壤的地区，其中甘肃省玛曲、碌曲和夏河县，四川省若尔盖、阿坝和红原县，青海河南蒙古族自治县为主要产地。因其分布区域位于黄河河曲地带，1954 年由西北军政委员会正式定名为“河曲马”。

在唐代，随着吐蕃东进，来自今西藏地区的藏马亦传入四川藏区。在今阿坝州，主要产于红原及壤塘、南坪等县的麦洼马，就是属于藏马。在康区，则被称为康马或西康马，[④] 其体格较蜀马略大，头颈、四肢稍长，被毛较密，耐寒善走。

宋代和明朝，随着汉藏茶马贸易的兴盛，四川藏区的养马业有一定程度的发展。而在清代以后，随着茶马互市的结束，以及四川藏区马匹质量不高等原因，养马业在四川藏区呈衰落趋势。民国时期，西康的马约为 12.8 万头。[⑤] 中华人民共和国成立后，据 1956 年统计，甘孜州除泸定县之外，全州共有马 167657 匹；阿坝州有马 61651 匹。[⑥]

---

① 《史记》卷 116《西南夷列传》。

② 《魏书》卷 101《吐谷浑传》。

③ 王培荀：《听雨楼随笔》卷 5。

④ 也有人认为康马系西宁马（陇右马）与华南马（蜀马）杂交而成。见［美］费理朴等：《中国之畜牧》，第 15 页。

⑤ 蒋君章：《西南经济地理》，商务印书馆 1943 年版，第 140 页。

⑥ 四川省编辑组：《四川省甘孜州藏族社会历史调查》，四川省社会科学院出版社 1985 年版，第 6 页。阿坝藏族羌族自治州计划经济委员会：《阿坝藏族羌族自治州经济社会发展四十年（1950—1990）》，四川民族出版社 1993 年版，第 162 页。

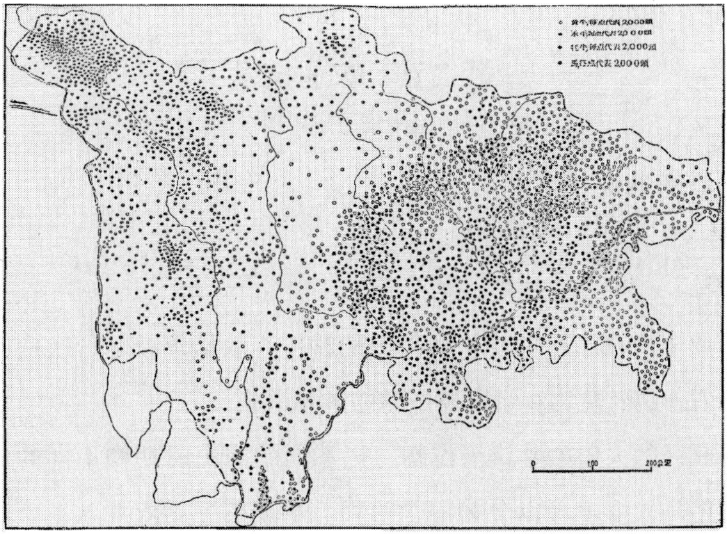

中华人民共和国初期四川马、牛分布图①

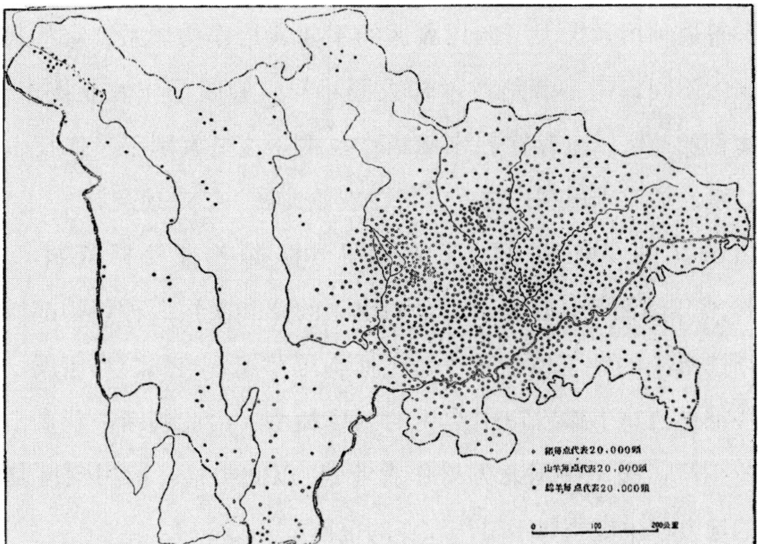

中华人民共和国初期四川羊分布图②

① 孙敬之：《西南地区经济地理》，科学出版社 1960 年版，第 49 页图。
② 孙敬之：《西南地区经济地理》，科学出版社 1960 年版，第 50 页图。

第二节　农业技术

一、传统农业技术

（一）种植技术

种植业生产技术，主要是指大田的耕作、栽培等技术，这是人类把自然生长的农作物转化为社会需要产品的重要措施。

四川藏区的大田主要栽培作物，在不同的历史时期和不同的地区，差别甚大，但是大体上可以分为三个时期。早期的原始农业，主要栽培粟和黍。中期始自南北朝时期，随着小麦、青稞等麦类作物的广泛种植，基本奠定了传统种植业的主要栽培作物。后期则始于清代，由于马铃薯和玉米的传入和普遍种植，扩大了四川藏区的主要栽培作物体系。这些栽培作物的种类虽然不同，但是栽培技术却大同小异，皆属旱作农业技术。此外，在种植水稻的地区，也存在着水田稻作技术，这是有别于旱作技术的另一类种植技术。关于水田稻作技术，将在农业发展一节中述及。

四川藏区的旱作农业，起源甚早。根据考古发掘资料，在距今5300—4600年间的茂县营盘山遗址，出土的粟和黍这两种谷物都属于旱地作物；浮选出土的杂草植物种子，包括狗尾草属、黍属、马唐属、鸭跖草等，这些都是秋熟旱作农田中常见的杂草类型。由此判断，营盘山遗址当时的农业生产，属于中国北方旱作农业。[①] 以此类推，四川藏区其他种植黍、粟的地方，也应当属于旱作农业的范围。

早期旱作农业用于种植作物的田土，是将生荒之地开垦为农田，种植一年或数年之后，由于地力下降，需要撂荒若干年，待地力恢复后，才能

① 赵志军、陈剑：《四川茂县营盘山遗址浮选结果及分析》，载《南方文物》2011年3期。

再次种植作物。这种土地的利用方式称为撂荒制，其主要特点是土地不能连续多年进行种植，即土地还没有实现连作。在四川藏区，土地的撂荒制延续时间相当长，直到民国时期，在岷江至澜沧江之间，“隔年或隔三四年耕种一次的轮歇地，约占耕地面积的三分之一”①。中华人民共和国成立后，轮歇地仍然存在于四川藏区，其中甘孜地区较为普遍。

与撂荒制相适应的主要农作技术就是刀耕火种。虽然刀耕火种的起源很早，但是具体情况直到唐代才比较清楚。据唐人记载，当时四川地区的刀耕火种，基本上只有播种和收获两个生产环节。在播种前，先选择一块适当的荒地，砍倒树木，经过一段时间的日晒，待其干燥之后，再选择一个即将下雨的日子，焚烧已经被砍伐的草木，把荒场清理为田土，并利用烧荒后留下的草木灰做肥料，待下雨后，播下作物种子。自播种之后，一般不再进行田间管理，直到作物成熟时才去收获。② 宋代四川地区的刀耕火种，与唐代基本相同。南宋范成大在《劳畲耕序》中有相当具体的记述：“畲田，峡中刀耕火种之地也。春初斫山，众木尽蹶。至当种时，伺有雨候，则前一夕火之，藉其灰以粪。明日雨作，乘热土下种，即苗盛倍收，无雨反之。”虽然上述四川地区的刀耕火种并不在四川藏区，然而直到民国时期，四川藏区的刀耕火种方法，大体上还是与唐宋时期相同。任乃强在《火地与水地》一文中写道：“火地者本非地，低山老林也。每每有汉人择土厚处，举火焚之，草木焦烂，灰入土壤皆黑，即便锄土下种油菜、青稞之属，无不丰收。唯续种一二年须弃之，盖地力尽也。火地道孚大寨附近最多，焚山时木干焚不尽，倒卧青稞、油菜间，如冰纹窗子糊黄纸然。关外林地日促，由火地也。”③ 严尚钦在《西康居住地理》④ 一文中，也指出刀耕火种对森林的破坏作用：“（九龙县）汤古之南，沿九龙河河谷，有木屋十余，兹举一为

① 中国科学院民族研究所：《藏族简志》（下编），1963 年编印，第 49 页。
② 李敬洵：《唐代四川经济》，四川省社会科学院出版社 1988 年版，第 47 页。
③ 任乃强：《西康札记·火地与水地》，载《任乃强藏学文集》（中），中国藏学出版社 2009 年版。
④ 《地理学报》1939 年 6 卷。

例。木屋位于一狭长之耕地中，长二十丈，阔三丈，系将松杉大林焚烧后所得，枯槁麦秆中仍残留粗大木桩。为此狭隘耕地，而焚烧绵延及倾斜五十度之山坡，高二十公尺，长一百五十公尺，计其面积为五八〇〇方公尺，如以每二方公尺得一树计，则共焚去二九〇〇株，由此可见焚毁之惨。栽种地之土壤极薄，辛勤经营，三四年后即行废弃，无树木荫庇之荒地斜坡土，雨水之侵袭作用加剧特甚。”由于刀耕火种对森林植被造成严重破坏，引发一系列生态环境问题，民国时期，邓锡侯就在岷江上游地区禁止毁林开荒。然而在中华人民共和国成立后，雅江等地，仍然“还有‘砍火地’种青稞、苦荞的耕作方法。把荒坡上的杂草小树砍倒，放火烧山把杂草等烧成灰然后撒种，用种量较一般地多。不犁地，不中耕除草，种一季后即丢荒”①。

刀耕火种的一个特点是不进行翻土，因此在种植作物一年后，会造成土壤板结，难以继续利用。最初的解决办法是将板结的土地撂荒，另选林地进行刀耕火种。其后，随着人口的增加，产生了延长土地利用年限的要求，而土地要连续多年使用，必须在播种前进行翻土，用以改善土壤的物理结构。四川藏区的翻土工具主要有锄和犁两大类。最早的锄是用天然树枝制成的木锄，并在此基础上发展为石锄。在今甘洛县的耳苏藏族，传说其祖先就是用天然树杈砍制成鹤嘴锄，称为“生夸衣”，是最早的翻土工具。后来在“生夸衣”上捆一尖状石，就成为石质的挖锄，耳苏人称为“栽披”。② 在木里地区的纳西族，中华人民共和国成立后，还在使用一种名为“斯瓦苦”的木制鹤咀锄，“天然树枝砍成，长 50 厘米，锄头长 20 厘米，供播种和采集用”；另外还有一种名为“责里”的有柄木锄。③ 在甘孜地区，木锄的使用也很普遍。其中德格地区，“木锄分板锄和尖锄两种，锄把短

① 四川省编辑组：《四川省甘孜州藏族社会历史调查》，四川省社会科学院出版社 1985 年版，第 195 页。
② 严汝娴：《藏族的脚犁及其铸造》，载《农业考古》1981 年 2 期。
③ 严汝娴等：《四川省盐源木里两县纳日人社会调查》，载《四川省纳西族社会历史调查》，四川省社会科学院出版社 1987 年版。

小，使用费力”；理塘有一种薅锄，“锄用青冈木制成，用牛皮绳系于木柄顶端，木柄系一长约 2 尺的木棍。使用时，用刀砍削锄尖，随用随砍，使之锐利”。康定、雅江等地也有这种用青冈木砍制而成的薅锄。[①] 此外，在木里和阿坝等地，还曾使用过牛角锄。据中华人民共和国成立初期的调查：“阿坝、壤塘一带草地藏胞，多少年均用牛角做锄头挖地。三十多年前，铁器输入较多，才在牛角尖上镶包约一寸五分的铁尖，比纯牛角稍好，但效率还是很低”[②]。在绰斯甲色尔坝一带，直到中华人民共和国成立后，“尚有用牛角做锄头”[③]。

四川藏区使用铁锄，可能始自汉代。早期的铁锄可能与木里发现的铁铧、铁锸一样（详下），来自蜀郡。此后，在相当长的时期内，四川藏区的铁锄等铁制农具，主要还是依靠汉区供应，数量少，价格昂贵，普通农民无力购买使用，加之历代封建王朝对内地铁器输入藏区，多有限制，这就使得木锄、牛角锄在四川藏区被长期使用。直到清代，随着汉族移民大量进入四川藏区，包括铁锄在内的铁制农具加工制作才在四川藏区逐渐形成一定的规模。然而木制农具仍然相当普遍，故道光《巴塘志略·杂识》说，巴塘“不产铁，故农具皆以木为之，惟挖石之鸦觜鉏，裹铁寸许”。民国时期，西康的炉霍、道孚、瞻化、巴安、稻城、得荣、九龙等县皆出产“锄头”[④]。中华人民共和国成立后，政府通过帮助农民购买农具，免费发放铁质农具等方式，使铁锄在四川藏区得到较快的推广。

四川藏区早期使用的犁，是一种人拉的木犁。其遗制，至今仍能见到。据调查，甘洛县的耳苏藏族将木犁称为“西戛杂布俄”，这是用两根木叉制

---

① 四川省编辑组：《四川省甘孜州藏族社会历史调查》，四川省社会科学院出版社 1985 年版，第 28 页。

② 四川省编辑组：《四川省阿坝州藏族社会历史调查》，四川省社会科学院出版社 1985 年版，第 26 页。

③ 四川省编辑组：《四川省阿坝州藏族社会历史调查》，四川省社会科学院出版社 1985 年版，第 210 页。

④ 游时敏：《四川近代贸易史料·西康主要物产》，四川大学出版社 1990 年版，第 59—61 页。

作的犁，扶手称为“布买猜”，木尖称“布查”，木辕称“布戳”。前面由一至二人用绳索拉犁，后面一人扶犁，只能在土质较松的熟地上使用。① 而在木里和九龙等地使用的木犁，其犁铧有石质的，也有木质的，其中石犁铧都是插在木犁床的夹銎中，仅刃部留在外头，这种安装方法的用意，主要是保护石犁铧，使之不易被损坏，也便于更换石犁铧。②

四川藏区使用铁铧，根据目前的考古资料，最早是在汉代。1986 年，在木里藏族自治县，发现十余件汉代的铁铧和铸有铭文的铁插一件。其中保存较为完整的一件铁铧，其形状通体略成三角形，空首，左右两叶于前端汇成略尖圆弧锋，两侧有刃，正中一面隆起成脊。器长约 15 厘米，后宽约 26 厘米（一端略残），銎口中部宽约 3 厘米。素面无纹，像生铁模铸。根据同时出土铁插上的文字，这些铁铧与铁插一样，是由汉代蜀郡生产的。③

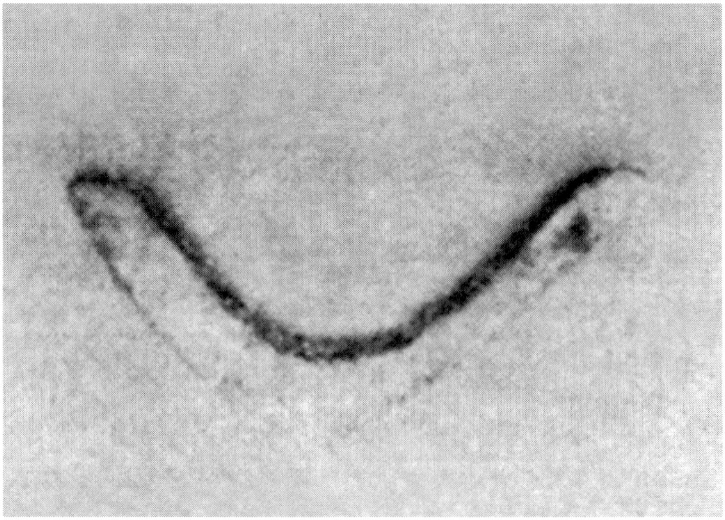

木里县出土的汉代铁铧④

① 严汝娴：《藏族的脚犁及其铸造》，载《农业考古》1981 年 2 期。
② 牟永杭、宋兆麟：《浙江的石犁和破土器》，载《农业考古》1981 年 1 期。
③ 黄承宗：《四川木里出土的汉代农具》，载《农业考古》1981 年 1 期。
④ 黄承宗：《四川木里出土的汉代农具》插图，载《农业考古》1981 年 1 期。

由于四川藏区长期不能生产铁质农具，包括铁铧在内的铁质农具完全依赖内地输入，而历代封建王朝对内地铁器输入藏区，多有限制，因而铁铧的普及非常缓慢。在明代，处于云南丽江木氏土司控制之下的康南地区，从云南丽江等地引进铁铧犁，逐渐取代原有的木铧犁。入清以后，随着清王朝对四川藏区控制的增强，以及改土归流的实施，对内地铁器输入藏区的限制逐渐取消，因而明正土司能够在乾隆年间引进铁犁铧。羌族除原有的鸭嘴铧之外，还出现体轻深耕的鸡嘴铧和双面铧，并能自行加工制作铁铧。不过据羌族"萝卜寨传说，铁质农具的制造在清末是不普遍的。那时只有离此五十里的侧山有四、五户铁匠铸铧头，因为那里乱石多，不出粮食，其他地方官府是不准铸铧的。他们铸铧以后，自己背到各寨出售。光绪初年 20 个小钱买一张铧。宣统末民国初年八百个铜圆买一张铧，也可用七、八斤生铁换一张铧"①。清朝末年，赵尔丰在川边地区实行改土归流后，从四川内地购买铁铧、铁耙、铁锄等农具加以推广。然而直到民国时期，汉族铁犁并未在四川藏区得到全面普及。在今阿坝州，羌族的"铁质铧头有两种：一是鸭嘴铧；一是鸡嘴铧。鸭嘴铧头圆而宽，重 7—10 斤，能深耕，鸡嘴铧头尖而窄，重 1—2 斤"②；嘉绒藏族"铧头较落后，为鸭嘴形式，重约四至五斤。大金一带分为'陡铧'与'平铧'两种，汶川一带之铧头分'钗钗铧'和'板板铧'两种，钗钗铧以单牛抄地，而板铧则以双牛耕抄地。大金和汶川的铧头较进步"③；"阿坝、壤塘一带的犁头，是在很笨重的木制犁的尖端，包约四寸长的铁皮。包座因靠近松潘，比阿坝、壤塘等地区进步些，已经有五寸至七寸的铁铧头。前者只能犁地三四寸，后者能深入五六寸……关内七部落和松潘所属毛尔盖、牟牛沟、漳腊等地区，

① 四川省编辑组：《羌族社会历史调查》，四川省社会科学院出版社 1986 年版，第 10—11 页。
② 四川省编辑组：《羌族社会历史调查》，四川省社会科学院出版社 1986 年版，第 10 页。
③ 四川省编辑组：《四川省阿坝州藏族社会历史调查》，四川省社会科学院出版社 1985 年版，第 210 页。

已有稍次于汉区之平锄、尖锄、弯刀和长约一尺多的全铁犁头。铁器虽少，已能普遍使用……南坪的农具，由于距汉区近，铁质工具全由汉区运来，除带钢犁头、板锄之外，尚有除草的薅锄，挖土的条锄，和砍柴用的弯刀”[①]。在今甘孜州，铁铧大体只在东路和南路部分地区使用，而木犁的使用，比阿坝地区更为普遍，其中炉霍、瞻化、巴安、稻城、九龙等地均出产“蛮犁”，道孚出产“木犁”，得荣出产“犁头”。[②] 这些犁皆使用木铧。

中华人民共和国成立后，政府通过帮助农民购买，免费发放，引进先进铧犁等方式，推广铁铧的使用，但是直到 1956 年，“在雅砻江与金沙江之间这一大片土地上，寸铁全无的木犁依然是主要农具。这种木犁实质上还只是耒耜向犁的过渡形式，它只是把耒耜加粗，在起土部分弯成钝角，在主杆靠近顶端的地方加上一根长长的与主杆成十字交叉的木杆，木杆前端又加一横木，横木两端分别紧系在左边一牛的右角和右边一牛的左角上。使用这种木犁，牵挽非常费力。犁尖用坚硬的青杠木削成（个别用牛角），一个犁尖耕地两亩左右就要更换。耕深为三寸左右。有的犁尖上裹了一层铁皮，效能稍高。个别地方，农民在犁地的前夕往地里泼水，使土壤松散，以便于次日犁耕。据试验，这种木犁的工作效率只有双轮双铧犁的六分之一”[③]。

四川藏区早期的犁是用人力进行牵引。使用牛作为动力的牛耕，最早的记载是在蜀汉时期。据《华阳国志》卷 4《南中志》记载，蜀汉建兴三年（225），诸葛亮平定越嶲、益州、永昌、牂柯四郡，“出其金、银、丹、漆、耕牛、战马给军国之用”。《三国志》卷 43《蜀书·李恢传》则说：“赋出叟、濮耕牛、战马、金银、犀革，充继军资，于时费用不乏。”由此可知，

① 四川省编辑组：《四川省阿坝州藏族社会历史调查》，四川省社会科学院出版社 1985 年版，第 26 页。
② 游时敏：《四川近代贸易史料·西康主要物产》，四川大学出版社 1990 年版，第 59—61 页。
③ 张正明：《甘孜藏区社会形态的初步考察》，载《四川省甘孜州藏族社会历史调查》，四川省社会科学院出版社 1985 年版。

民国时期德格地区使用的木犁①

当时的越嶲郡已有用于犁地的耕牛。现在的木里地区，蜀汉时期在越嶲郡的管辖范围内。根据在木里出土的汉代铁铧，可以认为，汉代木里地区的铁铧应当是用于牛耕的。在汉代，内地的牛耕，基本上就是“二牛抬杠式”②，因此传入四川藏区的牛耕，也应当是“二牛抬杠式”。在唐代，吐蕃王朝的牛耕方法同样也是采用“二牛抬杠式”，并将二牛抬杠一天所耕的地作为田亩的计量单位，称为“突”（dor），1 突等于唐制 10 亩。③ 在吐蕃统治四川藏区期间，“二牛抬杠式”的耕作方式得到推广。而唐王朝也在该地区推广牛耕。唐德宗贞元九年（793），西山八国归附唐朝，“西川节度使韦皋处其众于维、霸、保等州，给以种粮、耕牛，咸乐生业”④。虽然唐朝的牛耕已有单牛单人的耕作方法，但二牛抬杠的耕作方式依然存在。从后世的情况看，被唐王朝安置在今杂谷脑河流域的西山八国，其耕作方式仍然是“二牛抬杠”。自唐代以后，“二牛抬杠”就成为四川藏区最主要的牛耕方式。民国时期，大体有两种具体的耕作方法。一种方法是，将“一尖头

① 中国科学院民族研究所编印《藏族简志》（下编）插图。
② 鲁才全：《汉唐之间的牛耕和犁耙耱耧》，载《武汉大学学报》（哲学社会版）1980 年 6 期。
③ 王尧、陈践：《吐蕃简牍综录》，文物出版社 1986 年版第 24 页注②。
④ 《旧唐书》卷 197《东女国传》。

阔膊之重犁，配长丈许木辕，端缚横木，缚二牛角上，挽之而耕。牛角非得力处，长辕不便转捩，尖头阔膊不便翻土，故其用力多而收效微。每地年耕数遍，犹未耕也”[①]。这种耕地方法通常称为“二牛顶杠”，是吐蕃王朝遗留下来的牛耕方法。另一种方法是将连接木辕的横木置于二牛的肩上，即：“耕地用长辕木犁，二牛挽之”[②]，这就是狭义的“二牛抬杠”，应当是汉代内地牛耕方法的遗存。广义的“二牛抬杠”则包括“二牛顶杠”和“二牛抬杠”两种有所差别的双牛耕地方法。在四川藏区，二牛顶杠比狭义的二牛抬杠更为普遍。中华人民共和国成立后，“二牛抬杠”逐渐成为四川藏区主要的耕作方式。具体操作是：“耕地时，一人在前牵牛，一人把犁头耖地，还有一人在旁替换，另有一人撒种。犁杠有放在牛肩上，也有束于牛角上的。因铧小，耕地不深，一般无石之地，可深四、五寸，而砂地则只三、四寸。地耕毕，用木槌碎土。耖地皆在雨后，乘土松宜于耕种，有时天旱，因候雨而可能延迟耕耘时间。耕地大致是秋收后犁一次地，播耕前再犁一次。其种两季作物的土地，则在收获前后，各耖一次。”[③] 至于“二牛顶杠”，则实行改进，“在那些原来使用‘二牛顶杠’的地区也普遍地改进为‘二牛抬杠’了”[④]。

在四川藏区，除了广泛采用的二牛抬杠之外，也有使用单牛的耕作方式。这种耕作方式大约是在宋代，随着汉族移民进入四川藏区而带来的新耕作方式。早期的单牛耕地，仅为汉族所采用。在清代，随着汉族移民大量进入四川藏区，以及内地与四川藏区关系的加强，单牛耕地逐渐得到推广。其耕地方法，通常采用汉式牛耕方法。民国时期，在四川藏区的汉族和靠近汉区的地方，单牛耕地已经成为常见的耕作方式。然而就整个四川藏

---

① 任乃强：《甘孜县视察报告》，载《任乃强藏学文集》（中），中国藏学出版社 2009 年版。
② 任乃强：《道孚县视察报告》，载《任乃强藏学文集》（中），中国藏学出版社 2009 年版。
③ 四川省编辑组：《四川省阿坝州藏族社会历史调查》，四川省社会科学院出版社 1985 年版，第 211 页。
④ 中国科学院民族研究所：《藏族简志》（下编），1963 年编印，第 167 页。

四川藏区“二牛抬杠”耕地图①

区而言，汉族的单牛耕地技术并未得到普及，② 这种状况一直延续到中华人民共和国成立之后。

除了牛耕之外，四川藏区也使用脚犁进行翻土，其遗制至今还能在甘洛的耳苏藏族中见到。据调查，耳苏藏族使用一种名为“直”的脚犁。其制作方法是：选择一根长约 2 米、直径约 7—8 厘米，有一定弯度（内角约 130 度）的树干或大的树枝，将较粗部分做成长约 70 厘米的“犁脚”，前端套上长约 30 厘米，宽约 10 厘米的铁质犁铧，称为“直密”。犁铧呈三角形，两面有刃。犁柄长约 70 厘米，其上端安一横木，耳苏人称为“直若”，意为扶手，又称犁拐，供手握之用。在犁柄与犁脚之间，削木为肩，上安一根

① 中国科学院民族研究所编印：《藏族简志》（下编）插图，1963 年。
② 四川省编辑组：《四川省阿坝州藏族社会历史调查》《四川省甘孜州藏族社会历史调查》《甘孜藏族自治州民族志》，郭声波：《四川历史农业地理》，任乃强：《羌族源流探索》。

约30厘米长的横木，称为“直爬”，即脚踏横木，脚犁之名，由此而来。据耳苏老人说，他们的脚犁是由尖木棍发展来的，先是在尖木棍上安装“扶手”，使戳土更加有劲，后来由扶手的启发加上一个脚踏横木，手足并用，遂成木耒。因耳苏人居住在山区，以直耒耕种山地，又费劲效率又低。经过反复实践，改用弯柄，形制逐渐与现在的脚犁接近。据说，早期的犁尖，也形似今日之铁铧，但为木质。现在使用的铁铧，是本族铁匠模仿木犁尖铸成。但耳苏人不会冶铁，需要从汉族地区购入生铁或废铁。①

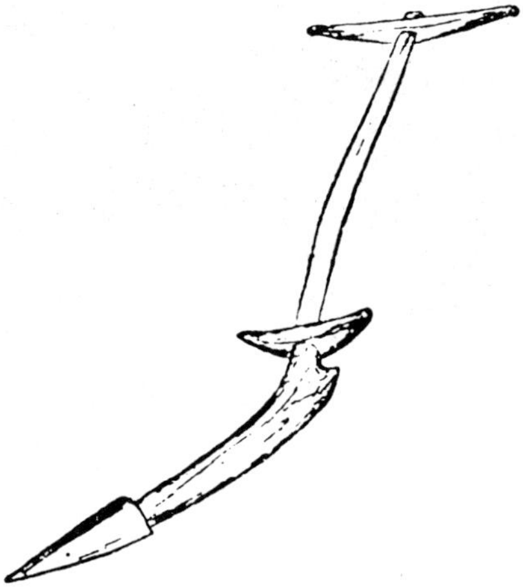

耳苏藏族的脚犁②

根据对耳苏藏族脚犁的调查，可知这是一种由木耒演变而来的翻土工具。这种脚犁在古文献中多有记载，通常称为“踏犁”。宋人周去非在《岭外代答》卷4《风土门》踏犁条中说：“静江民颇力于田。其耕也，先施人工踏犁，乃以牛平之。踏犁形如匙，长六尺许，末施横木一尺余，此两手所捉处也。犁柄之中，于其左边施短柄焉，此左脚所踏处也。踏，可耕三尺，则释左脚，而以两手翻泥，谓之一进。迤逦而前，泥垄悉成行列，不

① 严汝娴：《藏族的脚犁及其铸造》，载《农业考古》1981年2期。
② 严汝娴：《藏族的脚犁及其铸造》一文中插图，载《农业考古》1981年2期。

异牛耕。”耳苏藏族的脚犁，在形制上与宋代静江地区（今广西桂林）的踏犁基本相同，然而使用方法却不一样。耳苏藏族使用脚犁是自前向后翻土，即将脚犁的犁铧刺入土中翻土一次，再退后一步继续翻土，[①] 而周去非记载的踏犁则是自后向前翻土，即用踏犁翻土之后，还要“以双手翻泥”，然后前进一步，再用踏犁翻土，并用双手将翻起的泥土垒向两侧，故用踏犁翻土是“迤逦而前，泥垄悉成行列”。由于古代的木耒也是自前向后翻土，因此耳苏藏族的脚犁使用方法，比周去非记载的踏犁使用方法，更接近木耒。在元代，踏犁又被称为长镵。王祯《农书》卷 9 就说：“长镵，踏田器也。镵比犁镵颇狭，制为长柄，谓之长镵。杜工部《同谷诗》曰：‘长镵长镵白木柄’，即谓此也。柄长三尺余，后偃而曲，上有横木如拐，以两手按之，用足踏其镵柄后跟，其锋入土，乃捩柄以起坺也。在园圃区田，皆可代耕。比于镢劚省力，得土又多。古谓之跖铧，今谓之踏犁。亦耒耜之遗制也。”

锄、犁等翻土工具的应用，改善了田地的土壤结构，使土地连续使用的年限得到延长。而轮作也是延长土地使用年限的有效措施。轮作是指在同一块田地上，有顺序地在季节间或年间轮换种植不同的作物或复种组合的种植方式。由于不同作物对土壤中的养分具有不同的吸收利用能力，因此轮作有利于土壤中养分的均衡消耗。同时，轮作还有利于减轻与作物伴生的病虫杂草的危害。四川藏区因地理条件的差异和不同历史时期种植的作物不同，其季节间和年间轮换种植的作物也不尽相同。从大田主要栽培作物的构成来看，最早的轮作，可能是禾谷类作物的轮作。南北朝时期传入豆类作物后，逐渐形成禾豆轮作。至于粮食作物与经济作物的轮作，应当是在清代才逐渐得到推广。据中华人民共和国成立初期的调查，在阿坝州，嘉绒藏族“通用的轮种方法：第一年种青稞，次年种麦子，再种荞子、马铃薯、豌豆、胡豆等”；草地藏族所在的下阿坝，“因山林大，耕地面积

---

① 严汝娴：《藏族的脚犁及其铸造》，载《农业考古》1981 年 2 期。

狭小，是以采用轮作。头年种青稞，次年种豌豆、胡豆等杂粮，一年产一季”；松潘农区“轮作地于腊月、三月、九月先后犁三次。轮种青稞、小麦、豌豆和胡豆。南坪区较草地、松潘为先进，很少休耕地。多采用轮作方法，藏民称为‘蒲地’。一般每年产一季，坝子可产两季。其轮作方法系在三年内轮种青稞、小麦、燕麦三种作物。如此轮种，虽然年年不间断，产量仍可保持平衡，不至递减”。[①] 在甘孜地区，青稞、豌豆、小麦三种粮食作物的轮作较为常见，“青稞之后是小麦，小麦之后是豌豆，豌豆之后是青稞。每年种一季。三年一个轮作周期。有些农民把地分为三片，青稞、豌豆、小麦各种一片，逐年轮换”。在雅江则有“玉米与青稞轮种，今年种玉米施了肥，土质转肥，明年种青稞虽不施肥，也长得好。小麦与豌豆轮种，今年种小麦，明年种豌豆，小麦瘦地，豌豆肥地。快青稞与圆根轮种，快青稞收割后即种上圆根，当年即可收获，圆根又能松土肥土”。在德格，土质较肥的谷地，也有青稞与圆根的轮种。[②]

四川藏区的播种，分为点播和撒播两种。早期的刀耕火种，只能进行点播。在实现锄、犁等工具进行翻土之后，克服了刀耕火种之地林木残茬较多，灰烬烤灼等问题，才具备撒播的条件。[③] 不过在撒播出现之后，点播并未废除，而是与撒播并存。根据中华人民共和国成立初期的调查，在阿坝州，草地藏族“播种前并不选种。播种的方法，普遍都使用犏牛皮缝成的口袋装满青稞，横挂胸前。一面退，一面撒，撒完以后，觉得稀疏的地方，再重新补撒，露在地面的种子，多被鸦鹊啄食许多。解放后，政府宣传使用‘条播’或‘点播’，一部分藏民反映说：‘不宜条播稀植，因为容易被风吹倒。’”而嘉绒藏区“青稞、麦子、胡豆、荞子等，皆撒播，胡豆、

① 四川省编辑组：《四川省阿坝州藏族社会历史调查》，四川省社会科学院出版社 1985 年版，第 21、26—27 页。
② 四川省编辑组：《四川省甘孜州藏族社会历史调查》，四川省社会科学院出版社 1985 年版。
③ 李根蟠、卢勋：《中国南方少数民族原始农业形态》，农业出版社 1987 年版，第 60—63 页。

玉麦、圆根等皆点种”。[1] 在羌族地区，“玉米、洋芋实行点播，河坝行距二点五尺左右，高、半山为三至四尺，分为‘对窝子’、‘花窝子’两种，多花窝子。青稞、麦子等小春作物，都实行撒播”[2]。在甘孜地区，犁播和撒播是主要的播种方法。其中“犁播是在春耕犁地时，随犁下种于犁沟中，每隔 1.2 尺丢玉米种 3—5 粒或洋芋种一块；小麦、青稞等随犁播下，没有窝距。撒播是春耕前即把荞子种漫撒在地里，然后再犁地覆盖种子，青稞和小麦也有用撒播的”[3]。其中犁播，实际上就是点播。

在四川藏区，作物播种之后的田间管理，大体分为两种情况，在土地尚未实现连作的刀耕火种之地，通常只有播种和收获两个主要生产环节，基本上没有其他的田间管理。在通过翻地、轮作等方式实现土地连作后，其田间管理，在不同的地区，不同的民族，差别甚大。

据中华人民共和国成立初期的调查，岷江上游的羌族，有积肥习惯，主要肥料有牛、马、羊粪，以及人粪肥和蒿草、树叶沤制的植物肥料。人粪肥又称清肥，据说是在清朝光绪年间由绵竹县传入。“除人粪单独使用外，其余动植物肥皆混合沤制。积肥方法，一般以每年农历二月初十至二十日左右，入寨公林，捞积落叶，割蒿草；农历六、七月，在田坎上割杂草，倾置牛、羊圈内，以牲畜踩踏，将用时，在半月前将其堆置再沤，然后起用。人粪则积于坑内，用时掺水使用。施肥时于下种犁地之前以筐背肥，倾倒地内，成为底肥。追肥时玉米多用清肥，倾于窝中，或以干粪丢置窝内。从前玉米仅长到二尺高时，追肥一次；青稞、荞子于农历三月中旬追肥一次，以助长……玉米在高、半山多锄草两次，一次四寸高，二次二尺高，并勾苗、定苗与壅蔸；河坝多锄草三次，程序与上同。勾苗、定

① 四川省编辑组：《四川省阿坝州藏族社会历史调查》，四川省社会科学院出版社 1985 年版，第 21、26—27 页。
② 四川省编辑组：《羌族社会历史调查》，四川省社会科学院出版社 1986 年版，第 84 页。
③ 四川省编辑组：《四川省甘孜州藏族社会历史调查》，四川省社会科学院出版社 1985 年版，第 182 页。

苗时每窝留三株。最后再扯草一次。洋芋在七寸高时，锄草与壅蔸一次。小麦与青稞，河坝区在正、二月薅头草时，苗高三寸，薅二次草时苗高一尺；高、半山只在苗高三寸时薅一次。荞子不中耕。水利。在河坝、半山有天然沟渠的地方，玉米、青稞、小麦，一般泡水四次。玉米在出天花时，泡一次；半月后出大天花时泡二次；天花出齐，抽穗起浆时，泡第三次；涨浆充粒时，泡第四次。小麦、青稞一般在苗高一尺时泡一次，抽穗时泡一次，涨浆时泡一次，粒成时最后泡一次。水利资源没有得到充分利用，大多数地方是'靠天吃饭'。收割、储藏。玉米用手搬下，洋芋以初挖，青稞、麦子、荞子以镰刀割下。玉米一般捆扎成'提子'（以悬晒干燥），或置于晒笼（筐子）内，便于通风贮藏，待食用时再脱粒。青稞、麦子、荞子用连枷（简单地以绳套的二根木棍）脱粒，储于仓内或桶中。"①

在阿坝州的嘉绒藏区，旱地二月种青稞、麦子，莜麦六月下种，不施肥，不除草。撒种后，一般是三月下旬至四月初旬，薅草一次，四月底薅二道草，同时用手拔去"稗子"。但大小金一带如沃日，青稞、麦子皆薅三道草，第一次在作物生尖时，第二次在结穗时，第三次在青稞和麦穗将黄时，而荞子则薅草二道，一次在生苗时，一次在开花时。一般不注意选种，青稞、麦子，俗选其穗大而肥者，扎成小把，挂在向风处，而玉米则捡其大者，不脱粒，与青稞、麦子一样，挂于向风处，于撒种前取用之。除接近汉区的地方，如草坡，家家有厕所积肥，并于牛羊圈中沤肥，每家年积肥二百背。一般不用人粪，积肥系以青稞、麦草、树叶、玉米秆等，放置于牛羊圈中，与牛羊粪混杂，再经牛羊践踏，到播种前，将沤烂之粪草堆积坝上，一块一块的放于地中。在大小金川有用人粪做肥料者，但为数不多。此外尚有以核桃皮、麻籽、大烟籽做肥料者，但易于受虫，用得不多。青稞、麦子、玉米于下种时，施肥一次，以后不再施肥。荞子、马铃薯、

① 四川省编辑组：《羌族社会历史调查》，四川省社会科学院出版社 1986 年版，第 84 页。

胡豆等皆不施肥。中华人民共和国成立后，各地已渐推行挖厕所，积人粪，并用油枯做肥料。

在阿坝州的草地藏族，“牛马粪为烹食取暖的不可缺少的燃料。松潘、包座、毛尔盖、南坪等地区，也不用人粪施肥，但已使用牛、羊、马粪。撒种后，即将粪撒在地里。平常收集有限的乱草废物，烧成灰，由妇女们背去倒在地里。松潘撒种前在地里烧草灰撒开，施撒极不匀称，并以牛羊粪施肥两次。南坪高山地三年施肥一次，半山地及平地一年施肥一次，个别地方，仍有不施肥者”。①

在松潘地区，为防止冰雹等自然灾害，还形成一些制止之法。据民国《松潘县志》卷8《祥异》记载：“松潘附近地产，每年仅收一季。立秋前后十余日，禾稼将熟未熟之时，白昼则虑大雨寒凝冰雹，夜晚则虑天晴露积为霜。禾苗受冰雹则籽散满地而包壳亦空，经霜雪则籽尽枯槁而生机立绝。此二者，实农民之大害也。故习惯上制止之法有四：一曰请番僧念经；二曰禁止挖药驮药；三曰安设大炮于山顶，冲散黑云，雹雨立止；四曰收积各种骨头、柴草、柏枝，多处燃烧，烟合成云，寒退霜止。以上四法，请番僧念经作法以止冰雹霜雪，虽事属荒渺，然虔心求神，禳解灾厄，亦古人祈祷之遗意。至于禁止挖药驮药，说者谓惊动山神，冰雹霜雪立至。不知此数月内，贫民不能上山，生活窘矣。奸民藉查山，劫夺药夫，流弊生矣。此等系毫无理由之迷信，不足为法。惟安设大炮冲散黑云雨止雹消，与夫烟火成云寒退霜止二法，实为可行。”中华人民共和国成立后，安设大炮冲散黑云以消除冰雹，逐渐成为四川藏区防止自然灾害的重要方法。

在甘孜州，折多山以东的康定、泸定、丹巴和九龙，“有很多汉族居民，农具及耕作技术与内地汉区相似，产量也高”②。折多山以西的地区，

---

① 四川省编辑组：《四川省阿坝州藏族社会历史调查》，四川省社会科学院出版社 1985 年版，第 27、211 页。

② 张正明：《甘孜藏区社会形态的初步考察》，载《四川省甘孜州藏族社会历史调查》，四川省社会科学院出版社 1985 年版。

大体分为南、北两路，南路以巴塘为中心的巴塘、乡城、稻城和得荣地区，在明代，来自云南的纳西族移民进入巴塘等康南藏区后，在巴塘夏邛、中咱、中心绒等地开造大批梯田；在白松乡开挖水渠，造稻田300亩，并引进红米等农作物及其生产技术；推广条播；精耕细作。由此推动以巴塘为代表的康南地区农业生产技术取得重大进展。[①] 其后，又经清末赵尔丰的开发，以及外国传教士的垦殖活动，其农业生产技术颇多改良。而北路地区，受自然条件和社会制度的制约，在甘孜地区的东、南、北三路中，农业生产技术最为粗放，其中德格又最为典型："农田经营管理极为粗放。每年耕地2—3次（播种时耕一次，秋收后翻地一次），春耕犁地时，普遍使用二牛顶杠，牵挽费力，效率极低。大部分地区有施肥习惯，普遍使用牲畜粪肥，忌用人粪肥，施肥数量不多，少数高山僻远地区，尚有白籽下种的现象。大部分地区没有水利设施，不灌溉。选种用风选。均为撒播，每亩地下种量约为25斤左右，种子浪费大。下种后，松土一次，薅草2—3次……农业生产中的禁忌颇多，有以下一些禁忌：1. 男不背粪；2. 女不耕田；3. 喇嘛寺庙未贴出春耕、秋收的通知，农奴不能开始春耕、秋收；4. 马不能耕地；秋收以前不能用镰刀；6. 不除虫害；7. 不除草；8. 不施肥，忌用人粪肥；9. 草小不扯，不齐不收（指要等青稞熟完后才收）；10. 不灌水、不浇地。"[②]

（二）畜牧技术

根据现有的考古资料，四川藏区最早饲养的家畜是猪。在汉代，牛、羊、马成为主要的家畜，其中最著名的就是牦牛。南北朝时期，进入川西

① 康定民族师专编写组：《甘孜藏族自治州民族志》，当代中国出版社1994年版。
② 四川省编辑组：《四川省阿坝州藏族社会历史调查》，四川省社会科学院出版社1985年版，第81页。

高原的党项，“牧养犛牛、羊、猪以供食，不知稼穑”①。入唐以后，党项羌又有驴的畜养，② 而犏牛的繁殖技术也在此时传入，由此奠定了四川藏区畜牧业的主要畜种。

四川藏区最早饲养的猪，有可能是圈养。其后，随着牛、羊、马等食草牲畜成为主要畜种之后，逐水草而居的游牧也就成为主要的畜牧方式。两晋之际进入川西高原的吐谷浑就是“逐水草，庐帐居，以肉酪为粮”③。然而继吐谷浑之后进入川西高原东部的党项却是“俗皆土著，居有栋宇，其屋织牦牛尾及羊毛覆之”④，属于定居游牧。此后，逐水草游牧、定居游牧和圈养三种畜牧方式一直并存于四川藏区。中华人民共和国成立后，四川藏区的畜牧业，基本上还是分为这三种畜牧方式。

逐水草游牧，也被称为纯游牧，主要集中在若尔盖、阿坝、色达、德格、石渠等县。牧民住在牛毛帐篷，视季节在草原流动放牧。每年四五月，雪化草长时，一个部落内以寨子为单位开始集体游牧。工具有木制挤奶桶、大水桶、制酥油的木桶、打酥油的木筒等。有的人家尚有牛角尖包铁的小锄头。男性牧民佩带腰刀，除作自卫或杀牲口、割肉外，还用以割草皮。砌灶和砌冬天的土帐房。放牧一般由青年男女担任，若家中没有青年，便由老人代替。放牧时背一口小锅，一袋糌粑和酥油、茶叶，于早晨七八点钟出去。晚上六七点钟回来。二十多头以内的牛群，一个十三四岁的孩子就可以照料。马群、羊群则必须青壮年照顾，尤其是羊群，要由有经验的牧人放牧。农历五、六、七、八月，草茂畜肥，一头母牛，一天挤三次奶。九、十、四这三月，每天早晚挤一次。十一月、三月每天挤一次。十二月、一月、二月草枯雪积，畜瘦奶少。平均每头母犏牛年产奶量能制五十斤酥油，每头母牦牛年产奶量能制三十至四十斤酥油。其制法是将牛奶煮沸，

① 《隋书》卷 83《党项传》。
② 《旧唐书》卷 198《党项传》。
③ 《宋书》卷 96《吐谷浑传》。
④ 《旧唐书》卷 198《党项传》。

装入一木桶，桶盖上有活塞样式木柄，将其往奶桶内不断冲打，之后，油即浮面，凝结成圈，取出捏成大块漂于清水中即成酥油，沉于桶底的为奶渣，浮于上面的奶水为酸奶子。

羊毛于每年四月底、五月初剪一次。大羊每只剪三斤，一般每只剪两斤半，最差只两斤，小羊能剪一斤。以若尔盖的唐克、辖曼、卡基卡等部落的质量最佳。羊毛剪下后，以六十斤至七十斤成捆包装，每年约产六、七十万斤。若尔盖年产约五、六万斤。牛毛同样在每年四五月间取毛，用手扯，每头能扯二至三斤，称之为牛绒，用以搓线、织毡子、做帐篷及绳索用。秋末，牛羊肥壮时，开始杀宰。杀后连皮和肚肠包好收藏，供六七个月食用。因气候寒冷，不易腐臭。阿坝境内七月至十二月杀牛最多，其所产皮革质料为草地冠。其他月份，多产死皮，不加工即出售。①

在牲畜的饲养管理上，牧民们积累了一些经验。牧放时，基本上是分群放牧，牛、马多牧放于平地，绵羊放于斜坡或山冈，羊有专人看管，以防野兽侵害。牧民们随着气候和水草条件搬迁帐篷。冬天多住于阳光充足、积雪易化而又背风的山沟地带。夏季气候较暖，多住于高山，秋季又到较低洼的地区。夏秋季放牧是早出晚归，冬季由于气候严寒，放牧时多迟出早归。对草场的利用，实行四季轮牧，按先远后近安排。放牧牲畜时，选择水草条件好而气候暖和的平坦地带。冬季虽无储草习惯，但对冬季草场却倍加爱护。较富裕的牧民并给幼小牲畜修防风棚，喂精饲料，如奶渣熬水喂，或酥油熬水喂，以增强牲畜的抗寒能力。天气特别寒冷时，给幼畜盖上毡垫。牲畜一般都是自然交配，受胎率较低。最高的受胎率达50%左右，只有绵羊的受胎率高于此数。繁殖情况是，牛多为两年一胎，也有一年一胎的，主要看对母畜的饲养管理而定，如母畜膘好肥壮，则可一年一

---

① 四川省编辑组：《四川省阿坝州藏族社会历史调查》，四川省社会科学院出版社1985年版，第29—30页。

胎。马是两年一胎，或三年一胎，羊是一年一胎。由于饲养管理不善，幼畜成活率较低，一般是 60％，最高达 70％。畜产品，每一全产奶牛平均年产酥油 16 斤左右，半产奶牛年产酥油 6 斤左右，此外还有奶子、奶渣，以及牛羊皮毛等。以若尔盖和阿坝为主的东部纯牧区，与石渠等西部纯牧区比较，畜牧技术不尽相同，而单位奶制品的产量，东部纯牧区远远高于西部地区。由于牧区的迷信、禁忌，生产上的墨守成规较之农区更为突出。尤其严重的是，部落间频繁的械斗，造成人畜的大量伤亡，加之每逢冬春季节，严重缺草，牲畜因冻饿瘦弱而大批死亡，畜牧业经济抵御自然灾害的能力十分脆弱，因而牧区过去曾普遍流传着“秋肥、冬瘦、春死亡”的说法。

在部分纯牧区，随着一些草场的私人占有和使用，已经从逐水草游牧转变为定居游牧。“在德格县的玉隆牧区格工村，夏季牧场是属于全村公共放牧草场。全村所有牧民的牲畜均可至公共牧场放牧。冬季草场已划归个人所占有。而冬季草场实际上包括秋、春季草场在内，各户牧民均有自己的冬草场。牧民之间的冬草场有严格的界限，不能随便逾越。在该村，冬季草场的私人占有是以 2 户、3 户、4 户等为一固定单位。在本单位内的牧民可以在这一单位的范围内放牧，但绝不能到另一单位去放牧”①。由于冬季牧场为私人占有和使用，部分牧户便在冬季草场上定居，而其饲养牲畜的方式也有别于游牧。“该村牧场均有棚圈设备，牛羊分圈，大牛羊无棚圈，只是用石头、牛粪砌成一堵墙，以作防风的设备；小牛羊均有棚圈。一般均有储备冬草的习惯。但储量不大，只能在夏季公共放牧草场的周围割草，不能到其他地方割草。”② 而在玉隆牧区，一些来自农区的牧民，“每

① 四川省编辑组：《四川省甘孜州藏族社会历史调查》，四川省社会科学院出版社 1985 年版，第 277 页。

② 四川省编辑组：《四川省甘孜州藏族社会历史调查》，四川省社会科学院出版社 1985 年版，第 275 页。

年在自己的冬牧场上施 3—4 驮牛、马粪，牧草就比其他未施肥的长得好”①。在若尔盖牧区，同样因为牧民拥有一块“有继承、转让和买卖权利”的割冬草基地，因而形成以冬房为定居点的定居游牧。② 中华人民共和国成立后，于 1958 年开始，逐步推行定居游牧，其中阿坝州一部分有条件的牧区，先后建立起定居点，修建了一批土木结构的牧民住房、公用土房、仓库和棚圈。甘孜州的雅江崇西、康定塔公、德格玉隆、白玉昌台、石渠等牧区已基本实现了帐篷定居游牧。定居点上适当地开垦了一些荒地，种植了粮食、饲草饲料、蔬菜等，发展了为畜牧业服务的农业，逐步地实行农牧结合。定居点上的商业和文化福利事业也逐步发展起来。③ 虽然政府在四川藏区大力推行定居游牧，但是直到 20 世纪结束，定居游牧并未在四川藏区得到普及。

除纯牧区外，农区也普遍以畜牧为首要副业。许多农区有大量小块牧场，牲畜在农区比重很大。据木里农村的一些典型调查，农户中 60％养有羊，73％养有母牛。农区人口所需要的毪子、羊裘、酥油、皮子、奶渣、肉食、燃料（牛粪）、耕畜、驮畜以及皮袋、皮绳等，都有赖于畜牧业。其饲养管理方式，除少数拥有牲畜较多的富有之家在草地放牧之外，一般的农户都是在寨子附近的草山放牧。

圈养主要是以农业为主的半农半牧地区将畜牧作为副业的饲养方式。半农半牧的阿西茸部落“在草山上修建了专供放牧人住的木房，以及关牲畜的圈。木房及畜圈的多少，取决于牲畜的多少，最多的在 15 所以上。每天早上大家一齐把牲畜赶到草山放牧，晚上把牲畜赶回关在圈内。……到了冬天，草山放牧的人家便把牲畜赶回寨子，从此就实行轮流放牧。由一

① 四川省编辑组：《四川省甘孜州藏族社会历史调查》，四川省社会科学院出版社 1985 年版，第 82 页。

② 四川省编辑组：《四川省阿坝州藏族社会历史调查》，四川省社会科学院出版社 1985 年版，第 77—84 页。

③ 中国科学院民族研究所：《藏族简志》（下编），1963 年编印，第 169 页。

个寨子或十多户人家自由组合，每天每家一人，自带糌粑，将大家的牲畜（牛、羊）赶到山沟或者树木少的地方去放牧，晚上又把牲畜赶回来。在冬天，马一般不在外放牧，而留在家中用干草（冬草）或豌豆秆饲养，或者留在寨子周围放牧。选种：藏民有选种畜的习惯，但种畜不给予特别的饲养。牛、马均在三岁开始配种，十二岁去势后，就不能做种畜。配种：实行自然繁殖，没有人工配种的习惯”①。

二、近现代农业技术的引进和推广

四川藏区引进近现代农业技术，始于清朝末年推行“新政”期间。光绪三十二年（1906），清廷在北京设立“中央农事试验场”，并下令各省设立“农事试验场”，推广农业新法。当时的川滇边务大臣赵尔丰随即饬令各县属试办“农事试验场”，从内地引进粮食作物、豆类和蔬菜品种，经试种成功后加以推广。据不完全统计，至宣统三年（1911），川边地区先后建有16个试验场。② 其中巴塘农业试验场成立之后，派汉族农民改良稻田，引进水稻、玉米、荞子、小麦、土豆、高粱、大豆、黄豆、油菜等优良品，成功地试种出莴笋、菠菜等十余种蔬菜，并向藏民传授这些农作物的种植、加工技术。登科农事试验场成立后，令五路农民前来参观研究种植之法，并令各头人每路送学徒一名，随场丁学习种植技术。宣统二年（1910）四月，登科农事试验场试验种植的类别有：杂粮类：小麦、黄豆、绿豆、大豌豆、小豌豆。菜蔬类：奉天产美国菜豆、奉天产美国白三石菜豆、奉天产日本极长菜豆、奉天产日本赤蔓菜豆、奉天产日本早熟菜豆、矮四季豆、长四季豆、四季豆、小峨眉豆、花四季豆、扁豆、豌豆、刀豆、蔊菜、长

① 四川省编写组：《四川省阿坝州藏族社会历史调查》，四川省社会科学院出版社1985年版，第127—128页。

② 刘祥秀、郭平若：《清末屯垦政策在川边藏区的实施及其对环境的影响》，载《西藏研究》，2007年2期。

茄，以上15种均系外国籽种。青菜、白菜、莲花白菜、冬萝卜、红萝卜、白萝卜、莴笋、蒜子、葱子、韭菜，以上10种均系内地籽种。瓜果类：南瓜、北瓜、京瓜、核桃、橘子、枣子、花椒、梨子，菊花，以上9种，均系内地籽种。冬瓜、丝瓜、地瓜、祜瓜、苦瓜，以上5种均系外国籽种。[①] 到宣统三年（1911）二月，登科农事试验场试种情况已有结果。杂粮如黄豆、绿豆、苞谷等种，萌芽很好，因被霜灾，均未结实。蔬菜成熟的仅10余种。不过，小麦、胡豆、豌豆、外国豆均已成熟。场中出产，抵还官地粮资以及场丁口粮外，还有剩余。[②] 石渠农业试验场成功地试种莴笋、菠菜等十余种蔬菜，组织藏民参观推广；德格委员“于更庆村脚小河边，开垦试验场一块”，将发到各色种子，如法播种，并买添胡豆、黄豆、豌豆、高粱、小麦、洋芋及各种瓜菜等种，如法试种，加用肥料，引用灌溉，结果所植苞谷、胡豆、豌豆等，果实累累，其小菜诸品，如莴笋、白菜、青菜、菠菜、葱、蒜之属，亦可种植，其他各项植物的试种则失败。[③] 在河口（今雅江）设立养蚕局，指导群众用野桑育蚕，并在河口各学堂添设蚕桑科，关外学务局也设立蚕桑学堂，招收藏族青年女子学习养蚕。[④] 此外，定乡设立农牧研究会，稻城设有农牧研究所，改良当地农牧方法。

以“农事试验场”为主的各类农业改良机构的成立和运作，标志着在政府主导下，开始用近现代农业技术对四川藏区的传统农业进行改良。

民国初年，川边地区的一些地方官员沿袭清末推行“新政”时的做法，继续设立试验场，改进农业生产技术。如民国六年（1917），刘鼎彝莅任九龙县，就曾辟地百亩设立农民试验场。[⑤] 然而从四川藏区的整体情况来看，清

---

① 四川省民族研究所《清末川滇边务档案史料》编辑组：《清末川滇边务档案史料》（中）《喇世俊禀报修建农事试验场用费及试种蔬菜果木》，中华书局1989年版，第641—642页。

② 四川省民族研究所《清末川滇边务档案史料》编辑组：《清末川滇边务档案史料》（下）《喇世俊详报农事试验场经营情形》，中华书局1989年版。

③ 王孟周：《西康实业概况》，载《边政》1932年9期。

④ 四川省民族研究所《清末川滇边务档案史料》编辑组：《清末川滇边务档案史料》（中）《关外学务局详河口学堂试验养蚕拟拨款置备一切》，中华书局1989年版。

⑤ 刘建邦：《清末民国初西康东部各县垦务概况》，载《甘孜州文史资料》14辑，1996年。

末成立的农事改良机构，大多数在民国初年的战乱中或遭破坏，或名存实亡。

民国十六年（1927），刘文辉担任川康边防总指挥后，积极经营川边地区。民国十七年（1928），西康特区政务委员会政务委员胡人纲和陈启图“呈请恢复西康农事试验场，附设苗圃”①。经刘文辉同意后，在康定原明正土司故署址设立“西康农事试验场”，由陈启图兼任场长。民国十八年（1929），西康特区政务委员会主席龙守贤等人呈报《农事试验场暂行规定》，要求各县恢复晚清设立的农事试验场，经刘文辉“通令康区各县知事遵照办理”，恢复各县农事试验场，并颁布《西康各县农事试验场暂行规定》。该暂行规定第二条规定，“各县农场地段于各县县治附近之公地划拨，如无公地，地方得向民间租佃”；第七条规定，“各县农场试种之农作物所得结果及其栽培法须随时列表呈报政委会”；第十条规定，“各县农作物如试种有效，须就该县境内尽量宣传，广行种植，其出品应送西康农事试验场陈列”。② 据不完全统计，至民国二十年（1931），泸定、丹巴、九龙、道孚、炉霍、甘孜、石渠、白玉、瞻化、巴安等县均成立“农事试验场”，其场长多由县长兼任。③ 由此形成西康特区及其属县两级“农事试验场”。其主要工作，大体分为三类，一是引进蔬菜品种，改进本地蔬菜种植技术；二是提高常见农作物的产量；三是试种引进的粮食作物、油料作物及花卉品种。同时，对试验成功的作物品种和种植技术加以推广。从总体上看，当时的“农事试验场”，基本上是处于农场试验阶段，少数推广者亦仅限于康定等县城附近，因而对整个康区农业技术的改进作用，十分有限。

民国二十八年（1939）西康省成立后，国民政府行政院命令西康省政府成立西康省农业改进所。民国二十九年（1940），西康省农业改进所在康定成立，由省建设厅厅长叶秀峰兼任所长。该所“上隶于本省建设厅，办

① 《边政》1929年1期。
② 《边政》1929年2期。
③ 王川：《民国时期“西康农事试验场”的设置及其实际成效》，载《西藏大学学报》2004年1期。

理康省之一切农林畜牧业之改建事宜。其时为经费所限，本所暂设农艺、畜牧兽医、森林园艺、农业经济及总务等五组。农艺组于康定驷马桥设一农事试验场，以高寒地带食用作物之试验研究为中心工作，期获良种良法推广民间，藉增生产；畜牧兽医组于康定头道桥设一乳牛场，引进纯种荷兰公牛，改良乳牛，并举行乳产加工试验及家畜病疫调查；森林园艺组引进良种林木蔬果，从事繁育推广；农业经济组特约农情报告员，举办农情通讯网，求解各地农情及农村经济之动态”①。民国三十一年（1942），西康省对全省农业机构进行调整，由西康省农业改进所统筹全省农业建设全局，西康全省的农业建设机构也全部划归该所管理。民国三十五年（1946），西康省农业改进所对内设机构进行调整，设置农艺、畜牧兽医、蚕丝、森林、农业化学、农业经济等六课，以及秘书、会计两室。据民国三十七年（1948）《西康省农业改进所报告书》说，西康省农业改进所的职责是：“凡有关于本省省立及县立农林畜牧机构之设置管理及经费之统筹支配，公立或私立农林垦牧机构之督导协助，农业物资特产及农村经济之调查统计，农艺、畜牧、森林园艺、蚕丝、兽医、病虫害、农村经济暨其他有关农林畜牧生产技术之试验改进，各项改良种子、种畜、蚕种、苗木、农具、肥料、防疫血清、病虫害防治、药剂之推广及技术指导，森林、荒地之调查、管理、利用，旱涝病虫灾害之调查、防治，农林垦牧技术人员及推广指导人员之训练，农业机关或学术团体所委托之调查研究，农林畜牧产品之加工、检验、分级、取缔，及其他有关之农林建设事项，均为本所执掌之业务。”②

西康省农业改进所的下属机构中，在今四川藏区的农林牧场主要有以下几处：

① 西康省农业改进所：《西康省农业改进所农业史料》，现藏四川省档案馆。
② 徐孝恢：《西康省农业改进所报告书》，现藏四川省档案馆。

康定农场 位于康定县驷马桥，其前身为“西康农事试验场”，西康省农业改进所成立后，为该所农艺组接管。民国三十一年（1942）调整全省农业机构时，改为隶属于西康省农业改进所而独立预算的单位，更名为“康定农场”，又称“试验总场”，内设农艺课、森林课和总务股，主要从事农作物的试验研究和示范推广，病虫害的防治宣传，育苗造林的繁殖推广。民国三十六年（1947），该场共有熟地1200亩，山地5500亩。民国三十七年（1948），康定农场还成立两个下属的合作农场，即“康定西城镇合作社合作农场”和“康定瓦斯乡合作农场”，其主要业务皆为“种植食用作物”①。

康定乳牛场 位于康定县，原为西康省农业改进所畜牧兽医组在康定头道桥设立的乳牛场，民国三十一年（1942）成为隶属于西康省农业改进所而独立预算的单位，内设技术、推广、总务、会计四股，主要从事乳牛的改良、推广，以及乳制品的生产、销售。民国三十四年（1945），因经费支拙而短暂停顿，不久又恢复生产。

乾宁农牧场 位于泰宁（今道孚县八美镇），其前身为民国二十六年（1937）成立的“泰宁垦牧试验场”，民国二十八年（1939）改组为“泰宁牧场”，隶属于西康省建设厅。民国三十一年（1942）改隶西康省农业改进所，内设畜牧、兽医、垦殖三课和总务股，职掌畜牧品种的选择繁殖，畜牧技术的研究改良，畜产制造的改进运输，饲料作物的栽培推广，兽疫防治的设备实施，荒土沃野的开拓种植，是以畜牧改良为主，兼办农事的牧场。民国三十七年（1948）改称“省立乾宁农牧场”从事牛羊的良种引进与改良，牧草栽培与引种。

泸定森林园艺场 位于泸定县，其前身为民国二十八年（1939）成立的“西康省立苗圃”。民国三十九年（1940）改组为泸定县农场，由原属省

① 《西康省合作农场一览表》，现藏四川省档案馆。

政府改为由泸定县管理。民国三十一年（1942）改隶西康省农业改进所，更名为“泸定森林园艺场”，内设技术、推广、总务、会计四股，主要从事森林、园艺事业的改进和推广。民国三十四年（1945）裁撤。

磨西示范农场　位于泸定县磨西，成立于民国三十六年（1947），拟设农艺、园艺、森林、蚕丝、推广等课，全面推进磨西地区的粮食生产。但因经费无着，只能由西康省农业改进所派技师办理水稻的改良和各种杂粮的改造。

除上述农林牧场之外，在康区的一些县还设有多种名称的农业改进机构。其中康定、泸定、甘孜、巴安、稻城等县成立农业推广（进）所，德格、道孚、九龙等县成立县农场。这些县级的农业改进机构，在西康省农业改进所的指导下，重点通过推广良种和改进农业生产技术，促进当地的农业进步。

西康省农业改进所作为统筹西康全省农业建设全局的机构，在推进农业近现代化方面做了许多工作，其中在引进和改良作物品种方面，取得较为突出的成绩。康定农场曾引进乾宁117号青稞种、法国豌豆、燕麦、黑麦以及就近培育的康定四号马铃薯，经试种成功后，加以推广。[①] 同时，特别注意小麦试验，引种试验成功美国、加拿大小麦品种五十余种。此外，先后试种成功并加以推广的蔬菜有芹菜、葱、黄瓜、圆根、莴笋、白菜等近二十个品种。[②] 德格农场曾采用点播法试种青稞、玉米等，并以蔬菜引种较为成功。[③] 乾宁农牧场在成立之初，即购买当地绵羊126头，向军政部领到美利奴羊30只，从事育种改良工作。其后，又先后试种水稻、玉米、蚕豆、大葱，改良播种方法，研究治虫；对农业项目试验进行较多，如青稞播种、品种比较、中耕试验；小麦品种比较试验；豌豆品种比较试验；土豆播种

---

① 编委会：《康定县志》，四川辞书出版社1995年版，第104页。
② 刘贻燕：《西康经济建设之回顾与前瞻》，载《康导月刊》1940年3卷1期。
③ 文阶：《德格写真》，载《康导月刊》1940年2卷4期。

量试验；引种试验等。①

中华人民共和国成立后，甘孜州在接管原国民政府农业科研机构的基础上，逐步建立农业科研机构。1950 年 7 月接收康定农场，同年 10 月接收乾宁农牧场。1951 年，在合并康定农场和乾宁农牧场的基础上，成立西康省藏族自治区乾宁农改站。1953 年更名为西康省藏族自治区乾宁农牧试验场。1955 年 10 月改称四川省甘孜藏族自治州农业试验站。② 同时，于 1953 年成立西康省藏族自治区人民政府农业技术指导站，并在西康省藏族自治区人民政府经济处下设农具推广站，负责发放改良农具及农具的使用管理。1955 年，州农林处内设农业科，专管农具工作。1959 年，成立州工具改革办公室，负责全州农具的改良、推广工作。此外，于 1951 年成立西康省藏族自治区牛瘟防治大队，1952 年建立西康省藏族自治区兽疫防治委员会，随后改为州畜牧兽医工作队，承担全州畜禽疫病的预防、治疗和技术指导工作。1958 年，全州相继建成一批国营畜牧场站，其中大多在 2、4 年间停办，仅白玉县昌台畜牧场、石渠国营牧场坚持办下去。

在阿坝州，“刚解放，党和政府就从内地派出大批科技人才，为发展民族地区的科学技术和社会经济的发展辛勤耕耘。当时阿坝州主要从事农业和畜牧业生产，科技工作者在继承和发展传统的生产技术的同时，由点到面，由低到高，逐步推广了许多先进的科学技术。如推广新式农具，进行冬耕，麦类作物由撒播改变为条播；推广玉米双行、错窝密植和防治玉米黏虫、马铃薯晚育病等农业技术。1958 年，阿坝州先后成立了农业科学研究所，各县农业技术推广站。根据农业八字宪法，试验、推广农作物的轮种、复种、间种、套种等栽培技术，推广使用农药、化肥等。特别是对引进良种和地方良种，经过长期筛选、培育，提出一批主推品种，又采取一

① 编委会：《道孚县志》，四川人民出版社 1997 年版，第 142 页。

② 州农科所：《甘孜州农科所四十年来的科研成就》，载《甘孜州文史资料》10 辑，1990 年。另：1961 年成立甘孜州农业科学技术研究所，1961 年改组为农牧科学研究所，1977 年分为农业、畜牧两个科研所。

系列配套措施，逐步获得大面积推广……在牧业科技方面。1954年创办第一个农垦国营牧场——打更沟牧场科学研究所，以后相继建立了19个国营牧场和州畜牧兽医科学研究所和各县畜牧兽医站。充分发挥了传统放牧技术的应用，通过推广预防注射等技术措施，危害牲畜的主要病疫已基本得到控制……1956年开始引进黑白花优良牛种与本地牦牛杂交”①。

在种植业方面，主要是进行农田基本建设和农业技术改造。其中兴修水利被作为发展农业的一项重大措施，特别是1958年中共中央提出“小型为主，蓄水为主，社办为主”的水利工作方针后，四川藏区掀起兴修水利的群众运动，出现水利建设的“大跃进”。在农业技术改造工作中，增加肥料的使用，从过去不施肥，少施肥，逐步改为大量积肥，普遍施肥，尤其是自1958年“大跃进”以来，不断开展群众性的积肥造肥运动，广辟肥源，大力积肥，使肥料的数量有所增加，在施肥技术上也基本做到重施底肥，分期追肥，并且一般也能做到根据天时、土质、作物需求和肥料性质，合理施肥；对大片坡地进行群众性的改造工作，使之逐步变成梯地、梯田，并对薄瘠土、沙石地因地制宜地采取加深耕层、增厚表土、多施肥料，以及炸石包、捡石块等办法加以改造；逐步破除迷信禁忌，打破陈规陋习，采用熏烟防霜，制造防雹炮，购置化学农药和农药器械防御和扑灭病虫害，结合开展副业生产消灭害虫害兽，积极同各种灾害进行斗争；采用良种与合理密植，以期增加产量，其中粮食作物的良种已基本推广；田间管理较普遍地做到多松土，勤除草，适时追肥灌水，秋收时注意精打细收；逐步实行农业工具改革，多次在藏区发放铁质农具，在原来使用“二牛顶杠”的地区普遍改进为“二牛抬杠”，轮歇地过多的现象有所减少；推广套种和间种等新的耕作制度，气候条件较好，无霜期较长的地区，已经改一季耕种为两季耕种。

---

① 阿坝藏族羌族自治州计划委员会：《阿坝藏族羌族自治州经济社会发展四十年（1950—1990）》，四川民族出版社1993年版，第100—101页。

在畜牧业方面，草场是发展畜牧业的基础，民主改革后，废除封建草场占有制，分别划归各乡牧民集体所有，各地以乡为单位，成立草场管理委员会，在乡的范围内，进一步根据草场自然情况和各个合作社牲畜的多少，统一规划全乡共同使用的夏季草场和各社分别使用的冬季草场与割草基地，制定了草场管理使用制度和保护公约，实行四季轮牧，基本做到合理利用草场，提高草场载畜量的目的；在部分牧区和农区，开始种植牧草、饲料，进行划片育草，引水灌溉，对危害草场和牲畜的害虫、害兽、毒草，不断进行扑灭和清除，草原火灾也基本上可以控制；逐步改进饲养管理方法，对畜群进行合理的调整和划分，普遍实行专人专责、分群放牧制度，采取远牧赶草、早出晚归、昼夜放牧、适时饮水等良好放牧方法，大部分地区修建了棚圈、土围、风障，普遍实行储备冬草，为牲畜安全越冬过春提供了有利条件；贯彻“防重于治”和“以土为主，土洋结合”的兽疫防治方针，建立起州、县、乡三级兽疫防治机构，拥有一定数量的专职兽防人员和大批群众兽医，采取专职兽医和群众相结合的防治方法，开展经常性和突击性的群众防疫治疗，基本能防御和治疗各种病疫，对牛瘟、猪瘟、羊肺疫等严重疾病也基本能控制其发生和蔓延；采取自然交配和人工配种相结合的方式适时进行配种，提高配怀受胎率，改进接仔护幼工作，推广新法接仔育幼工作，根据繁育本地良种为主，积极引进和推广外地良种的精神，有计划地进行品种改良。①

第三节　土地制度

土地是农业生产中最重要的生产资料。在四川藏区，早期的土地所有制，与社会组织形式有着密切的关系。

① 中国科学院民族研究所：《藏族简志》（下编），1963年编印，第164—170页。

在四川藏区原始农业形成的过程中，氏族社会逐渐取代游群，成为主要的社会组织形式。这种以血缘关系为纽带的社会组织，最初仍然是沿袭原始游群的生产和消费方式，共同占有生产资料，集体劳动和共同消费。在四川藏区的一些偏僻地方，至今还有着这样的氏族社会遗存。分布在今西藏贡觉、芒康和四川白玉、巴塘等县的三岩藏族，有着父系氏族社会的“戈巴”组织，其“土地、牧场、农具等所有生产资料一律公有。过去，一些戈巴以偷盗、抢劫为主要收入，谁掠夺到的财产最多，谁就最受尊敬，但在分配抢劫所获时，一律平均。由于地处丛山峻岭，又有浓密的森林，所以游猎又成为戈巴的第二生产，游猎时全戈巴男性出动，所获猎物不分大小一律平均分配。平时戈巴成员婚丧嫁娶，由全体成员均摊其事务及费用，械斗中所获战利品大家共同分享。械斗中有死者，对方赔偿的抚恤费则由死者家属全部保存，任何人无权动用。为死者复仇后，作为退赔‘敌方’的抚恤费”①。位于今道孚、雅江两县接合部的扎巴藏族，则有着明显的母系氏族社会遗存，其生产资料的占有，也是实行公有制。

随着农业生产的发展，以户为单位的家庭逐渐成为独立的经济实体，由此导致生产资料的占有形式，从原始共产制向私有制演变。在今四川藏区，直到隋代，以血缘关系为纽带的氏族仍然还是基本的社会组织。其中位于川西北高原东部的党项诸部，按氏族组成部落，“每姓别为部落，大者五千余骑，小者千余骑”②。位于党项西南的附国，是以宜氏（rNegs）为首领的部落，其东部的嘉良夷，“所居种姓自相率领，土俗与附国同”③，皆是以“种姓”为基础的社会结构。位于党项与附国之间的诸羌部落，“其风俗略同于党项”④，则是按氏族组成部落。然而无论是按氏族组成部落，或是自相率领的“种姓”，都是属于以血缘关系为纽带的社会组织。虽然这些社

① 范河川：《从山岩戈巴看藏民族传统与现实的挑战》，载《白玉县文史资料》2辑。
② 《隋书》卷83《党项传》。
③ 《隋书》卷83《附国传》。
④ 《隋书》卷83《附国传》。

会组织的土地占有情况，现存史籍中已无记载，然而根据中华人民共和国成立初期的调查，在四川藏区的一些定居游牧部落，除了公有的牧场之外，牧民以家庭为单位，拥有可以继承、转让和买卖的私有草场。① 而党项部落也是定居游牧，“俗皆土著，居有栋宇，其屋织牦牛尾及羊毛复之，每年一易”②，“牧养犛牛、羊、猪以供食，不知稼穑”③。同时，党项也是以户为基本的生产单位，因此部落内部是“各为生业，有战阵则相屯聚。无徭赋，不相往来”④。由此推测，党项诸部可能已经出现部分草场的私有化。风俗略同于党项的诸羌部落，大体上也应当是如此。由此看来，在隋代，四川藏区可能已经形成两种土地占有形式，一种是传统的原始共产制下的土地公有制；一种是随着个体家庭经济的形成，部分土地已经私有化。

在唐代，唐王朝统治下的四川藏区，存在着三种土地占有形式，一是在正州、正县实施的“均田制”，二是羁縻地区的土地制度，三是屯田。

均田制始于南北朝时期的北魏孝文帝时代，以后北齐、北周和隋、唐王朝相继沿袭而又有所变通。其中北周和隋、唐王朝均曾控制今四川藏区的部分地区，然而北周和隋王朝是否在其控制的四川藏区实施均田制，由于史料的缺乏，已不可知。唐代实施的“均田制”，是通过在户籍上登记民户可以合法占有土地的最高限额和民户实际占有的田土，掌握土地的占有情况，并干预民户的土地私有权，从而抑制大土地私有制的发展，使从事农业的民户都能占有一定数量的田土。唐王朝在四川藏区设置的正州、正县，基本上都被纳入均田制的实施范围。均田制的施行，不仅使民户原来占有的田土成为合法的永业田，而且还可以通过垦荒等方式，增加永业田的数量。唐朝末年，吐蕃王朝崩溃后，唐朝收复了部分被吐蕃占据的地区。

---

① 见四川省编写组：《四川省甘孜州藏族社会历史调查》，四川省社会科学院出版社 1985 年版；四川省编写组：《四川省阿坝州藏族社会历史调查》，四川省社会科学院出版社 1985 年版。

② 《旧唐书》卷 198《党项传》。

③ 《隋书》卷 83《党项传》。

④ 《隋书》卷 83《党项传》。

唐宣宗大中三年（849），因收复被吐蕃占据的三州、七关，宣宗下制称："其秦、威、原三州及七关侧近，访闻田土肥沃，水草丰美，如百姓能耕垦种莳，五年内不加税赋。五年已后重定户籍，便任为永业。"① 大中四年（850），对剑南西川和山南西道收复的维、扶等州，亦比照三州七关的办法，条令制置，即开垦的田地，五年之后就成为可以传给子孙，"不在收授之限"的永业田。

唐王朝在羁縻州县没有实施均田制，故《旧唐书》卷38《地理志》在统计全国户口和应受田时说："羁縻州县，不在此数。"在四川藏区，未实施"均田制"的羁縻州、县，仍然保持原有的土地占有形式。

屯田是政府直接经营的国有土地。四川藏区的屯田，始于三国时期的蜀汉政权。西晋立国之初，曾保留蜀汉时期设立的军屯，"蜀以汶山郡北逼阴平、武都，故于险要置守，自汶江、龙鹤、冉虢、白马、匡用五围，皆置修屯牙门。晋初以御夷徼，因仍其守"②。"修屯牙门"即为军屯。不过西晋在岷江上游地区设立军屯的时间很短，西晋武帝咸宁三年（277），"被诏罢屯田兵"③，撤销屯田。此后，直到唐高祖武德三年（620），益州道行台左仆射窦轨"屯田松州"④，才恢复在岷江上游地区的屯田。据《大唐六典》记载，松州屯田有一屯。⑤ 而唐令规定，诸屯"隶州镇诸军者，每五十顷为一屯"⑥。由此可知，唐朝在松州的屯田共有田土5000亩。唐令规定："其旧屯重开者，一依承前封疆为定；新置者，并取荒闲无籍广占之地。"⑦ 松州屯田，应属新置者，其田土当取自荒闲之地。在唐代，屯田是官府直接经营的公田。唐令规定，"天下屯田之政令"⑧，由尚书省工部总领；州镇诸

① 《旧唐书》卷18下《宣宗本纪》。
② 《华阳国志》卷8《大同志》。
③ 《华阳国志》卷8《大同志》。
④ 《新唐书》卷95《窦轨传》。
⑤ 《玉海》卷177《食货·屯田》引。
⑥ 《通典》卷2《食货·屯田》。
⑦ 《通典》卷2《食货·屯田》。
⑧ 《大唐六典》卷7《尚书工部·屯田郎中员外郎》。

军的屯田事务，由所属军镇直接管理；在开置屯田的地方，则设置屯官，职掌其事，“屯官取勋官五品以上及武散官，并前资边州县府镇戍八品以上文武官内，简堪者充，据所收斛斗等级为功优”①。耕种屯田的人，皆为镇戍的士兵，“人给十亩以供粮”②。若诸军的兵防健儿长驻边军，其家属情愿同去者，听至军州，各给田地屋宅，并配给耕牛，“所收斛斗，皆准顷亩折除”③。唐朝在松州的屯田，于安史之乱后，随着松州被吐蕃占领而不复存在。

吐蕃王朝在占据四川藏区的过程中，实施与唐朝有所不同的土地制度。根据《敦煌本吐蕃历史文书·大事记年》的记载，自653年之后，吐蕃曾先后划定田地的疆界，并编制土地清册。至于土地的分配情况，英国人托玛斯编纂的《中国新疆发现的藏文文书》第2卷第139页收录了吐蕃在小罗布分配土地的文书，其内容如下：

> 兔年春经商议决定，将小罗布之王田划为五种亩数，按农人人数加以分配，由旺波（地方官）及掌分配田地之管事执行，并（将分配之数）统计唱名登录。有权势者不得多占田土及空地，小块土地亦应按人数分配。不得越界耕种和违犯规定。田块之间应树立堆垛标记。有超越分配之数、违制占田及越界耕种者，将其田地如鸟羽递压逐级上交，并交本城官员。若有违制乱行、破坏水源、违抗官员、图谋强夺者，俱照本城旧法规治罪。大农田官论格藏、论赞拉彭等新任职，尚未熟悉，故由节儿依照其他例规，予以宣布。④

由这份文书可以得知，吐蕃曾在今新疆地区按照户口的多少分配田地，并设立田界，严禁违制占田和越界耕种。至于具体的分配方法，根据王尧、

---

① 《通典》卷2《食货·屯田》。
② 《大唐六典》卷5《尚书兵部·兵部尚书》。
③ 《通典》卷2《食货·屯田》。
④ 陈庆英：《从账簿文书看吐蕃王朝的经济制度》，载《中国藏学》1992年1期。

陈践《吐蕃简牍综录》中收录的有关土地的木简，可以得知，部落的所有成员，包括农田佣奴（Chun pa），皆可以领受（nod）田（Zhing）与地（Sa），通常是一人领受田地 1“突”（dor），即二牛抬杠一天所耕的土地面积，相当于唐制 10 亩。领受的田地有多种名称，见于记载的有俸禄田、差地、营田等。其中俸禄田是支付文武官员薪俸而配给的田地，大体上相当于唐朝的职田；差地是专门应付差税任务的田地；营田是指属于国家所有的田地，即“王田”。[①] 吐蕃王朝不仅在其占领的今新疆地区分配田地，在其占领的敦煌等地，亦将当地居民划分为不同的部落，经丈量土地后，同样也实施授田。从敦煌出土文书中吐蕃时期的敦煌田册残卷，即 S. 9156 文书[②]中可以看出，尽管每户的人口数不同，但是大体上每人都有田地 1“突”，这与新疆出土木简的记载基本相同。同时，根据敦煌吐蕃文献 P. T1078 号文书的记载，各户的田土，除了来自“祖辈永业与轮休地”，以及新开的荒地之外，还通过官府，从拥有“多田”的户主手中领受田土。[③] 吐蕃的这种做法，使得有些学者认为，吐蕃曾对平民百姓实施过一次性的“计口授田”政策。[④] 至于从事畜牧业的部落，情况与从事农业的部落大同小异，只是牧民不是领受土地而是领受牲畜，同时官府每年都要对牧民的畜群进行清点，登记牧畜数量的变化，并据此征收税赋。敦煌汉文写卷 P. 3028 号文书就是吐蕃清点牧民羊群的登记账，从中可以比较清楚地看出这一情况。[⑤]

吐蕃王朝的土地制度，是通过部落来具体实施。然而吐蕃时期的部落，已经不再是原始社会部落组织的延续，而是吐蕃以部落为名构建的基层行

---

① 王尧、陈践：《吐蕃简牍综录》，文物出版社 1986 年版，第 32 页。

② 唐耕耦、陆宏基：《敦煌社会经济文献真迹释录》2 辑，全国图书馆文献缩微复制中心出版，1990 年。

③ 王尧、陈践：《敦煌吐蕃文献选·P. T1078 号〈悉董萨部落土地纠纷诉状〉》，四川民族出版社 1983 年版。

④ 杨际平：《吐蕃时期敦煌计口授田考》，载《社会科学》（甘肃）1983 年 2 期；《北朝隋唐均田制新探》，岳麓书社 2003 年版。

⑤ 陈庆英：《从账簿文书看吐蕃王朝的经济制度》，载《中国藏学》1992 年 1 期。

政单位，其主要职能是组织生产，负责交纳赋税和参与军事行动。部落内部也不再是各部落成员相对平等的关系，而是分为居统治地位的部落首领、贵族和官员，以及居于被统治地位的平民和奴婢。然而在土地的分配上，虽然居统治地位的人可以多占土地，但也沿袭部落公有土地的观念，使居于被统治地位的平民和奴婢也能分得一定数量的田地。

四川藏区与新疆、敦煌等地的情况一样，也是吐蕃对外扩张所占领的地区，原有的部落也被吐蕃王朝加以改造，因此吐蕃在新疆、敦煌等地实施的土地制度，同样适用于四川藏区，只是由于史料的缺乏，具体实施情况已不得其详。

入宋以后，四川藏区的土地占有形式，仍然分为两种情况。在宋王朝控制的地区，虽然不再实行唐代的均田制，但是个人依旧合法占有土地。据《太平寰宇记》卷78记载，北宋时期，茂州有主户273，客户53，部落户829；维州“管汉税户五十四，蕃户税户九百，蕃客户五千六百九十四”。在宋代的户口统计中，主要是依据是否交纳赋税来划分主户与客户，凡是有田产而缴纳赋税的就在户籍上登记为主户，又称税户；没有田产的登记为客户。由此可知，在宋代，位于岷江上游的茂、维等州，无论汉户或者蕃户，已经区分为拥有田产的主户和没有田产的客户，因而当地的汉人中，“有为夷人佣耕者”[1]。同时，宋初曾规定，“汉户不得典买夷人田土”，宋神宗熙宁六年（1073）下诏废除这条禁令，“诏自今汉户典买夷人田土者，听之”。[2] 由此使得在宋王朝控制的民族杂居地区，各族之间的土地买卖合法化，从而推动土地私有制的进一步发展。然而在宋朝设立羁縻州和完全管辖不到的地区，自吐蕃王朝崩溃后，原来属于吐蕃王朝基层行政组织的部落，演变成相互独立的政治实体。其土地占有形式，受吐蕃王朝土地制度

① 《建炎以来朝野杂记》甲集卷18《嘉定威茂土丁》。
② 《续资治通鉴》卷245神宗熙宁六年五月辛未。

影响，原来在名义上属于吐蕃王朝所有的土地，演变为部落共有。而吐蕃王朝“计口授田”使部落全体成员皆能分得一份田地的做法，演变为部落成员皆有使用土地的权利。至于土地的管理，则与吐蕃时代相同，仍然由部落中的统治者负责。

元朝在四川藏区推行土官制度，并利用宗教势力加强对藏区的统治，不仅推动世俗的统治集团与宗教势力相结合，逐渐形成多种形式的政、教结合的统治方式，同时使得各僧俗首领获得多种的特权，其对土地的占有形式也由此出现新的变化，这就是“庄园”的形成。据《霍尔甘孜世系》记载，大约在公元1300年左右，支雪的一位苯教祖师生活在康地霍尔人的5块封地的庄园内，当他儿子诞生的时候，他曾考虑为其母亲提供“所必需的一切东西，如耕田和奴仆”。当儿子落地时，他又许诺赠送三个村落。[①]庄园，藏语称为“溪卡”（gzhis-kha），是一种土地的经营方式。这种以庄园形式经营田产，早在唐代就已经出现，官方称之为“庄田”。唐玄宗天宝十一年（752）十一月乙丑诏书就说：“如闻王公百官及富豪之家，比置庄田，恣行吞并，莫惧章程。借荒者皆有熟田，因之侵夺；置牧者唯指山谷，不限多少。爰及口分、永业，违法买卖，或改籍书，或云典帖，致令百姓无处安置，乃别停客户，使其佃食。既夺居人之业，实生浮惰之端，远近皆然，因循亦久。”[②] 安史之乱后，巴蜀地区开始大量出现被称为私庄的庄园，前后蜀时期又出现官庄，宋代的川峡地区亦广泛地存在着各种类型的庄园。四川藏区庄园的形成，晚于巴蜀地区，然而其土地经营的方式，与巴蜀地区的庄园大同小异，但是二者有一个很大的区别，即溪卡可以出租、赠送和转让，但原则上不能买卖，而巴蜀地区的庄园则是可以合法地进行买卖。

① 转引自石泰安著、耿昇译：《西藏的文明》，中国藏学出版社1999年版，第128页。
② 《册府元龟》卷495《邦计部·田制》。

在元代，以庄园的形式经营田产，已经成为僧俗大土地所有者普遍采用的土地经营方式，但是以户为单位的小土地占有仍然广泛存在。据《萨迦世系》记载，元朝将吐蕃地区分为三个区域，称为却喀（chol kha），其基层单位为霍尔都（hor dud），其中小霍尔都是指“一户有六根柱子：即夫妇二人、子女二人、男女仆役各一人，共计六人，另有一马一驴两头牲畜，此外有奶牛、绵羊和足够播种十二蒙古克种子的地”。《萨迦世系》所记载的三个却喀，应当就是汉文史籍记载的乌思藏、朵甘思和朵思麻三路。其中朵甘思（mDo khams）又称吐蕃等路宣慰使司都元帅府，其管辖范围，大体上就是藏史所称的下部多康六岗（smad mdo khams sgang drug）之地，今大渡河中上游以西的四川藏区，大部分皆在该宣慰使司都元帅府管辖范围内；朵思麻（mdo smad）又称吐蕃等处宣慰使司都元帅府，今大渡河中上游以东的四川藏区，多数地方属于该宣慰使司都元帅府管辖。由此可知，今四川藏区的多数地方，皆在藏史所说的却喀范围内。而构成却喀的霍尔都，其字面意义为“蒙古烟囱”，实际上是指按照蒙古人的原则组成的一个家庭单位，即汉文史籍所记载的“户”。从一个典型的霍尔都有 6 口人和一些牲畜与足够播撒 12 蒙古克（约 36 市斤）种子的田土可知，每个霍尔都基本上都拥有一定数量的田地。汉文史籍的有关记载，也反映了这种情况。据《元史》卷 60《地理志》记载，元世祖“至元十八年，给黎、雅州民千一百五十四户钞二千三百八锭，以资牛具种实”。黎、雅二州属吐蕃等处宣慰司都元帅府管辖，从官府给黎、雅二州的民户普遍发钞购买牛具种实可以看出，黎、雅二州的民户，大多拥有一定数量的田土。

明代在元朝土官制度的基础上，推行土司制度。土司制度与土官制度最明显的区别是土官为流官，土司则为世袭之职。土司制度在四川藏区的建立和完善，使得原来部落统治者的权力得到加强，并拥有世袭的特权，从而成为在明王朝支持和庇护下的地区性割据政权，其辖境内的山林、河流、草场、田地、水源统归其管辖。同时，随着宗教势力的不断发展，寺庙田产也成为四川藏区的一种重要土地占有形式。据《木里政教史》记载，明神宗万历三十二年（1604），属于黄教的乃登崔称桑布建成克翁德瓦金索南达吉林，俗称康坞大寺，并担任该寺住持。其后，接替乃登崔称桑布的阿里·班觉嘉措“在路格建立寺庙，并住于此庙。后因丽江王嘎珠的侵扰，寺庙遭劫，不得不又在雅砻江对岸修建岗绕井寺住下。并将路格寺所有的麻底日多、衣林两谿卡（庄园）并于康坞大寺管辖”。其后，“降央桑布接管了拉顶、康坞两大寺。那时寺院中只有四十一头牦牛，七处庄园，而且十分贫困，马也仅有一匹，那是属总管的，根本没有骡马牲口”。丽江王即丽江的木氏土司，因其支持白教而对黄教实施消灭政策，破坏寺庙，赶走嘛嘛。然而即使在这种不利的情况下，木里的黄教寺庙仍然保有一定数量的庙产和庄园。而在那些得到土司支持的教派，以及实施政教合一或政教联盟的地区，寺院显然拥有更多的地产。除了土司、寺庙拥有大量田产之外，在部落和村寨中，普通民众也与元代一样，拥有一定数量的草场或田地，并承担各种赋役。而在没有实行土司制度的地区，依旧保持着土地的公有制度。据中华人民共和国成立后的调查，在从来没有实行过土司制度的色达，“据当地老民讲：约在四、五百年前，色达草原只有三个部落，即阿虚徐厄、阿虚若撒、阿虚结撒三个。总计不过八、九十户，四、五百人，两三千头牲畜。各部落一年四季在面积约两万多平方公里的草原上逐水草而居，部落间无须划分草场界限，草场多而有余。整个草原归三个部落公有，故称大公有。到了约在一百多年前的时候，阿虚色达部落联盟的总头人阿虚仁真邓朱的祖父阿虚噶多时代，阿虚色达由最初的三个部落发展成五十多个部落。号称当时的阿虚色达，内有万户，外有千户，家有百户，共有一万一千一百户，十万人马。这当然是自吹，但当时人口剧增，牲畜和部落增多是事实。其结果畜多草少，草场不足，于是出现了各部落瓜分草场，分割占据的局面。整个草原几乎没有留下一点空白的草场。于是几个部落共同所有的草场大公有时代到此结束。以一个部落为单位的区域固定的草场小公有形式正式形成。由于草场所有制形式的这种变化，牧民们的畜牧方式也由最初的逐水草而居走向小范围内（部落公有的草场内）的半定居性游牧”①。

除了推行土司制度外，明朝也沿袭唐代的做法，在松州实行屯垦。明太祖洪武“十二年平松州，（丁）玉遣指挥高显等城之，请立军卫。帝谓松州山多田少，耕种不能赡军，守之非策。玉言松州为西羌要地，军卫不可罢，遂设官筑戍如玉议”②。洪武十八年（1385），许穆书奏称，松州土地硗瘠，不宜屯种，“请移戍茂州，俾屯田于附近之地，则不劳馈运，而自可以制羌人”。上览奏曰：“松州卫，吾尝欲罢之，以其控制西番要地，不可动也。”③ 依旧保留军卫，实行屯田。其后，“至明景泰时，罗绮抚治松、茂，复行屯田之法。成化时，尧彧为松潘指挥同知，开辟屯田，以裕兵食。迨后改兵为民，屯田遂废，屯粮亦无可稽”④。同时，明朝对纳入州、县管辖的四川藏区，仍然沿袭宋代以来的做法，按照与内地州县基本相同的法规进行管理，允许民户合法占有田土，并且可以自由买卖。

清朝在四川藏区分别设立州（厅）、县和土司两套不同的管理体系。在州（厅）、县的管辖范围内，土地制度与内地相同，允许私人占有土地，可以合法买卖田土。在土司管辖的地区，保留其原有的土地占有形式。然而随着清朝在四川藏区逐步实施“改土归流”，土司管辖地区的土地制度也随之发生重大变化，但在不同的地区，其土地占有形式的变化，有着较大的差异。

位于岷江上游地区南部的茂州，主要居民是汉族和羌族。汉族由州、县地方官员管辖，其土地制度与内地无异，私人可以合法占有田土并自由

① 格勒：《对解放前四川色达草原游牧部落社会研究》，载《西南民族学院学报》（哲学社会版）1982年4期。
② 《明史》卷134《丁玉传》。
③ 《明太祖实录》卷171洪武十八年二月庚申。
④ 民国《松潘县志》卷2《田赋》。

买卖。而在土司统治下的羌族，自明代以来，部分羌族脱离土司管辖，成为封建王朝的编户齐民。早在明武宗正德二年（1507），“茂州所辖卜南村曲山等寨乞为白人，愿纳粮差。其俗以白为善，以黑为恶。礼部覆，番人向化，宜令入贡给赏”①。明神宗万历二年（1574），刁农、窄溪、得胜、卫门等寨羌人，“愿纳款降附，知州张元（化）美探知其情，条议具报，招抚归顺，量给羁縻，列为编民。崇正末年，土司乘乱占据各寨。羌民拘讼，频年不安”。清圣祖康熙六年（1668），“知州黄陞查验前知州张化美给券，遵奉院道批详，给以木牌铁刻，镌石州前，永隶茂州，不许土司侵管，羌民悦服”。② 这些改由茂州管辖的羌人，与当地的汉人一样，可以合法占有属于自己的“私田”。而在土司管辖的地区，世袭的土司掌管着辖区内的全部土地，其中土司直接经营的土地称为“官田”，百姓向土司领取“份地”耕种，“份地”为世袭，但不能分散和出卖。自清圣祖开始，逐步在茂州实施“改土归流”，将土司管辖的村寨改编为里甲，编入里甲的百姓只向州县纳粮缴税，不再为土司上粮服役，百姓原有的“份地”也由此转化为私田。原来由土司经营的“官田”，在改土归流后即成为土司家族的私产。而没有实行改土归流的土司辖区，依旧保持着原来的土地占有形式，即将田土分为可以世袭的官田和份地，并且不能出卖。不过在清朝后期，土地不能买卖的习惯法，开始出现松动。清穆宗同治八年（1869），静州土司就立碑规定：“差田不得买卖，如不得已出卖，粮跟地走，差同地行，差粮不得少欠，违者田定充公。”③

位于茂州以北的松潘厅，其经济结构，以黄胜关为界，分为关内与关外两种类型。关内以农耕为主，其土地占有形式，大体分为三类，一是官府直接管辖的民户，与茂州相同，合法占有“私田”；二是改土归流的地

① 《古今图书集成·方舆汇编·职方典》卷593《成都府部》。
② 乾隆《茂州志》卷4《武备志·边防》。
③ 静州土司同治八年石碑告示，碑在今茂汶县静州村。

区，“地方事务一律按汉制办理”[1]，民户同样可以拥有私田，其中同治二年（1863）平定松潘“庚申番变”后，“松潘厅各营所属共三十四个藏族土司被废除，改设土弁，给以饷银。这三十四土司均是居于松潘周围，以农业为主，且系参加‘庚申番变’者”[2]，这些参加变乱的土司被改为土官之后，其原有的土地所有权随之被取消，故“松潘关内的土地所有权不归土官，而是属百姓私有，可以自由抵押买卖”[3]；三是在未被改土归流的土司辖区，依旧由土司管辖的土地，原则上不得买卖。在黄胜关以外的松潘厅管辖地区，畜牧业为主要产业，牧区的牧场、草山均属部落公有，凡部落成员都可以在部落草场上放牧，土官有权对草场进行分配、出借，但是任何人，包括土官，都不能出卖部落草场。除部落“公有”草场外，部分部落还允许部落成员在冬房前占有一小块割冬草的基地，并拥有继承和在部落内进行转让和买卖的权利。关外农区的土地，原则上也不得买卖，但经土官同意，可以抵押土地，俟债务还清时，再行收回。

位于茂州以西的杂谷厅，原为杂谷土司地，清乾隆十七年（1752）杂谷土司改土归流后，在其南境建立屯守备制度，“将所有杂谷脑、乾堡、上孟董、下孟董、九子寨五处地方，俱改土归流……复于归流番众内，挑选精壮番丁三千名作为屯兵，并额设土守备七员、土千总十员、土把总二十员、土外委四十员，分隶五处地方，带领各寨屯兵，以资管束”[4]。改土归屯的土地均属国家所有，禁止买卖，由屯守备分给屯兵耕种，每户种地“五六亩、八九亩、十四五亩不等”，其中杂谷脑屯共有地 3784 亩，乾堡寨屯共有地 3492 亩，上孟董屯共有地 2984 亩，下孟董屯共有地 3185 亩，九子寨屯共有地 2934 亩。[5] 改土归屯以外的原杂谷土司辖地，分属梭磨、卓

---

① 民国《松潘县志》卷 4《土司》。
② 周伟洲：《试论清代松潘藏区的“改土设弁”》，载《民族研究》2007 年 6 期。
③ 四川省编写组：《四川省阿坝州藏族社会历史调查》，四川省社会科学院出版社 1985 年版，第 39 页。
④ 《硃批奏折民族类·乾隆三十八年闰三月十四日刘秉恪折》，现藏中国第一历史档案馆。
⑤ 嘉庆《四川通志》卷 87《武备·屯练》。

克基、松岗、党坝四土司，土地依旧分为土司自营地和百姓份地两大类，同样不得买卖。

杂谷厅以西的懋功厅，原为大、小金川土司地，在乾隆三十六年（1771）第二次金川之役期间，清廷决定在平定大、小金川之后，“必当仿照杂谷脑改土归屯之法，安营驻兵，尽成内地，庶为一劳永逸之计”①。乾隆四十一年（1776），“定西将军阿桂平定大小两金川，奉旨新疆改土为屯。四十三年，成都将军明亮、总督文绶奏请设立五屯，并设总理屯政同知及五屯屯务，经管屯种、收粮等事。分插懋功五营选募兵丁，及内地人民情愿赴屯开垦者，分户承垦；并于该处头人带领降番投诚者，设立五屯守备及屯千总、把总等官，领管降番，给地承垦；又酌留杂谷五寨随征屯练，给地耕种。统归懋功厅同知上纳科粮”②。由此可知，屯田的种类分为四类：一是“懋功五营选募兵丁”的兵屯，二是“内地人民情愿赴屯开垦”的民屯，三是平定两金川后“降番投诚”的番屯，四是“酌留杂谷五寨随征屯练”的练屯。分给各类屯田户的土地，皆为收归国有的原土司掌管的土地，经丈量后，计户授田。授田的原则是：“凡附近营汛之地，应先尽兵丁、屯练勘丈分拨，次及迁移屯兵，招募民户，务使其生气联络。再将安插降番，拨给地亩，令其错处杂耕，驯就钤束。”③ 授田的标准是将 30 亩地定为 1 份，带有家眷的眷兵每户分 1 份地，单身兵丁 2 人合耕 1 份地，屯练和民屯也是每户授田 1 份；番户授田，分为两种情况，一种是汉牛屯的屯番，因“王师进剿金川，该番首先投诚，即以原住地土给耕，未经丈量”④；一类是除汉牛屯以外的屯番，仍然是 1 户分得 1 份地。凌纯声于民国三十年（1941）在金川调查后曾指出：“河谷底地多为上等，半山坡地为中等，高山山地为下等，山愈高而等愈下。当初分配土地，兵得上田，民耕中田，番、练垦种下田。

① 《金川档案》20 页，现藏中国第一历史档案馆。
② 嘉庆《四川通志》卷 87《武备·屯练》。
③ 《军机处录附奏折民族类·乾隆四十一年三月二十三日文绶等折》，现藏中国第一历史档案馆。
④ 嘉庆《四川通志》卷 87《武备·屯练》。

每户三十亩，田不分上下，岁纳科粮相等，殊欠公平。”[①] 在大、小金川实施屯垦的土地，皆属国家所有，禁止买卖、典当，但是屯户对分配给他们的土地拥有永久使用权，可以世代相继。直到民国时期，仍然如此。

懋功厅西南，为雅州府管辖地区。其中流官所管辖的民户，可以合法占有土地并自由买卖，道光十七年（1837），雅州府所属的打箭炉厅甲常华叔侄，就将“庄房一院田土”出卖给冯大禄，七年之后，冯大禄又将该田土卖给金刚寺，“卖价纹银叁佰两”[②]；在土司辖区，“土民地土，听土官安插，给牛、种、盔甲、房屋，充土兵，当差听调”[③]。清朝末年，在原属雅州府管辖的川边地区实施大规模的改土归流，由此导致土司辖区土地所有权和土地占有形式发生重大变化。

清德宗光绪二十二年（1896），在懋功厅以西的霍尔章谷土司地置炉霍屯，有地359块，壤界400余里，“大小四十七村，夷居一千四五百户，汉居五百户”[④]。改土归屯后的炉霍屯土地，与杂谷厅、懋功厅改土归屯的土地性质相同，皆为国家所有，屯户对分配给他们的土地拥有永久的使用权，并可以世代相传，但是不能买卖、典当。

清德宗光绪三十一年（1904），驻藏帮办大臣凤全在巴塘被杀，清廷以此为契机，任用赵尔丰，在川边地区全面实施改土归流。原土司管辖的土地，全部收归国有，“全境皆为大皇上地土”[⑤]。而土地的占有形式，在农区，大体分为四类：一是改土归流后留给土司、头人和寺庙喇嘛的赡养地，其中“全境喇嘛寺院，皆属大皇上地土，凡喇嘛无论自种、佃种之地，皆

---

① 凌纯声：《中国边政之土司制度》，载《边政公论》1944年3卷2期。

② 欧泽高、冉光荣：《四川藏区的开发之路》，四川人民出版社2000年版，第17页。但该书将这种土地买卖视为“意义重大。说明土司领主经济地位的动摇，标志藏区土地占有制度的急剧变化”，不妥。

③ 乾隆《雅州府志》卷11《土司·木坪土司》。

④ 《四川新设炉霍屯志略·开办炉霍屯务公牒》。

⑤ 四川省民族研究所《清末川滇边务档案史料》编辑组：《清末川滇边务档案史料》（上）《锡良咨请赵尔丰查收转发〈巴塘善后章程〉汉文本》，中华书局1989年版。

应与百姓一律按等完粮，不得以庙地稍有歧异”①；二是民户原来领种的份地，改土归流后成为承担国家赋税的差户私有土地，通常称为差地；三是实行屯垦的地区，屯户占有的田土；四是在村寨中保留的公地。虽然改土归流后土地占有形式多样化，但是各类土地都不允许买卖。在改土归流的牧区，仍然保留草原公有形式和公用习惯，但公有公用的单位不再是部落，而是保、村。由此在川边改土归流地区，形成两种类型的土地占有形式，一类是国有土地，另一类是以村寨或部落为单位的集体所有土地，两类土地皆不准买卖。而在未改土归流的地方，土地或草场仍然为村寨或部落公有，依旧不得买卖。

民国时期，以德格宣慰司为主的部分土司复辟，由此形成两种土地所有制形式。在土司复辟地区，农区土地所有权为土司所有，土司下面的各个等级，各有份地或领地，各村尚有一些公地，所有土地皆不准买卖，但是允许暂时出租、暂时典当和暂时作为女子陪嫁的嫁妆；在牧区，土司通过征收赋役体现最高所有权，而各部落所有的草原属部落公有，部落的全体成员都可以在本部落的草原上放牧，草原不能买卖，但部落之间存在着草原的租佃关系。在民国政府控制的地区，基本沿袭清末制度，保留多种土地占有形式，但土地所有权归国家，禁止民间买卖土地，然而禁令松弛，暗地典当和买卖多有发生。② 由于多种土地占有制并存，相互关系又未理顺，因而在民国时期，因地权纠纷而引发多起重大事件。③ 民国二十八年（1939）西康建省后，曾开展确定康属地权的地政实务工作，并改组屯委会，整理红照地，成立地政科，专门办理土地调查及督垦荒地工作。

中华人民共和国成立后，通过土地改革、民主改革与合作化运动，使四川藏区的土地制度再次发生重大变化。最早进行土地改革的地区是汉族

① 四川省民族研究所《清末川滇边务档案史料》编辑组：《清末川滇边务档案史料》（上）《锡良咨请赵尔丰查收转发〈巴塘善后章程〉汉文本》，中华书局1989年版。
② 四川省编写组：《四川省阿坝州藏族社会历史调查》，四川省社会科学院出版社1985年版。
③ 佚名：《治理康区意见书》，载《康区藏族社会珍稀资料辑要》，巴蜀书社2006年版。

聚居的泸定县和康定县的金汤区，于1952年进行土地改革，随即组织互助组。1954年组建农业生产合作社。羌族地区的土地改革，是从1954年开始，于1956年春完成。土地改革采取了典型示范，先汉区和杂居区，后聚居区，分期分批地进行。通过土地改革，羌族地区一万二千一百余户无地少地的农民，分得十一万三千八百余亩土地；六千七百余户无耕畜的农民，合伙分得二千六百余头耕畜；五千四百户缺少农具的农民，分得二万六千余件农具；二千五百余户无房缺房的农民，分得六千九百余间房屋。农村土地占有情况也随之发生变化：占农村总户数43.06%的贫、雇农由土改前占有土地16.5%，上升到土改后的32.94%；而占农村总户数8.25%的地主富农占有土地，则由土改前42.52%，下降到土改后的11.97%。在羌族地区完成土地改革的基础上，随即开展农业合作化运动。1955年春，在岷江以东最先完成土地改革的地区，除大量发展互助组之外，还试办前峰、羌峰、岷峰、茂峰等四个初级农业合作社。土地改革完成后的1956年冬，初级农业合作已达到203个，入社农民7258户，占羌族地区总农户39%。条件尚不具备的地区，组织起常年互助组459个，入组农民4510户。1957年春，又在条件成熟的地区，试办高级农业生产合作社。年底，在羌族地区基本实现初级农业生产合作化的同时，已办起高级农业生产合作社41个，入社农民2692户，占总农户的12.2%，到1958年秋季，加入高级社的农户占羌族地区总农户的99.2%，基本实现高级农业合作化。在处理生产资料的入社及其他经济问题时，本着“宜松不宜紧”的原则，采取比汉区更为稳妥的步骤，逐步实现生产资料的集体所有。初级社时，承认土地的私有权，按通常年景的产量固定三成或四成作为土地分红；高级社时，取消了土地分红，实行按劳分配。耕畜、大农具在初级社阶段，仍属社员私有，合作社只是统一使用，给予合理报酬；高级社阶段，大型农具改为折价归社。为了有利于耕畜及其他牲畜（毛猪除外）的发展，仍承认社员对牲畜的私有权，实行统一经营，折价定股，其收入按股四劳六的比例分配。初级社时，成片的经济林木，承认社员的私有，由社统一经营，其收入由社与社员四六分成；高级社时，就折价归社，凡折价价款统一由合作社于三年至五年内还清。为了照顾羌族农民的生活习惯和特殊需求，如种植烟、麻、蔬菜、饲料等，还划拨相当于社内总土地面积7%的土地作为社员的自留地，由社员个人支配，但不能买卖。[①] 1958年秋，在漩口、威州、薛城、杂谷脑、凤仪等地区试办了一批人民公社，其规模，基本上是一乡一社。实行公社、生产大队、生产队三级集体所有制，以生产大队为基本核算单位。对于入社生产资料的处理，仍采用高级社的办法。其中原为社员私有的土地完全转变为集体所有，即使划拨给社员的自留地，社员也只有使用权，不能买卖。

在四川藏族聚居的地区，土地所有制的变革是通过民主改革来实现的。由于四川藏族聚居地区的经济结构主要分为农业和牧业两大类，因而将其划分为农业地区和牧业地区，分别采取不同的政策。其中“藏族聚居的农业地区，主要包括阿坝州岷江以西，松潘以南一带，甘孜州折多山以西，道孚、炉霍、甘孜、邓科以南，木里自治县大部”[②]。1955年，开始在四川藏族聚居的农业地区进行民主改革，其主要内容是：实行土地改革，废除封建土地占有制和一切封建政治经济特权；废除高利贷；解放和安置奴隶；收缴农奴主、地主、牧主的枪支；征收富农出租、派“乌拉”和使用奴隶耕种的土地，并清理其债务。民主改革的对象是奴隶主、地主的封建剥削和富农的半封建剥削，民主改革最主要和最直接的任务，是在废除封建农奴制度后，满足农民的土地要求，将所有没收和征收的土地和其他生产资料，由农民协会统一分配给当地无地及缺乏其他生产资料的贫苦农民。1957年，在四川藏区的农业地区，民主改革基本完成。

---

① 中国科学院民族研究所四川少数民族社会历史调查组：《羌族简史简志合编》，1963年编印。
② 中国科学院民族研究所四川少数民族社会历史调查组：《藏族简志》（下编），1963年编印，第130页。

在农业地区开始实行民主改革时，牧业地区继续执行不斗不分、不划阶级、牧工牧主两利政策。1957年，在部分农业地区发生叛乱之后，部分牧业地区也卷入叛乱，于是在牧业地区也实施民主改革，其主要内容是：废除土司、头人及其他牧主的差役、赋税、纳贡、拘押、高利贷以及霸占或操纵牧场、草山等封建特权，实行牧场、草山公有制度，允许牧民自由放牧，并保障牧民人身自由；废除封建武装，收缴非法武器；解放和安置奴隶，改善牧工待遇，保护牧民群众的牲畜及其他财产；对于牧民之间的租佃、雇佣、债务和占有奴隶等问题，除奴隶必须坚决解放外，其余问题按有利于团结的原则进行处理。至于没有参加叛乱和其他违法活动的牧主所占有的牲畜，按赎买政策处理。

据统计，在民主改革中，甘孜、阿坝、迪庆三个藏族自治州，共没收、征收土地88万余亩，没收、征收和购买了大批耕畜、农具、粮食和房屋，没收了反革命分子和不法农奴主、地主、牧主、富农的财产。占总人口70％的无地、少地农民人均分到4－12亩土地；占总牧户60％以上的牧民，从没收叛乱牧主的牲畜中，户均分到12头左右的牲畜；2.7万多名奴隶获得解放，并建立家园。

1958年前后，由于认定“藏区的叛乱是寺庙一手搞起来的。不少寺庙，是叛乱的中心；而寺庙中的反动上层喇嘛，是叛乱的策划者和指挥者”①，因此开展反叛乱、反违法、反特权、反剥削的“四反”运动：废除寺庙私设法庭、监狱、刑罚、征税、派差、派款等一切特权，不准寺庙干涉民事诉讼和委派部落头人，不准寺庙私藏武器和组织武装，不准寺庙干涉和限制儿童入学及引诱收买在校学生；没收寺庙土地及上层喇嘛的私有土地，分配给劳动人民；寺庙所有的森林、草原、荒山，一律没收，归国家所有；寺庙的高

---

① 中国科学院民族研究所四川少数民族社会历史调查组：《藏族简志》（下编），1963年编印，第143－144页。

利贷和寺庙掌握的各种经会组织的土地与高利贷，全部予以没收和废除；解放寺庙及上层喇嘛占有的奴隶，予以安置；没收叛乱参与者藏匿在寺庙的一切财产，没收寺庙藏匿在农村、牧场的一切财产；取缔寺庙的非法商业；废除寺庙内部管家制度、喇嘛等级制度、打罚制度，以及寺庙之间的隶属制度。

伴随着民主改革和“四反”运动而来的是合作化运动。1955年，阿坝州在完成民主改革的农区，大力发展互助组，普遍试办初级社。1956年，甘孜州在完成民主改革的丹巴、康定、道孚、九龙、雅江、乾宁、炉霍、甘孜、新龙、德格等10县组织互助组，并在条件较好的地区试办初级农业合作社。同年年底，泸定县实现农业合作化，入社农户达到该县总农户的98%。1958年冬季到1959年春季开展的“四反”运动，将四川藏区的合作化运动推向高潮。1959年，阿坝州在年初实现初级合作化，秋季实现高级合作化；木里县也在年底基本实现高级合作化，入社户达85.8%；甘孜州的农区基本实现农业合作化，入社农户占总农户的80%。而泸定县则在实现农业合作化的基础上建成8个人民公社，全县实现人民公社化。

四川藏区的牧区合作化运动，始于1958年冬季在阿坝、若尔盖、红原三县开展的社会主义改造。到1959年夏季，共建立牧（农）业生产合作社188个，入社户占三县总牧、农户的81.6%，基本实现初级牧业合作化。同时，对牧主经济进行社会主义改造，在三县建立13个公私合营牧场，对450多户牧主雇工经营的15万头牲畜（占三县牲畜总数的23.8%）实行公私合营，折价477万元，每年按价款2%～6%付给牧主定息；对牧主出租的2.5万头牲畜实行社私合营，牲畜交原承租牧民所在合作社统一经营，每年由合作社按牲畜价款的4%左右付给牧主定息。到1959年6月，甘孜州在已完成民主改革的牧区，共办起牧业合作社49个，入社牧户占20.3%，对牧主经济也采取公私合营与社私合营的方式实行社会主义改造；木里县对牧主占有的牲畜采取“折股定息”的政策实行赎买，对贫牧采取组织合作社进行集体经营的办法进行改造，对农民分散饲养的牲畜则通过“折价入社、定期付款”的方式逐步纳入集体经济，到 1958 年底，全县基本实现初级牧业生产合作化，共办起 8 个国营牧场和公私合营牧场，拥有的牲畜占牧区牲畜总数的 90%。

同时，在国家的帮助下，在四川藏区还先后建立多家国营农牧场，部分地区还建有拖拉机站。其中阿坝州于 1950 年接管国民政府茂县农业推广所，将其改建为国营茂县专区农场，1952 年改名为茂县农场。1954—1956 年，由国家投资，先后建成龙日农场、若尔盖唐克农牧试验场、若尔盖打更沟牧场。1956 年后，农区各县又相继建成马尔康、金川、松潘、小金、黑水、茂汶等县的牧场。至 1962 年，全州已建成国营农牧场 22 个，职工 3477 人，农作物播种面积 32868 亩。① 甘孜州则先后建有 4 个农场和 1 个拖拉机站。②

中华人民共和国成立后，在四川藏区进行的土地改革、民主改革和“四反”运动，实现了对土地占有的重新分配，即将没收、征收的土地一次性分配给无地或少地的农民。而合作化运动和社会主义改造，则使国家所有和集体所有为特征的社会主义土地所有制占据绝对主导地位。其特点是土地所有权归国家所有，土地经营权分别属于国有的农牧场和集体所有的合作社。而人民公社则实行政社合一，土地所有权归与经营权合为一体，分配制度为半供给、半工资，其中举办公共食堂为其突出特点。

第四节　农业的发展

一、传统农业的形成和演变

四川藏区的农业，起源于旧石器时代的狩猎和采集经济。1983 年，中国科学院青藏高原综合科学考察队古脊椎动物组在炉霍县虾拉沱亚巴村采

① 阿坝藏族羌族自治州地方志编纂委员会：《阿坝州志》，民族出版社 1994 年版，第 897 页。
② 中国科学院民族研究所四川少数民族社会历史调查组：《藏族简志》（下编），1963 年编印。

集到4枚古人类牙齿化石。在距离古人类牙齿化石2公里的宜木村又发现3件人工打制的石制品和一批哺乳动物化石。经科学鉴定，这批哺乳动物化石中包含有野兔、鼠兔、喜马拉雅旱獭、中华鼢鼠、狼、斑狗、野驴、大马鹿、斑鹿、麂、羚羊、绵羊和牛等13种哺乳动物。据碳14测定，其年代距今11500±200年。[①] 从炉霍县虾拉沱出土的人工打制石器和动物化石可以看出，当时生活在该地区的原始人群，主要利用打制石器，通过猎取野生哺乳动物，从而获得最基本的食物。虽然在炉霍的旧石器时代遗存中，没有发现有关采集的材料，但在毗邻现在四川藏区的汉源县富林镇发掘的旧石器遗址，不仅发现小熊、柯化熊、野猪、鹿、麂等哺乳动物化石，同时还发现板栗、番叶树等植物标本。[②] 这表明当时的食物，除了来自狩猎之外，还包括采集植物。

继旧石器时代之后发展起来的新石器时代，是以使用磨制石器为标志的人类物质文化发展阶段。与旧石器时代相比较，新石器时代最主要的特征是出现农业生产。在今四川藏区及其毗邻地区，新石器文化遗存分布广泛，其中茂县营盘山遗址、马尔康县哈休遗址和毗邻四川藏区的西藏昌都县卡若遗址最具代表性。

营盘山遗址位于岷江上游的茂县。根据对营盘山遗址9个灰坑土样的浮选，发现炭化木屑、核果果核和植物种子三大类炭化植物遗存，其中炭化木屑是指经过燃烧的残存木头；核果经鉴定，绝大多数属于蔷薇科（Rosaceae）的李属（Prunus）；植物种子经鉴定，可分为农作物、杂草类植物和其他植物三大类。有关果核和植物种子的鉴定见下表：

① 宗冠福等：《四川省甘孜藏族自治州炉霍县发现的古人类与旧石器材料》，载《史前研究》1987年3期。

② 张森水：《富林文化》，载《古脊椎动物与古人类》1977年15卷1期。

营盘山遗址浮选出土果核与植物种子统计表

植物名称		数量	数量百分比
核果果核			
李属 Prunus	桃 Prunus persica	220	11.08%
	梅 Prunus mume	5	0.38%
	杏 Prunus armeniaca	1	0.18%
	未知种 Prunus sp.	33	1.18%
无法鉴定		52	0.84%
农作物			
粟 Setaria italica		2350	29.4%
黍 Panicum miliaceum		2161	27.0%
杂草类			
藜属 Chenopodium spp.		2405	30.1%
狗尾草属 Setaria ssp		548	6.9%
黍属 Panicum ssp.		79	1.0%
马唐属 Digitaria ssp.		6	<1%
鸭跖草 Commelina communis		8	<1%
其他			
疑似黑麦 Secale cereale?		3	<1%
野大豆 Glycine soja		23	<1%
紫苏 Perilla frutescens		95	1.2%
沙棘 Hippophae rhamnoides		110	1.4%
红豆杉 Taxus chinensis		16	<1%
盐肤木 Rhus chinensis		4	<1%
葡萄属 Vitis sp.		6	<1%
朴属 Celtis sp.		1	<1%
蓼科 Polygonaceae		43	<1%
忍冬科 Caprifoliaceae		18	<1%
旋花科 Convolvulaceae		44	<1%
未知		72	<1%

在营盘山遗址浮选出土的炭化植物种子中，农作物籽粒和杂草类植物种子合计约占出土植物种子总数的95%。① 由此可以判定，营盘山遗址的生业形态已经进入到农业阶段，种植的农作物包括粟和黍两个谷物品种。由于浮选出土的杂草类植物遗存，如狗尾草属、黍属和马唐属，以及鸭跖草，都是秋熟旱作农田中常见的杂草类型，而粟和黍都是秋熟旱地作物。因此，营盘山遗址浮选结果所反映的农业应该属于典型的北方旱作农业生产特点。

同时，营盘山遗址还出土动物骨骼共3551件，包括哺乳纲3489件、鸟纲43件、鱼纲3件、爬行纲6件、腹足纲1件和瓣鳃纲9件。其中哺乳纲骨骼可以鉴定的标本有1128件，代表最小个体数106个，动物种属有兔子、竹鼠、斑羚、黄牛（Bos taurus）、水鹿、斑鹿、麂、家猪（Sus domestica）、黑熊、狗、狗獾和藏酋猴；鸟类有石鸡、环颈雉、大鵟；另有鱼、龟、货贝（Monetaria moneta）和蚌等。通过对动物骨骼的研究，营盘山遗址是一个农业聚落，日常肉食资源主要来自饲养的家猪和黄牛，但狩猎、采集和捕捞也是居民经济生活中不可或缺的重要内容。②

由上所述，可以得知，以茂县营盘山遗址为代表的岷江上游地区，在距今5300—4600年间的新石器时代，已经形成由种植、饲养和采集、渔猎组成的原始农业。其中种植的作物有粟和黍，饲养的家畜有猪和黄牛，这些都是旧石器时代所没有的新经济成分；采集包括核果、野生大豆、紫苏、沙棘等，狩猎对象以哺乳动物为主③，捕捞对象包括鱼、龟、蚌等，这些应当是旧石器时代经济活动的延续。

哈休遗址位于马尔康县沙尔宗乡哈休村，2006年进行试掘，其中发现的灰坑以圆形为主，个别灰坑为口大底小的袋状坑，且有一定的深度，坑内填土呈黑色粉状，包含大量陶片、兽骨、植物炭化灰烬。根据形状、结

① 赵志军、陈剑：《四川茂县营盘山遗址浮选结果及分析》，载《南方文物》2011年3期。
② 赵志军、陈剑：《四川茂县营盘山遗址浮选结果及分析》，载《南方文物》2011年3期。
③ 何锟宇：《营盘山遗址出土动物骨骼研究》，北京大学硕士研究生学位论文，2006年6月。

构以及填土遗留物，判定这些灰坑应为贮存粮食及其他物品的窖穴。在发掘过程中，对发现的灰坑填土进行了浮选，收集的植物已送中国社科院考古研究所进行鉴定，初步分析浮选结果可以确认发现了粟等作物品种。[①] 同时，哈休遗址还出土动物骨骼2769件（含采集），其中哺乳纲2755件，鸟纲14件。哺乳动物中可以鉴定的标本仅有407件，代表最小个体数59个，种属包括藏酋猴、狗、黑熊、狗獾、豹、野猪、麂、水鹿、斑鹿、狍属、黄牛、斑羚、豪猪等，目前能确定为家畜的只有狗一种。[②] 哈休遗址的年代，据推测距今5500—5000年。[③] 由此可知，以哈休遗址为代表的大渡河上游地区，在距今5500—5000年间的新石器时代，已经是以定居农耕为主，种植的作物为粟；基本不饲养用于食用的家畜，唯一可以确定为家畜的狗，可能是作为先民狩猎的伴侣；狩猎、采集仍然是经济生活中不可或缺的补充形式。

从营盘山遗址、哈休遗址和卡若遗址所反映的经济结构可以看出，在距今约5000年左右的新石器时代，今四川藏区已经基本形成原始农业。构成原始农业的种植业、畜牧业和采集渔猎三种经济成分中，种植业居于重要地位，种植的作物主要是粟，部分地区也有黍的种植；畜牧业开始形成，较为普遍饲养的家畜为猪，部分地区也饲养黄牛，同时仍有部分地区尚未形成真正意义上的畜牧业；作为旧石器时代就已经形成的采集和渔猎，仍然是重要的经济活动。

公元前2000—前1000年之间，受全球气候干冷化的影响，四川藏区的气候向着干燥、寒冷方向演变，从而使得已经初步形成的原始农业受到打击。原来以种粟养猪为主的生产方式难以适应干冷的气候条件，迫使人们不得不寻找新的资源利用方式和新的生存空间。其中寻找新的资源利用方

① 陈剑、陈学志：《大渡河上游史前文化寻踪》，载《中华文化论坛》2006年3期。
② 陈剑、何锟宇：《大渡河上游史前文化、环境与生业初析》，载《四川文物》2007年5期。
③ 陈剑、何锟宇：《大渡河上游史前文化、环境与生业初析》，载《四川文物》2007年5期。

式在卡若遗址的晚期，已经开始出现。石应平在对卡若遗址出土的石质生产工具进行分析之后认为："卡若遗址早、中期的经济形态是以农耕形态为主并辅之以狩猎活动和家畜饲养，中期达到繁盛。而从早期到晚期，与畜养活动有关的因素始终持续增长并在晚期占据了主要地位，但仍然经营着部分农业生产，这似乎意味着其经济形态正在发生转变，可能正是原始畜牧经济的生长点"①。霍巍也曾用"经济文化类型"理论对卡若遗址早期和晚期出现的一些明显差异进行分析和解释，其主要观点是，在气候和生态环境骤然改变的情况下，单一的粟类农业已经不能维持生存，迫使卡若居民为适应这一变化而转向谋求包括狩猎、渔猎、畜养等多种生营方式在内的"经济文化类型"。② 而为了适应气候变化寻找新的生存空间，最直接的途径便是迁徙。其中迁离今四川藏区的部族包括以蚕丛氏为代表的古蜀人；在迁入的部族中，羌人的迁入最为重要，其中有关从事畜牧的羌人取代从事农业的戈人的传说，就是四川藏区早期农业由种植业为主向畜牧业为主转换的重要例证。

在气候变化的背景下，四川藏区的农业结构发生显著变化。其中种植业的主要变化是粟、黍种植衰落，更加适应干燥和寒冷气候条件的麦类作物开始成为主要栽培作物；畜牧业发展迅速，但是主要畜种不再是与人在觅食上处于竞争的猪，而是以人类不能直接利用植物为食物的牛、羊和马。然而，四川藏区的气候虽然总体上是趋于干冷化，但是悬殊的海拔高差，复杂多样的地形，使得四川藏区的气候存在着明显的区域差异和垂直变化特点，加之部族构成复杂，各部族的生产力水平不尽相同，因此农业结构呈现出多元化的特点。在广布于四川藏区及其毗邻地区的"石棺葬文化"中，较为充分地体现出这个时期不同地区农业结构的特点。意大利学者罗

① 石应平：《卡若遗存若干问题的研究》，载《西藏考古》1辑，四川大学出版社1994年版。
② 霍巍：《论卡若遗址经济文化类型的发展演变》，载《中国藏学》1993年3期。霍巍在《昌都卡若：西藏史前社会研究的新起点》（载《中国藏学》2010年3期）一文中对自己的观点有进一步表述。

伯特·强南和墨哥里劳·奥里柯利，根据遗址出土器物特征及地理环境，将石棺葬遗址分为以下四个组别：[①]

1. 岷江上游地区。遗址海拔通常在1500米以上，发现粟与大麦，以及农具，包括石、铜、铁质的锄等，年代为公元前8世纪—公元1世纪。

2. 青衣江流域。遗址发现于1500米左右的河谷地区，发现有谷类种子遗存和农具出土，其年代为公元前1世纪—公元1世纪。

3. 大渡河、雅砻江及金沙江上游地区。遗址海拔3000米左右，发现牛、山羊及马的骨骼，此组遗址未发现农具，年代为公元前4世纪—公元前2世纪。

4. 金沙江、澜沧江中游地区。遗址海拔1000—2000米，发现猪与山羊骨骼，与农具和箭头同出，年代约为公元前6世纪—公元前1世纪。

在上述四个组中，1组的岷江上游地区和2组的青衣江流域，直到公元1世纪，仍然是以种植业为主，种植的作物除了传统的粟之外，新增加比粟更加耐干旱、抗低温的大麦；3组的大渡河、雅砻江及金沙江上游地区，则在公元前2世纪就完全转变为以畜牧业为生；4组的金沙江、澜沧江中游地区，则是种植与畜牧并重的农业结构。这个分类，大体上与《史记》卷116《西南夷列传》的记载相吻合，只是位于岷江上游的冉駹，地处青衣江流域的徙人，"其俗或土著，或移徙"，其经济结构，既不同于完全从事"耕田"的滇、邛都，也不同于"随畜迁徙"的嶲、昆明，而是介于农耕和游牧之间的半农半牧族群。

综合考古资料和文献记载，大体可以确定，最迟在西汉，今四川藏区的农业已经分为两种类型：一种类型是由岷江上游地区向南，经青衣江流域，直至雅砻江中游的木里地区为半农半牧农业，另一种类型则是在上述

① 罗伯特·强南、墨哥里劳·奥里柯利：《中国西南游牧考古刍议》，载《南方民族考古》7辑，2011年。

半农半牧地区以西的纯游牧业，其主要地域为大渡河、雅砻江及金沙江上游地区。在东汉，这两种类型的农业依然并存于四川藏区，其分布地域也没有发生变化。据《后汉书》卷86《南蛮西南夷列传》记载，位于岷江上游的汶山郡，“土地刚卤，不生谷粟麻菽，唯以麦为资，而宜畜牧。有牦牛，无角，一名童牛，肉重千斤，毛可为毦。出名马”。明显属于半农半牧地区。而在汶山郡以西的广大地区，基本上还是纯牧区，故分布在该地域的白狼、槃木、唐菆等百余国，皆是“土地垅埆，食肉衣皮，不见盐谷”。①

两晋南北朝时期，随着部族的频繁迁徙变动，今四川藏区的农业结构再次发生较大变化。西晋末年，来自辽东的吐谷浑部，进入今甘肃、四川、青海三省交壤的地区，建国于群羌之中。吐谷浑部虽以畜牧为主，“自洮水西南极白兰数千里中，逐水草，庐帐居，以肉酪为粮”②，然而“亦知种田，有大麦、粟、豆”③，基本上与汉代岷江上游地区一样，也是属于半农半牧的农业结构。南北朝后期，当吐谷浑在西魏、北周的打击下退居今青海省北部地区之后，进入今川西北高原东部的党项羌，则是单纯的畜牧部落，“畜牦牛、马、驴、羊，以供其食，不知稼穑，土无五谷”④。位于党项以南的诸羌部落，“其风俗略同于党项”⑤，也是以畜牧为产业的族群。但是位于今四川与西藏交壤的金沙江中游地区的附国，却是“土宜小麦、青稞”⑥，以种植业为主。不过从附国葬俗有“死家杀牛，亲属以猪酒相遗，死后十年而大葬……杀马动至数十匹”⑦ 来看，附国也饲养牛、猪和马，应当是以种植业为主而兼有畜牧的部族。附国东部的嘉良夷，位于今大金川流域的丹巴县境内，其“土俗与附国同”⑧，也应当是半农半牧的农业结构。至于

① 《后汉书》卷86《南蛮西南夷列传》。
② 《宋书》卷96《鲜卑吐谷浑传》。
③ 《魏书》卷101《吐谷浑传》。
④ 《隋书》卷83《党项传》。
⑤ 《隋书》卷83《附国传》。
⑥ 《北史》卷112《附国传》。
⑦ 《隋书》卷83《附国传》。
⑧ 《隋书》卷83《附国传》。

今岷江上游及其周边地区的“汉阳、临洮、宕昌、武都、同昌、河池、顺政、义城、平武、汶山，皆连杂氐羌，人尤劲勇，性多质直，皆务于农，工习猎射”[①]。属于以种植业为主而兼以狩猎的地区。其中宕昌是以宕昌羌之地设立的郡，同昌是以邓至羌之地设立的郡，而宕昌羌是“牧养犛牛、羊、豕以供其食”，邓至羌“土风习俗，亦与宕昌同”，[②] 畜牧业同样居于重要地位。由此看来，宕昌、邓至等羌人聚居地，应当是种植业与畜牧业并重，而狩猎亦为重要的经济活动。位于同昌郡以南的汶山郡，大体上与宕昌郡和同昌郡一样，也是半农半牧的地区，狩猎依旧是不可或缺的经济活动。

综上所述，在南北朝时期，今四川藏区的农业结构与汉代相比较，发生了较大的变化。岷江上游及其以东地区，农业仍然是半农半牧，只是狩猎成为相当重要的经济活动；岷江上游的西北，即今川西北高原东部，经历了从吐谷浑时代的半农半牧向党项诸部单纯畜牧的转变；在汉代完全从事畜牧的大渡河上游及其以西地区，虽然众多的诸羌部落与党项一样，仍然还是从事单一的畜牧业，然而随着附国的兴起，以今四川藏区与西藏交壤的金沙江中游为主的地区，开始形成半农半牧的农业结构。受其影响，位于其东部大金川流域的嘉良夷也成为半农半牧的地区。

入唐以后，四川藏区的农业结构没有发生太大的变化。在岷江上游地区，其农业依旧是由种植、畜牧和狩猎三部分构成。其中种植的作物除粮食作物外，经济作物的种植面积有所扩大，故茂州租赋是交纳“麻、布”[③]，静州土产有“筒布”[④]，悉州则土贡“柑”[⑤]；由于松州、当州、悉州、静州、柘州、恭州、茂州、翼州、维州的土贡之物中，多为畜产品的犛牛尾、犛

① 《隋书》卷29《地理志》。
② 《魏书》卷101《宕昌传》。
③ 《元和郡县图志》卷32茂州、翼州条。
④ 《太平寰宇记》卷81《静州·土产》。
⑤ 《新唐书》卷42《地理志》。

牛酥，以及狩猎所获的麝香、狐尾、羚羊角，[1] 可知畜牧和狩猎仍然是重要的经济活动。在今川西北高原东部地区的党项诸部，依旧是“畜犛牛、马、驴、羊以供其食，不知稼穑”[2]；占据着原附国东部地区的东女国及其毗邻的西山八国，从唐王朝曾经“给以种粮耕牛，咸乐生业”[3] 的情况来看，也应当与原附国一样，是以种植业为主。

在唐代，四川藏区是唐王朝与吐蕃政权长期争夺的地区。为了加强控制，并为战争提供物资保障，唐、蕃双方都曾在其控制的地区采取一些有利于农业发展的措施。其中唐王朝的主要措施有屯田，减免赋役，支持归附的部落发展种植业；吐蕃政权则通过“计口授田”，并将一些新的作物品种和畜种引入四川藏区，推动农业生产的发展。唐代后期，吐蕃王朝崩溃，在今四川藏区，原为吐蕃基层行政组织的部落，相继成为独立的政治实体；原为吐蕃的奴部则相互纠合，组成新的部落，称为“嗢末”[4]。由此形成“种族分散，大者数千家，小者百十家，无复统一矣”[5]。而在唐王朝统治范围内，则保留着以血缘为纽带的氏族和部落。这些性质各异、相对封闭、互不统率、兴衰不定的部落，基本上是简单地沿袭着原有的生产方式，极少能够通过自身努力推进农业生产的发展。整个四川藏区农业的演变，主要取决于外部因素，其中外来民族带来的新的农业生产方式和政治制度的变化，对农业的演变，影响最为明显。由于今阿坝州和甘孜州在唐代以后的民族迁徙情况和政治制度有着明显的差异，因而农业的发展演变也就不尽相同。

位于今四川藏区东北部的阿坝州，其东部的岷江上游地区，自秦代设湔氐道，西汉武帝设汶山郡之后，基本上处于中原王朝控制之下，是四川

① 见《新唐书》卷42《地理志》和《元和郡县图志》卷32《剑南道中》有关各州的土贡及贡、赋。
② 《旧唐书》卷198《党项传》。
③ 《旧唐书》卷197《东女国传》。
④ 《资治通鉴》卷250懿宗咸通三年二月。
⑤ 《宋史》卷492《吐蕃传》。

藏区受汉族影响最深的地方。吐蕃政权崩溃后，岷江上游的南部地区，即茂、维、霸等州为唐王朝所控制。入宋以后，又被纳入宋王朝的版图。其地除了蕃户之外，已有汉族居民在此定居。据《太平寰宇记》记载，北宋初年，茂州已有汉族主、客户合计 326 户，占全州 1155 户的 28%；[①] 霸州有汉民 170 余户，[②] 维州亦管有 54 户汉人税户。[③] 随着汉族的迁入和定居，岷江上游的南部地区，开始种稻。文同在北宋神宗熙宁年间到茂州汶川，作《胜因院记》，其中就有“畦麻疃稻”[④] 之语。水稻的传入，改变了四川藏区只有旱作农业的历史。入元以后，汉民已经成为整个岷江上游地区的主要土著居民之一，“松潘叠宕威茂州等处安抚司管内，西番、秃鲁卜、降胡、汉民四种人杂处”[⑤]。这些由内地迁居岷江上游的汉民，通常都是采用内地的农业生产方式，其农耕水平明显高于当地原有的农作技术。入明以后，明朝又在岷江上游北部的松潘一带实施屯田。明宣宗时，陈敏任茂州知州，“以茂地广而荒，劝民开垦，引泉为池，以资灌溉。一时野无旷土，麦穗五歧。宣宗制满庭芳词赐之”[⑥]。在官府的推动下，岷江上游地区的种植业有所发展。但是这种发展，基本上是局限在流官的管辖范围内。在土司辖区和“生番”之地，仍然沿袭旧有的农业生产方式，其农业大体上还是由种植、畜牧和狩猎三部分组成。其中在松潘，“男曰安达，女曰白麻，多种青稞、圆根，好用羶羊、麦粉”[⑦]；叠溪郁氏长官司管辖的河西小姓六寨，“地土广远，牛羊稷麦露积”[⑧]；威州保县（治今理县北），“俗本氐羌，多习射猎”[⑨]；而“维州诸番，日务射猎，夜宿碉房……嫁娶，富者以猪、

---

① 《太平寰宇记》卷 78《剑南西道・茂州》。
② 《太平寰宇记》卷 80《剑南西道・霸州》。
③ 《太平寰宇记》卷 78《剑南西道・维州》。
④ 《蜀中名胜记》卷 7 文同《茂州汶川县胜因院记》。
⑤ 《元史》卷 23《武宗纪》。
⑥ 道光《茂州志》卷 1《陵墓》。
⑦ 《蜀中广记》卷 31 引《龙涸志》。
⑧ 《蜀中广记》卷 32《边防记》。
⑨ 正德《四川志》卷 9《成都府》。

羊、毛毡、布匹、粟、麦为礼”[①]。明末清初，在四川建立大西政权的张献忠兵败之后，其部分残部进入岷江上游地区定居，又给当地带来一些先进的生产技术和生产工具，其中包括以连枷脱粒的方法代替以往用脚踩棍打的原始脱粒方法；铁质农具的大批输入，代替了已往曾使用着的一部分木质农具。[②] 在清代，清王朝在茂州和松潘厅关内地区先后实施的改土归流，更是将内地的土地制度和农业生产技术、农具直接引入改流地区，从而使改流地区的农业生产发生重大变化。[③] 同时，随着改土归流的实施，不断有汉民通过多种途径进入原土司地定居，进一步推动当地种植业的发展。粮食作物的种类，除了原有的大麦、小麦、荞麦、青稞和水稻之外，嘉庆年间先后传入玉蜀黍和马铃薯，随即普遍种植。同时，农业生产工具和生产技术也有所改进。农具上出现了体轻深耕的鸡嘴铧和双面铧，以及扁锄、刨锄，加之原有的鸭嘴铧、尖锄、弯刀等工具，基本上能够适应当时农业生产的需求；农业技术方面，自光绪年间由绵竹县传入人粪肥之后，在羌族地区沿交通线的部分村寨，开始建造粪池，逐渐改变以往不施人粪肥的习惯。民国时期，岷江上游地区传统农业的最大变化是罂粟逐渐成为主要的栽培作物，而农业生产工具和农业生产技术，从清末直到中华人民共和国成立，一般没有多大的变化。[④]

在岷江上游西部的杂谷脑河及其以西的大、小金川流域，自宋代以后，主要居民为嘉绒藏族。清代前期，该地区皆为土司地。其中以杂谷脑河流域为中心的杂谷土司，原来的管辖范围，“东至朗吉司，南至金川，西至卓克基，北至龙州，幅员仅五百里。明宣德时，始据有朗吉司以东日驻、穹

---

① 《蜀中广记》卷32《边防记》。

② 中国科学院民族研究所四川少数民族社会历史调查组：《羌族简史简志合编》，1963年编印，第28页。

③ 中国科学院民族研究所四川少数民族社会历史调查组：《羌族简史简志合编》，1963年编印，第30—33页。

④ 四川编辑组：《羌族社会历史调查》，四川省社会科学院出版社1986年版，第10—11页；四川省编辑组：《四川省阿坝州藏族社会历史调查》，四川省社会科学院出版社1985年版，第24—28页。

山、党者等七寨，界接蒲溪沟。已复取达司蛮长官司地。国初，河西生羌窃掠为患，良儿吉狡黠善谋，康熙十九年，袭取九子、龙窝等寨。二十二年袭取孟董等寨。又，打喇土司居水田寨，八棱碉土司居丹者孟沟，皆为所并。又，卓克基以西至松岗，别有思格立土舍，为儿吉外父，与妻谋，毒杀其兄弟而取其地。松岗之外为克坝土舍，畏其并吞，亦以众附。于是西至党坝，东至通化，绵亘一千余里，地广民众，号大酋长”①。清高宗乾隆十七年（1752），“杂谷土司苍旺与梭磨、卓克基构衅，抢掠两土司所管部落。四川总督策楞、提督岳钟琪率松潘镇总兵马良柱，带兵进剿，擒苍旺伏诛，招降各寨番民，改土归流”②。其南部辖区的改土归流是建立土屯制度，设立杂谷脑、干堡寨、上孟董、下孟董、九子寨五屯，由“倾心投诚之头人”担任各级屯官，“各归本寨，管束屯兵，以备派遣”③。而屯兵的来源，则是在归流的番众内，“挑选精壮番丁三千名作为屯兵”④。由于土屯是一种“寓兵于农”的制度，屯民平时务农，战时为兵，因此土屯制度的实施，使得种植业成为杂谷五屯最重要的产业。由于杂谷五屯的屯民完全是来自当地改土归流后的土著居民，并禁止汉民进入屯区，⑤ 因此该地区种植业是在原有基础上的发展，其“多习射猎”⑥ 的习俗也得以保留，故嘉庆《四川通志》卷 98《武备·土弁》说，杂谷五屯是“男务耕猎，女织麻布毪子……出产荞麦、青稞”。杂谷以西的大、小金川土司，于乾隆四十一年（1776）改土归屯。与杂谷土屯的屯户完全为番屯不同的是，两金川的屯田

① 同治《理番厅志》卷 4《边防·土制》。
② 嘉庆《四川通志》卷 90 引《新增通志》。
③ 同治《理番厅志》卷 4《屯制》。
④ 《硃批奏折民族类·乾隆三十八年闰三月十四日刘秉恪折》，现藏中国第一历史档案馆。
⑤ 据同治《理番厅志》记载，同治四年平息孟董屯守备穆祖索朗聚众启衅事件后，订立的善后章程中就规定：“五屯额设及余丁中，如有故绝，应以屯民人丁之多者过继接顶，不得滥招汉人上门，顶吃门户。以前穆逆所招汉人门户，佥行饬令各屯清理驱逐，以清门户……汉民不准住居屯地。今有无业游民或藉称贸易，或顶吃门户，盘踞屯地，唆弄是非，甚至乘间劫掠，种种弊端，不可枚举。嗣后责成该管屯官严行驱逐，永远不准汉民寄居。倘经查出或被告发，定将该管屯官照窝匪徒例治罪。”
⑥ 正德《四川志》卷 9《成都府》。

户，除了当地的番户和来自杂谷的练户之外，还有来自内地的军户和民户。其中民屯的屯户，基本上是来自内地州县的汉民。乾隆四十四年（1779）十一月户部奏："今据四川总督文咨称，渠县、什邡、长宁等县民人段文儒等十二户，情愿携眷赴金川屯垦，请照携眷赴屯兵丁、派赴杂谷屯练之例，官为资送……又，洪雅、天全、打箭炉等厅州县民人王文琳等三十户，情愿自备资斧，携眷赴金川屯垦。"[①] 皆得旨准行。这是初次批准汉民赴屯。此后陆续招募，成为民屯屯户的主要来源。例如章谷屯，"六甲屯民，概系平定金川后，由内地安插而来，小川北各县之人居多"[②]。此外，"亦有不由本籍咨送者，就近报垦，多系商民"[③]。为帮助屯户顺利安顿下来，尽快从事生产，清政府采取了一系列的帮扶措施。对于留屯兵丁，最初的口粮，仍由官府"照征兵时旧例，每日给米一升"[④]；屯兵的住房和主要日用品，亦由官府提供。[⑤] 内地兵丁携眷赴屯者，官为资送。"准照乌鲁木齐之例，口内每百里，大口给盘费银一钱两分，小口给银六分。口外以两小站并作大站，按站支给。川省山路崎岖，无论大口、小口，每名每站给伕价银五分。到屯后，照西陲招垦民户借给口粮之例，酌借一年口粮，大口每名日支米八合三勺，小口折半借支。俟屯垦成熟之日，催收还仓"[⑥]。民屯户的搬迁、救济，据李心衡《金川琐记》记载："金川设屯田，招徕民户，每一户给地三十亩，使为子孙恒产。虑其路远而不能挈妻子同来也，本籍资送，准令大口每名日给盘费银一钱，小口银三分，口粮各一升。自本籍至屯所若干程，银粮应若干，由沿途牧令支发，于是得免旅忧。又虑其既至屯所，何以托足，准给庐屋，无屋折价银二两，于是得免露处忧。又虑其无耒耜，则资以农具。又虑山田人力不能施，则资以耕牛，两户合一牛，一牛折价

① 《金川档案》第139—140页，现藏中国第一历史档案馆。
② 同治《章谷屯志略·屯民风俗》。
③ 《小方壶斋舆地丛钞》第八帙第一册李心衡：《金川琐记》。
④ 《钦定平定两金川方略》卷134。
⑤ 潘洪钢：《清代乾隆朝两金川改土归屯考》，载《民族研究》1988年6期。
⑥ 《金川档案》第70页，现藏中国第一历史档案馆。

银十两，于是民得肆力耕作。又虑播谷无资，每户各给籽种二石。”对于番屯和练屯，亦比照兵屯和民屯，给予补助。其中由官府提供的种子、农具和耕牛，对屯区农业发展尤为重要。早在设屯之初，四川总督文绶就筹及此事：“所需籽种，各因土宜，应于各土司地方采买，且省运费。至内地耕牛，恐不习番地水草。且番地多系高山峻岭，不能得耕牛之力。若口外牦牛，又多不能耕地，其中有可用者，亦需少买试耕，如果试用有效，再行添办。其农具一项，军营所存生熟铁觔正多，应就近于兵伕内制用。如不敷打造，再于内地雇往”[①]。此事由屯务总理负责，于乾隆四十一年（1776）三月后，陆续办妥：“其农具籽种等项，松茂道查礼等已陆续赶觅购办到来。而应散给之兵屯者，即以各归营伍。即各项降番，现已陆续调回，与屯兵等参错而居。奴才等并已就现有人数，核其户口之多寡，授地广狭，业将办到农具籽种，即行各分给一份，使得乘时播艺”[②]；“至牛支一项，番地旄牛不能耕地，惟犏牛可用，先经委员采买，仅得五百余头。随饬于松潘所属各番地及三杂谷、里塘、巴塘等处采买犏牛一千五百头，并饬内地附近各属采买黄牛四百头，现已陆续解往，可以无误春耕……其各项农具，军营存贮生铁甚多，熟铁颇少，除锯齿镰刀一万八千把于内地制解外，其余生熟铁具，先已雇解铁匠十名赴屯，开炉打造”[③]。此外，清政府还建立起较为完备的屯区管理体制，并从政治、经济、宗教等方面采取措施，加强对屯区的控制，[④] 从而使屯区社会安定，以农耕为主的经济也得到较为明显的发展。“屯兵防御，安其耕耘，百年以来，民夷数静，洵亘古未有也。”[⑤] 同时，受汉民农作技术的影响，番民的农业技术也有一定程度的改进。“宅垄夷人耕稼，多用二牛，以木五尺许，缚二角端，中施一长木至牛

---

① 《军机处录付奏折民族类·乾隆四十一年三月二十三日文绶等折》，现藏中国第一历史档案馆。
② 《硃批奏折民族类·乾隆四十一年四月二十三日明亮等折》，现藏中国第一历史档案馆。
③ 《钦定平定两金川方略》卷136。
④ 潘洪钢：《清代乾隆朝两金川改土归屯考》，载《民族研究》1988年6期。
⑤ 同治《章谷屯志略·序》。

后，横加短木，下贯锹锸，锸形齐如锄，启土艰难，每于高下转折处，骈牛彳亍，殊少便捷。其锄甚小，范铁而成，与梓人锛锄不少异。近因内地屯民栉比，多仿汉式独牛锐锸之制，农工简便，倍于曩昔。”① 总体来看，清代在杂谷和大、小金川的改土归屯，对当地农业的发展，起到十分重要的作用。民国时期，该地区农业的主要变化也是罂粟逐渐成为重要栽培作物。而嘉绒藏族的农业生产工具和农业生产技术，从中华人民共和国成立后的调查来看，② 与清代改土归屯后的情况相比较，没有多大的变化。

位于阿坝州北部的草地藏区，地处川西北高原东部，即今南坪、若尔盖、红原、阿坝、壤塘和松潘黄胜关以外地区，自吐蕃王朝崩溃后，便形成部落林立，各自为政的局面。在宋代，该地区完全处在宋王朝的控制范围之外。元、明和清朝对该地区的控制也相当薄弱，各部落基本上处于自生自灭状态，农业始终没有什么大的变化。在清代，其农业结构大体分为四类。第一类是主要从事种植业的部落，“衣毪种粮，住碉房或板房”③，属于这一类的部落有松潘厅中营管辖的拈佑等七寨，松潘厅左营管辖的阿思筒寨和羊筒寨，松潘厅漳腊营所管辖的寒盼、商巴、祈命三寨，羊筒踏藏等十三寨和上包座佘湾寨等五寨，松潘厅平番营所管辖的丢骨寨、云昌寺寨和岬竹寺，松潘厅南坪营管辖的中羊筒隆康寨和下羊筒黑角郎寨。第二类是以“打牲种麦”④ 为特点的部落，包括松潘厅右营管辖的下泥巴寨，松潘厅漳腊营管辖的上撒路木路恶等七寨。第三类是游牧部落，其中松潘厅漳腊营管辖的班佑寨等“土千、百户十四员，所管番民，住牧口外草地黑帐房。逐水草而居，迁徙无定。不分寒暑，六月飞霜。五谷不生，游牧打牲”；上阿坝甲多寨等土千户三员，“所管番民，性情稍懦，风俗一切与班

① 同治《章谷屯志略·夷人风俗》。
② 四川省编辑组：《四川省阿坝州藏族社会历史调查》，四川省社会科学院出版社 1985 年版，第 209—212 页。
③ 嘉庆《四川通志》卷 96《武备·土司》。
④ 嘉庆《四川通志》卷 96《武备·土司》。

佑等处同”,[①] 也是以游牧和狩猎为主要生产方式。第四类是上郭罗克车木塘等三寨土千、百户，“所管番民，住高石碉房，性情刁悍，不好耕种，专务打牲，口外远近贸易客商，以及青海一带，屡受其扰，叠经剿办”；上阿树银达寨等“土千百户四员，所管番民，性情风俗与三郭罗克同”。[②] 然而无论是从事种植业，或是畜牧业，其生产技术和生产工具都相当的落后。据中华人民共和国成立后的调查，“本区藏族的经济除接近汉区的边缘部分外，生产技术一般都很落后。草地腹地农区，不久以前还依赖牛角、木犁，现在还只能装配少许铁尖犁头，农产量很低。在畜牧业上，因缺乏兽医和先进的畜牧技术，牲畜死亡率也很大”[③]。在阿坝州的三个地区中，草地藏区的农业在吐蕃政权崩溃后，经历的变化最小，其生产技术最为原始，生产工具也最为落后。

位于今四川藏区西部的甘孜州，通常被分为东路、南路、北路三个区域。其中东路包括康定、泸定、丹巴、九龙、乾宁、雅江六县；南路包括理塘、巴塘、乡城、稻城、义敦、得荣六县；北路包括甘孜、德格、新龙、白玉、邓柯、石渠、炉霍、道孚、色达九县。[④] 由于自然地理条件和民族构成的差异，以及社会形态和政治制度的不同，在唐代以后，三个区域的农业发展演变，有着较为明显的差别。

甘孜州东路的东部边缘地带，位于大渡河中上游地区。[⑤] 在唐代，毗邻唐王朝控制的雅州和黎州。河东一带，原有汉民居住。“自唐时吐蕃强盛，宁远、安靖、岩州汉民，往往为彼驱入九枝、鱼通，防守汉边。”[⑥] 五代孟

---

① 嘉庆《四川通志》卷 96《武备·土司》。
② 嘉庆《四川通志》卷 96《武备·土司》。
③ 四川省编辑组：《四川省阿坝州藏族社会历史调查》，四川省社会科学院出版社 1985 年版，第 1 页。
④ 张正明：《甘孜藏区社会形态的初步考察》，载《四川省阿坝州藏族社会历史调查》，四川省社会科学院出版社 1985 年版。
⑤ 大渡河上源在丹巴接纳小金川之后，始称大渡河。丹巴至泸定为大渡河上游，泸定至铜街子为中游，铜街子以下为下游。
⑥ 《明史》卷 331《西域·长河西鱼通宁远宣慰司》。

蜀时，大渡河中上游地区属碉门、黎、雅、长河西、鱼通、宁远六军安抚司管辖范围。“宋因之，隶雅州。”[①] 由于与宋朝关系密切，河东的汉民往往进入大渡河以西地区从事农耕。宋人李嘉谋就说：“黎州过大渡河外，弥望皆是蕃田，每汉人过河耕其地，及秋成，十归其一，谓之蕃租。土丁之耕蕃地者，十有七、八。”[②] 在汉族的影响下，该地区的种植业有所发展。入明以后，已有种植水稻的记载。明太祖洪武二十一年（1388），礼部主事高惟善自长河西、鱼通、宁远等处还，上言说：“鱼通、九枝蛮民所种水陆之田，递年无征。若令岁输租米，并令军士开垦大渡河两岸荒田，亦可供给戍守官军。”[③] 由此可知，鱼通、九枝等地已有水稻的种植，因此高惟善才建议向当地的“蛮民”征收租米。同时，高惟善提出的“令军士开垦大渡河两岸荒田”建议，在得到明太祖的同意后予以实施，由此使得汉族的农耕，推进到大渡河以西地区。清初，大渡河中上游以西地区，主要是明正土司之地。康熙三十九年（1700），蒙古和硕特部委派的第巴昌侧集烈杀死明正土司蛇蜡喳吧，清廷随即派兵攻杀昌侧集烈，恢复明正土司。并在安乐坝（今泸定县城关镇）修建铁索桥。康熙四十五年（1706），泸定桥建成后，以该桥为中心，逐渐形成汉族聚居地，农业也随之得到快速的发展。民国时期，以泸定桥为中心设立泸定县之后，该县便成为甘孜地区农业最发达的县。关于泸定的兴盛，任乃强先生曾有一个扼要的介绍：“泸定县治，旧称泸定桥，亦曰桥上。海拔 1400 公尺。明以前为‘西番’村落，番名‘阿龙’，属杂道长官司管辖。清初，从音译曰‘安乐坝’……安乐坝僻在一隅，无人注意。故西炉之役，全境骚动，独安乐坝无闻。炉乱定后，选地建桥，以通川藏。以其地名吉祥，水势平稳，遂勘安桥基于此。康熙四十五年桥成，拨化林营兵戍守，设把总一员。桥头始有汉户，经营小贸。

① 《明史》卷 311《四川土司·天全六番招讨司》。
② 《宋会要辑稿》蕃夷 5 之 53。
③ 《大明太祖高皇帝实录》卷 188 洪武二十一年二月壬戌条。

雍正六年，天全黎州皆改土归流，雅州升府，始设巡检于此，管理桥工水利、茶榷，及沈村、烹坝两驿站。始渐有商店成街市。其屡因修葺铁桥，运矿开冶，且为西炉商贾，往来要站。汉人渐增，经商之外从事垦殖，旧日‘番户’，或被同化，或被逼迁。伊然成一汉人村落矣。乾隆末叶，西陲多故，打箭炉市渐兴旺，雅炉之间货运日盛，桥之西端，脚店蔚起。嘉庆中，内地扰乱，川边矿业勃发，汉人赴边者多，泸定始有数十市户，亦皆农商兼营。其后天主教传入西康，教人引水灌溉，垦辟稻田，泸定地力大启，人口日增，化林与桥上，皆属汉人势力集中之地，百业渐兴。然羊圈沟水害剧烈，岁有冲毁，故市肆仅集于桥之两端。沟水附近，尽属农业区域。光绪中，刘廷恕创‘羊圈’治水，市肆始展至沟南岸。时则河水已逾石龙过江之石堤，冲抵西岸岸壁，划安乐坝为上下两部。对岸之沙坝，变为农田。天主堂乘时购地，建筑教堂于此。”① 由此可知，汉民的迁入和原有“番民”的汉化，是泸定地区种植业得以发展的主要原因。

在平定昌侧集烈之乱以后，清廷恢复明正土司，并扩大其管辖范围，“其地东至泸定桥一百二十里，交冷边土司界；西至中渡二百八十里，交里塘界；南至乐壤六百里，交冕宁县界；北至鲁密章谷四百五十里，交小金川之孙克宗界。纵横东西四百里，南北一千五十里，所管土千、百户四十九员”②，从而成为东路最大的土司，也是甘孜地区的四大土司之一。明正土司所管辖的土民，种植业为其重要产业，种植的作物，仍为传统的青稞和小麦、豆类，并未种植水稻。乾隆四十年（1701），四川巡抚贝和诺在《请打箭炉设防疏》中就说：“打箭炉、木鸦等处，虽不产米谷，有青稞、麦、豆等杂粮可以采买。岚州、嘉庆、擦道等处，有大米、杂粮，足供兵食。”③ 出产大米的岚州、嘉庆、擦道等处，皆在后来的泸定县境内。由于

① 任乃强：《泸定导游·泸定繁荣史》，载《任乃强藏学文集》（中册），中国藏学出版社 2009 年版。
② 嘉庆《四川通志》卷 97《武备·土司》。
③ 嘉庆《四川通志》卷 92 引。

明正土司与清廷关系密切，加之在平定昌侧集烈之乱以后，清廷又派兵驻防打箭炉，并于雍正七年（1729）设打箭炉厅，加强对大渡河以西地区的控制，汉族移民也随之进入该地区，[①] 从而使种植业得到进一步发展。乾隆年间，明正土司就从内地引进铁铧。道光年间，东俄洛已经是“稞麦青葱，俨有富庶之象”[②]。光绪三十四年（1908），改打箭炉厅为康定府。宣统三年（1911）明正土司被改土归流。民国时期，“康定农业在鱼通、孔玉二区，其地河谷低深，气候温暖，农作情形，与丹巴相似。沿河平原种小麦与玉蜀黍，较高地种玉米、洋芋、荞、豆、油菜，无稻，年皆二获。瓦斯沟一区，气候与鱼通无异，而地在逼峡中，耕地狭隘，产量无多。以上三区，可耕之地概已开垦。次于鱼通、孔玉者，为上、下木雅乡。其地较鱼通高寒，以小麦、青稞、洋芋、圆根为主要产品，玉蜀黍已不相宜。草原甚广，多可开垦，土人不甚以耕为重，无专开垦，大半兼畜牛马，放牧草场中而已。又次为中区河谷，自中谷折多塘、榆林宫以下，本皆可耕沃，唯以高寒较著，年获一度为限。边民又素轻农业，垦耕于此者甚少，昔明正土司盛时，恃各方差粮，划此带为狩猎区域，丰草长林，充塞山谷。晚清经营川边，汉人居炉者多，粮食虽由丹、炉供给，而蔬菜不足，遂有迁流农民开垦附城河坝为蔬圃，栽培甘蓝、莴笋、白菘、葱韭、洋芋、豌豆之属，尽获厚利，垦地始渐拓至距城十里左右。又明正土司失势后，其家人屡将南较场至榆林宫间河坝荒地当卖与天主教堂，教堂雇人开垦，今已垦足四百余亩，正在推广。此带地方虽仅年收一季，唯以道近巨市，蔬菜、粮食、藁刍需用并巨，土又肥沃，经营农业，获利至易……牧业。康定草原牧场，十倍于可耕地面，地概高寒，适于牲畜健康，而草茂水甜，又远甚于新疆、蒙古等处。且地近内省与大城，牛羊皮毛、乳酪、良马之属，销售最便，

---

① 康定民族师专编写组：《甘孜藏族自治州民族志》第二篇汉族，当代中国出版社1994年版。
② 黄楙材：《西辅日记》，载《川藏游踪汇编》，四川民族出版社1985年版。

此本国最佳之牧场也。现全县营牧业者，约占全民十分之四，唯其畜牧事业，非常幼稚，除放牧吃草外，不知其他”①。从民族构成来看，根据民国十八年（1929）任乃强在《康定县视察报告》中对康定县人口分布的调查，种植业集中的鱼通、孔玉和瓦斯沟，是纯汉族和混血族垦农聚居之地，其中“所谓混血族者，皆汉人娶番女所生子女，谓为汉族，亦无不可”。而“纯番族 42400 人。其农牧 20000 人，散处各区；游牧 10000 人，住上下牛厂”。② 由此可知，民国时期，康定县从事农业生产的汉族和汉藏混血族，主要集中在鱼通、孔玉和瓦斯沟，即大渡河的河谷地带，基本上是从事单一的种植业。大渡河干流以西，为藏族聚居地，其中上、下木雅乡为种植业与畜牧业并重的地区，而上、下牛厂则是纯牧区。

康定以北的丹巴，主体为平定大、小金川土司之后，于乾隆四十一年（1776）改土归屯设立的章谷屯。自设屯以后，该地区就成为汉、藏杂居之地，种植业也就成为最重要的产业。民国时期，丹巴耕地，分布在海拔 3000 米以下之河谷两岸，面积约占全县十分之二。其田可分三品，区别如下：

1. 沿河地：大河北面之月状平原与小溪入河处之扇状平原属之，皆冲积土。质较细密，地位低，气候温暖。又多可引水灌溉，不虑天旱。每年可收二次，以小麦、玉蜀黍为主要农产。小麦秋季播种，初夏收获。麦秋前预播玉蜀黍于行间。刈麦后，苗适出土，仲秋穗熟，再播小麦，以为恒。蔬菜与豆类者甚少。查此带气候，本可种稻，但田不贮水，开花时又多大风。每每不能结实，故县境无稻。

2. 低山地：即沿河陡岸以上之高平地。约占全县耕地面积之半。土质亦颇细密，气温较低，无灌溉之利。五年中，三年可以双收，亦以小麦、

① 任乃强：《康定县视察报告》，载《任乃强藏学文集》（中册），中国藏学出版社 2009 年版。
② 任乃强：《康定县视察报告》，载《任乃强藏学文集》（中册），中国藏学出版社 2009 年版。

玉蜀黍迭互种为主。但春来较迟，收获期逐年后时。若翌年仍填种玉蜀黍，则不及成熟，霜雪已至，只可填种荞麦及芫根，与马铃薯迭互种植者。其农产不似沿河地之简单。

3. 高山地：既接近老林之山坡地，面积约占全耕地十分之三。其土粗而薄，又更寒冷，霜早春迟，年收一次。隔年又须间休一岁，以养地利。六年三收，谚云，“三年两头收，三年两不收”是也。农作物以青稞、马铃薯、圆根为主，大麦、燕麦次之，豆类、罂粟、油菜又次之。

由此可知，丹巴种植业的结构，按照海拔高度的差别，明显分为沿河、低山、高山三种类型。至于畜牧业，由于丹巴之民“重农轻牧，虽有草原，不能利用。全县唯丹东有牛厂 200 户，余皆农民。无专营畜产者，唯亦颇重家畜，每户必有牲口一至数头”[①]。从农业人口的构成来看，汉族皆从事种植业，或自耕，或成为佃农。藏族农民则分为三类，一类是以农耕为主，兼有经商；二是以农耕为主，兼有狩猎或采药；三是农耕与畜牧并重。[②]

位于泸定以南的九龙县，原为明正土司辖区，主要居民为藏族。据说早在元代，陕西籍汉族商贾便进入九龙地区经商，至今九龙县的三岩龙、呷尔、汤古等乡仍有不少陕商的后裔。在清代，主要来自川西南一带及贵州、江西、云南等地的汉族移民，相继迁入该地区，而彝族则从冕宁方向迁入，由此形成藏、汉、彝三族杂居。民国时期，九龙县长段崇实就说：“大抵倮族由冕越侵入，居处东南；康人多游牧，接近康定之北区；汉人住居中部。”具体而言，彝族主要居住在三垭、湾坝、子耳等地；汉族主要居住在乃渠以下沿九龙河两岸以及踏卡河及雅砻江边，以乌拉溪、淇木林最多；藏族主要居住在西北面的三岩龙、八窝龙、汤古、呷尔等地，以及东

① 任乃强：《丹巴县视察报告》，载《任乃强藏学文集》（中册），中国藏学出版社 2009 年版。
② 任乃强：《丹巴县视察报告·丹巴六区民户表》，载《任乃强藏学文集》（中册），中国藏学出版社 2009 年版。

面的斜卡和洪坝两地。[①] 当地的藏族，在民国以前，“率皆经营牧场，度其畜牧生活，农地甚少，多未开发”。民国《九龙县图志·垦殖》也说，该县土著居民“悉以游牧”为业，不习农耕。由于土壤丰饶，汉人皆愿来此辟荒，“数十年以还，汉人于此安家者竟有一千四百余户”。至于进入九龙县的彝族，也是从事农耕。在汉、彝民族的影响下，部分藏族也开始从事农耕，从而使当地种植业得到较快发展，民国《九龙县图志·垦殖》就说，九龙“开垦向无公家提倡，而垦务之发达甲于全康”。至民国时期，全县除第一区藏族较多，尚有少数照其习惯耕作外，余皆照内地耕种，尤以二、三区较为典型。

位于康定县以西的雅江县，原为明正土司与理塘土司的接合部，其中雅砻江以东属明正土司，雅砻江以西为理塘土司辖区。清末改土归流，始置县。汉族进入雅江地区也是在清代，主要分布在河东一带。其中娘区卡，“原为明正土司一番村，清设中渡汛，后汉人渐多，不知用何手段，尽据此地”，设雅江县以后，以该地为城区；卧龙石，“旧时亦为番村，似因岳钟琪西征之役，驱逐番民，招至垦民，现八角楼一带，住民100余家，大半皆汉户也。又，卧龙石本河谷森林地，清设台站于此，台书站丁，渐开垦之为耕地”。[②] 在汉族的推动下，该地区农业有明显发展。乾隆年间，孙士毅在《自东俄洛至卧龙石》诗中就有“蛮乡风景麦秋凉”，“梯田耕罢去梯房”之语。[③] 民国时期，雅江县的“物产，可分数带述之。1. 雅砻江河谷底部，气候温暖，砂土疏松，为全县主要农作地。农业以玉蜀黍为主，小麦次之。居民大都以玉米为常食，养猪业颇盛……此带农业，限于地势，无兼营牧畜者。2. 雅砻江各支流，距大河40里，或百里以上，多有海拔甚高、面积较阔之河谷平原，为县境次要农作地。农产以青稞为主，小麦、圆根等次

---

① 王玉琴：《藏彝走廊的汉族移民与汉藏互动——以九龙为个案的考察研究》，载《西藏研究》2010年1期。

② 任乃强：《雅江县视察报告》，载《任乃强藏学文集》（中册），中国藏学出版社2009年版。

③ 孙士毅：《百一山房诗集》，载《川藏游踪汇编》，四川民族出版社1985年版。

之。农家皆兼营牧畜。以地近草原，山势亦较坦夷也。以上 2 区，为雅江县村落分布地，占全面积十分之一。3. 大小河谷两侧之山岩，凡属海拔 3500 米以下之地，概为森林……4. 各河谷峡口之上，即海拔 3000 米以上之地，概为土阜，丘陵起伏，大体平坦，树木稀少，牧草繁茂，为雅江之牧场。康区各县牧业之不发达，无有过于雅江者。畜类以牛为主，羊次之，马最少，河东之宜马乡，河西之崇喜沟，较为发达。5. 草地之最高处，达于四时积雪之境者甚少，唯九月积雪地方，约占县境十分之一，各河流分水处大山是也。此等大山，夏季仍为牧场，雪融之初，盛产虫草”①。由此可知，雅江县的农业，也是呈现出立体分布的特点，即河谷地带以种植业为主，其中雅砻江河谷底部，只有种植业；海拔 3000 米以上地区则为畜牧业分布地带。

甘孜州南路的开发，始于明代。明神宗万历年间，云南丽江木氏土司向外扩张，“日率么些兵攻吐蕃地，吐蕃建碉以数百座以御之。维西之六屯、喇普、其宗皆要害，拒守尤固。木氏以木作碓，曳以击碉，碉悉崩，遂取各地要害，屠其民，而徙么些戍焉。自奔子栏以北番人惧，皆降。于是，自维西及中甸，并现隶四川之巴塘、理塘，木氏皆有之，收其赋税，而以内附上闻”②。根据中华人民共和国成立之后的调查，除了巴塘、理塘之外，甘孜州南路的乡城、稻城、得荣和凉山州的木里，也曾先后被木氏土司所占领。由于木氏土司在取得军事胜利后，将其治下的纳西人迁入占领区，“移民渡江屯殖”③，而纳西人主要从事种植业，因此，随着纳西人移居今甘孜州南路和毗邻的木里，其农业生产技术也传入该地区。据调查，在木氏土司统治期间，来自云南的纳西移民将红米等粮食作物引进康南地区，并用铁铧犁取代原有的木铧犁，当地人称其为“绎肯”，即纳西犁铧。

① 任乃强：《雅江县视察报告》，载《任乃强藏学文集》（中册），中国藏学出版社 2009 年版。
② 余庆远：《维西闻见录》。
③ 民国《中甸县志稿·总纲》。

同时，纳西移民还在康南地区改造土地、兴建梯田，推广条播，开沟挖渠，修筑水堰，推广水利灌溉。在巴塘白松的门扎村，至今还保留着当时纳西人开挖的大水渠。① 在木里地区，纳西族移民引进荞麦等作物品种，并"开垦荒山，兴修水利，筑埂造田。水洛、东子等地所造水平梯田，至今犹存"②。清朝初年，来自青海的和硕特蒙古取代云南丽江的木氏土司，控制了康南地区。虽然和硕特蒙古是以畜牧为主，但是在其统治期间，除了地处高山原的理塘依旧是以畜牧业为主之外，康南地区基本上保持着纳西移民所确立的以种植业为主的农业结构。

康熙五十七年（1718），清廷派兵进藏，平定袭扰西藏的蒙古准噶尔部。其中"护军统领温普、副将赵宏基等带领满汉官兵，征西藏车零敦多布。由打箭炉出口，渡雅砻江，直抵里塘驻扎。宣谕圣朝威德，绥定人心，预贮仓库钱粮，待大军西进"③。这是清朝首次派兵进入今甘孜州的南路地区。然而清军的这次入藏作战，以失败告终。康熙五十八年（1719），清廷再次派兵入藏。其中统帅南路大军的定西将军噶尔弼驻兵打箭炉。"永宁协副将岳钟琪前趋至理塘，番酋达瓦拉木扎木巴、第巴塞卜腾、阿住不受抚，诛之。巴塘番酋喀木布第巴，惧献户籍。"④ 于是理塘、巴塘等地皆被置于清朝的控制之下，分别设立理塘宣抚司和巴塘宣抚司，使其成南路最大的两个土司，也是甘孜地区四大土司中的两员。同时，为利于向入藏大军运输军需物资，在理塘、巴塘等地设立塘站和粮台，并派兵驻守。在征讨准噶尔的战争结束后，这些塘站和粮台被保留下来，由此导致汉族官吏和军士进入甘孜州的南路地区。其中部分吏员和军士在服役期满后，没有回到内地，而是在当地定居下来，从事农耕，由此将汉族的农业生产技术传入南路地区。

---

① 杨嘉铭、阿绒：《明季丽江土司势力向藏区扩张始末及纳西族遗民踪迹概溯》。
② 木里藏族自治县志编纂委员会：《木里藏族自治县志》，四川人民出版社 1995 年版，第 77 页。
③ 嘉庆《里塘志略》卷上《建置》，台湾成文出版社 1970 年版。
④ 嘉庆《里塘志略》卷上《建置》，台湾成文出版社 1970 年版。

以巴塘和理塘为代表的南路，自然地理条件存在显著的差异，因而农业结构也就有着明显的不同：

在南路的巴塘，因地处金沙江峡谷地带，天气和暖，土壤膏腴，经过明代纳西族的开发和清代汉族的迁入，种植业有较大的发展，其农业结构以种植业为主①。而外国传教士在巴塘的活动，亦对该地区种植业的发展起到积极推动作用②。

理塘地处川西山原地带，北部与西南部为山原，中部为高原，地势高亢，“土皆沙砾，百谷不宜。纵横百里内，不生寸树，草至夏初方茁。东、西一带，惟俄洛、喇嘛子等处，地气颇暖，树木成林，生小麦、青稞；南方一带，直到乡城、勺朱等处，土膏肥厚，树木修伟，杂粮广出，民之食，皆取供于此；北方一带，至瞻对界，地亦垵瘠，人无庐舍，皆栖息黑帐房，随水草而居”③，是典型的半农半牧结构。其中畜牧业在农业中的比重，远大于种植业，故嘉庆《四川通志》卷97《武备·土司》称，里塘宣抚司“所管番人，皆黑帐房，事畜牧，住止无定，逐水草而居。地寒冷，百物不生，惟种青稞”。直到光绪末年，理塘仍然是“民皆以畜牧为业，若问贫富，则数畜以对，不知种植之利也”④。

在甘孜州的北路，自吐蕃王朝崩溃后，除石渠、色达等地始终是纯牧区之外，多数地区都是以畜牧为主的半农半牧农业结构。在清代，北路最大的土司德尔格忒宣慰司，“所管番人，地土宽广，番民富庶。亦有黑帐房，事畜牧”⑤。其中在德格土司疆域内的高日土司，“有耕地，有牧场。耕地在登科金沙江之边，牧场在杂渠卡鸦龙江之旁”⑥，是典型的半农半牧农业结构。其耕地所在的登科，今名邓柯；牧场所在的杂渠卡，即今石渠县。

① 黄楙材：《西辅日记》，载《川藏游踪汇编》，四川民族出版社1985年版。
② 国庆：《近代外国传教士在巴塘的活动》，载《四川藏学论文集》，1993年。
③ 嘉庆《里塘志略》卷上《土则》，台湾成文出版社1970年版。
④ 张其勤：《炉藏最新道里考》，载《川藏游踪汇编》，四川民族出版社1985年版。
⑤ 嘉庆《四川通志》卷97《武备·土司》。
⑥ 傅嵩炑：《西康建省记·春科高日改流记》，台湾成文出版社1968年版。

中华人民共和国成立后的调查也证实，在民主改革前，德格为半农半牧的农业结构。其中“农业人口占全县总人口的三分之二。解放前全县耕地共约 28100 亩……牧业是本县仅次于农业的生产部门，牧业人口占全县总人口的三分之一。除玉隆、竹箐、八乌三个纯牧业乡外，农区牲畜的数量也很多。在农牧交错地区，牧业几乎占二分之一的比重。这不仅因为农民日常生活中的一些必需品，如酥油、奶子、牛皮、羊皮、牛羊毛、毪衫等皆取之于牛、羊，更重要的是本县差巴多，差巴必需用牛、马为农奴主支应差役。因此，对牲畜的发展极为重视”①。德格土司以东，即今甘孜县、炉霍县和道孚县的部分地区，主要是霍尔人居住的地区。清代设有霍尔竹窝安抚司、霍尔章谷安抚司、霍尔孔撒安抚司、霍尔甘孜麻书安抚司、霍尔咱安抚司、霍尔白利长安官司、霍尔东科长官司，统称霍尔七土司，亦称霍尔七部。清德宗“光绪二十年间，章谷土司故绝，其亲戚等起而争袭土职，瞻对亦欲夺占其地，川督鹿传霖派兵往攻之，同瞻对、倬倭一并改流。嗣瞻对之地还藏，倬倭之地还土司，惟章谷土司乏嗣，无人承袭，故由川省委员管理。光绪三十年，川督锡良复奏章谷无人承袭，改为炉霍屯，设屯员一员，隶于打箭炉……宣统三年夏，代理边务大臣傅嵩炑，咨川督赵尔丰，将炉霍屯拨归边务管辖”②。炉霍屯的壤界有 400 余里，“大小四十七村，夷居一千四五百户，汉居五百户”③。其中汉族移民的迁入，对该地区种植业的发展起到重要作用。据张其勤：《炉藏最新道里考》记载，在绒坝岔（今属甘孜县）以东四十里，“居民不断，夹道平畴，土脉甚厚，出藏以来，未见稼穑之茂有如此者”④。不过总体上来看，除炉霍屯之外，北路绝大多数地方的农业，自吐蕃政权崩溃后，由于部落林立，相互争战、械斗

---

① 四川省编辑组：《四川省甘孜州藏族社会历史调查》，四川省社会科学院出版社 1985 年版，第 80、82 页。
② 傅嵩炑：《西康建省记·章谷改流记》，台湾成文出版社 1968 年版。
③ 李之珂：《四川新设炉霍屯志略》附：《开办炉霍屯务公牍》。
④ 张其勤：《炉藏最新道里考》，载《川藏游踪汇编》，四川民族出版社 1985 年版。

不休，并且各部落很少与外界交融，因而农业基本上没有发生大的变化。在甘孜州东、南、北三路中，是传统农业生产技术最落后的地区。

综上所述，四川藏区的传统农业，源自原始人群的狩猎和采集经济。在原始社会时期，逐渐形成由种植业、畜牧业和狩猎采集活动组成的农业。在早期的农业生产中，种植业的重要性超过畜牧业。公元前2000—前1000年之间的气候变化，使得畜牧业迅速发展，从而形成畜牧业与种植业并重的农业结构，部分地区甚至成为只有畜牧业而没有种植业的纯牧地区。在此后的演变中，逐渐形成草原畜牧业、河谷种植业、山地种植业与畜牧业并重等三种基本的农业类型。同时，因自然地理条件和社会条件的差异，这三种类型的农业在地域分布上不是一成不变，而是始终处在动态的变化之中。至于原始人群遗留下来的狩猎与采集活动，始终是四川藏区传统农业不可或缺的组成部分。

在四川藏区传统农业的形成和演变过程中，除了气候与生态环境变化的影响，以及自然地理条件的制约之外，族群的迁徙是一个非常重要的因素。在农业的形成过程中，来自今甘肃、青海地区仰韶文化晚期和马家窑文化的族群，起到至关重要的作用。在早期畜牧业的发展中，羌族的迁入是一个非常重要的因素。而由今西藏地区及其以西的古象雄之地先后进入四川藏区的诸多部族（见民族卷），则将西藏高原的作物品种、畜种和农耕、畜牧技术带入四川藏区，其中青稞和小麦的传入，奠定了四川藏区传统种植业中最重要的粮食作物品种，其影响一直延续至今。而宋代以后汉族的迁入，以及明代云南纳西人的移民，使得四川藏区的传统农业向着以种植业为主的方向演变，其中汉族移民在推动四川藏区种植业的发展中，起到极为重要的作用。

四川藏区的传统农业，自形成以来，至少经历了约5000年的演变，然而直到中华人民共和国成立之初，还没有完全进入铁器时代，木质、石质、骨质农具还是重要的生产工具。同时，农业生产技术的改进也非常缓慢，因而原始的刀耕火种长期存在，效率低下的“二牛顶杠”耕地方式与效率较高的“二牛抬杠”、单牛耕地长期并存，田间管理也极为简陋。生产工具的原始，生产技术的落后，使得四川藏区的农业属于粗放型农业，广种薄收是其基本特点。

四川藏区的农业，存在着明显的区域性差异。1960年出版的《西南地区经济地理》就对阿坝地区、甘孜地区农业的区域性差异有较为具体的记述：其中阿坝地区，按经济特征，可分为南、北两部分。北部即南坪、刷经寺、壤塘以北，是以牧业为主的地区；南部则是以农业为主地区。二者之间为农牧交错地带。区内东南部的岷江上游地区，气候条件温暖。谷地年可二熟，海拔2000—3000米地区一年一熟或二年三熟制，耕作技术水平大致与相邻的温江、绵阳专区的县份相当，作物单产不低。本区西南部大、小金川及梭磨河流域及北部牧区个别河谷地带，则具有明显的高原农业特色，作物生长期短，仅小金、大金少数谷地种小麦，行一年一熟制。其余地方作物以青稞、马铃薯为主，玉米、小麦、豌豆、荞麦次之。若尔盖、阿坝、壤塘和马尔康、绰斯甲北部，为区内主要牧区，海拔大多在3000米以上，草场广阔，估计可供放牧的草地约有1120万亩。牲畜以牦牛、犏牛、马及绵羊为主，其中若尔盖唐克大马品种优良，驰名全国。放牧方式为冬春定居的半游牧，一般夏营地距冬场数十公里，牧区南部接近农业区的地带，已开始实行定居游牧。黄牛、驴、骡、山羊和猪主要分布在中南部农业区和农牧交错地区，主要为耕作业服务，一般为舍饲。

甘孜地区北部的色达、石渠和德格、甘孜、炉霍、道孚的北部是以牧业为主地区。农业主要集中金沙、雅砻、大渡几条大江及其支流的河谷地带。大渡河以东，四川盆地的西部边缘地区，农业占主要地位，牧业是农村副业。大渡河以西，属青藏高原东南部，耕作区绝大部分分布在3800米以下的河谷和山间盆地，无霜期100—200天左右，主要作物为青稞、小麦和豌豆，余为圆根、马铃薯、玉米、荞麦、大麦等。除大渡河及其支流谷地以和康南的得荣、乡城、稻城、九龙等县境的部分耕地，冬季种植小麦、大麦、豌豆、青稞，实行一年二熟或二年三熟制以外，其余均为一年一熟区，作物一般于四月间播种，八月收获，石渠、色达最近几年才开始试种一些耐寒的燕麦、圆根、牧草等，由于解冻迟，作物于五月播种，九月初收，收成还很不稳定。民国时期前，青稞亩产40—120斤，收获量只当下种量的2—6倍。中华人民共和国成立后，铁质农具已普遍使用，播种和不施肥的情况正开始改变，1957年青稞一般亩产达120斤以上，小麦也由过去的不到百斤上升到150斤。本区拥有全省最大的牧区，主要牲畜为牦牛及绵羊，还有犏牛、黄牛、马、山羊等。放牧方式与阿坝地区基本相同，只是饲养管理比较粗放，不少地区冬春无圈棚，亦不进行补饲，牲畜死亡率较高。总体上看，阿坝地区的农业生产水平，高于甘孜地区。

二、四川藏区农业现代化进程

四川藏区农业的现代化，始于清朝末年在川边地区的屯垦。清德宗光绪年间，随着西藏局势的不断恶化，清廷决定经营川边，“保藏固川”[①]，其中一项重要举措就是实施屯垦。光绪二十二年（1896）六月癸酉，谕军机大臣等：“本日又据给事中吴光奎奏藏事孔棘宜筹备御一折。里塘、巴塘一带，为四川入藏门户，该给事中请于该处设立汉官，假以事权，招来川省商民前往垦荒，并采办矿产各节，系为豫杜窥伺起见。著鹿传霖确查里塘、巴塘一带情形，为能招来商民垦荒、开矿，洵与时局有益。并著文海、纳钦会商妥办。”[②] 然而四川总督鹿传霖却持反对态度，并对吴光奎提出的设立汉官、招民垦荒、采办矿产，逐一进行驳斥。其中关于招民垦荒一事，

① 四川省民族研究所《清末川滇边务档案史料》编辑组：《清末川滇边务档案史料》（上）《川督锡良议复川边能否试办垦屯商矿情形折》，中华书局1989年版。
② 《清德宗实录》卷392光绪二十二年六月癸酉条。

鹿传霖认为，里塘一带，跬步皆山，地气寒冷，五谷不生，仅产青稞，土民资以为食。惟巴塘附近数十里，地势平衍，天气清和，亦有种五谷者。细访熟悉藏路之茶商及久戍之老兵，佥谓巴塘一区在两山之间，地气较暖，可种五谷，余地实难种植。并非地果可耕，而土民不知树艺也。五谷既不能生，何能招民垦种?① 由于鹿传霖的反对，垦荒实边之策便被搁置起来。光绪二十九年（1903）七月，清廷重提在川边实施屯垦之事："有人奏川藏危急，请简员督办川边，因垦为屯，因商开矿等语。著锡良查看情形，妥筹具奏。"② 此时的四川总督锡良认为："查徼外地非不广，而树艺不生、草木不长者恒多。间有可耕，仅产稞麦，非番属之甘于荒弃也。冰雪弥望，风沙蔽天，盛夏犹寒，弗利稼穑。"③ 因此，锡良主张谨慎行事，先在地势较为平衍，气候比较温和的巴塘试办屯垦，视其成效再行推广。按照这个思路，锡良派人前往巴塘，会同巴塘粮员吴锡珍筹开垦务。光绪三十年（1904），新任驻藏帮办大臣凤全，奉旨经营川边地区，即"所有西藏各边，东南至四川、云南界一带，著凤全认真经理……并将有利可兴之地，切实查勘，举办屯垦畜牧，寓兵于农"④。因此凤全在赴任途中即勘办屯务。到达巴塘后，奏称："中间随处查勘，冰霜荆棘，满目荒寒。惟炉属之阿梁坝、东俄洛等处天气稍和，地势平坦，番民垦成熟田不少。里塘一带，垅埆尤甚，殊少可耕之地。巴塘气候稍为和煦，近台数十里，土尚膏腴，前经督臣锡良饬派该台粮员试用知县吴锡珍、驻防都司漳腊营参将吴以忠试办开垦。一年以来，计开成熟地三百余亩。原禀查勘可开荒地甚多，奴才连日逐处履勘，沙石参半，其实可耕而易成者，不过五六千亩。"由于存在数千亩"可耕而易成"的荒地，凤全决定扩大屯垦规模，因此加派随行官

---

① 《鹿传霖藏事奏牍·会筹保川图藏并议复吴光奎疏》，载吴丰培：《清代藏事奏牍》，中国藏学出版社 1994 年版。

② 《清德宗实录》卷 519 光绪二十九年七月丁酉。

③ 四川省民族研究所《清末川滇边务档案史料》编辑组：《清末川滇边务档案史料》（上）《川督锡良议复川边能否试办垦屯商矿情形折》，中华书局 1989 年版。

④ 《清德宗实录》卷 534 光绪三十年八月庚午。

员秦宗藩、陈式钰二人，专办巴塘扩垦事务，并认为“一年间，约可成田一千余亩。逐年扩充，成效当不只此数。将来岁入之租，养防边之勇，一劳永逸，计孰便于此者”。① 然而凤全在巴塘扩大屯垦规模的做法，引起当地藏族的不满，② 从而成为凤全被杀的重要原因之一。光绪三十二年（1906），出任川滇边务大臣的赵尔丰，按照清廷要求，将“开办屯垦，广兴地利”③ 作为经营川边的急务，重点通过鼓励垦种、改良作物品种和种植技术、兴修水利工程，推进垦务工作。

鼓励垦种。光绪三十二年（1906），赵尔丰在《巴塘善后章程》中规定，凡是愿意垦种荒地者，无论汉、蛮、僧、俗，皆允许到官府承领执照，准予耕种。具体垦种方式，分为以下几种情况：如果由官府按日发给工食者，其地垦熟，并所出稞麦一概归官；若官府只借给籽种者，准照五成纳粮外，再将籽种还官，不取利息；如果垦户自备口食开垦，第一年免其纳粮，第二年后，即照章按等纳粮。“惟此项垦田，作为官佃，准其世世耕种。”④ 虽然汉、蛮、僧、俗都可以到官府领取执照，垦荒种地，然而赵尔丰认为，举办屯垦的实质就是移民实边，而移民的来源，主要是四川内地的汉民，“川省民物繁庶，本有人溢于地之虞，移以实边，洵称殖民善地……现拟凡有愿赴边地开垦之人，各视其力之所及，自行认垦。成熟之后，所垦之地即作为该垦户业产，但令照额完粮，不收地价”⑤。据此，官府在四川内地各州县招募农民出关垦荒，由官府贷给住房、农具、耕牛、籽种，俟垦民收获粮食后，逐年偿还。“垦夫还清官款之后，即由委员勘明

① 四川省民族研究所《清末川滇边务档案史料》编辑组：《清末川滇边务档案史料》（上）《凤全勘办屯垦并请变通移驻折》，中华书局1989年版。

② 四川省民族研究所《清末川滇边务档案史料》编辑组：《清末川滇边务档案史料》（上）《巴塘百姓禀打箭炉颇本已将凤全及洋人一并诛戮》，中华书局1989年版。

③ 《清德宗实录》卷562光绪三十二年七月戊戌。

④ 四川省民族研究所《清末川滇边务档案史料》编辑组：《清末川滇边务档案史料》（上）《锡良咨请赵尔丰查收转发〈巴塘善后章程〉汉文本》，中华书局1989年版。

⑤ 四川省民族研究所《清末川滇边务档案史料》编辑组：《清末川滇边务档案史料》（上）《复陈川滇边务应办事宜并拟具章程折》，中华书局1989年版。

所垦之地若干，订立界址，发给地契，使该垦夫永远耕种，仍按年按照征粮章程纳粮”[①]。据统计，至宣统三年（1911），总计招募四川内地农民1723名，另有家属600余人，分发到乡城、康定、雅江、稻城、巴塘、盐井、道孚、甘孜等县。后又拟续招垦夫2000名，以开辟金沙江以西各县。[②] 由于从内地移民到川边屯垦遇到许多困难，因此赵尔丰认为，“经营全藏，总宜以殖民为主。川省人多地少，尤以迁民为有益。惟藏地阻奥，无论藏民不能容纳，即川民亦不肯移，断操之过急。惟有寓迁民于兵”[③]。按照“寓迁民于兵”的构想，光绪三十四年（1908），赵尔丰在四川内地招募三营边军，略加训练，率之出关，主要分布在乡城、稻城等地。“到彼即预行屯田、畜牧、开矿诸法，使见有利可图，然后招其眷属续往，化出关之兵为民，复招关内之民为兵，循环渐渍，不但兵无戍边之苦，而风声所树，乃可徐施移民之策。”[④] 此外，赵尔丰还鼓励单身军士与当地妇女通婚，规定驻扎关外的军队中，配有夷女为妻者，由公家每月发给青稞一斗；有愿随营开垦者，所得之地，系为己有，三年后，除纳官粮之外，免去一切杂差；生有子嗣，愿辞兵务农，皆听其便。[⑤] 宣统二年（1910），三坝委员邓梁材又建议停止从关内招募垦夫，改为就地招收无业游民屯垦，“就边徼之游民，耕边徼之旷土，公费既省，犹隐寓弥盗之方”。赵尔丰同意了邓梁材的主张，批示说：“各属荒地，早经本大臣通饬，准令百姓开垦，三年之后，始予升科。”[⑥] 此后，由当地以村为单位自行招募贫民开垦荒地，成为屯垦的重要组成部分。赵尔丰不仅将移民屯垦、军垦和民垦有机地结合在一起，

① 四川省民族研究所《清末川滇边务档案史料》编辑组：《清末川滇边务档案史料》（中）《赵尔丰咨度支部垦务暂行章程请立案》，中华书局1989年版。
② 刘祥秀、郭平若：《清末屯垦政策在川边藏区的实施及其对环境的影响》，载《西藏研究》2007年2期。
③ 吴丰培：《赵尔丰川边奏牍》，四川民族出版社1984年版，第157页。
④ 四川省民族研究所《清末川滇边务档案史料》编辑组：《清末川滇边务档案史料》（上）《赵尔巽、赵尔丰致函军机大臣略陈经营藏事梗概》，中华书局1989年版。
⑤ 吴丰培：《赵尔丰川边奏牍》，四川民族出版社1984年版，第145页。
⑥ 四川省民族研究所《清末川滇边务档案史料》编辑组：《清末川滇边务档案史料》（下）《邓梁材详请就近招游民垦荒》，中华书局1989年版。

同时还制定垦务章程，建立健全垦务组织，从而推进垦务工作取得实效，在较短的时间内，使川边藏区的农业耕地增加2万多亩。[①]

改良作物品种和种植技术。在推进垦务工作中，赵尔丰鉴于川边地区农业技术落后，曾聘请日本农业技术师池田、小岛两人到川边藏区指导垦务；令人从内地购买铁质农具用于耕种，并令工匠按其样式仿造，供百姓开荒时无偿借用。同时，在川边各县成立农事改良机构，引进优良作物品种，进行试验栽培，并对试种成功的作物品种加以推广（参见第二节农业技术），以此推进川边地区农业技术的进步。

兴修水利工程。在清末川边地区实施屯垦的过程中，一个基本思路就是将内地的种植业模式移植到川边地区，而内地种植业发展的一个重要基础就是具有农田水利灌溉设施，因此各地主管其事的官员都比较重视兴建水利灌溉工程。其中打箭炉"由南门关外至喇嘛寺、磨西面一带颇多良田，因乏水源，易形亢旱，难于播种，荒芜日多。昔年寄寓汉民约一千二、三百家，后耕稼艰难，谋生不易，迁去四百余户"[②]。打箭炉厅同知王典章了解情况后，修建永济渠，"计长六千三百八十九丈，其中新开者九百九十三丈，余皆就废渠故道修补扩充，宽四、五尺或三、四尺不等"。该渠分为四段：喇嘛寺、松林坪、磨西面、大杉树，每段选渠长一人进行管理。渠修成后王典章劝令试种水稻，"居然有收"。[③] 此外，巴塘垦务监工委员胡永济在巴塘制成适于灌溉高岸山地的筒车，示范当地居民，使之仿效制造。同时，巴塘还整理沟渠520余丈。

赵尔丰在川边地区开办屯垦，总共只有六年时间，至1911年发生辛亥革命，清王朝被推翻，赵尔丰也在成都被杀，他在川边地区实施的屯垦，

---

① 何一民：《20世纪初年川边藏区政治经济文化改革述论》，载《西南民族学院学报》（哲学社会版）2001年6期。

② 四川省民族研究所《清末川滇边务档案史料》编辑组：《清末川滇边务档案史料》（上）《打箭炉厅同知王典章禀报勘查水渠情形》，中华书局1989年版。

③ 四川省民族研究所《清末川滇边务档案史料》编辑组：《清末川滇边务档案史料》（中）《王典章禀报厅属喇嘛寺等处修渠告成》，中华书局1989年版。

随之结束。然而赵尔丰通过鼓励垦荒、改进农作技术、兴修水利工程，以此推进四川藏区农业发展的举措，却为民国和中华人民共和国所承袭，并作为实现四川藏区农业现代化的主要途径。

民国时期，四川藏区分属西康省和四川省。其中属于西康省管辖的康属各地，基本上就是清代的川边地区。其农业的发展，主要体现在农地垦殖、农业技术改进和水利建设三个方面。

农地垦殖。民国初年，川边地区战乱频繁，社会动荡，清末进入川边地区的垦民，或被杀或逃亡，致使大量已垦之地荒芜，仅巴安、雅江、道孚、炉霍四县“城区附近的村落”① 还保存着清末的一些垦务成果。与此同时，在东路的康定、泸定、丹巴、九龙，北路的炉霍、道孚和南路的巴安等地，亦有少量新增的内地移民垦殖、驻军屯垦、商业公司屯垦和外国教会的垦殖。其中外国教会的垦殖，主要集中在宜农的肥沃之地。“泸定、巴安二县皆在河谷，气候温暖，土地肥沃；其余康定各县亦多沃土宜垦，唯向日荒芜田畴。赵尔丰曾办移垦，惜未见效而罢。今之芊芊原田，百分之九十四五皆天主教堂所垦也。泸定最肥美富庶之地为冷碛、沈村、磨西与县治附近”②，被康定天主教堂高价租入，“开辟稻田，皆著成效，现在年收租谷 2000 余石”③。不过从总体上看，民国初年川边地区的垦殖规模，尚不及清朝末年。自刘文辉主政西康之后，较为重视农业，加之西康社会较之民国初年相对稳定，因而农垦工作渐有起色，垦殖区域呈扩大趋势。抗战爆发后，“时局日急，闻蓉渝两地避难入境人民甚多，已有逃至康定者”，然而西康省“贫瘠，物资缺乏，食粮一项更感困难，避难人士务须准备食米油盐及各项实物输运至康，以免生活不逮，致受生活威胁之苦”。④ 为解

① 佚名：《治理康区意见书》，载《康区藏族社会珍稀资料辑要》，巴蜀书社 2006 年版。
② 任乃强：《西康札记・天主堂垦地》，新亚细亚月刊社，1931 年。
③ 任乃强：《西康图经・民俗篇》下篇《垦民小史》，载《任乃强藏学文集》，中国藏学出版社 2009 年版。
④ 四川省政府秘书处：《西康省建委会来往公函》，现藏四川省档案馆。

决因人口急剧增加而造成的粮食供应不足问题，康属各地的垦殖力度明显增强。其中泸定县“派员到磨西、新兴、德威、岚安、湾东、安乐坝、雨洒坪各地，督饬开田，二十六、七两年已增加食谷三千余石，在修筑川康公路乾竹段以前，食米每斗约三十八斤，由八元下跌至四元之谱，芋麦每斗约三十四斤，由五元上下跌售至一元五六角”；瞻化县“仅雅龙江两岸河谷及小溪山坡等处，可以耕种，现已开垦殆尽，荒地甚少”；[①] 泰宁至炉霍，“低地多已开垦”[②]；巴安军民于民国二十七年（1938）开垦架炮顶、汤科顶等处荒地，“现已垦出千余市亩”，“又城东北里塘工一带，亦约有八百余市亩，现已丈量分配完竣”。[③] 由于“军民争相垦殖”[④]，至民国三十年（1941），巴安城区附近已无荒地；得荣县军政人员，“开垦荒地，致力园艺”[⑤]。经过抗战期间的垦殖，康属地区的耕地面积从民国二十六年（1937）的5000顷，[⑥] 增加到民国三十八年（1949）的12320顷。[⑦]

农业技术改进。自刘文辉主政西康后，为推进农业生产的发展，先后由四川省财政厅、西康特区政务委员会对康区的垦务进行考察，并延聘专家或熟悉康情的学者如董兆孚、万腾蛟、冯云仙、任乃强等对康区进行调查，包括自然地理条件及农业生产情况；恢复晚清设立的农事试验场，并在此基础上成立西康省农业改进所，引进优良作物品种，推广先进的农作技术（参见第二节农业技术）；将中央气象局设在康定的气象观察所改为西康省气象测候所，并在康定县设立二等测候所，在泰宁设立三等测候所，在巴安设立四等测候所，委托道孚、丹巴、雅江、理化、得荣、贡嘎、稻城、炉霍、德格、白玉等县政府分别设立雨量站，为农业提供气象服务；

① 视察团：《国民参政会川康建设视察团报告书》，1939年编印，第411、424页。
② 黄国璋：《西康边防问题及其解决途径》，载1942年《边政公论》1卷11—12期合刊。
③ 佚名：《西康的新巴安》，载《康导月刊》，1942年4卷4—5期合刊。
④ 佚名：《边政资料》之《理化巴安新建设》，载《边政公论》1941年1卷3—4期合刊。
⑤ 朱刚夫：《得荣鸟瞰》，载《康导月刊》，1940年2卷11期。
⑥ 郭声波：《四川历史农业地理》，四川人民出版社1993年版，第135页。
⑦ 甘孜州志编纂委员会：《甘孜州志》，四川人民出版社1997年版，第895页。

创建农业技术学校，培养农业技术人才，包括民国三十三年（1944）成立的省立康定农业职业学校，民国三十四年（1945）成立的甘孜初级实用职业学校，而国民政府也先后从内地派遣大批农业技术人员，前往康属各县，指导当地农业生产；为改变农业工具落后的状况，推广使用铁质农具，民国十八年（1929），康定驻军在荥经采办钢铁，铸造各种农具，按成本分发各县农民使用。

水利建设。民国初年，川边地区水利事业发展缓慢，以利用旧有水利设施为主，只有少数地区零星修建一些小型水利工程，其中稍大的工程，多为外国教会所兴办。[①] 抗战期间，为增加粮食产量，水利事业受到关注，在政府和军队的支持下，兴建了一些较大的水利工程，其中泸定县的水利建设，成效最为突出。清光绪末年，刘仁斋主政打箭炉厅期间，在泸定县引南门关河水，缘龙堡山腰灌入平原，自喇嘛寺至磨西场为渠，试种水稻。其后，似因刘仁斋去任，堰土竟废。赵尔丰经营川边，对于康泸两地着力最少，未曾复兴此堰。民国二十六年（1937），李竹修县长与磨西士绅，又复筹款开堰灌田，委任得妥山栋主持其事，整理刘公旧堰，放入大量河水，灌溉稻田。据称本年获稻千石。堰工完成，可岁获稻三万石。较之旧日徒种玉蜀黍者，收量与收获价值同时增进。[②] 民国三十二年（1943）出版的蒋君章《西南经济地理》则指出："西康水利尚不发达，惟近时亦在进行；泸定县自驻军开辟磨西、咱威两场之水堰辟田三千亩，获谷四五千石后，居民闻风兴起，在大渡河西岸凿渠引水，长达五里，又可溉田四千亩。"经过抗战期间的水利建设，至民国三十八年（1949），康属各县中，除炉霍、色达、甘孜、石渠、新龙 5 县基本无水利设施外，其余各县均有一定数量的渠堰、池塘设施。总计水利设施共有 1293 处，其中渠堰 1042 处，池塘 251

① 张保见：《民国时期四川甘孜州农业发展述论（1912—1949）》，载《中国农史》2011 年 3 期。
② 任乃强：《泸定考察记·磨西水利》，载《任乃强藏学文集》（中），中国藏学出版社 2009 年版。

处；渠堰年引水能力6588万立方米，每处平均6.32万立方米；池塘年蓄供水能力3943万立方米，每处平均1.57万立方米，日均43立方米。有引水渠道、笕槽总长1880公里，每处平均1.45公里。农耕地有效灌面总计7.26万亩，占1949年农耕地总面积的5.89%。①

民国时期，在四川省军阀割据的防区制形成后，于民国十六年（1927）在茂县成立四川松理懋茂汶屯殖督办署，将当时四川省管辖的藏区，即松潘、理番、懋功、茂县、汶川五县和抚边、绥靖、崇化三屯划为28军的屯殖区，由屯殖督办署统一管理该地区的政治、军事和经济。在屯垦方面，设有茂县、汶川等垦务局，“奖公司会社以领荒，移驻军平民以耕食”②。在水利建设方面，阿坝州的农田引水，可以追溯到北宋元丰二年（1079），维州在白浪开沟修渠，引水灌溉农田。明代，茂州开宗渠沟，引九顶山水灌溉农田。清代，茂州、绥靖屯、南坪等地先后修渠引水多处。民国十六年（1927）成立的松理懋茂汶屯殖督办署，其总务处下设的第四科，负责水利事宜。先后在今汶川、理县、茂县、金川、松潘境内修建引水渠以灌溉农田。民国二十四年（1935）年以后，今阿坝地区的农田水利建设，改由四川省第十六行政督察专员公署第三科负责。先后修复多处旧有水利工程，并新修一批引水渠。到民国三十八年（1949）底，“汶川、理县、茂县、松潘、懋功、靖化六县，共有引水工程333处，水利工程有效灌溉面积达7.5万亩”③。在农业技术的改进方面，抗日战争爆发后，强化农业技术的改进。民国二十七年（1938）9月1日，四川省政府设立四川省农业改进所，9月16日成立松潘绵羊改良场。由中央贸易委员会与四川省农业改进所合办，饲养藏系绵羊1000只左右，引进美利奴羊、朗泊野生细毛羊，对藏系绵羊

① 甘孜州志编纂委员会：《甘孜州志》，四川人民出版社1997年版，第1205页。张保见：《民国时期四川甘孜州农业发展述论（1912—1949）》，载《中国农史》2011年3期。

② 《四川松理懋茂汶屯区屯政纪要》，商务印书馆1936年版。

③ 阿坝藏族羌族自治州地方志编纂委员会：《阿坝州志》，民族出版社1994年版，第1157—1158页。

进行杂交改良。第一代平均产毛较土种羊提高 1.5 倍，第二代提高 3 倍。同时，还使用人工授精进行配种。民国三十一年（1942），农林部在岷县设立岷县垦区管理局，办理岷县地区农垦、牧垦、林垦事宜，其中牧垦中心设在郎牧寺，即今若尔盖县格尔底寺。[①]

中华人民共和国成立后，主要还是通过开垦荒地、改进农作技术、兴建水利工程，推进四川藏区农业的发展。据 1963 年中国科学院民族研究所编印的《藏族简志》（下编）记载，中华人民共和国成立后，甘孜州曾鼓励农民开垦荒地，将属于国家所有的可垦荒地一律无代价地调剂给农民开垦，并规定新垦荒地五年内免征农业税，1951—1955 年，全州新垦荒地约 10 余万亩，至 1960 年，累计开垦荒地 21.73 万亩；在阿坝州，“政府规定开垦的地块 3 年内不征税，熟地加工，增产不增税，和谁开垦谁所有，州内耕地逐年增多”[②]，耕地面积从 1949 年的 959980 亩，增加到 1959 年的 1233304 亩，其中田 8390 亩，土 122491 亩。[③] 10 年之间，新增耕地 273324 亩。

在改进农作技术方面，阿坝州和甘孜州先后成立农业科研机构，在继承和发展传统的生产技术的同时，由点到面，由低到高，逐步推广先进的科学技术。其中阿坝州于 1952 年在茂县、汶川县设立农业技术推广站，至 1959 年，全州共有 6 个农业推广站。此外，于 1958 年设立农业科学研究所，下设作物、植保、土肥 3 个研究室。为推广铁质农具，在四川藏区大量无偿发放铁质农具，其中甘孜州在 1950—1957 年，无偿发放铁质农具 30 多种，35 万多件。1953 年开始无偿发放畜力六行、七行播种机、收割机、脱粒机。“由农业部门负责调查研究及制定改良、推广计划，筹建农具推广站，主管技术培训；供销部门负责农具供销；信贷部门负责发放农具贷款

---

① 阿坝藏族羌族自治州地方志编纂委员会：《阿坝州志》，民族出版社 1994 年版，第 1106、1147 页。

② 阿坝藏族羌族自治州地方志编纂委员会：《阿坝州志》，民族出版社 1994 年版，第 930 页。

③ 阿坝藏族羌族自治州计划委员会编写：《阿坝藏族羌族自治州经济社会发展四十年（1950—1990）》，四川民族出版社 1993 年版，第 141 页。

等。1951 年，首先在康定、泸定进行新式畜力农具的示范，随后在全州推广。20 世纪 50 年代共推广各种犁、播种机、收割机、玉米脱粒机等新式畜力农具 1.5 万多件”①。铁制农具的无偿发放，新式步犁及先进农具技术的式范推广，初步改变了农牧业生产农具落后的状况，提高了单位亩产量。1958 年，成立州农具改革办公室，指导全州农具改革工作，各县成立农具制造厂，先后改制、仿制生产各重新式农具 23 种、4.8 万余件。然而，“由于个别农具厂的筹建、投产时间紧，缺乏思想及物质、技术准备，仓促上阵，使制造出来的一些农具质量不过关，性能不可靠，造成一些损失”②。在阿坝州，自“1950 年起，人民政府通过多种渠道和形式引进或生产了大批铁制农具，推广了步犁、山犁、双铧犁、手摇玉米脱粒机、单管式喷雾器、手摇喷粉器、播种器等新式农具。木制农具被铁制农具代替，连枷由独棍式改为四辊式”③。1953—1957 年，由州农牧处直接发放给各县的改良农具、新式农具和半机械化农具达到 2700 余台（部），由各县直接发放的小旧农具都在万件以上。除无偿发放农具之外，还在农区动员群众开展积肥、施肥、除草、深耕、条播、点播等农业生产技术活动，改善耕作方法。从 1957 年起，对汶川、理县、茂县、松潘、南坪、大金、小金等 7 县，取消无偿发放农具和农用机械，改由供销社出售。黑水、阿坝、若尔盖、壤塘、绰斯甲 5 县仍实行无偿发放，直到 1960 年才取消。此外，于 1954 年开始使用拖拉机进行耕地作业。1957 年，全州机耕面积 500 亩。在 1958 年的“大跃进”和人民公社化运动中，除州属岷山机械厂外，各县和许多区、公社都成立了农具厂（站）。然而，“受物资、技术条件所限，仓促上阵造出来的大多数产品不能使用”④。

① 甘孜州志编纂委员会：《甘孜州志》，四川人民出版社 1997 年版，第 989 页。
② 甘孜州志编纂委员会：《甘孜州志》，四川人民出版社 1997 年版，第 990 页。
③ 阿坝藏族羌族自治州地方志编纂委员会：《阿坝州志》，民族出版社 1994 年版，第 933 页。
④ 阿坝藏族羌族自治州地方志编纂委员会：《阿坝州志》，民族出版社 1994 年版，第 933 页。

在水利建设方面，中华人民共和国成立初期，阿坝地区的水利建设以培修为主，新修为辅，着重恢复旧有渠堰。到1957年底，全州共整修引水沟渠480条，占原有沟渠的85%。1958年，中共中央提出“小型为主，蓄水为主，社办为主”的水利工作方针，阿坝州随即掀起兴修水利的群众运动，出现水利建设的“大跃进”。“运动中层层下任务，定指标，社队为完成任务，按水利化标准硬凑水利工程，边设计、边准备、边施工的‘三边’工程大量出现，不设计便开工的工程也普遍，摊子越铺越大，急于求成，片面追求工程数量。1958年，全州上报统计完成增灌面积15.44万亩，后经清理核实，新增灌溉面积仅2—4万亩”①。

在甘孜州，1950—1955年，主要是整治原有水利设施，以扩大灌溉面积为主，量力新建一些水利工程，到1955年末，共有水利设施1534处，有效灌溉面积为9.9万亩，占总耕种面积的7.53%。1956年后，随着民主改革的完成与合作化运动的开展，农田水利建设速度明显加快，而1958年的“大跃进”，更是形成兴修水利的群众运动。

到1959年，据《藏族简志》（下编）说，甘孜州的灌溉面积达到播种面积的50%左右，阿坝州的灌溉面积占总耕地面积的20%左右，木理县的灌溉面积达到69410亩，占总耕地面积的52.5%。②

中华人民共和国成立后，四川藏区还逐步引进化学肥料，使用现代农业机械，使农业向着近代农业的集约化、机械化、化学化方向演变。其中阿坝州于1957年第一次拥有机械动力脱粒机2台，首次使用化学肥料0.5吨。至1958年，农机总动力为100马力，有大、中型农用拖拉机3台，机耕面积3090亩。农村用电由1953年的9万度增加到17万度，化肥使用量

① 阿坝藏族羌族自治州地方志编纂委员会：《阿坝州志》，民族出版社1994年版，第1159页。

② 中国科学院民族研究所等：《藏族简志》（下编）第165页。另据阿坝藏族羌族自治州计划委员会编写的《阿坝藏族羌族自治州经济社会发展四十年（1950—1990）》第45页记载，1959年阿坝州的农田水利有效灌溉面积由1953年的2.86万亩增加到8.15万亩，仅为《藏族简志》（下编）记载的25万亩的32.6%。而《甘孜州志》第1207页则说，到1965年，甘孜州的有效灌溉面积只占总耕地的16.7%，远低于《藏族简志》（下编）记载的1959年就达到50%。

达到45吨。1959年，阿坝州农业机械总动力300马力，有大、中型农用拖拉机4台，机耕面积4405亩。农村用电16万度，化肥用量143吨。[①] 在甘孜州，1952年创办的新都桥机械化农场，经匈牙利引进中型拖拉机1台，苏联出产的德特式拖拉机2台，共125马力。1958年，国营甘孜拖拉机站建立，陆续引进苏联、罗马尼亚等国生产的中型轮式拖拉机4台共136马力。1960年，全州农业机械总动力有1134马力。化学肥料的使用始于1955年示范使用氮肥。1958年，在泸定县共施用实物氮77吨。

① 阿坝藏族羌族自治州计划委员会编写：《阿坝藏族羌族自治州经济社会发展四十年（1950—1990）》四川民族出版社1993年版。

第二章

工　业

四川藏区的工业，可以分为依靠手工劳动的手工业和使用机器的工业。其中依靠手工劳动的手工业有着悠久的历史，少数手工业产品的制作工艺也达到相当高的水平。然而直到中华人民共和国成立初期，四川藏区的传统手工业与农业仅有初步分工，绝大多数手工业者同时兼营农业，专门从事手工业的人很少，因此多数手工业产品还是生产者为了满足自身需要而加工制作，有了多余产品才拿到市场去出售。由于手工业基本上没有从农业中完全分离出来，因此四川藏区并不存在因社会分工而形成的独立手工业部门。然而四川藏区对手工业品的需求，以及独特的资源，对内地手工业者有着强烈的吸引力，随着内地手工业者的不断进入，逐渐形成以外来手工业者为主的手工业部门。

四川藏区使用机器和机械动力进行生产的工业，肇始于清朝末年。民国时期，在四川藏区先后建成数家近代工业企业。中华人民共和国成立后，逐步建立起以国营企业为主的工业体系。

第一节　工业的演变

根据考古资料，早在原始社会时期，四川藏区就曾广泛使用石器和陶器，而加工石器和制作陶器，也就成为四川藏区最早的手工业。此外，纺织也是四川藏区最早出现的手工业之一，酿酒则是随着羌人的迁入而传入四川藏区。

继石器和陶器的加工制作，以及手工纺织和酿酒之后，随着矿业的兴起，铜和金、银的加工，也成为四川藏区重要的手工业。秦灭巴蜀后，冶铁业在巴蜀地区兴起，铁和铁制品输入四川藏区，铁的加工也随之成为四川藏区的一项手工业。

大体而言，至迟在秦汉时期，四川藏区主要的传统手工业门类已经基本形成。其后，各手工业部门的发展演变不尽相同。其中石器的加工，在今甘孜地区，逐渐演变为主要镌刻经文佛像。民国时期，“西康石工，只有镌刻经文佛像于石块、岩壁之人。康人视为贱业，摈不得居家室之内。操此业者，常于高寒无人户之沟谷间，用乱石叠砌石窟，屈处其中。镌刻石片石砾为经文、佛像或陀罗尼，持向附近民家献之，藉易食粮为代价。亦有村民发愿建麻柳（嘛呢）堆者，出资雇其镌石”①。除此之外，西康的石工也能制作石磨，琢磨宝石和生产以木石结构为主的农具。这种农具，直到中华人民共和国成立后，四川藏区仍有生产。在今阿坝地区，本地石匠主要的工作是砌石碉。

陶器的制作，始终以生活用品为主。然而自清代以后，随着内地瓷器的大量涌入，四川藏区的制陶业逐渐衰落。清朝末年，赵尔丰在经营川边地区时，曾在宣统二年（1910）聘请硕般多的藏族陶工泽日大吉到巴塘，教授官话学堂家境贫寒的学生，学习制陶技术。希望让这些家境贫寒的学生学成之后，自行收徒传习，以之分布各区。“如此办理，不特陶业可以大兴，公家无甚耗损，孤寒子弟得一艺以谋生活，不致流为无业。”② 然而该项振兴陶业的计划，尚未得到完全的实施，清王朝便在宣统三年（1911）

① 任乃强：《西康图经·民俗篇·西番工人》，载《任乃强藏学文集》（上），中国藏学出版社 2009 年版。

② 四川省民族研究所《清末川滇边务档案史料》编辑组：《清末川滇边务档案史料》（中册）《关外学务局、巴塘粮员会详制陶成效昭著请选学徒》，中华书局 1989 年版。

被推翻。民国时期，仅巴塘、丹巴、稻城、德格等地的陶器制作还具有一定的规模。“采用黏土制坯烧窑的方法制造。成品有瓶、锅、盆、罐、碗、灯、炉及泥人泥马玩具之类，大多质黑而松，不耐火，只有稻城贡噶岭生产的品质较细、色微黄，成为上品。民国十二年（1923），从内地来康的陶工到道孚县制作陶器，较为精细，能加油彩，但不久便回内地，窑子遂即停办。”[①] 中华人民共和国成立后，以个体形式经营的土陶制品进一步衰落，生产量和销售量都非常有限。

铜、铁和金、银的加工，逐渐演变为由内地人为主的手工业。任乃强在《西番工人》一文中就指出，民国时期，“西康金工，以金银匠而兼铁匠、铜匠之业，概居市场，设炽冶。所能造者，为首饰、佩刀之类，工作甚粗。近此业为汉人所压倒，番人操之者稀矣。铜锅、铜瓢之类，番人自造者少，大都自云南运入。铜佛及其他法器，德格能制造之，但仍以云南制出者为多”。而“新兴工业，若木工、制革、造枪等，皆汉人所操持，番人殆未尝过问”。[②] 其中康定的金银饰品生产较具规模，其渊源则是“清康熙二十一年（1682），江西吉安府的银匠李登发来康，他钻研藏族金银首饰及器皿制品，创造出高雅华丽融合藏汉花式的独具一格的康定今银饰品，享誉省内外，远销印度、不丹、尼泊尔、锡金等地，李被尊为师祖。清末是康定银器业极盛时器，有银楼业 63 户，产品多达一二百种。民国以后，生银来源困难，银楼业逐渐减少，到解放前夕，康定银楼仅存 17 户。康定县营官区柏桑藏族银工做的金银首饰和寺庙佛器及佛饰等工艺品亦远近闻名。解放后，金银手工业迅速恢复和发展。1958 年，由商业部门统一订货，银行提供白银，实行监督生产”[③]；道孚县的汉族铁匠，不仅制作农具及淘金工具，还修配各式枪械；雅江县八角楼乡的工匠较多，皆为汉藏通婚后，

① 甘孜州志编纂委员会：《甘孜州志》，四川人民出版社 1997 年版，第 1198 页。
② 任乃强：《西康图经·民俗篇》，载《任乃强藏学文集》（上），中国藏学出版社 2009 年版。
③ 甘孜州志编纂委员会：《甘孜州志》，四川人民出版社 1997 年版，第 1197 页。

子继父业，当地单纯藏族，极少从事手工业。在牧区，工匠多从外地雇请，其中理塘县拉木区，雇一铁匠，除伙食外，另付青稞 4—5 批作为报酬，一天可打制镰刀 4 把，或挖锄 2 把，或斧头 2 把，原料及燃料均由雇主自备。而藏族传统的金属加工，则以白玉县河坡制作的佩刀较为著名。在今阿坝地区，自清乾隆年间的金川之役后，大量汉人迁入，其中亦有工匠。至清末，茂州城内已有铁匠铺约 5 家，铸铧场 1 家，主要制作铧、锄、耙等生产工具和锅铲、门斗钉等生活用品，生铁皆由外地运入；另有铜、锡、银匠各 1 家。汶川威州镇、绵虒镇，各有 2 家银铜匠，加工各类饰品，制作铜质茶壶、大锅等用具，由于原料缺乏，多系来料加工，仅有少数产品出售。牧区的手工工匠，多为回、汉族，民国时期，中阿坝就有回、汉铁匠 8 户，其中 4 户专门制作配刀，另外 4 户主要打制马掌、门扣、三角架等。牧区雇回、汉铁匠打制镰刀 1 把的报酬是酥油 1 斤，1 名铁匠 1 天能打 6—10 把，铁和燃料均由雇主提供。

清代汉人大批进入四川藏区后，还使得原有的手工业发生变化。其中传统的酿酒，皆为发酵酒，而汉人的迁入则带来了蒸馏酒，即俗称的白酒。民国时期，茂县、理番、薛城、靖化、懋功等地皆有酿造白酒的酒坊，其中茂县有 30 余家，每年消耗玉米数千石。在今道孚县，民国十四年(1925)，冯明德迁来此地经营酿酒业，以本地青稞为原料，采用内地高粱酒的酿造技术，生产白酒，转销今炉霍、甘孜、新龙等地。而传统的发酵酒，原为家庭酿造，主要是满足自身的需要，多余部分才进入市场销售，在汉人的影响下，也开始进行商业化生产。如民国时期道孚县的“康酒”，就是由当地藏族酿造、经营的发酵酒。同时，在汉族的影响下，本地的手工业也有不同程度的发展。其中嘉绒藏区的绰斯甲，当地铁匠曾修建长 51 米的观音铁索桥；有造纸户 100 余家，以岩桑等植物的根皮为原料制作纸张，主要供土司、寺庙使用；在沙拉足、卡拉足、党坝等地有陶户，手工制作陶锅、陶罐、酒具。在卓克基督部的下 4 寨 258 户中，有铁匠 3 人、木匠 11 人、砌匠 8 人、石匠 1 人、篾匠 4 人、银匠 3 人、织带 2 人，其中 2 户银匠、2 户织带，基本上已成为专业户。[①]

中华人民共和国成立后，曾对四川藏区的手工业进行过调查，其中甘孜州的手工业，主要有铁工、木工、金银工、毛织、擀毡、制作陶器、皮毛加工等。农村牧区手工业尚未完全从农牧业中分化出来，绝大部分是家庭副业性质，专门从事手工业劳动的人不多。手工业较为集中的白玉县河坡制作藏刀、巴塘制革业、乡城制毪业、康定县城区银饰业等，规模均小，工具简陋。1956 年，康定、丹巴、九龙、道孚、炉霍、甘孜六县，共有私营手工业 268 家，从业人员 635 人，多为汉人，平均每家 3 人，内有雇工 205 人，平均每家不到 1 人，故全为个体手工业者。这 268 家私营手工业中，康定有 162 家，约占总数的 2/3；雇工 151 人，约占总数的 3/4。阿坝州在 1955 年有城镇个体手工业 331 户，511 人，流动资金 6.43 万元。主要行业有小五金、食品加工酿造、竹木器加工、缝纫、制革等。对于私营手工业，最初是实施“利用、限制、改造”的政策。其后，在民主改革运动中，部分私营工商业者和手工业者分得土地转入农业。1955—1957 年，通过对私营工商业的社会主义改造。将私营手工业户纳入手工业合作社、组，或公私合营工业企业。1958 年，完成对私营企业的改造。至 1959 年，四川藏区已不存在私营手工业。

中华人民共和国成立后，在逐步取缔私营手工业的同时，相继建立起集体所有制的手工业体系。其中阿坝州在 1952 年建成集体所有制手工业企业 2 个，产值 11.93 万元。1955 年发展到 4 个，产值 13.55 万元。1957 年，通过对私营手工业的改造和手工业合作化运动，全州共有手工业企业 20 个，产值 44.85 万元。1958 年，在大办工业的运动中，先后建成一大批州、县、乡（公社）办的集体工业企业，涉及行业有采矿、小五金及农具修理制造、

① 欧泽高、冉光荣：《四川藏区的开发之路》，四川人民出版社 2000 年版，第 145—148 页。

冶金、化工、建材、食品加工、酿造、制革、毛纺、缝纫、竹木加工、水电等。1960 年，阿坝州的城镇手工业厂、社、组共有 103 个，职工 0.3 万人，产值 163.79 万元。同时，一批手工业社、组由集体变为全民所有制工业企业。在甘孜州，1957 年开始试办手工业合作社，共有社员 246 人，主要生产各种民族用品。1958 年，集体手工业迅速发展，各县相继建成多种行业的手工业企业。其中康定建有铁器生产组、木器生产组、康鞋生产合作社、皮革生产合作社、藏鞋生产组、皮鞋生产组、白铁社、刊刻合作社，巴塘建有缝纫社，道孚建有民族服装社，炉霍建有铁木生产组、农具社，丹巴建有铁、木生产组，雅江建有缝纫生产合作社，理塘建有缝纫社。这些手工业生产合作社（组）成为甘孜州手工业生产的主要组织形式，其中大部分是从事城镇消费品生产，少数为工、农业生产提供产品。

四川藏区使用机器和机械动力的工业，肇始于清朝末年在川边地区推行新政。清德宗光绪三十四年（1908），川滇边务大臣赵尔丰，以“关外出产，土货本多，牛皮尤为大宗。既为民间购用之品，更属军中必要之需。从前未谙制造，率以生皮行销外洋及下江各省，而边地所需熟皮，反以重金购取，远道运回，何啻弃货于地。现当殖民练兵，需用日夥，亟应就地设厂，讲求硝制诸法，期于节省耗费，减轻成本”[①]。于是拨银 2.4 万两，在巴塘筹设制革厂，从日本购进制革机器，并选送藏族青年 30 人到成都学习制革技术。次年，该厂建成投产。此外，赵尔丰还在巴塘建立印刷厂，在稻城开办造纸、制墨二厂。在今阿坝州，清德宗光绪三十四年（1908），茂县茶商从上海购回制茶机器，以新法加工茶叶，制成红、绿茶销售省内外。

民国时期，四川藏区使用机器和机械动力的工业，存在明显的地域差

① 四川省民族研究所《清末川滇边务档案史料》编辑组：《清末川滇边务档案史料》（上册）《设立巴塘制革厂折》，中华书局 1989 年版。

异。其中阿坝州的情况，据《当代阿坝》一书记载，1912 年，阿坝地区开始出现手工业。1927 年，几个地方官僚、士绅在茂县合资集股兴办平民民生工厂，生产粗糙的毛纺织品，设备简陋，手工作业，规模极小，名为工厂，实为一家手工业作坊。1934 年，松潘出现制革作坊，“仿西法就地单宁制革”，以此“研改”当地藏族群众“酥油鞣革”的做法。据 1936 年《四川松理懋茂汶屯区屯政纪要》记载：“凡铜、铁、泥、木、石、缝纫等，日需工人，寥若晨星，且多来自外县。土著人民之工业制品，不过皮袋、粗毯。”直到 1949 年，阿坝地区仍未见有关手工业、工业产值的文字记载，足以说明当时无现代工业的事实。尽管如此，民国时期，在今阿坝地区，还是有一点使用机器和机械动力的设备投入运行。其中理县杂谷脑老街的几家大户，集资成立启明电灯公司，于民国三十六年（1947）建成一座水电站，装机容量 15 千瓦，为当地居民提供照明用电。民国三十七年（1948），卓克基土司索观瀛，购进 800 瓦英国造发电机一台，利用水磨水轮带动电机发电，供照明使用。民国三十八年（1949），懋功小官寨土司杨春普，从新津购回美国造 2.7 千瓦直流发电机一台，发电供照明使用。①

在原川边地区，清末兴建的工厂，于民国初年相继停办，仅存少量手工业。② 民国二十年（1931），吴荣安等人集资成立“美明电灯公司”，在康定城南折多河上建设水电厂，结果遭山洪破坏。次年集资重建成功，为康定居民提供照明用电。民国二十七年（1938），美明电灯公司改组为“协康水力电力股份有限公司”，增加水力发电机组一台，使发电厂的装机容量达到 50 千瓦。民国二十五年（1936），西康建省委员会由雅安迁至康定，为适应公务之需，由成都购进石印机、铅印机、切书机、装订机，以及藏、汉、英文各号字模、字钉、化铅炉等，成立当时四川藏区最先进的印刷厂。后

① 阿坝藏族羌族自治州地方志编纂委员会：《阿坝州志》，民族出版社 1994 年版，第 1187 页。

② 据张懋昭 1935 年调查，西康工业只有铜铁业、印经业、毛织业。见《巡员张懋昭关于西康概况呈文》，载《民国时期西藏及藏区经济开发建设档案选编》，中国藏学出版社 2005 年版。

更名为启康印刷厂。抗战期间，西康省在民国二十八年（1939）至民国三十二年（1943）期间，由省政府先后试办洗毛、毛织、制革、酒精、机械、造纸、化工材料等七家工厂，合计投资近600万元。由于试办各工厂的情况不尽相同，因而先后分四步，进行调整。第一步就试办所得的经验，确定哪些工厂应予扩充，哪些应予缓办；第二步，以民国三十一年（1942）各工厂经营状况为标准，由各工厂分别拟订业务计划，查清原有资产负债情形，应增加的资本数额，以及经营量的大小，机构调整的办法等，由各工厂根据实际状况制订详细的业务计划；第三步，筹拨各工厂资本；第四步，各工厂订立会计制度、稽核制度以及员工的考绩办法等。经过调整，工厂资本得以充实，设备趋于完善，人员待遇得到提高，工厂逐渐步入正轨。[①]此外，西康省于民国二十九年（1940）将协康水力电力股份有限公司、启康印刷厂、裕边实业公司、新康合作社合并为康裕实业股份有限公司，随即决定在康定东郊大升航建设500千瓦水电站，至民国三十三年（1944）建成投产，定名康定水力发电厂。

中华人民共和国成立后，在四川藏区重点发展森林工业（详下）。此外，也逐步建成一批国营企业。其中阿坝地区，1950年建成茂县专署被服厂，共有工人13名，手工操作20台缝纫机、2台布鞋机、1台皮鞋机，生产衣服、被褥及少量藏靴、马靴等制品。

1951年，茂县军分区营建管理所铁件厂投产，全厂15名工人，利用两台旧的皮带车床、两盘红炉、1台报废小汽车的发动机作动力，生产铁钉、螺丝等杂件铁器。1952年，铁件厂移交地方经营，改名国营茂新机械厂，生产铁铧、马掌铁等农牧器具。1954年迁厂至汶川县威州镇。1955年更名为岷江铁工厂。1959年与州电力机械厂合并，更名岷江通用机械厂，主要生产简易车床，装备各县农具厂，同时也生产打谷机、电动机、收割机和

① 张践：《抗战时期西康经济建设述论》，载《贵州社会科学》2009年3期。

矿山通用机械。

1952 年 12 月 27 日，原茂县专区改建为四川省藏族自治区。在自治区人民政府财政委员会的领导下，于茂县建立新生工厂、茂新机械厂、茂县电灯公司等 3 个地方国营工业企业；建成包括机械、食品、皮革、缝纫、造纸、印刷、电力等产业的 6 个县属国营企业。1952 年，阿坝地区的工业总产值为 849.39 万元，其中森林工业的产值为 792 万元，占工业总产值的 93%。

随着党的过渡时期总路线的实施，加强对私营工业、手工业的社会主义改造，全民所有制和集体所有制工业企业数量明显增加。1957 年，阿坝州除森林工业企业之外的工业企业有 46 家，其中全民所有制企业 25 家，州属企业 7 家。1957 年，全州工业总产值按 1952 年不变价格计算为 4351.79 万元，其中森林工业的产值为 4138.1 万元，占全州工业总产值的 95%。

在 1958 年的"大跃进"中，阿坝州的一批手工业社组由集体所有制转为全民所有制的国营企业，同时国家也投资兴建一批企业，从而使阿坝州的厂矿企业猛增到 1221 个，其中炼铁厂 5 个、铜厂 2 个、水电站 3 个、煤矿 3 个、化工化肥厂 46 个、农具修配厂 76 个，野生纤维厂 26 个、滚珠轴承厂 4 个、铝厂及其他小型厂矿 1053 个。[①] 然而这些在以钢为纲大办工业的群众运动中形成的企业，大多不具备基本的生产条件，到 1960 年底，阿坝州正常生产的企业仅有 235 个，其中州属企业 25 个，县及县以下企业 210 个。

在甘孜地区，中华人民共和国成立后，于 1950 年接收康定水力发电厂、启康印刷厂，将其改为国营企业，其中康定水力发电厂更名为地方国营康定水电厂，启康印刷厂改为康定报刊印刷厂，甘孜报社成立后，更名为甘

① 阿坝藏族羌族自治州计划委员会编写：《阿坝藏族羌族自治州经济社会发展四十年（1950—1990）》，四川民族出版社 1993 年版。该书记载 1958 年阿坝州厂矿企业总数为 1221 个，然而各行业企业数合计为 1218 个，少于全州厂矿企业总数。另据《阿坝州志》第 1321 页记载："1958 年全州新办厂矿 13221 个，上千个企业未开工即倒闭。"

孜报社印刷厂，属报社领导下的独立核算企业。1951年，国家投资在丹巴县建立四川省丹巴云母矿，为国家大型企业。1952年，进藏部队在甘孜建成装机容量125千瓦的呷拉水电站，1954年移交地方管理，称为地方国营甘孜水电厂。1954年又建立道孚铁矿，同年建成康定洗毛厂。至1956年，甘孜州共有国营工业企业6个，涉及水电、纺织、印刷、矿业等行业。1958年，甘孜州掀起大办工业的热潮，相继建立黄金生产第一、第二生产队，新龙县金厂，康定县石棉矿、康定桐陵钢铁厂、康定县柳杨硫铁矿、康定云母加工厂、康定云母矿、金汤五大寺铅锌厂，泸定煤矿、泸定水电厂、泸定得妥乡铜矿，道孚水电厂，九龙水电厂，巴塘县商业局加工厂，甘孜农机修造厂、甘孜砖瓦木材厂、甘孜州塔公524矿等企业。到年底，甘孜州共有国营厂矿45家。1959年，又在丹巴、九龙建起造纸厂，并将原私营手工业的铁器厂、铁木社分别转厂建成泸定通用机械厂、康定农具修配厂。同时，在康定、甘孜、理塘、乾宁、德格建成10个土法甜菜制糖厂。到年底，全州共有工业企业123个，其中全民所有制企业63个，集体所有制企业58个，其他企业2个。

中华人民共和国成立后，在四川藏区建立的工业企业，实行中国共产党一元化领导，党委（支部）书记是决策者，厂（矿）长为执行者。1957年开始实行党委领导下的厂长负责制，企业中有关生产、业务、行政方面的重要问题，经党组织集体讨论决定后，由厂长负责执行。1959年又实行“两参一改三结合制度”，即干部参加生产劳动，工人参加管理；改革不合理规章制度；党委领导、技术人员、工人相结合。

总体上看，中华人民共和国成立初期，四川藏区的工业建设，主要集中在森林工业，其他行业投资少，规模小，新建企业大多使用内地同行淘汰设备，模仿内地工艺流程和技术进行生产，加之缺乏技术人员，因而整体生产水平低下，产品种类少，且多为手工业制品，经济效益也很低。在阿坝州，“1956年，州属二轻系统工业产品销售收入为16.96万元，利润总额 11.35 万元，亏损额达 52.92 万元；1958—1959 年利润总额 45.48 万元，亏损额 48.82 万元。全州除森林工业外，其他行业工业企业历年生产靠国家财政补贴支撑、维持，亏损严重”[①]。

第二节　重要工业

一、纺织业

1. 纺织品种类

四川藏区最早的纺织品是用兽类的毛纤维制成的毛织品，即《尚书·禹贡》记载的梁州“织皮”。汉晋时期，位于岷江上游的汶山郡出产“旄毡、班罽、青顿、毞毲、羊羖之属”[②]。旄毡是用牦牛毛为原料，经碾压使毛纤维相互缩缠而成的无纺布；班罽是用染色毛纱纺织而成的毛布；毞毲是泛指少数民族织造的毛布；羊羖是指用羊的毛皮制成的裘皮。由此可知，汉晋时期，今岷江上游地区的少数民族所生产的毛织品，已经包括毛纺品和无纺品。至于汶山郡以西的白狼、槃木等部落则是“食肉衣皮”[③]，其中“衣皮”，可能与磨些蛮一样，“男女皆披羊皮”[④]。南北朝和隋唐时期，宕昌、邓至、白兰、党项诸部，都是以牦牛毛或羊毛为原料，织造毛布，制作毛毡和裘皮；东女国则主要出产毛织品。自吐蕃占据今四川藏区后，毛织品又有氆氇、毪子等名。民国时期，“手工毛织业在非汉族居住地带较为发达，尤以康人分布区为盛，因康人多居高原，棉麻皆不能植，惟有赖毛织为衣料耳。西康丹巴县的绒布系用毛牛的毛织成，细密有如哔叽，全县

① 阿坝藏族羌族自治州地方志编纂委员会：《阿坝州志》，民族出版社 1994 年版，第 1298 页。
② 《华阳国志》卷 3《蜀志》。
③ 《后汉书》卷 86《南蛮西南夷列传》。
④ 《蛮书》卷 4《名类》。

从事于此的有千数百名，年出绒五万余丈，值藏洋五六十万元。甘孜出抓绒氆氇，能与天津地毯比美，织造工人约一千七八百名，岁出值藏洋百余万元。巴安织绒毯，毛纹图案及色彩纺（仿）北平式，极精致，惟织造者仅二三家而已。又巴安出产毛线编织物，其线系取本地羊毛用酥油揉熟后捻成，颇为坚实耐用。瞻化县则出毪子，细者等于哔叽，产品销于康藏者值藏洋二百万元云”①。据民国十八年（1929）川康边防军总指挥部和民国二十五年（1936）诺那时特派人员调查，甘孜县出产的狐绒氆氇，据说就是唐朝吐蕃所贡的“霞叠毛”，其与丹巴的牛毛绒，皆为西康有名商品。同时，康定出产毛毯、毪子；丹巴有纺织业 2 家，皆织毪子；道孚亦能织毪子，唯质量甚差；炉霍出产毪子、毛线，而织毪工作主要由妇女承担；理化出产毛线及毪袜；巴安、稻城出产毪子、毛线；雅江、丹巴、甘孜、瞻化、得荣皆出产毪子。②

除了毛织品之外，四川藏区也出产麻织品。只是由于自然条件的限制，不宜喜温暖湿润的苎麻生长，只能种植大麻，因此只出产用大麻纤维为原料织成的麻布。根据考古发现，在四川藏区的石棺葬中就有麻布出土，而最早种植大麻的民族是氐人，所以汉武帝以白马氐聚居地设置的武都郡，“其地险阻，有麻田”③。在唐代，位于岷江上游的茂州、翼州、扶州，以及地处大金川流域及其以西的西山八国皆有出产麻布的记载。④ 由于麻布不能御寒，因而在四川藏区始终没有太大的发展，民国时期，仅在羌族、嘉绒藏族和位于大金川的丹巴县还有麻布的生产。⑤

四川藏区出产丝织品的最早记载是在唐代。当时的西山八国，“土有丝

---

① 蒋君章：《西南经济地理》，商务印书馆 1943 年版，第 147—148 页。
② 游时敏：《四川近代贸易史料》，四川大学出版社 1990 年版。参见《四川省甘孜州藏族社会历史调查》相关记载。
③ 《后汉书》卷 86《南蛮西南夷列传》。
④ 《元和郡县图志》，《新唐书·地理志》，《旧唐书·东女国传》。
⑤ 游时敏：《四川近代贸易史料》，四川大学出版社 1990 年版。

絮，岁输于吐蕃”[1]。由于始终未能掌握丝织品的织造技术，因此四川藏区只能生产蚕丝。民国时期，四川藏区的蚕丝主要产于泸定和巴塘。

2. 纺织技术

纺织是把各种纺织纤维加工成织物的生产过程。四川藏区的传统纺织技术可以分为两个大类。一类是生产编织品和毡裘等无纺布的工艺；一类是先把纺织原料加工成纱线，然后再进行织造的技术。

编织品种类甚多，最常见的是用毛纱编成的毛毯。其编织方法是沿用至今的 8 字结法，即在经纱上用一根叫雄纬的毛纱打 8 字小结织造而成。

裘皮的加工，通常是“用酥油抹在牛羊皮上，再加揉制，即成牧民们所穿的皮衣，或将牛羊皮加工成皮口袋、皮绳以及其他生产和生活用具”[2]。其制作工艺是：“牦牛、鹿、獐的皮等，用水泡去毛，其余皮类大多不去毛。在各种皮上敷以酥油，用脚和手尽量搓揉，每张皮需搓揉数次，或十余次，约用酥油两三斤。经过用酥油搓揉的皮非常柔软，且经久耐用。”[3]

无纺布通常称为毡，“蹂毛成毡也”[4]。这是以毛纤维做原料，经过挤压成型的织品。由于没有采用传统的纺纱、织造等工艺过程，所以称为无纺布。据《天工开物》卷上《乃服·褐毡》记载，毡的制作过程是：“凡绵羊剪毳，粗者为毡，细者为绒。毡皆煎烧沸汤，投于其中搓洗，俟其粘合，以木板定物式，铺绒其上，运轴赶成。”四川藏区的制毡方法，大体上也是如此。据中华人民共和国成立初期的调查，阿坝州农牧区的男人都会用牛绒或羊毛赶毡，“其制法，以九斤至十一斤毛铺地加水，汉人用足踩，藏民用手赶，两人一日可制一床。分清水毡和混水毡，清水毡可以避雨，做衣

---

① 《旧唐书·东女国传》。
② 四川省编辑组：《四川省甘孜州藏族社会历史调查》，四川省社会科学院出版社 1985 年版，第 267 页。
③ 甘孜州志编纂委员会：《甘孜州志》，四川人民出版社 1997 年版，第 1196 页。
④ 《说文解字》卷 15《毛部·毡》。

服、垫褥和鞋垫，混水毡只宜避雨垫床”①。在甘孜地区，“毡的制法：用手将羊毛撕绒，匀称铺在木板或石板上，用水喷过，再用一根木棍在上面滚搓，滚搓一次又喷水铺上一层羊毛，至厚薄适度时，就不再铺羊毛了，但仍继续滚搓至四五次，毛渐紧而成毡形，即另以光滑的木杆一根，放于毡上作轴心，旋搓旋压，务求压紧。最后以宽约二尺、长约三尺的薄木板两块，把擀好的毡很整齐地一折一折地夹在板间，用绳捆好，再压以大石块，三五日后即成。至于毡的厚薄和宽窄、长短，随自己的需要而定。毡的质量以新龙、石渠、白玉等县所制成的较佳，尤以新龙出产的‘毡雪子’为有名”②。

麻布和毪子、氆氇等纺织品的制作工艺，主要有两个过程：首先是把纺织原料加工成纱线，然后用纱线进行织造。

四川藏区的纺织原料，大体分为大麻、兽毛和蚕丝，其加工制作纱线的方法不尽相同。

大麻是一年生草本植物，雌雄异株。古人将雄株称为“枲”，雌株成为“苴”。枲麻的茎皮纤维比较少，但是强度高，可以用作纺织原料；苴麻的茎皮纤维粗硬色黑，不堪织造，但是麻籽可以食用，也可榨油，属“九谷”之一。将大麻的茎皮纤维加工成纱线的方法是：将收割回来的麻秆放在池中浸泡，使其自然发酵，让麻茎组织内的胶质水解脱去，这种脱胶方法称为“沤麻”。经过“沤麻”脱胶之后的麻纤维多成黏稠状，把它们劈细连接起来，就成了纱线，这个过程叫“绩麻”。“俗能织布”③ 的氐人，就是通过“沤麻”“绩麻”制成麻纱，用于纺织。位于岷江上游的羌人，直到现代，大体上还是沿用这种方法制作麻纱。据近年在理县桃坪乡的调查，“当地麻有野生麻和家种麻两种，一般一株有 7—8 尺高，直径 1—3 厘米，秋天收割

① 四川省编辑组：《四川省阿坝州藏族社会历史调查》，四川省社会科学院出版社 1985 年版，第 31 页。

② 甘孜州志编纂委员会：《甘孜州志》，四川人民出版社 1997 年版，第 1195 页。

③ 《三国志》卷 30 引《魏略·西戎传》。

时将麻秆砍倒，堆在地里用露水沤几天，然后背回家堆在碉房底层继续沤，使麻与麻秆分离。麻剥下以后用刀把外面的硬皮刮干净，剩下麻，理整齐挂起来阴干。然后用纺麻线的工具‘麻车车’把麻搓成麻线、挽成线团。把线团放到灶灰水中煮，一直煮到麻线被漂成了纯白色。煮好之后把麻线散开晾干，在‘腰机’上纺成麻布”①。该加工方法是将古代大麻与苎麻加工方法合在一起，其中“沤麻”为传统大麻微生物脱胶，“把线团放到灶灰水中煮”则为古代苎麻的化学脱胶；而传统的“绩麻”工具为纺缚，“麻车车”的出现是相当晚近的事情。

四川藏区用作纺织原料的兽毛，包括野兽毛和牦牛毛、羊毛。野兽毛是从猎取的野兽身上取毛；牦牛毛和羊毛通常是在春夏之际从牛、羊身上获取，其中牦牛毛是用手扯的，羊毛的获取，在阿坝地区通常是剪取，甘孜地区多为割取或用木棍拔取。获取的兽毛，用水洗去油脂和混杂的沙土。在缺水的地方，则用手或工具搓揉，干法除脂。然后用弓弦把毛弹松，再用纺缚加拈成毛纱。直到中华人民共和国成立初期，四川藏区还很少使用纺车纺纱，而使用木制或石制的纺缚，通常“每工只能纺 2 两羊毛”②。

蚕丝。四川藏区早期不会“缫丝”，即从蚕茧上抽出丝缕并制成生丝。通常是将蚕茧上的丝用手撕扯成丝絮，再用纺缚纺成纱线，用于织造。这种原始的加工方法，目前在尔苏藏族中还可以见到。清末川边改土归流后，汉族的“缫丝”工艺传入，在汉族聚居的泸定才出产“丝”③。

获得纱线之后，还需用织机进行织造，才能获得织品。四川藏区的织造技术极为原始，直到中华人民共和国成立初期，多数地方仍在使用原始的踞织机，“先将牛羊毛吊成线，取线一束，线头一端缠于腰上，另一端用

---

① 卢丁、工藤元男：《羌族历史文化研究》，四川人民出版社 2000 年版，第 68 页。
② 四川省编辑组：《四川省甘孜州藏族社会历史调查》，四川省社会科学院出版社 1985 年版，第 8 页。
③ 游时敏：《四川近代贸易史料》，四川大学出版社 1990 年版，第 58 页。

棕扣套于板凳上，两手传梭，加入经线，再用一窄板撞紧，织成可宽一尺”[①] 的织品。其中“织梭为一木片，中空，椭圆，两端内方有二孔，以线缠软木竿上为纺锤，插于孔间，以供抛织”[②]。用这种织造方法只能织造平纹素色的麻布和毪子。而要织造提花织物，需对踞织机进行简单的改进，增加一个开口机构，将经纱分为上下两层。四川藏区基本上是采用线综装置，提升经纱，形成梭口，引入纬纱。[③]

3. 纺织业的发展

在汉代以前，四川藏区曾经长期处于“织皮”时期，仅氐人很早就掌握毛织技术，其生产的毛织品被称为“纰罽”[④]。在汉代，氐、羌、夷杂居的岷江上游，已经能够生产多种毛织品、毛毡和皮裘。其中与汉族杂居的氐人，还能织造大麻布。而在岷江上游以西的广大地区，仍然只能加工制作裘皮。

两晋南北朝时期，随着部族的频繁迁徙，毛织技术在今四川藏区逐渐普及。其中位于今川西高原的党项羌，“男女并衣裘褐”[⑤]，并以“披毡为上饰”[⑥]。裘为裘皮，褐为粗毛布，毡为无纺布，由此可知，党项已经能够加工制作无纺布，并掌握毛布的织造技术。位于党项以东的宕昌羌、邓至羌“皆衣裘褐”[⑦]，位于党项西南的诸羌部落，“其风俗略同于党项”[⑧]，位于诸羌部落以南的附国与嘉良夷，“衣多毛毼皮裘”[⑨]，皆能制作无纺布和织造毛布。

入唐以后，四川藏区的麻布生产，仍然集中在岷江上游地区；在岷江

---

① 四川省编辑组：《四川省阿坝州藏族社会历史调查》，四川省社会科学院出版社 1985 年版，第 31 页。

② 任乃强：《西康图经·民俗篇》毪子与氆氇（附扒量），载《任乃强藏学文集》（上），中国藏学出版社 2009 年版。

③ 据卢丁、工藤元男：《羌族历史文化研究》第 68 页记载，羌族妇女织腰带，“腰机的一端套于腰间，身子往后退把线绷紧，然后把拴‘提线’的白色麻绳提起来，用带有红色腈纶线的梭子从提线下穿过、拉紧”。其中“提线”的白色麻绳就是线综装置。

④ 《逸周书·王会解》：伊尹为四方献令，正西以纰罽为献。何承天：《纂文》：“纰，氐罽也。”《说文解字》也说：“纰，氐人罽也。”

⑤ 《旧唐书》卷 198《党项传》。

⑥ 《隋书》卷 83《党项传》。

⑦ 《魏书》卷 101《宕昌、邓至传》。

⑧ 《隋书》卷 83《附国传》。

⑨ 《隋书》卷 83《附国传》。

以西的西山八国，则能利用蚕茧，生产丝絮。而由吐蕃传入的皮毛加工技术，则使得四川藏区的传统的皮毛加工技术得到一定程度的改进。由此奠定了四川藏区传统纺织业的基本格局。

自宋代以后，随着汉藏贸易中内地纺织品的大量进入，来自内地的纺织品，逐渐成为四川藏区所需纺织品的重要来源。早期输入四川藏区的纺织品以丝织品为主，明代始有棉织品输入四川藏区的记载。在清代和民国时期，又有英印纺织品的输入。民国时期，四川藏区已成为内地土布的重要销售地。其中“四川西北部少数民族地区有两个贸易中心市场：一是松潘；一为杂谷脑。从内地输入的商品，以土布、茶叶为大宗。杂谷脑年输入土布总值达50—60万元”。而“西康地区输入的商品，除茶叶外，也以棉纱、棉布为主。据康定市场的贸易统计：1939年输入的棉布价值占输入总值的16%。1940年输入的棉布价值占输入总值的21%，布匹量达10余万匹”。[①] 此外，洋布亦大量进入四川藏区。外来纺织品的大量输入，不仅使得四川藏区的纺织品构成发生变化，同时也抑制了本地传统纺织业的发展。

民国时期西康地区主要纺织品及其来源表[②]

种类	名称	产地	输入地	用途	备考
布匹类	毪布	西康本境		制衣作裙及鞋靴袈裟等	
	洋布	国内及外洋	四川、云南、甘肃、西藏	制衣	洋布有蛮庄汉庄之分，蛮庄货粗，汉庄货细，唯富者用之
	棉布	四川、两湖、甘肃等		制衣	
	棉花	四川、两湖、甘肃等		制棉服及酥油灯芯	

① 游时敏：《四川近代贸易史料》，四川大学出版社1990年版，第190—191页。
② 任乃强：《西康图经·民俗篇》，载《任乃强藏学文集》（上），中国藏学出版社2009年版。

续表

种类	名称	产地	输入地	用途	备考
呢绒	抓绒	甘孜		制衣用本色，喇嘛作袈裟用黄色并作靴鞋	
	氆氇	西藏	西藏	制衣、作靴及袈裟	
	藏片	印度	西藏	制衣、作靴、镶褥边	即大呢也，宽三四尺
	夹子呢	印度	西藏	制衣、作靴、镶褥边	
呢绒	桂子呢	印度	西藏	制衣、作靴、镶褥边	
	灯草绒	印度	西藏	制衣、作靴、镶褥边	
	栽绒	天津与西宁	西藏	坐垫、床褥及马鞯等	北平称为毡毹者是也
绸缎类	金丝缎	印度	西藏	作衣领，喇嘛作帔单、嵌肩等	
	银丝缎	印度	西藏	作衣领，喇嘛作帔单、嵌肩等	
	宁绸	江苏、四川	四川、云南、甘肃	制衣	
	摹本缎	四川、江浙	四川、云南、甘肃	制衣	
	辅绸	山东	西藏	制汗衣、褶裤	
	大绸	山东	西藏	制汗衣	
	毛绸	未详	西藏	同上，男子亦用作裤	
	茧绸	四川、山东	四川、云南、甘肃	制汗衣，作头巾	
皮张类	老羊皮	西康本境		制裘	
	羔羊皮	甘肃	青海	制裘	
	狐皮	西康本境		制帽	康人以狐皮作衣者甚少，其帽以全张戴头上
	獭皮	西康本境		镶衣边	
	豹皮	西康本境		镶衣边，作床褥坐垫	
	虎皮	云南	云南	镶衣边，作床褥坐垫	
	狼皮	西康本境		作床褥	
	猞猁	西康本境		作裘	

续表

种类	名称	产地	输入地	用途	备考
线类	棉线	四川		缝衣	
	丝线	四川		缝衣	
	线	四川		缝衣	

民国时期，阿坝地区“各地均有手工制革匠人和家庭纺毛织毪业，以牛羊皮毛为主要原料，加工马鞍、皮带、皮褂子、皮口袋、皮箱和毡衣毪衫、毛衫等生产生活用品。民国十七年（1928）建立的茂县平民民生工厂，是境内最早的毛纺企业，民国二十三年（1934）松潘县又设民生工厂。民国三十年（1941）茂县监狱根据司法行政部训令，开办毛纺、制革业”①。而在西康，除了传统的手工制革与纺织外，开始引进现代纺织工业。民国二十年（1931），康定“已有机械织造”②。民国二十八年（1939）西康省正式成立后，西康省建设厅先后设立制革厂、洗毛厂及毛织厂。其中“西康省立毛纺织厂”位于康定县城南门外，除生产毛织品外，还兼营棉织品。民国二十九年（1940），有纺机 120 部、织机 11 部，当年生产的主要产品有：细呢 588 丈、粗呢 127 丈、牛毛呢 205 丈、毛毯 814 条、毛毡 2848 床、毛帽 345 顶、毛线 62 磅。其后，设备增至纺机 170 部、织机 14 部。为扩大洗毛工作，西康省政府建设厅于民国三十年（1941）在毛纺织厂附近另建一座洗毛厂，利用山泉人工洗毛，年可洗毛 15000 担，除供毛纺织厂外，还代省内外毛织厂洗练。民国三十二年（1943），“合并改组为西康毛革特种股份有限公司，由西康省政府、川康兴业公司、西康企业公司、济康银行、汇通银行等参加组织而成。其雅安制革厂占基地十五六亩，厂房八十余间，各项制革制鞋设备齐全，每月可制牛皮一千张，羊皮一万五千张，制鞋数

① 阿坝藏族羌族自治州地方志编纂委员会：《阿坝州志》，民族出版社 1994 年版，第 1270—1271 页。
② 游时敏：《四川近代贸易史料》，四川大学出版社 1990 年版，第 45 页。

千双；其雅安毛织厂亦有基地十五六亩，厂房六十余间，设备亦均齐全，制织氈毯粗呢，每月可用羊毛五千余斤；康定洗毛厂则有基地二十余亩，厂房五十余间，设备亦甚齐全，每月可洗毛三万余斤。故该公司之规模设备，均属大可有为。在抗战期间，其出品除供应本省军需民用外，且复运销省外。惜自胜利而后，先受物价暴跌损失，继又物价高涨不已，遂致该公司资金大部分呆滞于固定设备，流通资金周转不灵，经营困难，因而各厂先后均已无形停顿，一时颇难自力更生，亟须扶持接济，以谋复兴”①。民国三十五年（1946），西康毛革特种股份有限公司实际上已处于停产状态。此外，西康省政府还投资5万元，在康定南门外喇嘛寺附近建成西康毛织示范厂。该厂采用单锭手纺机及人力铁木织机，年产毛呢7500丈，毛纱1500斤，毛毯3000条。

除此之外，西康省“年销牛皮约二十万张，羊皮约三十万张，麂皮约五万张，羊毛约一百五十万斤，他如虎豹狐獭及猞猁等皮产销亦多，其关系康省地方之经济发展与边民生计之维持者，确极重大。康省皮毛在战前曾运销国外，抗战期间中国工业合作协会连年采用羊毛制造军毯，复兴公司、中纺工厂亦均采用康产羊毛，盖其品质坚韧，宜供制造氈毯粗呢之用”②。巴安县在抗日战争期间，“新置褥子厂，所产货品优良，不亚京褥，推销甚广”③。

中华人民共和国成立后，阿坝地区于1950年由茂县专署投资5000元，在凤仪镇建成被服厂，1953年更名茂县新生工厂，1955年改称阿坝州制革厂。建厂初期，有20台旧式缝纫机、2台布鞋机、1台皮鞋机，生产衣服、被褥及少量藏鞋、马鞍、刀鞘、枪套等。1955年增加1台30千瓦柴油机，制鞋设备也增加到5台，是阿坝州的重点企业。此外，茂县人民政府于

① 周人良：《西康皮毛之产销调查及协助办法》，见《近代康区档案资料选编》，1990年版。
② 周人良：《西康皮毛之产销调查及协助办法》，见《近代康区档案资料选编》，1990年版。
③ 游时敏：《四川近代贸易史料》，四川大学出版社1990年版，第51页。

1951年在凤仪镇开办新茂毛纺厂，有职工21人，固定资产2500元。1954年停办。1958年，若尔盖县建成国营制革厂，有职工8人，平板缝纫机1台，手工硝皮，制作民族靴鞋等。

在甘孜地区，中华人民共和国成立后，将原康定洗毛厂进行改扩建，于1954年成立西康省藏族自治区康定洗毛厂，加工洗净羊毛，由省调供重庆毛纺织厂和川康毛纺织厂使用，有职工101人，当年加工洗净毛10吨。1956年，更名为四川省地方国营康定洗毛厂。1957年，开始利用牛、羊毛的下脚料，生产林业工人劳保用毪子和毛毡、马鞍垫等产品。此外，1958年，甘孜州商业局组建泸定皮革厂，1959年建成开工生产，全厂固定资产5.8万元，职工170人，主要产品有皮革、皮鞋、布鞋和裘皮制品。

二、矿冶业

根据考古资料，在今四川藏区，采取石棺葬的古部族，大约在中原的商末至西周中晚期，已经进入铜石并用时代。其中铜的来源，除了由内地输入之外，可能已经使用当地出产的自然铜。直到民国时期，位于岷江上游的汶川县还出产自然铜。① 春秋至战国中晚期，开始使用黄金制品。其原料的来源，应在本地，故《山海经·五藏山经》称，岷山、崃山皆产金。

秦灭巴蜀后，四川藏区开始使用铁制品。在理县秦至西汉初期的石棺中，就曾发现大量铁器。② 而四川藏区铁制品的出现，与临邛冶铁业的兴起有关。秦在统一全国的过程中，曾将赵国“用铁冶富”的卓氏迁徙到临邛，于是卓氏利用今邛崃地区的铁矿，“即铁山鼓铸，运筹策，倾滇、蜀之民”，又有“程郑，山东迁虏也，亦冶铸，贾椎髻之民，富埒卓氏，俱居临邛”。③

---

① 游时敏：《四川近代贸易史料》，四川大学出版社1990年版，第75页。
② 罗开玉：《四川通史》第2卷，四川人民出版社2010年版，第287页。
③ 《史记》卷129《货殖列传》。

由于临邛卓氏、程氏生产的铁制品，主要就是销往包括今四川藏区在内的少数民族地区，从而使得铁制品开始在四川藏区流行。入汉以后，四川藏区的铁制品，主要来自包括临邛在内的蜀郡。随着铁制品的传入，四川藏区也开始利用传入的铁，加工制作具有本地风格的铁制品。

秦汉时期，除了铁器的输入，“巴蜀式”青铜器也继续输入四川藏区，其中岷江上游地区输入的“巴蜀式”青铜器较多。[①] 而本地的铜器制造，仍停留在小件锻造，未能进入铸造阶段。至于铜的产地，目前可知的，主要集中在灵关、国徙、严道、青衣，[②] 即今雅安地区。其中严道铜矿最为著名，汉文帝曾“赐邓通蜀严道铜山，得自铸钱，邓氏钱布天下”[③]。金矿的分布地在刚氐县，即《华阳国志》卷2《汉中志》所记载的“刚氐县，涪水所出，有金银矿”。刚氐县治所在今平武县境，涪水即今涪江，发源于松潘雪宝顶。此外，今芦山县及其以西地区也出产黄金。东汉安帝永初“二年，青衣道夷邑长令田，与徼外三种夷三十一万口，赍黄金、旄牛毦，举土内属”[④]。青衣道治今芦山县境。

两晋南北朝时期，铁已取代铜，成为四川藏区各部族制作兵器和装饰品的重要材料，因此，白兰在北周武帝保定元年（561），“遣使献犀甲、铁铠”[⑤]。而附国与嘉良夷，其俗为“项系铁锁，手贯铁钏”[⑥]。汉代享有盛名的严道铜矿，在南齐时，一度重新开采。[⑦] 至于金矿，位于今四川藏区与西藏、青海之间的附国，“山出金、银”，故其“王与酋帅，金为首饰，胸前悬一金花，径三寸”。[⑧]

---

① 见《四川茂汶羌族自治县石棺葬发掘报告》，载《文物资料丛刊》第7辑；《四川理县佳山石棺葬发掘清理报告》，载《南方民族考古》第1辑。
② 《汉书·地理志》，《后汉书·郡国志》。
③ 《史记》卷125《佞幸列传》。
④ 《后汉书》卷86《南蛮西南夷列传》。
⑤ 《周书》卷5《武帝纪上》。
⑥ 《隋书》卷83《附国传》。
⑦ 《南齐书》卷37《刘悛传》。
⑧ 《隋书》卷83《附国传》。

在唐代，随着吐蕃的东进，来自今西藏地区的制铁工艺亦传入四川藏区。据《贤者喜宴》记载，吐蕃时期的“四方面王”有“苏毗铁王”。苏毗原在今西藏境内，随着吐蕃的东进，迁往今四川藏区。吐蕃末年，洛门川讨击使论恐热发动叛乱，国相尚思罗在松州“发苏毗、吐谷浑、羊筒等兵，合八万，保洮水，焚桥拒之。恐热至，隔水语苏毗等曰：‘贼臣乱国，天遣我来诛之，汝曹奈何助逆！我今已为宰相，国内兵我皆得制之，汝不从，将灭汝部落！’苏毗等疑，不战。恐热引骁骑涉水，苏毗等皆降”[①]。由此可知，吐蕃统治末年，苏毗部落已分布在以松州为中心的川西高原东部，其制铁技术亦当随之传入该地区。铜矿仍在雅州荥经县的铜山，“即文帝赐邓通铸钱之所，后以山假与卓王孙，取布千匹。其山今出铜矿”[②]。至于黄金，位于岷江上游的当州、悉州、保州、茂州，以及龙州、雅州，皆土贡“麸金”[③]，而吐蕃也在包括今四川藏区部分地区的多思麻，向平民征收黄金赋税。[④] 土贡“麸金”和缴纳黄金赋税的地区，皆为产金之地。

入宋以后，据《太平寰宇记》记载，雅州的浮图水出贡金，大渡河出麸金。而《宋会要辑稿·食货》则有龙州产金的记载。在明代，龙州出产铁、锡和金。[⑤] 同时，明神宗万历年间逐渐控制康南地区的云南丽江木氏土司，曾组织理塘等地的差民淘金。明末清初，和硕特蒙古统治康区期间，也曾强令木雅等地人民淘金以做贡献。

在清王朝控制下的四川藏区，先后对多种金属矿进行开发。其中平武县曾开采铁矿；康定孔玉、鱼通的铅、铜、金等矿，从咸丰年间就陆续进行开采，清末还在康定建有铁厂；丹巴的永绥铅矿、铜炉房和绒岔沟铜矿，在咸丰、同治年间开采最盛，清末又大规模开采金、铅、锑等矿；九龙先

---

① 《资治通鉴》卷 246 武宗会昌二年十二月。
② 《元和郡县图志》卷 32《剑南道·雅州》。
③ 《新唐书》卷 42《地理志》。
④ 《敦煌本吐蕃历史文书·编年史》708 年条。
⑤ 鲁子健：《清代四川财政史料》（下），四川省社会科学院出版社 1988 年版，第 44 页，17 表。

后开采金、银、铁等矿。开采这些矿产的矿工，主要是从内地招募的汉人。[①] 此外，巴塘在清末开采毛多山煤矿；德格在清末开办铜厂。[②] 清末，在叠溪设有官办红花园铁厂，冶炼生铁制造铸件，盛时有工人600余名。至于金矿的开采，松潘、平武、大金、小金、打箭炉、丹巴、泰宁、道孚、邓柯、白玉、德格、理塘、乡城、九龙、木里等地的金矿，皆不同程度得到开采。据《四川省志·冶金工业志》记载，四川省“1896—1911年，用土法淘金生产的主要有盐源县洼里金矿、瞻化县（今新龙县）麦科金矿、木里县龙达金矿、理塘县金矿、平武县砂金矿和康定县偏子岩、灯盏窝脉金矿等”。这些金矿，大多在今四川藏区境内。而金矿的大规模开采，则是在清朝末年，于四川藏区推行新政期间。

清德宗光绪二十七年（1901），清廷正式宣布实施“新政”。光绪二十八年（1902），打箭炉同知刘廷恕开办灯盏窝金厂。这家由打箭炉厅开办和管理的金厂，后因采矿地移至附近的三道桥，改称三道桥金厂。在川边地区官办的金厂中，该厂的经济效益最佳，仅宣统元年（1909）三月至宣统二年（1910）十二月，一年多时间，扣除各项开支，收入就有银2858两。[③]

打箭炉厅开办灯盏窝金厂获利后，光绪三十年（1904），新任驻藏帮办大臣凤全，于进藏途中，经过打箭炉，遂督促刘廷恕试办泰宁金矿。光绪三十一年（1905年）一月，四川总督锡良批复打箭炉厅，准予开采。泰宁金矿位于折多山以西的泰宁河垭地区，其地在泰宁寺与明正土司连界处，据说“年羹尧曾派人采挖，出金甚多”[④]。其后，一直有人在此采金。而金矿的开采权，则由泰宁寺掌控。淘金之民须向泰宁寺领取执照，按所获之金的三至五成向泰宁寺交纳金税。清政府在此开办金厂，直接影响到泰宁

① 康定民族师专编写组：《甘孜藏族自治州民族志》，当代中国出版社1994年版，第193—196页。
② 四川省民族研究所《清末川滇边务档案史料》编辑组：《清末川滇边务档案史料》（中册）《张以诚禀报查勘矿苗开办铜矿拟定试办章程》，中华书局1989年版。
③ 四川省民族研究所《清末川滇边务档案史料》编辑组：《清末川滇边务档案史料》（下册）《札打箭炉厅申解三道桥金课余银拨归边务经费》，中华书局1989年版。
④ 蒋君章：《西南经济地理》，商务印书馆1943年版，第231页。

寺的收入，因此在金厂开办后，泰宁寺就以“破坏风水，震怒山神，将降大灾”为由，煽动当地民众破坏金厂，驱逐金夫。打箭炉厅“派弁前往开导，该寺喇嘛率敢抗阻，炮伤弁勇。该厅续派都司卢鸣扬等再往，复被伤亡”[①]。于是锡良奏派提督马维骐率兵镇压。在明正土司的支持下，事态终于平息。事后，锡良委任泰宁矿务委员，重新招募金夫，于光绪三十二年（1906）重开泰宁金矿。“淘金工役，多或至六、七百人，少亦二、三百人……近金厂约五百人，八人以上至十四人者为一棚，七人或不足七人者为半棚。每月按棚数征课金，而不问其所得金之多寡。”[②] 宣统元年（1909）成立边务收支报销总局后，由该局矿务科管理泰宁金矿的收支。[③]

光绪三十二年（1906），赵尔丰出任川滇边务大臣，随即向清廷提出“经边六策”，即屯垦、练兵、设官、兴学、通商、开矿。其中关于开矿，赵尔丰认为：“川滇边地，矿产富饶，久为中外共知，垂涎者众，若不先行由官创办，必将群思染指，易启窥伺争竞之端。且边地既经朝廷特设重臣，不惜经费，力加整顿，原期日臻富庶，以固藩篱。若不自筹利益，岁岁仰给他省，朝廷亦何乐得此石田。兴利之方，则屯田之外，惟有开矿。早开一日，即可早收一日之用。”至于开矿，则是开发金矿，“川滇边地，产金之处甚多，蛮民亦知淘取销售，土司、喇嘛向均坐收其利。惟蛮民但知随地开挖，不能辨识矿苗，淘沙之法，开挖之器，亦均笨拙不灵，是以费工多而获利少。现拟延聘本国在外洋矿学专门毕业之人，周历察看，择其矿苗最旺者，由官设厂，仍用本处土法，雇夫开采，但将淘炼熔冶之法，力求改良。将来如实需用机器，再当续筹添置”。[④] 按照这个开矿的思路，光

---

① 四川省民族研究所《清末川滇边务档案史料》编辑组：《清末川滇边务档案史料》（上册）《锡良、成都将军卓哈布会奏泰宁，巴、里喇嘛滋事片》，中华书局1989年版。
② 四川省民族研究所《清末川滇边务档案史料》编辑组：《清末川滇边务档案史料》（上册）《关外矿务工程师刘轼轮禀报查勘泰宁砂金情形》，中华书局1989年版。
③ 任新建：《近代四川藏区的黄金开发》，载《四川藏学研究论文集》，中国藏学出版社1993年版。
④ 四川省民族研究所《清末川滇边务档案史料》编辑组：《清末川滇边务档案史料》（上册）《复陈川滇边务应办事宜并拟具章程折》，中华书局1989年版。

绪三十四年（1908），赵尔丰重金聘请留学美国的矿科毕业生刘轼轮为关外矿务工程师，负责勘查川边金矿。希望通过这次勘查，发现“真矿”，即原生金矿，以便官府设厂开采。然而刘轼轮花费巨资，仅勘查灯盏窝、泰宁和理塘三地的金矿，[①] 既未发现新的金矿，亦未对旧有金矿进行深入勘查。

光绪三十四年（1908），赵尔丰在德格剿办昂翁降白仁青时，“见得各百姓皆属贫苦，衣食难谋，无以为生。本大臣心怀悯恻，亟欲为尔等筹一生计，以免饥寒。特派委员四处查勘矿苗，发给资本开办，为尔百姓辟一利源，欲使人皆获利，得资饱暖”[②]。宣统元年（1909），经德格委员万里恩、矿务委员张以诚等人才勘查，“德格之扩络垛一带，金矿甚旺，可以招工开采”[③]。于是赵尔丰拨库平银700两，委派万里恩开办金厂。扩络垛今名柯洛洞，位于德格县城东北50里，矿区沿河谷绵延80里。宣统元年（1909）六月金厂开办后，最初是以边军中有淘金经验的士兵和抬炮夫进行采淘，随即鼓励当地百姓“只管到厂学习，每人月给予口食藏币十元，俟一、二月学成之后，即由尔等自备口食，在厂开采，得金只准卖与本厂委员，不准在外偷卖。委员皆照市价收买，不准短价。总期尔等获利，可以养家口，可以有余存，是为本大臣所厚望”[④]。据刘赞廷《德格县图志》记载，该金厂“极旺之时，日获数两，轰动远近，来者增多，历数年而不衰”。

至宣统三年（1911），川边地区共有官办金厂3家，即康定三道桥金厂、泰宁金厂和德格扩络垛金厂。

在清末川边地区的淘金热潮中，不仅有官办的金厂，同时还先后有矿

---

① 四川省民族研究所《清末川滇边务档案史料》编辑组：《清末川滇边务档案史料》（上册）《关外矿务工程师刘轼轮禀报查勘泰宁砂金情形》，《刘轼轮禀报查勘灯盏窝金矿情形》；（中册）《刘轼轮禀报查勘理塘等处矿产情形》。中华书局1989年版。

② 四川省民族研究所《清末川滇边务档案史料》编辑组：《清末川滇边务档案史料》（中册）《示谕更庆、扩络垛百姓可到金厂学习》，中华书局1989年版。

③ 四川省民族研究所《清末川滇边务档案史料》编辑组：《清末川滇边务档案史料》（中册）《示谕更庆、扩络垛百姓可到金厂学习》，中华书局1989年版。

④ 四川省民族研究所《清末川滇边务档案史料》编辑组：《清末川滇边务档案史料》（中册）《示谕更庆、扩络垛百姓可到金厂学习》，中华书局1989年版。

商审报建立的金厂30余家，其中较为著名的有以下数家：

烨记金厂。贵州修文县监生刘光烨开办。刘光烨原在贵州办矿有年，谙熟矿务，得知赵尔丰招商开矿，遂于“光绪三十二年入川，由建昌、盐源勘至滇边中甸、丽江等处，随在皆有金苗，似多口皮。惟木里土司所属之水落、燕溪河两处苗颇旺”①，因此在宣统元年（1909），申请在木里土司所属的水落、燕溪河二处，自费试办金厂，以“烨记”为名。其后，又在理塘容得纳咱、稻城康姑姑开办金厂，仍以“烨记”为名。刘光烨开办的几家烨记金厂，规模不大，但管理颇具特色。其拟定的《探矿试办章程》和《办厂规条》称，金厂设总事一人，总理全厂事务。下设总查一人，监督矿工生产。另有巡丁若干，负责保卫、纠察。矿工分为轻身班、手沙班、身工班，“轻身班入股，不出股费；手沙班，每人作工一日，任拿沙二小背，逐日用水淘，矿有若干，仍照数截课外，与总事平股，无矿，凭命运；身工班，每日议定工价若干，按日发给”②。生产组织为“井”（后改称“棚”），每井视具体情况，设沙头、捶手、背夫、柴头、火夫若干，由总查委任的查班分别统领各井。烨记金矿创立的管理办法，简便易行，为川边各金矿普遍采用，影响颇大。

兴记金厂。理塘商人范长兴开办。宣统二年（1910），范长兴勘定理塘甲哇村打冲角河东岸的金矿，申请自费开办金厂，名为长兴厂，亦称札枯豪码金厂，“与烨记矿厂刘光烨事同一律，一切办法、章程，拟照刘矿商一律办理”③。然而执照尚未发下，范长兴即搭盖厂房，“招工人十九名，先行试挖，随于五月十六日得金。通判密查得实，以该商未奉执照，即行试挖，殊属非是，当即饬令自五月十六日得金之日起，至六月十五日，计一个月，

① 四川省民族研究所《清末川滇边务档案史料》编辑组：《清末川滇边务档案史料》（中册）《贵州修文县监生刘光烨禀请发给试办金矿执照》，中华书局1989年版。
② 四川省民族研究所《清末川滇边务档案史料》编辑组：《清末川滇边务档案史料》（中册）《贵州修文县监生刘光烨禀请发给试办金矿执照》，中华书局1989年版。
③ 四川省民族研究所《清末川滇边务档案史料》编辑组：《清末川滇边务档案史料》（中册）《里塘粮员详毛丫头目等请试办金矿》，中华书局1989年版。

按照两棚计算，先缴课金八钱。该商遵缴来案。又因该厂地面宽阔，试挖即已得金，复饬其自六月十六日起，除就原有工人招足三十名分为两棚外，又再招三十名，连前共分四棚，以后按月照四棚纳课。该商亦经遵办”①。其后，范长兴又在宣统三年（1911），于理塘上木拉的色许，开办大兴厂，有工人两棚。

纳利石金厂。宣统二年（1910），陕西商人周荣山、贺藩卿等人承办，厂址在河口杜惹岗山脚下，“崖间开洞，溪边淘沙”②。人数最多时达七棚。

在商办金厂中，外地商人前来办厂者，不过十之一、二，其余概系本地矿商。而本地矿商中，又以藏族商人居多。以理塘为例，共开办金厂 26 家，除烨记容得纳咱金厂外，其余均为本地人所办，计汉商 6 家、9 棚，藏商 19 家、53 棚。其中藏商既有商人，也有头人、喇嘛。至于采金工人，除当地藏民之外，还有不少来自内地和在川边落户的汉族。他们把水银勾金和金船滤金技术传播给当地藏族，从而改变了过去无法淘取沙中细微的金粒和用草皮滤金的粗放淘金方式。③

除官、商所办的金厂之外，还有大量本地居民的自采活动，即“二三穷民，率其家人父子随地挖淘，为日夕糊口之计，无所谓厂”。对这种“人数在五、六人以内，不及半棚，又悉系家人并无雇工者，免于纳课，借纾穷民生计”④。由此推动川边各地普遍开展群众采金活动。

民国时期，开始对四川藏区进行较大范围和较为系统的地质矿产调查。民国十八年（1929），中央地质调查所的谭锡畴、李春昱对四川、西康做大规模的区域地质调查，先后进入四川藏区的康定、雅江、理塘、瞻对、

① 四川省民族研究所《清末川滇边务档案史料》编辑组：《清末川滇边务档案史料》（中册）《李克谦详复奉发长兴金厂执照并遵缴课金》，中华书局 1989 年版。

② 四川省民族研究所《清末川滇边务档案史料》编辑组：《清末川滇边务档案史料》（下册）《乔联沅详商人周荣山等试办河口纳利石金厂》，中华书局 1989 年版。

③ 任新建：《近代四川藏区的黄金开发》，载《四川藏学研究论文集》，中国藏学出版社 1993 年版。

④ 四川省民族研究所《清末川滇边务档案史料》编辑组：《清末川滇边务档案史料》（下册）《理塘粮员详傅嵩炑降养喜饶拟开办觉母洞金厂》，中华书局 1989 年版。

甘孜、炉霍、道孚、乾宁、丹巴、懋功、九龙、汶川、茂县、理番、松潘、平武等地，历时2年多，著有《西康东部地质矿产志略》《四川西康地质矿产志》，首次对四川藏区的矿产做了较为全面的科学调查和记述。民国二十二年至二十三年（1933—1934）间，且维屏又对洼里、隆达二矿进行勘查，对矿区地质、矿床分布、金厂生产及组织管理，均有详尽的研究报告。抗日战争爆发后，西康的地矿工作得到加强。民国二十八年（1939），在康定成立西康省地质调查所。同年，资源委员会在成都设立川康铜业管理处，后改为川康铜铅锌矿务局。其中西康省地质调查所初步对西康省的雅属、宁属、康属及甘孜、炉霍一道孚地区的金、铜、铁、煤、铅等矿进行调查，汇编成西康省地质调查所《地质汇报》第一号；聘请程裕淇等人对道孚铁矿进行调查。抗战期间，四川省地质调查所也对松潘金矿、涪江流域沙金矿、岷江上游沙金矿进行调查。科学的地矿调查，为科学开发四川藏区的矿产资源，奠定了基础。

民国时期，四川藏区的矿冶业，主要还是黄金生产。关于四川藏区金矿的种类，民国二十九年（1940），边政设计委员会编辑的《川康边政资料辑要》，将岷江上游地区的金矿分为三类："一曰冲积金，系由河水冲来，沿河畔之淘金者，皆取此金；二曰残余金，系矿山崩溃者，当地土人小组淘金者，皆赖此金；三曰矿金，系火山喷出后而混入地层中者，金夫子有谚曰：'无板不成金。'盖产金之处，皆有棚有板。金矿之上称棚，金矿之下有板。棚多如土，大都为黄色及暗灰色黏土，厚一尺至五尺。板则为石层，有红泥马压板、岩前板、石灰板、页岩及方嗣石等类别，而以红泥马压板最佳。"[①] 而蒋君章《西南经济地理》则将金矿分为山金与沙金两种。沙金实亦山金，岩石遭剥蚀后随流水混入泥沙之中，因而冲积层中遂有沙金。现时西康采金，以淘取沙金为主，康东南金矿自天全经冕宁会理而至

① 边政设计委员会：《川康边政资料辑要·松潘县》84页"金矿调查"。

盐源，沙金与山金并盛，此外雅砻江流域与大渡河流域，金矿亦极多，瞻化理化炉霍康定等都是著名的产金区。大渡河流域兼产铜铅而金较少。康人以山金为冗金，沙金为粒金，山金生于石英脉中而常在高处，故亦称脉金；沙金生于砂砾而常在河渠内，亦可称为河金，西康已知山金矿甚少，故以河金为重要”。在四川省的管辖范围内，“松潘、懋功，沙金、山金并著，金沙江岸及嘉陵江岸若干地点，每年冬季水落，均有金夫淘取沙金，为量亦殊可观”。大渡河上游的大金川与小金川，“亦著名产沙金之地，懋功境内如章谷屯绥靖屯等地皆为产金区”。此外，“平武县北六十里之龙峒子，茂县西百余里之河西、乾格墩及县南六十里之文镇，理番县的下盖董梭磨河”,①均产沙金。

民国时期，四川藏区的黄金生产，大体上经历了两个阶段。第一个阶段是在抗战前，基本沿袭清末形成的生产体系，即官办金厂、民营金厂和群众采金共同构成四川藏区的黄金生产体系。其中官办金厂，主要由割据藏区的军阀所开办与控制。为了增加财源，军阀对开办金厂都有较高的积极性，因此官办金厂，较之清朝末年，有较多的增加。其中控制西康的刘文辉，为增加财政收入，在李仲魁、谭锡畴、李春昱、且维屏等地矿专家勘查的基础上，相继开办一大批金厂。据估计，自刘文辉于民国二十三年（1934）重开隆达金矿，至民国三十八年（1949），西康产金可能接近百万两，其中大部分为刘文辉及其部属所得。民营金厂，由民间集资，向政府申请，依法取得矿业权，然后进行探、采。然而在军阀混战期间，对民营矿厂的管理非常混乱，私自开采盛行，“未向官厅立案自由开采之矿厂，为数极多”②。由此导致乱挖滥采，资源破坏和浪费严重。至于群采活动，仍然只是四川藏区居民为改善生活的一项副业而已。第二个阶段是在抗战期

① 蒋君章：《西南经济地理》，商务印书馆1943年版，第228页。
② 《矿业：四川矿产统计》，载《四川月报》，1935年6卷2期。

间，主要特点是资源委员会统治黄金探采。民国二十六年（1937）十二月，国民政府公布《战时农工矿管理条例》。民国二十七年（1938）十一月，修订为《非常时期农矿工商管理条例》。民国二十八年（1939），先后颁布《非常时期采金暂行办法》《经济部增加金产办法》《经济部采金局民营金矿业监督办法》等法规，将黄金等重要金属矿的生产，置于国家的严格控制之下，其产品，原则上由中央政府直接控制其生产、流通、分配和消费。为了使统治政策得到实施，国民政府还成立了相应的机构，这些机构均由资源委员会统辖。同时，资源委员会也直接插手四川藏区的黄金生产。民国二十六年（1937），资源委员会筹建松潘金矿。民国二十七年（1938），资源委员会与西康省政府合作，成立西康金矿局，派员调查康定以及雅砻江上游旧金矿区，新勘王母、江达沟等矿点，并先后开采康定锦盖坪、雅拉沟一带金矿，以及泰宁、雅江金矿。民国二十八年（1939），经济部特设采金局，在四川成立松潘区、南溪区、南部区三个采金处。其中松潘区办理松潘、理番、茂县、懋功、汶川等县的探采工作。同时，采金局还先后与地方合办松潘国福金矿公司、盐源木里金矿公司、理塘富康金矿公司。此外，还加强对民营金厂的统治。抗战初期，四川省政府建设厅在制定的《开采川省金矿方案》中就规定，业经领得执照的民营金矿区，暂由矿商开采，但应受邻近政府的金矿机关监督，每月所得黄金，应悉数交由国家银行收买，否则以危害国家论罪；呈请民营的金矿，应限于地方偏远、劳工缺乏、不便设厂的区域，或储量较少，无大规模开采价值者，采得之金，应悉数售予邻近省政府经营的金矿机关，不得私售和隐匿。

民国时期，四川藏区产金之地甚多，其中主要矿区如下：

松潘金矿。松潘以出产沙金著称，产金之处甚多，其中以漳腊最为重要。漳腊沙金矿位于松潘县城以北 20 公里，地处岷江西岸支流金河及其与主河交汇处，“地名河寺沟，对岸为漳腊故城，因以为名”。民国二年（1913），乡绅文宪之发现该沙金矿，雇人开挖。随即引来本地人大规模开采，“民国三四年开采甚盛，峒以百数，矿夫数千，日产金七八十两”[①]。民国六年（1917），松潘屯殖总办兼征懋军司令张达三，率兵入境，招工开采，日产金百余两。张氏金厂，历时八月，产量不衰。后张氏因兵变被杀，厂事遂停。此后，矿权落入汉军手中，或由驻军开采，或招商挖淘。民国十四年（1925），军阀邓锡侯派兵击溃汉军，接管漳腊金矿。据民国二十一年（1932）松理茂懋汶屯殖督办署的调查，漳腊金矿共有矿工约 3 万人，每日可得金 400－500 两。该矿区“所出之金，形如瓜米，成分颇高，金商乐为收买，价常较他处所产稍昂”[②]。民国二十四年（1935），国民政府财政部、经济部派员于漳腊设立“富华”“国富”两公司，接管漳腊各金矿的经营权。分设“官槽”与“私槽”，官槽为国营，由公司直接经营；私槽由公司招商开采，除收取金税外，统购所产黄金。据统计，截至 1949 年，漳腊金矿共生产黄金 28.65 吨。[③] 除漳腊金矿外，距离漳腊约十余里的赤密，黄胜关附近的喀米寺，距镇江关约 20 里的晓晴沟，叠溪城附近的松坪沟，毛尔盖喇嘛寺等地，皆出产黄金。

二凯金矿。位于今金川县境，原属绰斯甲土司辖地。民国元年（1912）发现沙金矿。民国二年（1913），山西省富商周善之、尹天星在绥靖屯设立绰凯公司，开采沙金，日产黄金数十两。成都裕华矿务公司得知此事，随即招工二、三千人，亦进入二凯矿区采金，并将绰凯公司挤出矿区。民国六年（1917），懋功发生八角骚乱，战火延至绥靖，绰斯甲土司乘机驱赶矿工，裕华公司被迫停办。此后，虽时有开采，但规模甚小。最终因民族纠纷，矿工遭当地土司驱逐，该矿完全关闭。

隆达金矿。亦写为龙达金矿，位于今木里县境，原属木里土司辖地。

---

① 蒋君章：《西南经济地理》，商务印书馆 1943 年版，第 234 页。
② 《经济：松茂汶等县金矿调查》，载《四川月报》，1936 年 9 卷 2 期。
③ 杨长森、张福庆：《四川黄金资源及生产现状》，任新建：《近代四川藏区的黄金开发》，载《四川藏学研究论文集》，中国藏学出版社 1993 年版。

“清道光间，滇人赵某办理中缅边境矿务，后竟越界侵入四川之龙达河上游挖淘沙金，是为龙达金厂之起源。”[①] 后由四川收回，但因产金不旺，时办时停。清末矿区拓展，一时产金甚旺，吸引川滇矿商前往开采。辛亥革命后，土司复辟，驱逐矿工。民国五年（1916），西昌驻军司令张午岚派兵护送金矿局官员重开金矿。五个月中产金万两以上，遂为木里土司所忌，因而发生撵厂惨案，死伤数千人，金厂会办也被杀。金矿停办。民国二十三年（1934），刘文辉诱杀木里土司黄喇嘛，派兵进驻隆达矿区，重办金厂，招商开采，收取矿税。极盛时，矿工多达3000人以上，年产金近万两。

瞻化金矿。以麦科最为著名，“挖金在麦科山上，三月冰消方挖，八月即止”[②]。其地在今新龙县境内，位于县城东北约50公里的麦科河（即仁达沟）一带，“矿区沿麦科河，淘金所在由宰嘎山沟起，合麦科河，经麦科、麦鲁、大盖牛厂等地，长约四十里”[③]。据说早在元代，已有人在此采金，并以所产金进贡元朝皇帝。[④] 清同治四年（1865）将瞻对（即今新龙）赏赐给达赖喇嘛为香火地之后，西藏派驻瞻对的官员亦曾组织当地居民开采麦科金矿。“番官每年除收课金二十两外，于噶坝村百姓发给藏币二千元，至八、九月间，由该百姓等纳沙金六十两，百姓苦累难支。”[⑤] 清末，川滇边务大臣赵尔丰驱逐藏官，将瞻对改土归流。令县知事米宗襄（湘）查探麦科金矿，招工开办金厂。“民国初年，县知事米宗湘始拟定纳课办法，称为课金。每月每人纳金三分，金夫多时至千余人，平时淘金人数至少亦在700人以上。民国二年（1913）驻县军队在甲斯孔、麦科采沙金矿。民国二十四年（1935）川北人何云海等在磨房沟、日巴、拉科采沙金矿，在麦科山

---

① 且维屏：《龙达金厂视察记》，载《边事研究》，1935年2卷4期。
② 光绪《定瞻厅志略·物产篇》。
③ 蒋君章：《西南经济地理》，商务印书馆1945年版，第231—232页。
④ 任新建：《雪域黄金——西藏黄金的历史与地理》，巴蜀书社2003年版，第230页。
⑤ 四川省民族研究所《清末川滇边务档案史料》编辑组：《清末川滇边务档案史料》（下册）《札瞻对委员米宗襄所垫瞻官款项届时饬阿庚收回》，中华书局1989年版。

上挖金。”[①] 民国二十七年（1938），刘文辉派兵一个团进驻瞻对，其团长亦率部开采麦科金矿，年产金8000两左右。[②] 后因地方多事，外地矿工不敢进入，逐渐衰落。

民国时期，四川藏区除了继续开发金矿之外，还有多种矿产资源得到开发。其中岷江上游地区开发的矿产资源，主要有煤炭、铁矿和硝土。煤炭的开发，集中在汶川县的漩口。该地区不仅煤矿蕴藏丰富，而且以火力猛、热量大、燃点低驰名川西。早在清末，乡人肖明中就在漩口地区开办天福煤矿，至辛亥革命前夕倒闭。民国六年（1917），乡人姚宝珊又在粉丹沟开办炼焦厂，生产焦炭，民国八年（1919）在漩口开设德昌铁厂后，主要供德昌铁厂炼铁用。其后，又有卓然炭厂等十余家厂商在此开采煤矿，其中信义有工人百余人，年产原煤161.5吨，为最大炭厂；卓然、天成、鸿久、崇德等4家炭厂，均以生产焦炭为主，年产约2320吨，大多经岷江水运至灌县白沙起岸，转销至以成都为主的川西各地。民国末年，因土匪猖獗而先后歇业。[③] 此外，茂县的大坝、大石坝也有千余亩的煤矿，民国二十五年（1936），有矿洞数十，工人200余人。铁矿的开采，主要有民国八年（1919）汶川县漩口乡人姚宝珊在孙家坪开设的德昌铁厂。民国十八年（1929），德昌铁厂与荣西铁厂合并为成贤铁厂。此外，民国二十三年（1934），灌县煤铁厂曾在汶川县粉丹坪开办炼铁厂。后因效益低而停产。硝土可用来熬制火硝，产地在茂县、理县。《四川松理懋茂汶屯区屯政纪要》就说：“火硝熬自土中，茂、理两县均产之。”其中茂县是最主要的产地。早在清代，茂州就出产火硝。光绪二十年（1894）茂州设官硝局，月收火硝1.5—2万斤，供成都兵工厂专用。民国初年，茂县制硝业集中在城

① 四川省甘孜藏族自治州新龙县志编纂委员会：《新龙县志》，四川人民出版社1992年版，第126页。
② 四川省甘孜藏族自治州志编纂委员会：《甘孜州志》，四川人民出版社1997年版，第1179页。
③ 四川省阿坝藏族羌族自治州汶川县地方志编纂委员会：《汶川县志》第五节《煤炭工业》，民族出版社1992年版。

区和石纽一带，每年产硝7万余斤。民国十八年（1929）后，因政府设立官硝局进行专营，统治硝业，不准私买私售，由此导致硝户减少，年产量减至4—5万斤。茂县出产的火硝，通常是由商人贩运到灌县或绵阳进行集散，大多供军用制造火药、炸药之需。[①] 在甘孜地区，煤矿的开采，仅在泸定县兴隆乡和康定县鱼通区有农民自采自用，多用于烧制石灰、砖瓦和打铁红炉。此外，“民国期间，二十四军曾集资开办康定鱼通区的紫龙铜矿；同一时期，康定鱼通达来西曾有过铁矿开采。到解放前夕，除黄金有少量群采外，其他金属采矿均已停办”[②]。

中华人民共和国成立后，清末民国时期盛极一时的黄金生产，“未引起重视。1957年归口冶金工业部门管理，黄金生产才逐步走上轨道。1958—1960年，由地州县兴办起来的小型金矿有洼里、康坞、龙达、水洛、盐源、乐山、红星、漳腊、包尔古、泸州、德格、甘孜、炉霍、新龙等14个。1961年后多数停办，炉霍、洼里于1965、1966年停办，只剩下水洛、漳腊金矿”[③]。

关于冶金业，根据中华人民共和国成立初期的调查，在阿坝州的“草地藏区不会冶铁，只能使用外区输入的熟铁，制作一般粗陋铁器。所需的铜、硼砂、牛胶等原料，均由外区运入，工匠大部分是回、汉族”。[④] 在嘉绒藏区，亦由铁匠、银匠进行金属加工。1956年，建成阿坝州茅岭钢铁厂，下辖七盘沟炼铁厂、茅岭铁矿、雁门铁矿、石膏矿区等单位。1958年7月茅岭铁矿投产，由成都钢铁厂经营。1959年，七盘沟炼铁厂及矿区指挥部移至漩口，改称漩口炼铁厂。此外，在1958年的大炼钢铁运动中，茂汶、黑水、南坪、小金等县建有铜、铁、铅矿的冶炼工业，但因亏损大，资源

① 《产业：茂县硝业概况》，载《四川月报》，1937年10卷3期。
② 甘孜州志编纂委员会：《甘孜州志》，四川人民出版社1997年版，第1180页。
③ 四川省地方志编纂委员会：《四川省志·冶金工业志》，四川科学技术出版社1992年版，第91—92页。
④ 四川省编辑组：《四川省阿坝州藏族社会历史调查》，四川省社会科学院出版社1985年版，第31页。

不足而先后全部停产。漩口炼铁厂也在1963年停产“下马”。至于阿坝州的煤炭工业，在中华人民共和国成立后，于1956年在汶川县建成千斤沟煤矿和青坡煤矿，其中千斤沟煤矿属农村副业煤窑，1960年因瓦斯爆炸而停产；青坡煤矿为乡办企业，1957年生产原煤680吨。1958年改为县办，更名为凤仪煤矿，职工亦工亦农，年产原煤923吨，1959年改为雁门煤矿，有职工310人，年产原煤1500吨。土法熬制火硝，在中华人民共和国成立后，仍得到延续。1951年，茂县政府在城关、沙坝两地发动群众制硝。1950—1951年，茂县专署会同灌茂公路工程处，发动农户80家，生产火硝0.6万公斤。1958—1962年，在茂汶县的雁门、土门、凤仪等地建硝厂170个，年产硝1万多公斤。

在甘孜州，中华人民共和国成立初期，“就金属冶炼而言，只有土法炼铁，不会炼制有色金属。稻城和康定金汤是解放以前仅有的两个炼铁的地方。稻城的炼铁方法，主要是采集暴露在地面上的含铁矿石，架在大堆的木柴上，烈火焚烧，当然，产品是很少的，质量也不高。就金属器具的铸造而言，主要的产品是铜瓢、铜锅、铁瓢、铁锅等生活用品，还有佩刀，而锄、耙等农具就很少了，铁铧更少”[①]。1952年成立西康省藏族自治区道孚铁矿，1953年基建竣工，1954年开始采矿。同时，建土炼炉一座，用木炭作燃料，以人工风箱送风，炼出几公斤铁水。1955年，“另建1立方米高炉一座，利用高炉煤气发动煤气机，再用煤气机带动木制风箱送风，投产时效果尚佳，曾产生铁180吨，用于铸锅和生产毛铁打制农具，后因煤气机发生故障无法排除，使高炉铁水冻结，迫其停产”[②]。1956年开始为重庆钢铁公司生产铁矿石，后因重钢逐渐转用泸沽富铁矿，外运铁矿石逐年减少。1958年，道孚铁矿又建炼铁炉，先后建成土高炉6座、洋高炉2座，但都

① 四川省编辑组：《四川省甘孜州藏族社会历史调查》，四川省社会科学院出版社1985年版，第9页。

② 甘孜州志编纂委员会：《甘孜州志》，四川人民出版社1997年版，第1183页。

未能正常生产。1962 年，道孚铁矿闭矿停产。1954—1959 年，累计生产铁矿石 76306 吨。此外，1957 年，甘孜州工业局组建 524 矿，露天开采康定县塔公区呷基卡锂辉矿，产品出口苏联，1962 年停产，共生产锂辉矿石近 400 吨。此外，1958 年，康定县组建地方国营康定县铜厂，土法炼铜，未获成功，次年“下马”；1959 年，九龙县也建铜厂 1 座，开采里伍铜矿石，用土炉炼铜，因产品质量太差而无销路，仅年余即“下马”停办。在非金属矿的开采方面，1951 年筹建的四川省丹巴云母矿，直属四川省建材局管理，辖有 8 个采区，22 个采矿点，2 个云母加工车间，至 1959 年，共有职工 3000 多人，年产云母 2000 吨。原来主要是自采自用的煤炭生产，到 1957 年，由于农具生产，石灰、砖瓦需求量的增加，农民群采小煤窑逐渐增多，并出现以销售煤炭为主的小煤窑。1958 年，为解决工业生产的用煤需要，由州工业局组建“甘孜州泸定煤矿”，最初是在泸定县兴隆乡开窑生产，因煤质差，煤层薄，且无地质资料和储量资料，随即迁往地质部门新发现煤矿所在地的泸定县野牛山矿区，开井生产，主要用户是泸定机械厂和康定砖瓦厂。同年，康定县组建“康定县煤矿”，在鱼通区马呷煤矿生产煤炭，后因质量不能满足工业生产需要而停办。1958 年，康定县还组建康定县石棉矿，开采雅拉乡五道牛棚一带石棉，1962 年停办，共生产石棉 3955.43 吨，选出成品棉 2935.94 吨。甘孜州工业局则在 1958 年组建水晶生产队，开采康定县莲花山的水晶矿，历时约两年，生产水晶约 1000 余公斤。

三、森林工业

四川藏区有着丰富的森林资源，然而直到 20 世纪 50 年代，有关四川藏区森林资源的调查研究并不多。早期的调研，皆为外国人。[①] 民国时期，除

① 郑万钧：《四川植被与森林考察简史（1869—1938 年）》，载《四川林业科技》1981 年 3 期。

郑万钧、方文培、唐进等少数中国学者对四川藏区的森林、植被资源进行过考察与研究之外，官方出于开发的需要，也组织过几次森林调查。中华人民共和国成立后，亦主要为了开发森林资源而进行考察，并根据四川林区沿江河水系分布的特点，将四川藏区的森林资源归入以下五个水系：①

岷江水系。该流域共有26个县（市），其中属于藏区的有松潘、黑水、茂汶、理县、汶川等5县。在26个县中，6个县为原始林区，15个县为次生林区，5个县属非林区。据1977年统计，该水系有林地面积为72万公顷，占四川省有林地面积的10%；有林地蓄积为14787万立方米，占四川省有林地蓄积的11.9%。

大渡河水系。该流域共有15县，其中属于藏区的有色达、壤塘、阿坝、红原、马尔康、② 金川、小金、丹巴、泸定、康定等10县。该流域属原始林区。据1977年统计，有林地面积为92万公顷，占全省有林地面积的12.9%；有林地蓄积24496万立方米，占全省有林蓄积的19.7%。

雅砻江水系。该流域共有17县，其中属于藏区的有石渠、甘孜、炉霍、新龙、道孚、雅江、理塘、九龙、木里等9县。该流域属原始林区。据1977年统计，有林地面积为187万公顷，占全省有林面积的26.2%；有林地蓄积40839万立方米，占全省有林地蓄积的32.9%。

金沙江水系。该流域共有19县，其中属于藏区的有德格、白玉、巴塘、得荣、乡城、稻城等6县。该流域有15县、市属原始林区，4县、市属次生林区。据1977年统计，有林地面积为100万公顷，占全省有林地面积的14%；有林地蓄积19243万立方米，占全省有林地蓄积的15.5%。

白龙江水系。该流域在四川省境内有若尔盖、南坪两县，属原始林区。据1977年统计，有林地面积为22万公顷，占全省有林地面积的3.1%；有

① 四川省地方志编纂委员会：《四川省志·林业志》，四川科学技术出版社1999年版，第34页表1—8。

② 红原、马尔康通常划入黄河水系。

林地蓄积6520万立方米，占全省有林地蓄积的5.3%。

四川藏区的林木砍伐，可以追溯到早期原始人群的活动。然而大规模的采伐，则始于都江堰水利工程的兴建。据《华阳国志》卷3《蜀志》记载，自秦代蜀守李冰建成都江堰水利工程之后，“岷山多梓柏、大竹，颓随水流，坐致材用，功省用饶”。这是有关岷江上游地区大规模采伐林木的最早记载。入唐以后，玄宗“开元二十三年，长史章仇兼琼因蜀王秀故渠开（新源水），通漕西山竹木”[①]。同样是将岷江上游出产的竹木漕运到成都平原。明清时期，在四川采办皇木，藏区的林木也在砍伐范围内。[②] 而城镇的建设，同样使四川藏区的森林遭到大规模砍伐。其中明太祖洪武年间，因修建松潘城，伐木烧砖，致使今松潘至九寨沟弓嘎岭之间60余公里河谷地带的森林尽遭毁坏；民国时期，康定县中部，“原系大森林区域。昔因打箭炉城迭遭火灾，附近大木多以砍尽。又炉城无炭，住民千余户，日用薪材，冬日填炉之物，皆自附近山林中取之。山无主者，人贪近路，取之无禁，用之有竭，距城10里以内，早成童山，树根掘净，无可萌蘖。姑向较远之处取之，近年樵采，皆在距城30里以外，朝出夕归，日数百人，人负百斤左右，悉皆径一二寸之树干枝丫，细枝碎棘，弃不携取。尤有恶者，恶细枝难剪与丛棘碍足也，辄先纵火烧之，延烧数里或十数里，听其自熄，于是草菜无存，枝丫净去，仅余焦干枯茎，屹立如柱，而后刈之。故所取者少，所残者多，而又无能培获栽种之者。昔日老林，次第告尽，残毁之象，深可怜惜”[③]。尽管如此，然而从总体上看，四川藏区经济落后，人口较少，城镇也不发达，因此除少数地区的森林在历史上曾遭到不可逆转的破坏之外，多数地区的森林，直到民国时期，仍然得以保留。据蒋君章《西南经济地理》记载，民国时期，四川省的森林面积在全国仅次于黑龙江而居第

---

① 《新唐书》卷42《地理志》。
② 嘉庆《四川通志》卷71《食货志·木政》。
③ 任乃强：《康定县视察报告》，载《任乃强藏学文集》（中册），中国藏学出版社2009年版。

二位，而“四川全省大森林面积约二万方公里，以岷江大渡河青衣江上游为最盛，多原始大森林”，即四川省的主要森林资源集中在岷江、大渡河、青衣江上游地区，也就是今四川藏区境内。而西康省的森林，“西康最富林木，不过究竟有多少，还没有调查得清楚”，就已知的情况，可分为以下几个森林区：

一是康定，森林“多在高山上，以榆林宫一带为最主要”，折多山、大炮台山等处，“占面积亦广”；二是泸定，“沿河多已采伐，人迹罕到之地，则大山老林，到处皆是，尤以雅埂山一带为多”；三是雅江，“全县面积十分之四为森林所占”；四是丹巴，“各地均有小森林，自青松坡至葵苍一带纵横数十里均大森林”；五是道孚，“森林面积占全县面积十分之四强”；六是炉霍，“县境甲花林一带有松，杉等杂木森林十余方里，宜林乡亦有十余方里，瓦达吉仁沟等地有三十方里，朱倭宜拜两乡有五十方里”；七是甘孜，“杂科全部几尽是森林，东界亦有大森林”；八是瞻化，“遍地皆林”；九是九龙，“自洋桥起向东北直抵康定界，皆参天蔽日之大森林”；十是稻城，“森林面积，占全县总面积的十分之六七”；十一是得荣，“东北部及西北部有松杉大森林”；十二是盐井，十三是西昌。除盐井和西昌之外，西康省的已知森林，亦在藏区范围内。丰富的森林资源为大规模的商业开发创造了有利条件。

民国时期，在四川藏区，以砍伐林木为主的森林工业，主要集中在开发条件较好的岷江上游地区。关于岷江上游地区的森林，民国二十五年(1936)，因修筑成渝铁路需用枕木，四川省建设厅派技师刘有栋踏勘松潘、理县、茂县、汶川4县的森林。刘有栋在完成踏勘后提交的《松理茂汶之森林调查报告》中指出：“松潘之森林。松潘为岷江发源地，自汉设治，历一千余年，商贾云集，人烟稠密。森林区域，随战乱之焚毁摧残，与日用建筑薪材之消耗，致附城及沿江两岸山地，悉成不毛，须急谋救济之方。松潘天然林有弓杠岭、白马路等，近岷江两岸者，皆为小面积之覆状，且受叠溪之阻，运搬困难，无法利用，只能供松潘附近之用。理番之森林，虽几经砍伐，但原始森林蕴藏丰富，几无山不林，无沟不树也。茂县之森林，除松坪沟、黑水河流域，为夷人盘踞地，尚未开采外，其余皆早经开发，无完整森林矣。汶川之森林，除三江口一带，无人砍伐，余如草坡、桃关沟、七盘沟等，迭经砍伐。”① 由于理番县境内的森林资源，开发条件较好，因而成为民国时期岷江上游地区森林工业集中之地。民国元年（1912），灌县人姚宝珊集资4万元，组织森茂公司，在理番县孟屯沟森林进行大规模砍伐。② “民国四年，法国传教士谢道安出巨资入股，移砍梭罗沟，后移砍毕棚沟、粮台沟、一棵印等处森林。民国十四年谢道安退股，邓锡侯子邓新民入股，后邓新民退股，田颂尧妻弟冯茂华入股。民国二十二年遭叠溪水灾，亏本倒闭。”③ 民国七年（1918），川西屯殖军总司令陈戎生组织华川公司，砍伐理番花椒坪、峡马口一带森林。后因屯殖军撤离而瓦解。民国十七年（1928），松理懋茂汶屯殖督办公署颁发《岷江森林发放规则》，鼓励商人投资办厂伐木。民国十九年（1930），成都资本家李集儒招股集资，成立松茂荣公司。同年，成都资本家毕干臣招股集资成立利森公司。民国二十年（1931），利森木厂因资金问题，改组为泰和木厂。民国二十二年（1933），松茂荣与泰和两厂因遭受迭溪水患，木材损失严重，遂于民国二十三年（1934）合并，组成松泰木厂，砍伐理番县境内的森林。民国二十四年（1935），川政统一，木材运销省外，价格上涨，吸引更多的人组织公司、商号从事伐木。民国二十四年（1935），茂县豪绅杨华堂，邀伙成都资本家集资2万元，成立利济木号，砍伐茂县境内富不寨、儿不寨、儿达寨等处森林。民国二十五年（1936），二十一军师长罗君彤集资15万元，组织利川实业股份有限公司，砍伐汶川县桃关森林，后移砍理番县梭罗沟等处森

① 四川省建设厅：《四川资源报告之一·四川之森林》4卷，1938年。
② 刘有栋：《理番之伐木运输与概况》，载《四川省林学会特刊》，1938年。
③ 阿坝藏族羌族自治州地方志编纂委员会：《阿坝州志》，民族出版社1994年版，第988页。

林。同年，刘培云借教会势力集资20万元组建群利信诚公木号，租伐土司索观瀛所管辖的汶川草坡河等处森林。抗战期间，木材价格飞涨，商人竞相开设公司或商号，岷江上游的采木业达到鼎盛期。木材公司多至十余家。民国三十年（1941），四川省政府整顿木业，取缔一批木号，只有松泰、利川、运城、利济、公记、信诚公、太记七家被准许立案继续办厂。抗战结束后，国统区政局动荡，法币贬值，木商多亏本歇业，采木业陷入衰败。至民国三十八年（1949），岷江上游地区仅存松泰、利济、太记、信诚公等4家木号。

民国时期，岷江上游地区的木材公司，其运作方式，通常是先向地方当局或头人买山，即用钱购买森林资源丰富的大山。然后雇工采伐，所雇工人，汉族与少数民族皆有。工作性质，大概分为两种。一种是砍工，专门负责砍伐树木；一种是漂工，专门负责漂运木材。所有木厂均在岷江各支流附近，由砍工用斧头将林木砍倒后，裁劈成一定长度的木“墩子”，背负出林，运木过山用天车，过洞坑用天桥，将木“墩子”堆集河边，待发大水时推入河中，由漂工将其编成木筏，利用水力，漂运至灌县。各木厂均在灌县设有收材厂，木材漂到后，捞取上岸，再通过陆路，运至成都附近出售。

木商在岷江上游地区大规模砍伐林木，导致森林资源的严重破坏。民国二十六年（1937），佘季可在《四川林业目前应注意的问题》一文中指出：“理、汶、茂三县去年设伐木公司者，有五六家之多，其资本虽然有大小，然其为伐木牟利则一矣。故其事业，只在伐木运输，而于森林应如何施行天然更新或伐木后如何种植，不特而彼等所未计及，恐亦无此认识”，若长此以往，“则此硕果仅存的天然林，将被滥伐罄尽”。[①] 民国三十一年（1942），理番县政府亦向四川省政府呈文称：“本县为川西森林地带，近几

① 载《四川林学会会刊·四川省林学会成立纪念号》，1937年。

年亦为各木商滥伐林木最剧烈区域。本府以森林系属国有，设有专门机构管理，未便过问。而近年各木商以其各有背景，且借口开发建设，对森林滥加砍伐。所有已开发之山脊，山尽山荒，一片凄凉，以致县属各地山崩地坏，演成今岁及尔后数年未见之旱灾”①。面对这种情况，国民政府也曾采取措施，保护森林资源。民国二十六年（1937），四川省政府颁布《四川森林管理暂行规程》，对公有、私有森林的经营，申请伐木，保留母树，天然更新，乡村与群众护林等，均有具体规定。同年，还公布《公有林经营管理暂行规程》和《四川省公有林伐木规则》。民国二十七年（1938），成立四川农业改进所，下设青衣江、岷江、大渡河、雅砻江流域等 4 个国有林管理处，以及四川林业改良总场及其下属的川北、川南、川东、川西分场，并由总场兼川西分场职责，管理岷江流域森林采运事宜。民国二十八年（1939），成立林业技术推广所，业务归省农业改进所领导。民国三十二年（1943），四川省建设厅拟具《四川林业改进实施方案》，由省政府签发，作为当年的一项中心工作。该方案指出，本省森林问题极为严重，亟宜施行勘察管理，严杜滥伐，并要求进行“伐木示范，务使伐后迹地适时天然更新，以图保续森林于永久”。同时，强调林务机关对伐木的严格管理，凡未备案领取木材证者，一律严禁砍伐。而颁发的伐木证，在有效期满之后，要进行彻底调整，使得“一面砍伐一面更新，务使森林资源无匮乏之虞”。明令取缔危害山林的“烧碱烧山”，尤其是在岷江及其支流，所有直接滨河的山林，一律严加禁止。对于“倾斜急坡在坡度 30°者，应分别定为开垦限制地，由林务机关督促地方或私人尽先造林，其已存在之林木或灌木类，必须严加保护，绝对不得滥伐”。鉴于岷江上游各县的天然林，大都存在于各沟之间，“今为水源起见，亟应由林务机关勘察确定某沟、某段定为‘水

① 四川省地方志编纂委员会：《四川省志·林业志》，四川科学技术出版社 1999 年版，第 194—195 页。

源林'严加保护，某段定为'可利用林'实施砍伐。如此'保安'、'利用'两不冲突，亦可收兼筹并顾之效"。[①] 民国三十四年（1945），四川省又相继编发《奖励营林办法》《森林警察规程》《公私有林登记规则》等。此外，在局部地区还实施封山育林。民国二十九年（1940），四川省岷江上游森林调查勘测队在实施勘测时，就在汶川县设立限制开垦地段 9 处，限制面积共有 311300 亩。民国三十年（1941），汶川县呈准四川省建设厅，把限制开垦地段扩大为 13 处。同年，还确定安保林 5 处。[②] 同时，提倡造林。民国四年（1915），北洋政府将清明节确定为全国性的植树节。民国十七年（1928），南京国民政府将植树节改为每年的 3 月 12 日，即孙中山逝世纪念日，届时举行植树典礼，并在指定地方造林，以此推动群众造林活动。民国初年，赵锡之父女就在汶川县古溪沟培育杉树苗，年产 2—3 万株，销售至三江、水磨。民国二十七年（1938），四川省建设厅在灌县设立岷江林管区，在威州设立林业事务所、林业改良场，培育花椒、核桃、刺槐、女贞、臭椿、柳树等树苗。民国二十八年（1939），汶川县政府建设科开办"县苗圃场"，有土地 20 亩。[③]

除了岷江上游之外，大渡河上游的森林也在民国时期遭到砍伐，只是规模不及岷江上游地区。程绍行在《大渡河上游森林调查报告》中就指出，在大渡河上游，"水利便利之处，砍伐森林者，虽不乏其人，但其历史不及青衣江与岷江两流域早"，并估计"所砍林木共约 20 余万株"[④]。此外，民国二十二年（1933），泸定县士绅陈德滋等人，集资组织裕康木业公司，采伐泸定县雅加埂林区木材。至民国三十八年（1949）停办，共采伐木材 15

---

① 《四川森林》编辑委员会：《四川森林》，中国林业出版社 1992 年版，第 1337—1338 页。
② 四川省阿坝藏族羌族自治州汶川县地方志编纂委员会：《汶川县志》，民族出版社 1992 年版，第 401—402 页。
③ 四川省阿坝藏族羌族自治州汶川县地方志编纂委员会：《汶川县志》，民族出版社 1992 年版，第 395 页。
④ 程绍行：《大渡河上游森林调查报告》，载四川省建设厅：《四川资源报告之一·四川之森林》3 卷，1938 年。

万立方米，运至康定销售。除裕康木业公司之外，还有共和、明宇、天华等八家木商先后在雅加埂林区砍伐木材。民国二十九年（1940），陈德滋等人又组建康庄木厂，砍伐雨洒坪、小王岗等地森林，历时三年，用工达六百余人。民国二十八年（1939）西康建省后，在省会康定大兴土木，于是原西康政务委员、统筹处长程仲梁等人，集资兴办裕边实业公司，经营木材生产，组织人力砍伐康定县雅拉河上游及驷马桥一带森林。民国三十一年（1942），川盐银行董事长刘航琛与汉源县羊仁安，集资法币800万元，组织益和木业股份有限公司，砍伐泸定县湾东、九龙县洪坝的森林。经营三年后，因资金缺乏而停办。同年，九龙县的福中木业公司，继续砍伐洪坝森林，经营四年，所伐木材约10万立方米。

民国时期四川藏区主要林区木材产量调查表①

流域名称	主要产区	年度	总产量（万立方米）	备考
岷江流域	理番 汶川 茂县	1912—1940	60	1942年丁衍筹调查估计数
		1941	60	四川省农业改进所统计资料
		1942	72	四川省农业改进所统计资料
		1943	72	四川省农业改进所统计资料
		1944	40	四川省农业改进所统计资料
		1945	28.6	四川省农业改进所统计资料
		1946	3.61	四川省农业改进所统计资料
		1947	10.19	四川省农业改进所统计资料
		1948	32.85	四川省农业改进所统计资料
		1949	9.76	四川省农业改进所统计资料
大渡河流域	九龙洪坝	1943	0.3万筒	西康省农业厅接收益和木业公司卷

① 根据《四川省志·林业志》第195页，表4—1。

中华人民共和国成立后，于1950年在重庆组建西南伐木总公司，并在川东、川南、川西、川北等四个行署和西康省成立伐木公司，主管所属林区的木材采伐、市场收购及调拨供应。由于四川盆地内及盆周的森林资源分散，蓄积不多，因而森林的采伐，逐步转入川西高山林区，重点开发原始林区，并在开发顺序上确定，先期开发岷江、大渡河的冷杉、云杉林区，然后开发雅砻江和金沙江林区。四川森林工业布局的这个变化，使得四川藏区的森林工业得到迅速发展，并形成以森林工业为主的工业体系。

在阿坝地区，1950年在灌县成立川西伐木公司，采伐理县木材，沿杂谷脑河、岷江漂运至灌县，主要供应成都市和温江地区用材，当年生产木材10370立方米。1952年，川东伐木公司并入川西伐木公司。1953年，川西伐木公司改建为西南森林工业管理局川西分局，局址迁至理县杂谷脑旧城。1955年，西南森林工业管理局更名为川康森林工业管理局，川西分局也更名为川西森工局，局址迁至理县米亚罗镇。1956年，川康森林工业管理局下放四川省管理，更名为四川省森林工业管理局，川西森工局直属四川省森林工业管理局。1958年，川西森工局由四川省林业厅领导。川西森工局经营理县国有林区，由于“林区开发无总体设计规划，开采中过分强调高指标，森林集中过伐，采伐量大，致使资源枯竭”①。1960年最高交材量达到56万立方米，1985年仅产材4万立方米。

1956年，国家在阿坝州新建黑水、马尔康、小金、绰斯甲等4个森工局，并在四川省内8个专区50多个县市招收青壮年伐木工人13400余名，进入阿坝林区从事森林采运作业。1957年，阿坝州森林工业的职工人数，由1955年的5331人增加到24838人；木材年产量由1955年的16.17万立方米增加到40.6万立方米。

1958—1960年，是阿坝州森林工业发展的鼎盛时期，国家先后在阿坝

① 阿坝藏族羌族自治州地方志编纂委员会：《阿坝州志》，民族出版社1994年版，第990页。

州新建大金森工局、可尔因森工局、壤塘森工局、龙尔甲森工局。1960 年，阿坝州森林工业的产值为 10671.6 万元，占全州工业总产值 12211.83 万元的 87%。[①]

在甘孜地区，1950 年于雅安成立西康伐木公司，先后建有 101—105 共 5 个伐木场。由于经营范围过大，生产管理困难，于 1956 年撤销。历年共完成木材生产 28.31 万立方米。[②] 1958 年，四川省人委批准四川省森林工业管理局建立丹巴、康定、道孚三个森工局，划定伐区，作为省直属森工企业，开展作业采伐。其中丹巴森工局于大桑、磨子沟、边尔建立 111、112、113 三个林场，其后又建成 114、115 两个林场。1958—1983 年，生产木材 199.29 万立方米。1983 年后，因资源枯竭，生产规模急剧萎缩。在康定县姑咱区建立的康定森工局，经营康定、泸定两县的国有林，在康定建有孔泥坝、门坝、龙玉、下索、金汤、刮刀沟 6 个伐区，在泸定建有磨河、雅加埂、湾东 3 个伐区。1958—1971 年，累计生产原木 58.86 万立方米，亏损 55 万元。1971 年，因资源枯竭而撤销康定森工局建置，仅保留康定营林处。1979 年撤销营林处。道孚森工局筹建于 1958 年，经营道孚全县和新龙、乾宁两县的部分林区。1962 年"下马"，只留下各卡林场，处理未运出木材和营林生产。1971 年重建。

1958 年以后，继续在阿坝州和甘孜州建立多家木材采伐企业，而木里县也在 1966 年成立木里森林工业局，先后砍伐县境内 33 个林区的森林。

在采伐方式上，1951—1958 年期间，四川地区每年都制定一个采伐方式。只是"这些采伐方式每年变动一次，既无法试点，也难以贯彻执行，从内容上看开始提出以择伐为主，以后由径级择伐发展到小面积皆伐、带状皆伐直到不成文的大面积皆伐"[③]。而大面积的皆伐，使森林遭到严重破

① 《当代四川》丛书编辑部：《当代阿坝》，当代中国出版社 1993 年版。
② 四川省地方志编纂委员会：《四川省志·林业志》，四川科学技术出版社 1999 年版，第 198 页。
③ 四川省地方志编纂委员会：《四川省志·林业志》，四川科学技术出版社 1999 年版，第 212 页。

坏。《四川森林》一书就指出，在1958—1976年期间，“实际进行森林采伐时，严重存在着违背林业自然、经济规律，实行大面积集中皆伐，森林资源消耗速度太快，特别是海拔3500米以上森林也实行了大面积皆伐，生态环境发生明显变化，更新极度困难，影响了森林恢复”。至于营林更新，在20世纪50年代和60年代，由于将林业当成采掘工业，按照工业管理方式进行管理和核算，营林更新则被置于可有可无的地位，从而使森林更新长期跟不上采伐速度，后者是前者的2—4倍。同时，森工企业搬迁、游击思想较为突出，“以营林为基础”“以场定居，以场轮伐”，只是口头语。“采伐方式”和“总体规划”与实际生产成了两张皮。强调森工、营林合并，利于集中统一领导，实际上是掩盖矛盾，溶化对立面。[①] 植树造林，也因“存在着‘高指标，浮夸风’，造林面积不实，只造不管，成效很低的情况”[②]。

除了上述省、州重点森工企业之外，四川藏区还先后建成一批小型采伐企业。尤其是在1958年，四川省林业厅要求，凡是有条件的，都应积极开展小型采伐，并从各森工局抽调伐木工具，分配给有关地、州，由此导致包括四川藏区在内的地、州、县，先后建成多家小型采伐企业。“1959年继续进行大量采伐，专县实行专业采伐与收购并举，国营、集体一起上”[③]。然而在“大跃进”期间一哄而上的小型采伐企业，自1962年进入调整时期后，多数被撤销或合并。20世纪70年代中期以后，甘孜州和阿坝州所属各县加大对小型采伐企业的建设，而“70年代末以后，阿坝、甘孜两州各县和凉山州建立的伐木场（林场），90％以上是由当地藏民采伐国有林，在生产管理上较为粗放，对合理采伐造材、清林更新等多无严格要求。开始时，都在交通方便的林区采伐，投入少，成本低，效益高，负担轻；但由于作业

① 杨玉坡：《关于四川西部高山森林经营的若干问题》，载《四川林业科技》，1987年2期。
② 《四川森林》编辑委员会：《四川森林》，中国林业出版社1992年版，第1345页。
③ 四川省地方志编纂委员会：《四川省志·林业志》，四川科学技术出版社1999年版，第229页。

粗放，不同程度的存在着砍好留坏，忽视更新，没严格执行采伐更新规程，对森林资源的恢复将带来不良后果”。20世纪80年代，林业部又提出兴办林工商公司，于是四川藏区又办起各种类型的林木商公司。然而这些公司“由于行政干预严重，干部以权经商，砍伐木材赚钱”①，导致森林资源再次遭到严重破坏。

除了森工企业大规模砍伐森林之外，四川藏区还一直存在各种形式的乱砍滥伐。在甘孜地区，中华人民共和国成立后，“各县进行基本建设，需要较多的建设用材，由县府工交部门雇用零工采伐，砍好留坏，选优弃劣，伐桩高20多厘米的梢头木也未利用，当时的伐区，如雅江的高尔寺、剪子湾山，德格的柯鹿洞，道孚的大松林口，康定小松林口，丹巴、乾宁的热水塘沟，新龙的石门坎等森林砍伐较严重，只采不更（更新），至今残迹犹存。1952年泸定县春旱严重，人民生活困难，为度春荒，政府允许农民伐木搞副业，其他县也有把伐木作为副业生产内容的，以至乱砍滥伐较严重。以后又出现几次乱砍滥伐现象。1959年办农业合作社时，以后办大社、办公共食堂、收自留山、搞‘一平二调’时，一些地方发生乱砍滥伐的现象”②。阿坝州同样存在着乱砍滥伐现象。“1950—1952年，茂县专区经济建设还未全面展开，乱砍滥伐表现在筑路和少量城镇建设用材；农村居民副业烧碱两方面，但规模不大。1953年，随着经济建设的开展，城乡乱砍滥伐现象未能得到有效控制。”1953—1957年，采伐单位不按规定的树种和指定的伐区，不按采伐要求进行采伐的情况比较严重，其中国家基建单位以成阿公路筑路指挥部及其下属指挥部最为突出。“农村牧区居民乱砍滥伐现象普遍，茂、理、阿等县尤为严重；汶理茂一带农民砍伐红杉、香樟、楠木、花椒等珍贵树木和经济林木；城乡企、事业单位砍好材作薪材者比较

① 四川省地方志编纂委员会：《四川省志·林业志》，四川科学技术出版社1999年版，第231页。
② 甘孜州志编纂委员会：《甘孜州志》，四川人民出版社1997年版，第1129页。

普遍；川西、黑水、马尔康森工企业存在乱砍滥伐现象。”1958 年，“大跃进”运动开始，乱砍滥伐抬头，以工矿区、企事业及机关单位最为突出。1959 年，一些地方出现毁林种粮现象。“1959—1963 年 6 月，仅茂汶县漩口铁矿农场、金川农场、小金县抚边区毁林种粮达 2794.73 公顷。毁林滥伐杉木 4 万余株。”①

中华人民共和国成立以来，四川藏区森林工业的发展，使得四川藏区的森林资源被大量消耗。到 1988 年，四川藏区累计为国家生产木材 6225 万立方米，占四川全省木材累计产量的 70%以上。采伐森林面积 321 万公顷，消耗森林资源 18675 万立方米。为了增加木材产量又要节省基建投资费用，不仅过量采伐，而且实行大面积集中采伐，即大面积皆伐，由一坡一坡、一沟一沟地顺序推进，最后形成“剃光头”现象。原来规划应利用 30—40 年的林区，往往 10 年便宣告资源枯竭。② 而各种形式的乱砍滥伐，更是使得四川藏区的森林遭到严重破坏。森林的大肆砍伐，不仅给四川藏区带来一系列生态环境问题，同时也危及整个长江流域的生态安全。为维护四川的生态环境，国家决定从 1998 年 9 月 1 日起，在阿坝、甘孜、凉山三州和攀枝花市、乐山市、雅安地区实施“重点国有林区天然林资源保护工程”，全面禁止采伐森林，实行“退耕还林”。四川藏区的森林采伐由此全部停止。

---

① 阿坝藏族羌族自治州地方志编纂委员会：《阿坝州志》，民族出版社 1994 年版，第 1049—1050 页。

② 李星星：《四川藏区林业问题及政策要求》，载《民族论丛》9 辑。

第三章

商　业

四川藏区的农业生产，以自给自足为主要特色，传统手工业也极不发达，因此区内的商品交换始终没有太大的发展。然而以畜牧业和半农半牧为主的四川藏区，有着丰富的畜产品和独特的药材，这是内地所需要却缺乏的产品；而以种植业为主的内地各种农副产品和手工业品，也是四川藏区所需要而不能生产的。这种产业结构的差别，使得四川藏区和内地存在着产品之间的互补关系，由此发展成为相对繁荣的贸易往来。同时，四川藏区位于内地与西藏之间，是内地与西藏地区进行贸易的中间地带，过境贸易也因此而得到相当程度的发展。独特的产业结构和特殊的地理区位条件，使得商业贸易成为四川藏区非常重要的经济活动。

第一节　商业的演变

一、唐代以前的商业贸易

四川藏区商业贸易的起源，可以追溯到原始社会时期的商品交换。根据在今四川藏区考古发现的海贝可以得知，早在先秦时期，今四川藏区就已经与周边地区有着贸易关系。

在今四川藏区考古发现的海贝，分布较广。其中位于岷江上游的理县建（箭）山寨遗址就出土有穿孔海贝。[①] 在岷江上游以南的青衣江上游地区，宝兴县瓦西沟一号石棺墓中也出土海贝 40 余枚，[②] 陇东乡的汉塔山土坑积石墓和老场石棺墓中亦出土海贝。[③] 地处宝兴县以南的汉源县，在市荣乡桃坪村的西汉土坑墓和九襄镇龙洞湾的东汉崖墓中同样发现海贝。[④] 位于青衣江以西雅砻江流域的雅江县石棺墓中，则发现“贝币”[⑤]。地处雅砻江上游鲜水河流域的炉霍县，在卡萨湖春秋至战国中期的石棺墓中，共出土海贝 37 枚。[⑥] 雅砻江以西的金沙江流域，1987 年在白玉县城区小学发现的石棺墓中，出土磨制石器 2 件、细石器 11 件、海贝 2 件。[⑦] 在这些出土的海贝中，理县建（箭）山寨遗址出土的海贝，时间最早，其年代大约相当于中原地区的龙山文化晚期至夏代。[⑧] 炉霍、雅江、白玉等地石棺墓中发现的海贝，年代大多在春秋至战国期间，晚于理县建（箭）山寨遗址出土的海贝。而宝兴县、汉源县汉墓出土的海贝年代，又要晚于炉霍、雅江、白玉等地石棺墓中发现的海贝。由此可知，四川藏区海贝的出现，不会晚于中原地区的夏代，至春秋战国时期已经较为常见，在汉代则主要集中在青衣江流域及大渡河中游地区。

海贝原产于热带和亚热带浅海地区，早在先秦时期就已经成为货币。许慎《说文解字》就说：“贝，海介虫也，居陆名猋，在水名蜬，象形。古者货贝而宝龟，周而有泉，至秦废贝行钱。”考古发掘也证实了许慎的说

---

① 四川大学历史系考古教研组：《四川理县汶川县考古调查简报》，载《考古》1965 年 12 期。
② 宝兴县文化馆：《四川宝兴县汉代石棺墓》，载《考古》1982 年 4 期。
③ 四川省文管会等：《四川宝兴汉塔山战国土坑积石墓发掘报告》，载《考古学报》1999 年 3 期；四川省文管会：《宝兴陇东乡老场石棺墓》，载《文物》1987 年 10 期。杨文成：《试析宝兴出土海贝及海贝穿眼的作用》。
④ 刘世旭：《略论“西南丝绸之路”出土海贝与贝币》，载《四川文物》1993 年 5 期。
⑤ 扎西茨仁：《甘孜州石棺葬文化概述》，载《康定民族师专学报》（文科）1990 年 1 期。
⑥ 四川省文物考古研究所：《四川炉霍卡萨湖石棺墓》，载《考古学报》1991 年 2 期。
⑦ 扎西茨仁：《甘孜州石棺葬文化概述》，载《康定民族师专学报》（文科）1990 年 1 期。
⑧ 徐学书：《岷江上游新石器时代文化的初步研究》，载《考古》1995 年 5 期。

法。1972 年在陕西临潼发现的姜寨遗址，就曾出土海贝，[①] 而姜寨遗址的年代，距今约 6400－6600 年。在河南偃师二里头遗址中，也曾多次发现海贝，[②] 而二里头遗址的兴盛期则是在中国历史上的夏代。据汉代的《盐铁论·错币》记载："夏后氏以玄贝"为货币。由此可以认为，在夏代遗址中出土的海贝，应当具有货币的职能。在商代墓葬中，则发现大量用于殉葬的海贝。其中 1953 年在河南安阳大司空村发掘的 165 座商代墓葬中，"出贝的有八十三座墓，共得贝二百三十四件……这些贝都是天然的，仅在背上的一端琢孔一个"[③]；1976 年在河南安阳殷墟妇好墓则出土小型海贝 6880 多枚，大型海贝 1 枚。[④] 学者通常认为，海贝在商代已经成为流通的货币。[⑤] 在周代的墓葬中，仍然较为普遍地以贝殉葬。[⑥] 同时，根据金文中有关用贝进行交易的记载，可以得知，在周代，贝同样具有货币的职能。

不仅中原的夏商周三代都以贝作为货币，在四川藏区的周边地区，先秦时期也曾普遍以贝作为货币。其中位于四川藏区北部的青海地区，考古发现表明，早在距今约 5800 年左右的马家窑文化马家窑类型的墓葬中，就已经出现海贝。年代稍晚的半山类型墓葬中也有零星出土。马厂类型的晚期墓葬中，海贝出土较为普遍，并伴有石贝出土。在距今约 4000 年左右的齐家文化墓葬中，海贝的出土不仅十分普遍，而且数量也很可观。其中贵南尕马台齐家文化墓葬中，约有三分之一的墓葬中出土过海贝，数量从几

---

① 半坡博物馆等：《姜寨》，文物出版社 1988 年版。

② 中国科学院考古研究所洛阳发掘队：《河南偃师二里头遗址发掘简报》，载《考古》1965 年 5 期；中国社会科学院考古研究所二里头工作队：《1984 年秋河南偃师二里头遗址发现的几座墓葬》，载《考古》1986 年 4 期；中国社会科学院考古研究所二里头工作队：《1987 年偃师二里头遗址墓葬发掘简报》，载《考古》1992 年 4 期。

③ 马得志等：《1953 年安阳大司空村发掘报告》，载《考古学报》9 册，1955 年。

④ 中国社会科学院考古研究所：《殷墟妇好墓》，文物出版社 1980 年版。

⑤ 朱活：《商币篇——兼谈建国以来出土的商代货币》，载《四川文物》1985 年 1 期。

⑥ 石兴邦：《长安普渡村西周墓葬发掘记》，载《考古学报》1954 年 8 期；中国科学院考古研究所：《沣西发掘报告》，文物出版社 1963 年版；中国社会科学院考古研究所沣西发掘队：《1967 年张家坡西周墓葬的发掘》，载《考古学报》1980 年 4 期；玻璃河考古队：《1981－1983 年玻璃河西周燕国墓地发掘简报》，载《考古》1984 年 5 期；罗西章：《黄堆老堡西周墓葬出土货币的初步研究》，载《中国钱币论文集》（第三辑），中国金融出版社 1988 年版。

枚到百余枚不等，并且伴有石贝、骨贝等出土。大约与中原商周同一时期的卡约文化墓葬中，几乎都有海贝出土，而且除了海贝、石贝、骨贝外，还出现少量的铜贝和金贝。海贝在青海地区的最后出土是在大通上孙家寨汉代墓葬中，同时出土的还有汉五铢钱币。[①] 在四川藏区东部的成都平原，年代大约在商周时期的广汉三星堆遗址，出土海贝数千枚。根据初步观察，这些海贝大体上分为四种，一是虎斑宝贝（Cypraea tigris），出土较少，据说在虞夏之世流通的自然贝就是这种海贝；二是货贝（Monetaria moneta），出土较多，背部上方略高，一般都被磨成一个大孔；三是环纹货贝（Monetaria annulus），出土数量最多，大部分背部被磨成大孔，以致有的背面成扁平状；[②] 四是拟枣贝（Erronea errones），出土数量少于环纹货贝与货贝，但比虎斑宝贝多，其特点是贝壳两侧没有结节，呈枣状。[③] 在四川藏区东南的凉山州普格、盐源、西昌、会理等市县，亦出土海贝，其年代从商周之际直到宋、元时期；在四川藏区以南的云南省，同样出土有先秦时期的海贝，其中晋宁县石寨山墓葬群共出土海贝约 14.9 万枚，重 400 余公斤。[④] 关于四川藏区周边地区出土海贝的用途，多数学者认为具有货币职能。[⑤]

综上所述，先秦时期，在中原地区的夏、商、周三代和现在四川藏区的周边地区，都曾以海贝作为货币。将四川藏区出土的海贝放在这样的环境中进行考察，可以认为，这些海贝同样具有货币的职能。至于有学者认为，四川藏区出土的部分海贝可能是装饰品的问题，这与海贝具有货币职能并不矛盾，相反，正是由于当时的海贝具有货币职能，作为装饰品可以

---

① 董志强：岳永芳：《青海古代的原始货币——海贝》，载《青海民族研究》（社科）2000 年 1 期。
② 张善熙、陈显丹：《三星堆文化的贝币试探》，载《四川文物》1989 年《三星堆遗址研究专辑》。
③ 张善熙：《谈广汉三星堆出土的贝币》，载《南充地区钱币学会论文集》第 4 集，1992 年。
④ 刘世旭：《略论“西南丝绸之路”出土海贝与贝币》，载《四川文物》1993 年 5 期。
⑤ 董志强、岳永芳：《青海古代的原始货币——海贝》，载《青海民族研究》（社科）2000 年 1 期；屈小强：《三星堆的海贝和铜贝》，载《寻根》1997 年 4 期；王大道：《云南出土货币概述》，载《四川文物》1988 年 5 期。

显示佩戴者的富有，因而才被用作装饰品。这与后世金属货币流通时，人们往往用构成金属货币的材料金、银、铜制作装饰品，道理是一样的。从先秦时期四川藏区与毗邻地区都使用海贝作为货币来看，当时的四川藏区已经与周边地区形成较为密切的贸易关系。

先秦时期四川藏区与周边地区的贸易，在这个时期石棺墓的随葬品中也有所反映。四川藏区石棺墓的年代，从先秦一直延续到元、明，罗开玉将其分为八个时期，[①] 其中属于Ⅰ期的墓葬有岷江上游茂汶县撮箕山早期石棺墓，随葬品中无金属器，陶器皆手制，主要流行小平底罐，其年代大约相当于中原的夏商时代。[②] Ⅱ期墓葬包括岷江上游茂汶县撮箕山中期石棺墓葬、茂汶县别立卡花五座墓，金沙江和雅砻江流域的炉霍甲洛甲妥早期墓葬、巴塘扎金顶九座墓，随葬品中有少量青铜矛、剑、刀、戈及镯、饰牌、泡，无青铜容器，有小件金银饰，流行双耳陶罐，其年代大约从商代末期至西周中、晚期。Ⅲ期墓葬有岷江上游茂汶县城关石棺葬墓地Ⅰ类墓 16 座、营盘山 10 座墓、三龙河心坝 1 座墓，金沙江和雅砻江流域的雅江呷拉 8 座墓，随葬品有青铜武器和铜剑，还有铁环等小件铁器，陶器以轮制较多，模制次之，手制较少，其年代上接Ⅱ期，下迄秦对这一地区统治之前，即约从春秋至战国中、晚期之际。

上述Ⅰ、Ⅱ、Ⅲ期的石棺墓，其年代皆属先秦时期。而各期的随葬品，大体能反映出当时四川藏区与周边地区的交流情况。其中属于Ⅰ期的撮箕山早期墓葬中出土的尖底器，以及凌纯声等人于 1940 年在理县佳山寨石棺墓中发现的尖底罐和尖底盏，乃是成都平原古蜀文化从商代晚期以来的传

---

① 罗开玉：《川滇西部及藏东石棺墓研究》，载《考古学报》1992 年 4 期。

② 谢辉和江章华认为，茂县撮箕山石棺墓出土的陶器，可以分为五组，其中“1 组墓陶器以尖底器最具代表性，尖底器在成都平原流行于商代晚期至春秋，个别可延至战国，而撮箕山 1 组墓所见的尖底罐是春秋时期流行的形制，如撮箕山 AM10：2 尖底罐与新一村春秋前期所见的尖底罐形态相一致，由此推断，1 组墓的年代约在春秋前期，为该批墓葬的年代上限”。（谢辉、江章华：《岷江上游的石棺墓》，载《四川文物》2002 年 1 期。）何锟宇则认为撮箕山早期陶器有尖底罐和圆底罐。（何锟宇：《岷江上游石棺葬的分期与年代》，载《四川文物》2009 年 4 期。）而根据尖底陶器断代，晚于罗开玉根据圆底罐断代的年代。

统，撮箕山所见尖底罐的风格与成都新一村春秋前期的尖底罐相一致，说明石棺墓所代表的这支文化，至少在此时已经与成都平原古蜀文化有所交流。[①] 在Ⅱ、Ⅲ期石棺墓的随葬品中，最富特征的陶器是双耳罐，而陶器带耳乃是甘肃、青海地区很早以来的传统，在甘肃地区的卡约、寺洼文化墓葬中就大量存在着这类风格的陶罐。[②] 在炉霍石棺墓出土的细石器、铜制品、骨制品、桦树皮制品，亦表明炉霍石棺葬文化与甘肃、青海地区的游牧文化有着密切的关系。[③] 在金沙江—雅砻江流域的巴塘扎金顶和雅江呷拉石棺墓中出土的铜镯，则与凉山州喜德县拉克公社大石墓出土的Ⅱ式铜镯相同，管状珠亦为大石墓常见之物，而巴塘扎金顶出土的青铜剑，则与巴蜀铜剑类似。[④] 至于岷江上游地区Ⅱ、Ⅲ期石棺墓中出土的青铜器，亦大多与“巴蜀文化”的同类器物相同或相似，其中以茂县牟托一号墓及陪葬坑的出土青铜器最为典型。茂县牟托一号石棺墓位于茂县南新乡牟托村，1992年进行发掘，出土随葬的陶器、石器和青铜器170余件，另有红、棕、黄、青色丝帛及毛、麻织物，只是这些织物在出土后仅数分钟便全部氧化无存。同时发现和清理的还有3座器物坑。其中1号坑共出土器物33件，即青铜器14件、玉器石器19件；2号坑出土的器物也是33件，包括铜器18件、玉器石器15件；3号坑中出土器物为采集器物，其中铜器、玉器石器各2件。发掘者认为，茂县牟托村一号石棺墓以及其中1、2号器物坑的年代，应当在战国中晚期之际。[⑤] 而其出土的器物，包含了石棺葬土著文

① 谢辉、江章华：《岷江上游的石棺墓》，载《四川文物》2002年1期。

② 徐学书：《岷江上游石棺葬文化综述》，载《四川大学考古专业创建三十五周年纪念文集》，1998年。不过宋治民认为，岷江上游的双耳陶罐、单耳罐、三叉格青铜剑，与滇文化、滇西文化的联系更为密切，与西北甘青文化则无直接的继承关系。宋治民：《川西和滇西北的石棺葬》，载《考古与文物》1987年3期。

③ 四川省文物考古研究所、甘孜藏族自治州文化局：《四川炉霍卡莎湖石棺墓》，载《考古学报》1991年2期；陈明芳：《炉霍石棺葬族属刍议——兼论炉霍石棺葬与草原细石器的关系》，载《南方文物》1996年1期。

④ 甘孜考古队：《四川巴塘、雅江的石棺墓》，载《考古》1981年3期。

⑤ 茂县博物馆、阿坝藏族羌族自治州文物管理所：《四川茂县牟托一号石棺墓及陪葬坑清理简报》，载《文物》1994年3期。

化、巴蜀文化和中原文化三种不同文化的因素，其中石棺葬固有文化因素中又包含有东北夏家店上层文化和云南青铜文化的成分；① 而巴蜀文化特征，主要体现在出土青铜器与巴蜀文化青铜器在形制与纹饰方面都很近似。② 至于牟托石棺墓中青铜礼乐器中鼎、敦形器和编钟等，则有可能是仿照中原制造的专门用于陪葬的明器。③

先秦时期，四川藏区石棺墓中随葬品所反映的外来文化因素，表明当时四川藏区与周边地区有着广泛的文化交流。其中早期主要与成都平原古蜀文化进行交流，中期和晚期则与东部的四川盆地，北部的甘肃、青海地区，南部的云南等地，皆有文化交流，而实现文化交流的一个重要途径就是贸易往来。尤其是青铜器，在当时四川藏区还不具备青铜冶炼技术的情况下，这些青铜器主要就是通过贸易而输入，少数在当地加工制作青铜器，其青铜原料，除少数可能出自本地的自然铜之外，主要还是由外地输入。

自秦灭蜀国并以其地设立蜀郡之后，秦王朝的统治便逐渐进入岷江上游地区，在其地设置湔氐道，并将其纳入蜀郡的管辖范围，这就使得该地区与蜀地的关系更加密切，商贸关系也因此有所发展。体现在这个时期的石棺墓随葬品中，就是出现釜、鍪三足架和斧、铚镰、锸、凿、钻、矛、匕、削刀、钓、镯等一系列铁制品。④ 由于秦代的四川藏区并未掌握冶铁技术，而毗邻四川藏区的临邛，即今邛崃地区，因来自赵国的卓氏和“山东迁虏”程郑，在此采矿冶铁，其产品主要销往包括今四川藏区在内的“西南夷”地区，⑤ 因而这个时期四川藏区的铁制品，应当是通过贸易的方式，主要从蜀地的冶铁中心临邛输入。

① 施劲松：《关于四川牟托一号石棺墓及器物坑的两个问题》，载《考古》1996 年 5 期。
② 霍巍：《关于岷江上游牟托石棺墓几个问题的探讨》，载《四川文物》1997 年 5 期；宋治民：《四川茂县牟托 1 号石棺墓若干问题的初步分析》，载《四川大学考古专业创建四十周年暨冯汉骥教授百年诞辰纪念文集》，1998 年。
③ 茂县博物馆、阿坝藏族羌族自治州文物管理所：《四川茂县牟托一号石棺墓及陪葬坑清理简报》，载《文物》1994 年 3 期。
④ 罗开玉：《川滇西部及藏东石棺墓研究》，载《考古学报》1992 年 4 期。
⑤ 《史记》卷 129《货殖列传》。

西汉前期，由于原秦朝在今四川藏区设立的行政机构被罢废，邛、筰、冉駹等又成为徼外部族，而对于徼外的少数民族，汉王朝是实行经济封锁并限制商贸活动。然而在经济利益的驱使下，四川藏区与巴蜀地区的商贸关系并未中断，只是从正常的商贸活动转变为走私贸易。《史记》卷116《西南夷列传》就说："秦灭，及汉兴，皆弃此国而关蜀故徼，巴蜀民或窃出商贾，取其筰马、僰僮、旄牛，以此巴蜀殷富。"而汉王朝禁止输入少数民族地区的金属器物也通过走私进入今四川藏区，因此在这个时期的石棺墓随葬品中，就有输入的金属制品，其中汶川县雁门乡萝卜寨SLM1号石棺墓的随葬品最具代表性。该墓于1938年清理，出土的随葬器物有：铜连珠纽、铜戈、铜钺、金银项饰、琉璃珠、珉玉珠、铜盔旄座、铜带钩、铜半两钱、铁矛、银臂韝、铜剑、铜柄铁剑、铁刀、铁斧、铜扣、铜泡饰、野猪牙、骨饰等。其中出土的131枚铜半两钱，包括西汉吕后时铸行的八铢半两和文帝时铸行的四铢半两两种，不见秦半两，亦无五铢钱。因而发掘者认为，该墓葬的相对年代不能早过文帝行四铢半两以前（即公元前175年以前），也不会晚于武帝发行五铢以后（即公元前118年以后）。至于该墓出土的其他器物时代，亦略与之相当，如铜剑、铜戈、铁斧、铁矛、铁刀、带钩等，其形制皆为中原和巴蜀地区自战国末至西汉初所常见的形式；墓中铜兵器与铁兵器、铜工具与铁工具并存，亦与巴蜀地区西汉初期的墓葬情况相似。[①] 由此可知，该墓出土的金属制品，主要来自巴蜀地区。

西汉武帝时，由于"邛、筰、冉駹、斯榆之君皆请为内臣。除边关，关益斥，西至沫、若水"[②]。四川藏区的东部被纳入汉王朝的统治范围内，正常的商贸活动又取代走私而成为主要的贸易方式。只是西汉武帝实施盐铁管榷，使得以临邛为中心的巴蜀私营冶铁业衰落，取而代之的则是官营的

① 冯汉骥、童恩正：《岷江上游的石棺葬》，载《考古学报》1973年2期。
② 《史记》卷117《司马相如传》。

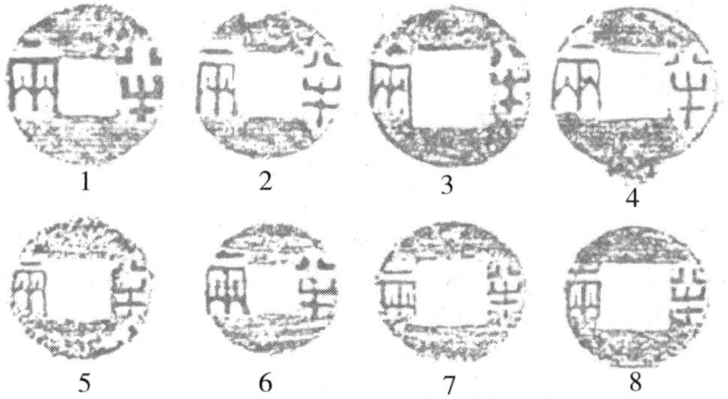

1—4，八铢半两；5—8，四铢半两。

汶川县雁门乡萝卜寨石棺墓SLM1随葬的铜钱①

铁器。考古资料表明，西汉中期以降，西南夷地区的铁器有所渐少，一些过去曾用铁制造的器物又转而用铜，这反映出盐铁管榷对蜀郡私营冶铁业的打击，以及官营冶铁业不再将西南夷作为重要经营对象。西汉末年和东汉时期，除东汉章帝一度实行盐铁官营之外，皆允许盐铁私营，蜀郡私人冶铁业由此复兴，产品再度行销西南夷地区。

西汉时期，四川藏区与巴蜀地区的贸易关系，在岷江上游理县桃坪乡的佳山石棺墓葬群随葬品的组合变化中，体现得较为清晰。该墓葬群于1984年进行抢救性发掘时，共清理15座石棺墓和1个祭祀坑。发掘者认为，Ⅰ区的四座墓及祭祀坑的时代为秦至汉初，Ⅱ区和Ⅲ区的时代为西汉早期，Ⅳ区为西汉中期。② 张振刚等人在《关于理县佳山石棺葬墓群的两个问题》一文中，则将该墓葬群分为三段，其中第一段为西汉早期墓，第二段为西汉中期墓，第三段为西汉晚期墓，并通过分析各个时期随葬品组合的变化，认为自西汉早期到晚期，从巴蜀地区输入岷江上游地区的各种器物主要是日常生活用品，如陶器中的矮领圆肩罐、小口绳纹圆底罐、折

① 冯汉骥、童恩正：《岷江上游的石棺葬》，载《考古学报》1973年2期。
② 阿坝藏族自治州文物管理所、理县文化馆：《四川理县佳山石棺葬发掘清理报告》，载《南方民族考古》1987年第1辑。

腹钵、豆、鼎、瓮和甑等，铜器中的釜、鍪、带钩、钱币等，铁器和漆器也多是日常生活用品。[①]

理县佳山石棺葬随葬品组合变化一览表[②]

	石棺葬本土文化因素			巴蜀地区及汉文化因素			北方文化因素		
	陶器	铜器	其他	陶器	铜器	其他	陶器	铜器	其他
西汉早期	双耳罐、单耳罐、高低耳罐、彩绘陶罐	铜环、铜镯、铜管饰、铜泡饰、铜锥	烧料珠、蚌壳饰、牛皮片	各式矮领圆肩罐、小口绳纹圆底罐、折腹钵、豆、鼎、瓮	釜、鍪、半两钱、带钩、腰带饰	除铜柄铁剑外的各种铁器、木器、漆器等		铜连珠纽，铜柄铁剑	×
西汉中期	×	铜镯	烧料珠	小口绳纹圜底罐、折腹钵、豆	×	各种铁器、漆器	×	铜连珠纽	锡连珠纽
西汉晚期	双耳罐	×	×	各式矮领圆肩罐、小口绳纹圆底罐、折腹钵、豆、鼎	釜、鍪	各种铁器、木器、漆器等	×	×	×

而四川藏区输入巴蜀地区的商品，除了传统的筰马、牦牛等畜产品之外，也有一些是具有地方特色的日用品。据冯汉骥、童恩正《岷江上游的石棺葬》一文介绍，四川巴县冬笋坝35号船棺墓中出土一件双耳罐，陶质、色泽、形状与岷江上游石棺墓中的双耳罐完全相同，因此应为输入品。冬笋坝墓35号船棺墓的年代在战国末至西汉初期。此外，在成都南门外发掘的一座战国时期“巴蜀”墓，出土一件金项饰，与汶川县雁门乡萝卜寨SLM1石棺墓出土的金银项饰完全相同。[③] 由此推测，在秦汉时期，四川藏

① 张振刚等：《关于理县佳山石棺葬墓群的两个问题》，载《江汉考古》2011年1期。
② 张振刚等：《关于理县佳山石棺葬墓群的两个问题》，载《江汉考古》2011年1期。
③ 冯汉骥、童恩正：《岷江上游的石棺葬》，载《考古学报》1973年2期。

区的陶器和装饰品，也曾输往巴蜀地区。

东汉时期，来自巴蜀地区的铁器已经成为四川藏区最普遍的随葬品。其中较为典型的宝兴县西瓦沟东汉石棺墓的随葬品只有铁镰、铁刀、铁钩和一枚绿色料珠，没有铜器和其他遗存。由于瓦西沟东汉石棺墓中出土的铁刀、铁镰等都是汉式器物，用于砌棺的楔形花纹砖，从花纹到砖的形制，都与内地的汉砖一样，以至有学者认为，这种来自内地汉文化的强烈影响，使得青衣江上游的石棺葬文化正处于与内地汉文化融合的过程中。[①] 而来自内地汉文化的强烈影响，主要就是通过广泛的贸易关系来实现的。至于在木里发现的铁铧和铸有铭文的铁插，应当属于东汉时期官营作坊的产品。[②] 此外，在茂县和宝兴等地发现的琉璃珠，其中不含钡的琉璃珠产自中亚或西亚，含钡的琉璃珠则可能是由成都输入。[③] 由此可知，四川藏区与中亚或西亚也存在着贸易关系，只是这种贸易关系很可能是属于间接贸易。

南北朝时期，占据着今四川藏区东部的吐谷浑政权，“其界东至叠川，西邻于阗，北接高昌”，[④] 地处蜀地与中亚的交通要道上，商业发达。其中与蜀地的贸易相当兴盛，由吐谷浑输出的商品，主要有“牦牛、蜀马及西南之珍”。其中牦牛和蜀马，正是四川藏区自秦汉以来输出的传统商品，只是蜀马在汉代被称为笮马而已。而经吐谷浑输往蜀地的珍宝，主要就是被称为瑟瑟的宝石。瑟瑟（sit-sit）是古代波斯对宝石的称谓，在四川藏区的汉代墓葬中发现的不含钡的琉璃珠也是属于瑟瑟。从吐谷浑在成都建寺并以大量瑟瑟为装饰可以看出，经吐谷浑输入蜀地的珍宝，应当包括来自中亚的瑟瑟。同时，经中亚输入的瑟瑟，不仅传入蜀地，而且也成为四川藏

① 罗二虎：《试论青衣江上游的石棺葬文化》，载《四川大学学报》（哲学社会版）1999 年 3 期。
② 黄承宗：《四川木里出土的汉代农具》，载《农业考古》1981 年 1 期
③ 童恩正：《略谈秦汉时期成都地区的对外贸易》，载《成都文物》1984 年 2 期；作铭：《我国出土的蚀花肉红石髓珠》，载《考古》1974 年 6 期；四川省文管会等：《四川宝兴汉塔山战国土坑积石墓发掘报告》，载《考古学报》1999 年 3 期；高至喜：《论我国春秋战国的玻璃器及有关问题》，载《文物》1985 年 12 期。
④ 《梁书》卷 54《西北诸戎·河南王传》。

区的一种珍贵装饰品。直到唐宋时期，位于岷江上游地区的维州，“妇人多带金花，串以瑟瑟，而穿悬珠为饰”①。由于吐谷浑“土无桑蚕”②，而巴蜀地区则盛产各种丝织品，因此丝织品是巴蜀地区输入吐谷浑的一项重要商品。然而早在秦汉时期，蜀布和丝织品就已经成为输入四川藏区的重要商品，因此在秦汉时期的四川藏区石棺墓中，往往有布帛等织物，而当时四川藏区只能生产毛织品，布帛则要依赖内地的输入。东汉时，白狼等部归顺汉王朝后所作的《远夷乐德歌》就说，荒服之外，食肉衣皮，闻风向化，多赐缯布，父子同赐，怀抱匹帛。③ 由此看来，南北朝时期，占据着今四川藏区东部的吐谷浑政权与蜀地的商贸关系，基本上是汉代四川藏区与巴蜀地区贸易的延续，输往巴蜀地区的主要商品仍然是本地所产的牦牛和马，以及主要来自中亚的各种珍宝。输入吐谷浑的商品中，以丝织品为代表的纺织品占有重要地位。

自唐高宗以后，吐谷浑亡国，吐蕃据有其地，于是吐蕃就成为唐朝剑南道的重要贸易对象。吐蕃曾先后要求在剑南道的成都和松州的甘松岭进行互市，但都被唐王朝拒绝，④ 因此唐王朝与吐蕃在今四川境内并未开展直接贸易。然而唐王朝允许管辖范围内的西山诸羌，可以在指定的时间、地点，与内地进行交易。《白孔六帖》卷 83 引《金部格》云：“敕松、当、悉、维、翼等州熟羌，每年十月以后即来彭州互市易，法司差上佐一人，蚕崖关外依市法致市场交易，勿令百姓与往还。”《文苑英华》卷 530《熟羌市易判》也说：“当州熟羌，十月来导江县市易。”而这些羌人部落又“潜通吐蕃，故谓之两面羌”⑤。通过这些“两面羌”的转手贸易，蜀中的物资也就

① 《太平寰宇记》卷 77《剑南西道·维州》。
② 《魏书》卷 101《吐谷浑传》。
③ 《后汉书》卷 86《南蛮西南夷列传·筰都夷》。
④ 《资治通鉴》卷 205 则天后万岁通天元年《考异》引《御史台记》：“论钦陵必欲得四镇及益州通市乃和亲，朝廷不许。”《新唐书》卷 216 上《吐蕃传上》说，玄宗开元年间，“吐蕃又请交马于赤岭，互市于甘松岭。宰相裴光庭曰：‘甘松中国阻，不如许赤岭。’乃听以赤岭为界”。据《元和郡县图志》卷 32《剑南道·松州》记载，甘松岭在松州嘉诚县“西南十五里”。
⑤ 《旧唐书》卷 197《东女国传》。

输入吐蕃，其中茶叶是一项新出现的重要商品，吐蕃赞普就曾以剑南东川出产的昌明茶夸耀于唐朝使臣。[①] 至于蕃部用于交易的商品，马匹始终是一项主要的商品，唐昭宗时，占据巴蜀地区的王建，在“文、黎、雅、茂等州多市蕃马”[②]。十年之间，得官马8000匹，私马4000匹。

综上所述，在唐代以前，四川藏区的贸易，有以下几个主要特点：

首先是历史悠久。从目前已有的考古资料，四川藏区早在原始社会发展阶段，便与周边地区逐渐形成贸易关系，其年代可以上溯至中原的夏商时期。

其次是贸易存在着地域性差异。其中位于甘肃、青海与四川盆地交通要道的岷江上游，先秦和秦汉时期，是整个四川藏区商业最为兴盛的地区。南北朝时期，岷江上游还是巴蜀，乃至南朝与中亚商业交往的枢纽地带。岷江上游以南的青衣江流域，从现有资料看，先秦时期的商业远不如岷江上游兴盛，但是在汉代，由于该地区处在巴蜀与南中的交通要道上，因而商业发展较快。入唐以后，随着以雅州为中心的茶叶生产大发展，以及饮茶习俗传入四川藏区，逐渐形成以茶叶贸易为主的商业格局。至于岷江上游和青衣江流域以西的大渡河流域及其以西地区，先秦时期是整个四川藏区中商业最不发达的地方，从现有的资料看，其北部主要与今甘肃、青海地区有一些商业往来，其南部则主要与今凉山州和云南地区进行商品交换。然而无论其北部或南部，直到唐代，似乎都还没有与当时经济发达的巴蜀地区有着直接的商贸关系。在该地区发现的少量产自巴蜀的物品，可能主要是通过岷江上游地区或青衣江流域辗转传入。

第三是交易的主要商品中，四川藏区输出的大宗商品，始终是马、牛等畜产品；而输入的商品，前后变化甚大，先秦时期以青铜器最为重要，

---

① 《唐国史补》卷下《虏帐中烹茶》。
② 《十国春秋》卷35《前蜀·高祖本纪》。

秦汉时期以铁制品和布帛为大宗，南北朝时期似乎是以丝织品为主的纺织品。唐代后期，除了传统的布帛等纺织品之外，随着饮茶习俗在四川藏区渐趋普及，茶叶逐渐成为输入四川藏区的重要商品。

二、宋至清代的商业贸易

入宋以后，由于饮茶习俗的普及，以至“夷人不可一日无茶以生”①，茶叶便成为输入四川藏区的一项非常重要的商品。在北宋前期，四川地区生产的茶叶可以自由买卖，“天下茶皆禁，唯川峡、广南听民自买卖，禁其出境”②，因而分布在四川藏区的部落，可以在沿边地区，用土特产品交换茶叶。其中位于岷江上游的导江县和大渡河中游的黎州，是两处重要的市场。在导江县，“部落入城，博易买卖，其蕃部别无现钱交易，只将椒、腊、草药之类，于铺户处换易茶货，归去喫用，谓之茶米，或有疾病，用此疗治，旦暮不可暂阙”③；在黎州，“蕃部蛮夷混杂之地，元无市肆。每汉人与蕃人博易，不使钱。汉用细绢、茶、布，蕃部用红椒、盐、马之类”④。从黎州的情况看，汉人与蕃人的民间博易，已经使用茶叶交换马匹。这种贸易方式，通常称为“茶马贸易”。

关于茶马贸易的最早明确记载是在唐代。据唐人封演《封氏闻见记》卷6记载：“按古人亦饮茶耳，但不如今人溺之盛，穷日尽夜，殆成风俗，始自中地，流于塞外。往年回鹘入朝，大驱名马，市茶而归。”回鹘原名回纥，唐德宗贞元四年（788）改称回鹘。从封演使用回鹘这一称谓，可知回鹘以马易茶是在唐德宗贞元年间以后。在今四川地区，唐代是茶叶生产大发展的时期，其主要产地位于四川盆地西部的绵、汉、彭、蜀、邛、雅、

① 《续文献通考》卷22。
② 《宋史》卷318《食货志》。
③ 《净德集》卷1《奏具置场买茶旋行出卖，远方不便时状》。
④ 《太平寰宇记》卷77《黎州·风俗》。

眉、嘉、简、茂等州。同时，这些产茶之州还相互连接，形成一条以雅州为中心的产茶地带，“凡蜀茶尽出于此”①。这条以雅州为中心的茶叶地带，毗邻四川藏区，随着饮茶习俗传入四川藏区，这条产茶地带的茶叶也就输入四川藏区，其中邛州甚至专门生产一种“番饼茶”，长期供应诸羌及党项。② 唐末，割据剑南三川的王建，又在文、茂、雅、黎等州，大量购买蕃马。③ 虽然关于王建是用什么商品购买蕃马，没有明确的记载，但从王建以蜀布、黄茶与割据陇右的李茂真进行大规模贸易④来看，他极有可能也是用蜀布和茶叶购买蕃马。

北宋立国之后，因缺乏战马，宋太宗于太平兴国六年（981）“诏岁于边郡市马，偿以善价”⑤。自此以后，在沿边诸州购买马匹就成为宋朝的一项长期政策。到宋真宗即位初年，在今山西、陕西和四川皆设有买马场，专门从事马匹的购买。其中“川峡则益、黎、戎、茂、雅、夔州，永康军，皆置务，遣官以主之，岁得五千余匹，以布帛、茶、他物准其直”⑥。其后，在川峡地区设置的买马场，按照购买马匹数量的多寡而废置不常，大体上只有黎、雅、叙、泸等州和南平军常设买马场。其中雅州是宋王朝购买四川藏区马匹的主要地方，见于记载的有雅州灵关镇买马场⑦和雅州碉门寨买马场⑧。此外，位于雅州以南的黎州，亦兼收来自今四川藏区的马匹；位于岷江上游及其毗邻地区的茂州、威州、文州、龙州买马场，⑨ 也是以购买今四川藏区的马匹为主。

购买马匹的经费，最初是使用铜钱，然而宋朝很快就发现，流入少数

① 《太平御览》卷 867 引袁滋《云南记》。参见《唐代四川经济》，四川省社会科学院出版社 1988 年版。
② 《太平寰宇记》卷 75 引《茶谱》。
③ 《十国春秋》卷 35《前蜀·高祖本纪》。
④ 《鉴诫录》卷 4《得夫地》。
⑤ 《宋会要辑稿·兵》22 之 1。
⑥ 《续资治通鉴长编》卷 43 真宗咸平元年春正月戊辰。
⑦ 《宋史》卷 198《兵志》。
⑧ 《宋史》卷 184《食货志》。
⑨ 《续资治通鉴长编》卷 259 神宗熙宁八年春月乙巳。

民族地区的铜钱，往往被销毁后制成兵器，从而对宋朝的安全构成威胁，因此在宋太宗太平兴国八年（983），“有司言戎人得钱，销铸为器，乃以布、帛、茶及他物易之”①。其后，基本上不再用铜钱支付马价。在川峡地区，因缺乏铜钱，一直是沿用唐代后期购买蕃马的方式，主要以纺织品和茶叶支付马价。其中宋仁宗嘉祐年间，黎州就是“以绢银博马，价皆有定”②。直到宋神宗熙宁八年（1075），知成都府的蔡延庆还上言说：“威、雅、嘉、泸、文、龙州，地接乌蛮、西羌，皆产大马，请委知州、寨主，以锦彩、茶、绢折买。从之。”③ 南宋时期，都大茶马司还在成都设立茶马司锦院，按照买马的需要，织造锦绫被褥，折支黎州等处马价。由此看来，在川峡地区，布帛等纺织品和茶叶始终是购买马匹的两类主要商品，并不存在专用茶叶易马的情况。

宋朝在沿边诸州购买的马匹，分为战马和羁縻马两种。《宋史》卷198《兵制》就说：“南渡前，市马分为二：其一曰战马，生于西邮，良健可备行阵，今宕昌、峰贴峡、文州所产是也；其二曰羁縻马，产西南诸蛮，短小不及格，今黎、叙等五州所产是也。”宋朝购买的战马，主要来自今甘肃、青海地区。“秦州接连熙、河州及青唐羌界，乃自古产良马之地。宋朝以茶易马，于秦州置提举茶马司，凡中国战马，皆自此路得之。”④ 而羁縻马则主要来自今四川地区，包括四川藏区。这些被称为“短小不及格”的羁縻马，质量是相当的差。据《宋会要辑稿·兵》23之3记载，黎、叙等地每买纲马五十匹，其中良细马不过三、四匹，中等马不上二十匹，“余皆下下，不可乘骑。发以充数，多于途中倒毙”。造成这种状况的原因，在于宋朝购买四川地区少数民族的马匹，主要目的是通过买马建立互市关系，以此增强对少数民族的控制，因而并不在乎购买的马匹是否有实用价值。

① 《宋史》卷198《兵制》。
② 《宋史》卷374《赵开传》。
③ 《续资治通鉴长编》卷259神宗熙宁八年春月乙巳。
④ 《忠肃集》卷8《燕魏杂记》。

"祖宗设互市之法，本以羁縻远人。初不借马之为用，故驽骀下乘，一切许之入中"[①] 。同时，为了"羁縻远人"，宋朝不仅购买不堪骑乘的劣质马匹，而且价格也特别优惠。北宋崇宁年间，在黎州购买的羁縻马，"四岁至十三岁，四赤（尺）四寸大马，每匹用名山茶三百五十斤。每斤折钱三十文，银六两，每两止折一贯二百五十文；绢六匹，每匹只折一贯二百文；絮六张，每张只折五十文；青布一匹，止折五百文。约本处价例，仅是半价支折与卖马蕃部"[②]。用绢计价，"黎州买马，旧额二千一百二十四匹，一年计用绢二万三千匹。乾道九年，赵彦博以青羌作过，优支马直，始用绢三万四千匹。致淳熙八年，龚总到任，欲买马三千三百八十一匹，将数内不及格尺马一千九百八十八匹升作良细良马，共支绢七万六千余匹，与乾道八年买马相类，而支绢加一倍以上"[③]。南宋高宗绍兴三十二年（1162），朝廷曾下令禁止购买黎州不堪作战的驽马，但是遭到成都府路转运判官袁抗的拒绝："朝廷与蛮夷互市，非所以取其利也。今山前后五部落仰此为衣食，一旦失利侵侮，不知费几马也。臣念蜀欠安，不敢奉诏。寻如旧制。"[④] 同时，在南宋时期，因陕西与熙河地区为金国占领，主要产自西北的战马来源减少，在四川购买羁縻马成为南宋军马的重要来源，因而购买的数量比北宋时期还有所增加。[⑤]

宋代以茶叶等商品在四川藏区购买马匹的方式，以宋神宗熙宁七年（1074）为界，分为前后两个时期。熙宁七年之前，由于四川茶叶可以在境内自由买卖，因而分布在四川藏区的部落，可以在宋朝沿边地区的城镇市场，用包括马匹在内的土特产品，交换茶叶。而官府亦先后在汉藏交界的黎州、雅州、茂州、龙州、文州和永康军，设立买马场，用布帛等纺织品

---

① 《宋会要辑稿·兵》23 之 3。
② 《宋会要辑稿·职官》40 之 80。
③ 《宋会要辑稿·兵》23 之 16。
④ 《宋史》卷 301《袁抗传》。
⑤ 贾大泉、陈一石：《四川茶业史》第 90 页"宋代四川博买羁縻马数量表"，巴蜀书社 1989 年版。

和茶、银等物购买马匹，以此羁縻四川藏区的诸部落，使“蕃夷仰我之心重”[①]。熙宁七年（1074），因经营西北的熙河地区，宋廷决定用蜀茶“于秦凤、熙河博马”[②]。为此，在蜀茶产区进行榷茶，由官府对茶叶进行统购统销，并垄断与少数民族的贸易。自此以后，四川藏区与宋王朝之间的贸易，也就转变为官方的垄断贸易。由于官买官卖的榷茶制度存在许多弊病，南宋高宗建炎二年（1128），川陕茶马公事提举赵开在四川地区改革榷茶之法，实行引票制度，“推行祖宗卖引法，措置出买茶引”[③]，将原来由官府统购统销的榷茶法，改为由茶商向官府购买特许贩卖茶叶的引票后，对茶叶的销售进行专营。茶引制度的实施，对后世的茶叶贸易产生了深远影响。

入元以后，茶叶仍然是四川藏区不可缺少的一类重要输入商品。当时，四川藏区所需要的茶叶已经形成一个专门的茶叶品种，称为“西番茶”，亦称“西番大叶茶”[④]。据元人忽思慧《饮膳正要》记载：“西番茶，出本土，味苦涩，煎用酥油。”所谓“西番茶，出本土”，实际上是指天全、雅州、邛崃、名山等地出产的茶叶，[⑤]只是这些州县出产的茶叶，主要行销毗邻的西番，故称“出本土”。

元朝在茶叶贸易方面，废除了宋代官方在四川地区实行的茶马贸易，但是沿袭宋朝对茶叶贸易的禁榷，由官府垄断茶叶贸易。元世祖至元五年（1268），榷买成都地区的茶叶，禁止民间买卖，凡私自采卖茶叶者，“其罪与私盐同法”[⑥]。至元六年（1269），设立“西蜀四川监榷茶场使司”，职掌四川的榷茶事务。至元十二年（1275）统一全国后，又设立“西番茶提举司”，“官买蜀茶，增价鬻于羌”[⑦]。至元十四年（1277），在碉门和黎州设立

① 《鹤林集》卷37。
② 《宋史》卷184《食货志》。
③ 《宋会要辑稿·食货》32之25—26。
④ 《元史》卷94《食货志》。
⑤ 贾大泉、陈一石：《四川茶业史》，巴蜀书社1989年版，第100页。
⑥ 《元史》卷94《食货志》。
⑦ 《元史》卷167《张廷瑞传》。

榷场，与番人进行贸易。由于官府将统购的茶叶高价出售，引起当地少数民族的不满，于是成都路总管张廷瑞"更变引法，使引纳二缗，而付券于民，听其自市于羌，羌蜀便之"[①]。实际上是将官府的榷茶改为实行宋代的茶引制度，准许商人纳钱买引，凭引买茶，运销四川藏区。

明代四川藏区的对外贸易，大体上分为两类，一类是直接与明王朝进行官方贸易，其贸易方式有两种，一为茶马互市，二为朝贡贸易。另一类则是汉藏之间的民间贸易。

官方茶马贸易。明朝沿袭宋代制度，分别在西北、西南地区与少数民族进行茶马互市。"设茶马司于秦、洮、河、雅诸州，自碉门、黎、雅抵朵甘、乌斯藏，行茶之地五千余里。"[②] 其中在四川地区，明太祖洪武十六年（1383）成立永宁茶马司，主要与川南夷僚等少数民族进行茶马贸易。然而川南的泸州等地，自唐代以来就出产茶叶，基本上能够满足本地的需求，加之夷僚的经济结构与汉族大同小异，皆以种植业为主，所产马匹不多，且不适宜北方草原作战，故永宁茶马司自成立以后，并无易马记录。洪武十九年（1386），裁撤永宁茶马司，另行成立雅州、碉门茶马司，重点对四川藏区进行茶马贸易。次年即以平均每匹马给茶 962 斤的比价，购得马、驼、骡、驹共计 170 余匹。然而与宋代官方茶马互市在四川购得的羁縻马类似，明朝在四川藏区购得的马匹，亦多为驽弱下乘，因此明廷大幅度降低茶马比价。"初制，长河西等番商以马入雅州易茶，由四川岩州卫入黎州始达。茶马司定价，马一匹，茶千八百斤，于碉门茶课司给之。番商往复迂远，而给茶太多。岩州卫以为言，请置茶马司于岩州，而改贮碉门茶于其地，且验马高下以定茶数。"[③] 洪武二十二年（1389），"诏茶马司仍旧。惟定其价：上马一匹，与茶一百二十斤；中马，七十斤；驹马，五十斤"[④]，

---

① 《新元史》卷 172《张廷瑞传》。
② 《明史》卷 80《食货志・茶法》。
③ 《明史》卷 80《食货志・茶法》。
④ 《明太祖实录》卷 196 洪武二十二年六月丙寅。

将易马茶的价格提高十余倍。明朝这种“贵茶贱马”的政策，受到藏区部落的抵制，从而使雅州、碉门茶马司的茶马互市陷于停顿。明成祖永乐七年（1409），碉门茶马司取消官定的茶马比价，用8万多斤茶叶换得瘦马70余匹。此后，再也没有关于碉门茶马贸易的记载。明朝在四川的官方茶马贸易，名存实亡。究其原因，明人王廷相认为，一是“马之用总于三边，而川马远不可至”；二是“茶之利分于川、蜀，而洮、河所得利微”，因此，“川中茶马停也”[①]。事实上，王氏所说的原因只是次要因素，主要原因则是川马品质太差，不适宜用作战马，因此明廷对采购川马并无太大兴趣。从明太祖洪武十七年（1384）到明成祖永乐七年（1409）的官方记录来看，每年在四川采购的马匹不超过600匹，且良少驽多，驼、骡混杂。同时，明政府因川马品质太差而采取“贵茶贱马”政策，人为压低马价，也使得藏区部落也不愿以马与明朝的官方机构进行互市。在明廷无意采购川马，而藏区部落也不愿与官方的茶马司进行互市的情况下，四川藏区与明朝的官方茶马贸易自然就陷于停滞状态。

在明代，除了职掌官方茶马贸易的茶马司之外，明朝设在四川藏区的一些军事机构也购买马匹。明太祖洪武十四年（1381），“四川威、松、茂三卫，以茶、姜、布、纸易马，送京师”[②]。只是卫所易马并未形成制度，基本上是根据实际情况，临时为之，且购买的马匹也不多。

朝贡贸易。是指通过进贡与回赐的方式进行贸易。四川藏区的朝贡贸易，可以上溯到汉代。据《后汉书》卷86《南蛮西南夷列传》记载，东汉和帝永平年间，汶山郡以西的白狼等百余国，“举种奉贡，称为臣仆”，于是汉廷“多赐缯布”。和帝永元十二年（100），白狼等部“归义内属。诏赐金印紫绶，小豪钱帛各有差”。安帝永初二年（108），青衣道“徼外三种夷

① 《明经世文编》王廷相：《王氏家藏集》。
② 《明太祖实录》卷139洪武十四年十月甲子。

三十一万口，赍黄金、旄牛毦，举土内属”。由此可知，位于今四川藏区的部落称臣内属时，通常是要进贡黄金和旄牛毦等土特产品，而汉朝则主要赐予布帛和钱币。这种进贡和回赠，在政治上是归顺的部落通过进贡的方式承认汉朝的宗主地位，而汉王朝则通过回赠的方式接受徼外部落的归顺；在经济上则是双方商品交换的一种形式。同时，为了吸引徼外部落的归顺，汉王朝回赠物品的价值，往往超过归顺部落进贡物品的价值。南北朝时期，占据着今四川藏区东部的吐谷浑政权，更是通过遣使的方式，与北朝和南朝开展大规模的贸易。[①] 唐宋时期，四川藏区接受唐宋王朝统治的羁縻部落，亦遣使入贡，并接受朝廷的馈赠。入元以后，因在藏区大力扶持藏传佛教，贡使多为僧侣。明朝沿袭元代制度，在四川藏区，凡接受明朝官职的僧俗首领，都要按照明朝的规定，定期向朝廷进贡方物。“初，入贡无定期，自永乐迄正统，或间岁一来，或一岁再至……至成化元年始定三岁一贡之例”[②]。成化六年（1470），明王朝又具体规定入贡年例和入贡路线，“乌斯藏赞善、阐教、阐化、辅教四王，三年一贡。每王遣使百人，多不过百五十人，由四川路入。国师以下不许贡。其长河西、董卜韩胡二处，一年一贡或二年一贡，遣人不许过百。松、茂州地方住、坐番僧，每年亦许三、五十人来贡。其附近乌斯藏地方，入贡年例如乌斯藏，亦不许过五、六十人”[③]。四川藏区诸土司，“遇三年朝觐，差人进贡一次”[④]。四川藏区贡使所携带的贡物中，马匹始终是一项重要的贡物。此外，珊瑚、氆氇等土特产品和佛画、铜佛等宗教用品，也在贡品之列。而明朝对于来自藏区贡使的赏赐，大体分为正赏和贡品价赏两类。正赏是按照朝贡者身份高低给予的赏赐，明代前期，正赏没有明确规定，只是按照惯例，“斟酌高下等

① 松田寿男：《吐谷浑遣使考》（下），载《史学杂志》1937 年 48 编 12 号；中译本，周伟洲译，载《西北史地》1981 年 3 期。
② 《明宪宗实录》卷 21 成化元年九月戊辰。
③ 《明宪宗实录》卷 78 成化六年四月乙丑。
④ 《明会典》卷 110《礼部・给赐》。

第，题请定夺，然后礼部官员具本奏闻，关领给赐”[①]。明宪宗成化年间，始有明确规定：“喇嘛僧人等从四川起送到京，每人彩缎一表里，纻丝衣一套，俱本色。留边听赏同。衣一件折生绢三匹，俱赏钞五十锭，折靴袜钞五十锭，食茶六十斤。”[②] 贡品价赏是给朝贡者所进贡品的酬值，其中除了氆氇等物“例不给价”外，其他贡品则按品质高下，数量多少而给予赏赐。其中马匹在明宣宗以前是不论优劣，都给一个价，明宣宗宣德元年（1426），礼部奉旨议定，按等第高下，给赐酬值，“中马一，给钞二百五十锭，纻彩一匹；下马一，钞二百锭，纻彩一匹；下下马一，钞八十锭，绢彩一匹；有疾瘦小不堪者，每一马钞六十锭，绢二匹”[③]。明廷对正赏和贡品酬价的给赐，主要是茶叶和绸缎、绢、布等纺织品，另外也有金、银、纸钞。同时，按照“厚往薄来”的原则，赏赐物品的价值通常是进贡物品价值的三倍，并允许贡使在内地购买茶叶等商品。在明朝对藏区进贡采取优惠政策的推动下，有明一代，关于四川藏区遣使朝贡的记载不绝于书，而贡使的人数，往往大幅度超过明廷的规定，[④] 其中获取经济利益是一个非常重要的因素。明英宗正统十四年（1449），四川左布政使侯轨就在奏陈中指出：“臣等切思各僧生长番地……其所进皆不过舍利、佛像、氆氇、茜草等物，中下羸弱等马，其意盖假进贡之名，潜带金银，侯回日市买私茶等货。以此缘途多用车马、人力运送，连年累月，络绎道路。”[⑤] 由此可知，朝贡贸易在明代已经成为四川藏区僧俗首领与明王朝之间的一种非常重要的贸易方式。

汉藏民间贸易。在明代，四川藏区需要的主要商品仍然是茶叶，其中雅州碉门和永宁、筠连诸处所产的茶叶，被称为“剪刀粗叶”，“惟西番用

---

① 《明会典》卷110《礼部·给赐》。
② 《明会典》卷110《礼部·给赐》。
③ 《明宣宗实录》卷22宣德元年十一月庚子。
④ 《明史》卷331《西域传》。
⑤ 《明英宗实录》卷177正统十四年四月辛亥。

之，而商贩未尝出境”。明太祖洪武五年（1372），四川茶盐都转运使上言，建议允许商人将“剪刀粗叶”茶贩运出境，“易红缨、氆衫、米、布、椒、蜡，以资国用。而居民所收之茶，依江南给引贩卖法，公私两便”。[①] 即采用江南茶法，准许商人纳钱买引，凭引买茶，运销四川藏区等地。同时，设立茶局征税。这一建议为明廷采纳，分别在界首镇设永宁茶局，在碉门设雅州茶局，在灌州、安州、筠连分别设立一座由成都茶局管辖的茶所。[②] 洪武十九年（1386），明廷又在碉门设立茶马司，尽榷当地茶叶，用于易马，由此使得当地的汉藏民间贸易受到严重打击。洪武二十一年（1388），天全六番副招讨杨藏卜朝贡，奏称：“本司茶户常以茶与西番蛮人贸易毛缨、茜草等物，商旅往来鬻贩，每岁课额所收一万四千余贯。近者，茶株取勘在官，所收之茶，复给官价买之，收贮官库，以备易马。由是商旅不行，课额遂亏。”[③] 四川布政使司也奏称：“川中产茶，曩者，西番诸羌以毛布、毛缨之类相与贸易，以故岁课不亏。近者，朝廷颁行课额，官自立仓，收贮专用市马，民不敢私采，每岁课程，民皆陪纳。请仍令民间采摘，与羌人交易。如此则非惟民得其便，抑且官课不亏。”诏从之。[④] 茶叶销售的引岸制度也随之得到恢复。只是在明代前期，茶引是由所在地方政府发给，对茶商购销口岸也未加严格限制。“洪武初定：凡贩茶去处，赴宣课司依例三十分抽一分，芽茶、叶茶各按价值纳课，贩茶不拘地方。”[⑤] 由此导致私茶盛行。明世宗即位后，决定对茶引进行整顿，“凡引，俱南京户部印发，郡县无得擅印。痛革私税，一归于批验茶印所茶课司”[⑥]。不久，即将四川销售的茶叶分为供应藏区的“边茶”，以及供应内地的“腹茶”。其中边茶又分为供应黎州、雅州的边茶和供应松潘的边茶。“年例：茶引五万道，欲

① 《明史》卷80《食货志·茶法》。
② 《明太祖实录》卷77洪武五年十二月乙未。
③ 《明太祖实录》卷188洪武二十一年二月庚申。
④ 《明太祖实录》卷188洪武二十一年二月壬戌。
⑤ 《明会典》卷32《茶课》。
⑥ 《明世宗实录》卷24嘉靖二年三月辛未。

派黎、雅一万，松潘二千，余皆行之腹里。”由于边、腹茶的比例不合理，明世宗嘉庆三十一年（1552），四川巡抚奏请“断自今年，分腹里茶引于黎、松二所，各视其原数倍之”。[①] 即将原黎、雅的1万道茶引增加到2万道，松潘的0.2万道茶引增至0.4万道。然而这种调整，仍不适应四川茶叶的销售状况，“边引报中者多，恒苦不足，腹引常置于无用之地。盖向来腹多边少者，无非谨中外之防也。然腹地有茶，汉人或可无茶；边地无茶，番人或不可无茶。故边引易行而腹茶常滞。先此议茶法者曰，茶乃番人之命，不宜多给，以存羁縻节制之意是矣。乃边茶愈少，私贩愈多，只为奸人作利屯耳。又曰，四川茶法不缩，即陕西马政有妨。此犹未深考。夫番地最广，近者弥月，远者弥年，陕西洮、岷与松潘接境，与黎、雅不相及。今不增松潘而增黎、雅之引，于陕西马政何妨”[②]。在这种情况下，明穆宗隆庆三年（1569），再次对川茶的引岸进行调整，裁减川茶1.2万引，每年只发放3.8万引，其中黎、雅边茶销岸3万引，松潘边茶销岸0.4万引，腹茶0.4万引。[③] 整个四川茶叶的89%经黎、雅和松潘销往藏区，由此形成四川茶叶绝大部分销往藏区的格局。至此，“边腹相安矣”[④]。然而边茶中的松潘边茶，因“松潘番人贫，而资于茶者不甚急”[⑤]，销售不畅，于是有些购买松潘边引的茶商，通过贿赂黎、雅官员，用松潘茶引买茶后到黎、雅贩卖。同时，松潘与陕西茶马市场毗邻，为避免销往松潘的茶叶流往陕西，冲击当地的茶马市场，嘉靖末年，御史潘一桂奏称：“松潘与洮、河近，私茶往往阑出，宜停松州引目，申严入番之禁。皆报可。”[⑥] 由此使得四川的汉藏边茶贸易，完全集中到黎、雅地区。

在明代，明政府对输入四川藏区的商品，有着严格的限制。除了官府

---

① 《明世宗实录》卷383嘉靖三十一年三月壬辰。
② 嘉庆《四川通志》卷69引《巡抚严清疏略》。
③ 《明史》卷80《食货志·茶法》。
④ 嘉庆《四川通志》卷69引《巡抚严清疏略》。
⑤ 《明经世文编》卷383姜宝：《茶法议》。
⑥ 《明史》卷80《食货志·茶法》。

特许的茶叶可以输入四川藏区之外，其他藏区需要的商品，大多被禁止输入，其中包括棉布。明成祖永乐八年（1410），茂州卫军沈连言："旧制禁棉布不许贩卖出境。今茂州、威州、叠溪距松潘产马及通番商之处甚远，而棉布一概禁约，军士无以为衣。若但申严出境之禁，许棉布得至茂、威、叠，庶几军士有以御寒。"① 在这种情况下，通过民间贸易输入四川藏区的商品，主要就是茶叶。而经由四川藏区输出的商品，则是多种土特产品。"川人故以茶易毛布、毛缨诸物，以偿茶课"②，其中雅州主要是以茶交易毛布、毛缨、茜草等物，松潘则主要以出产的"甘松诸药、牦牛"等物③交易茶叶。

总体上看，在明代，四川藏区与明朝的官方贸易，主要是以马易茶，其中朝贡贸易是持续时间最长的贸易方式。而汉藏之间的民间贸易，大多是以藏区出产的日用土特产品交易汉区的茶叶，茶马互市尚不多见，这与当时四川藏区马匹质量甚差有着直接的关系。（详下）

自明神宗以后，今属四川藏区南部的巴塘、乡城、得荣、稻城和木里等地，先后被来自云南丽江的木氏土司所控制，由此使得这些地区与云南的商贸关系得到加强。明末崇祯年间，来自青海的蒙古族和硕特部占领康区，并将木氏土司的势力逐回云南，于是四川藏区的西部又处于蒙古和硕特部的统治之下。在和硕特蒙古统治期间，同时处于和硕特蒙古实际控制下的西藏与康区的贸易关系得到加强，而打箭炉则成为西藏与内地之间最主要的贸易口岸。

明末清初，四川地区政局动荡，由此对四川藏区的商业产生了巨大影响。在四川内地，以藏区为主要销售市场的茶业，在明末清初的战乱中遭到毁灭性打击，"自兵燹之余，产主沦亡，茶株皆蔓草莽，夏无富贾大商贸

① 《明成祖实录》卷 68 永乐八年正月辛卯。
② 《明史》卷 80《食货志·茶法》。
③ 罗日褧：《咸宾录》。

籴其间，故虽有茶法，无所用之”[①]。清世祖顺治十年（1653），针对四川地区一些失业贫民入山采摘野茶出售之事，户部尚书车克认为：“今欲遵照旧例，请发部引，则川中苦无合引之商。不过角利细民，肩担背负，多不过三二十斤，再上不过四五十斤而止。以臣筹之，似应权照行盐之例，暂用小票，随其贸易之多寡，注实买地卖地，而以边、腹二例为差。俟西南全开之日，仍按旧制赴部请大引。”[②] 同时，在四川茶业残破的情况下，虽然清朝前期曾沿袭明朝的做法，在西北地区成立茶马司，恢复茶马互市。然而在四川地区，却没有恢复自明成祖以后就基本陷于停顿的官方茶马互市。

自清圣祖康熙二十年（1681）平定“三藩之乱”以后，随着部颁茶引在四川的推行，以川茶为主的汉藏贸易，逐渐得到恢复和发展。至清世宗雍正八年（1730），全川共有茶引 85344 张，分为边引、腹引、土引三类。[③] 边引之茶是“运至口外各部落行销者”[④]，其中行销打箭炉的称为南路边引，行销松潘厅的称为西路边引；腹引是“在本地各州县销售者”[⑤]，即行销四川省内地各州县；土引即土司引，是“发往土司地方贩卖者”[⑥]，只行销于天全州。边引、腹引、土引的数量，前后变化较大，据嘉庆《四川通志》卷 69《食货·茶法》统计，四川省颁发的茶引，总计 139384 张，其中边引 92327 张、腹引 15937 张、土引 31120 张。[⑦] 销往四川藏区的边引和土引，共计 123447 张，约占全川茶引总数的 89%，与明穆宗隆庆三年（1569）确定的川茶边、腹引比例相同。由此可知，清代四川的茶叶，仍然是绝大部分销往藏区。

---

① 《车克题蜀中茶法暂刊小票并纳税事本》，中国第一历史档案馆编辑：《清代档案史料丛编》10 辑。
② 《车克题蜀中茶法暂刊小票并纳税事本》，中国第一历史档案馆编辑：《清代档案史料丛编》10 辑。
③ 嘉庆《四川通志》卷 69《茶法》引《部议略》。
④ 《蜀故》卷 4。
⑤ 《蜀故》卷 4。
⑥ 《蜀故》卷 4。
⑦ 嘉庆《四川通志》称，川省行茶，分为边、腹、土引，三引共计 139354 张。但据各府州属县茶引数统计，边、腹、土三引总计为 139384 张，其中边引 92327 张、腹引 15937 张、土引 31120 张。

除了属于部颁茶引的边引、腹引和土引之外，清代还有属于四川地方政府发放的照票。清高宗乾隆二十三年（1758），因松潘“城垣坍塌，奏明借支院、司养廉，由盐道印给照票，饬发产茶州县园户，茶商，领本配茶缴息，以作修理城工之用。”[①] 具体情况，据当时的四川总督开泰奏称：“查邛、雅、灌、汶等州县山民，种茶日多，于行销额外，尚有余茶。请借支臣及布政使半年养廉（银），发盐茶道购买，择地行销，获利扣还借支，余备赏土司之用。”[②] 经朝廷同意后，开泰“会同奏请将总督及布政使养廉（银）各借支半年，于邛、雅、汶、灌等州县购买余茶，酌量行销。所获茶价，除归还借支之数，余作为赏需”。至乾隆二十六年（1761），“除已经动支及扣还借支外，尚余六七千两，发交打箭炉及杂谷两处各二千两，购买谷、麦、青稞贮仓备用，余银仍存蕃库，以为夷务之需”。[③] 其后，照票的发行范围，逐渐扩大，发行照票的收入，也就成为四川地方政府的一项税收。

行销四川藏区的茶叶，“西路松潘，南路打箭炉，年年俱有额行边引，各商运至该处，听各番民自行进口买回，向无商人贩运出口之事。其赴松潘买茶者，系甲凹、阿革、鹊个、郎隋、阿坝、郭罗克、阿树、包座、作革各土司，以及甘省之青海、竹浪、谷茂等处，俱由黄胜关大路进口买茶，守关员弁挂号放行，由松潘厅同知给票出关；其赴打箭炉买茶者，则系西藏、昌都、理塘、巴塘、卡丫、德尔格、霍尔、瓦述及各寺喇嘛进口买食茶商，由打箭炉同知盘验，给票出口；至杂谷所属之梭磨、卓克采从，噶克、丹坝、鄂克什、小金川、金川七处土司，俱由杂谷脑进口，赴威州右营都司衙门，请票前往灌县，自由园户采买，仍将原票缴销，均不赴松潘、

① 《丁文诚公奏稿》卷22《松潘等处短收余茶息银片》。
② 《清高宗实录》卷573。
③ 《清高宗实录》卷634。

打箭炉两处。此各土司历年买茶之旧例也”[①]。由于清朝不再在四川地区实行以茶易马，因而藏族多以畜牧土特产品交换茶叶，其中“西藏每年由四川输入之茶团，约值六百万磅（镑），而以金、银、羊及羊毛货、皮毛货、药材等为兑换”[②]。光绪十八年（1892），四川总督刘秉章亦奏称，川茶销往西藏，每年有1400万斤，征银数十万两，藏番运川茶者，不下数十万人。[③]同时，随着茶叶贸易的发展，以及清朝逐渐放松对输入藏区商品的管制，内地的多种日用商品也大量输入藏区，因此在康熙三十八年（1699），当打箭炉营官昌侧集烈杀死明正土司蛇蜡喳吧后，四川提督岳升龙就“禁阻茶、烟、米、布”[④]，对打箭炉实施经济封锁。在汉藏双方贸易的商品种类逐渐增加，贸易规模不断扩大的基础上，以松潘、打箭炉为代表的汉藏贸易集散口岸相继形成，以歇家、锅庄、商号为代表的商业组织也逐渐具有一定的规模。

清朝末年，随着外国列强的势力逐渐进入藏区，四川藏区的贸易格局也随之发生新的变化。清德宗光绪十九年（1893），英国与清廷签署《中英会议藏印续约》，在西藏亚东开关通商，由此打开西藏门户，大量英印货物随之输入西藏，并经由西藏进入四川藏区，使四川藏区也逐渐成为英属印度商品的销售市场。同时，西藏原来经四川藏区输入输出的货物，大多改由印度出口，不再经西康入四川。此外，四川藏区的一些土特产品，尤其是麝香、虫草、鹿茸等药材转销到上海、香港、南洋等地，由此使得四川藏区的商品开始进入国际市场。

清末，川滇边务大臣赵尔丰经营川边时，鼓励内地商人到川边地区经商。他在《复陈川滇边务应办事宜并拟具章程折》中说：“川滇边地，出产甚饶，而日用所需，如丝、布、纸、烛之类，皆须购自内地，必赖商贾畅

① 朱批奏折1287号，刘秉恬、富勒浑等：《查议出口茶叶界限以严边禁折》，中国第一历史档案馆藏。

② 《永昌府文征》卷36枯柏（Coopers）：《由中国到印度之游记》。

③ 北京大学历史系等：《西藏地方历史资料选辑》，三联书店1963年版，第175页。

④ 《清圣祖实录》卷194。

行，方能贸迁有无，使民称便。招徕之法，首在建设旅店，平治道路。”[①] 于是整治道路，沿途修建旅店，方便来往商旅。一时之间，川滇等省的商人前往康定、甘孜、巴安等地经商，不下数百家，资本近千万，从而推动川边地区商贸的进一步发展。此外，为抵制印茶入藏对四川边茶销藏的威胁，赵尔丰还积极推动成立边茶公司，以此“振兴茶务，改良制造，讲求种植，保存利权”[②]。宣统二年（1910），边茶公司在雅安正式成立，定名为“商办边茶股份有限公司”，实行官督商办，集中雅安、荥经、天全、名山、邛崃五县茶商资金 33.5 万两九七库平银，承销南路边茶全部引票，从而垄断南路边茶的销售。为了增强竞争力，边茶公司打破传统的茶商不出打箭炉的限制，先后在理塘、巴塘、昌都等处设立销售分号，减少中间流通环节；通过官督商办，整理和改良茶业。在短短的一年内，边茶公司在边茶的经营上就取得初步成绩。民国时期，西康省主席刘文辉在《西康概况》一书中就曾说：“在前清赵季和时代，本已组织有官督商办之（边茶）公司，成绩甚佳，一年之中，曾盈余三四十万元。”

综上所述，自宋代开始，茶叶就成为输入四川藏区最重要的商品。在宋、元、明、清时期，四川藏区的商业贸易，基本上就是围绕着茶叶贸易展开的。由于宋、明和清王朝都将茶叶作为控制藏区的商品，因此茶叶贸易不是单纯的商业活动，而是具有极为明显的政治目的。《明史》卷 331《西域三》就说得非常清楚：“太祖以西番地广，人犷悍，欲分其势而杀其力，使不为边患，故来者辄授官。又以其地皆肉食，倚中国茶为命，故设茶课司于天全六番，令以市马，而入贡者又优以茶布。诸番恋贡市之利，且欲保世官，不敢为变。迨成祖，益封法王及大国师、西天佛子等，俾转相化导，以共尊中国。以故西陲宴然，终明世无番寇之患。”不仅是明代，

① 四川省民族研究所《清末川滇边务档案史料》编辑组：《清末川滇边务档案史料》（上册），中华书局 1989 年版。
② 《赵尔巽咨赵尔丰据盐茶道等详送边茶公司章程》，载《清末川滇边务档案史料》（下册），中华书局 1989 年版。

在宋、元和清代，四川藏区也很少发生足以威胁封建王朝统治权的重大政治变乱，其中一个重要的原因，就是“以茶驭番”取得实效。

宋代开创的茶马贸易，在明清时期逐渐形成由康区的打箭炉垄断西藏与内地的商业，故民国时期编纂的《西康通志稿·工商志》说：“在逊清一代，因羁縻边人，敬崇黄教，惠及康藏，故前后藏卫及印度，均须至炉城购茶；而西藏所出物品，亦待运炉销售，故炉城商务，迄于清末，皆能保持繁荣。”炉城即打箭炉。在今阿坝地区，则形成由松潘控制内地与阿坝草地藏区的物资集散。这种通过垄断茶叶贸易，进而控制地区之间的商业贸易，从经济的角度来看，则是利弊参半。其中有利的方面，主要是加强了四川藏区与内地的经济联系并推动四川藏区商业的发展；不利的方面主要是抑制了四川茶业的发展，并阻碍四川藏区养马技术的改进。

四川茶叶贸易政治化对四川茶业发展的不利影响，主要体现在榷茶制度导致四川茶叶品质的下降，使其缺乏市场竞争力。在唐代，四川茶叶曾以品质优良而畅销全国，“惟蜀茶南走百越，北临五湖，皆自固其芳香，滋味不变，由此尤可重之。自谷雨已后，岁取数百万斤，散落东下，其为功德也如此”①。然而自宋代开始，当四川茶叶逐渐以少数民族地区为主要销售市场后，产品质量便呈下降趋势。宋人就说：“蜀茶久无味，声名漫驰骋。”② 明人则将四川的边茶称为粗茶，亦称“剪刀粗叶”③，以此区别于被称为“细茶”的腹茶。清代四川的边茶，更因假茶盛行，市场信誉日低。“早年茶产自乡，茶摘后即有乡贩与乡户朋比为奸，作假掺伪，鱼目混珠……商人中有不肖，暗购假茶，私下造办，朦蔽运炉，套哄夷人出售。”④ 造成四川茶叶品质下降的原因固然是多方面的，但是一个重要原因就是对

① 《续谈助》卷5引《膳夫经手录》。
② 《宛陵先生集》卷55《得雷大简自制蒙顶茶》。
③ 《明太祖实录》卷77洪武五年十二月乙未。
④ 《清末川滇边务档案资料》卷5《邛、荥、雅、名、天各茶商禀〈禁假降弊以维茗纲而挽茶利由〉》。

四川茶业实行禁榷后，茶农生产的茶叶，全部由官府收购，或者由执有茶引的茶商收购，不存在销路问题，因而茶农只关心茶叶产量的变动，并不关心茶叶品质的改进和提高。而官府垄断茶叶的销售，亦因经营无术，政治腐败，收购的茶叶经常是“堆积日久，风雨损烂，弃置道左，同于粪土”①。其中一个较为突出的例证就是明代初期筠连出产的茶叶，因制作粗糙，质量低劣，官府收购之后，也未能对其质量加以改进，所以一直无法调用。到明成祖永乐年间，库存积压已有三百余万斤，“岁久不堪易马，别无支用，虚占四百人守视”②，最终只能付之一炬，烧毁之。在这种情况下，亦谈不上官府提高茶叶的质量。至于专营茶叶的茶商，在引岸制度的庇护下，唯利是图，剥削茶农，垄断市场，操纵价格，而茶商制作的茶叶，亦是真假杂糅，质量甚差，这种情况在清代尤为明显。由于川茶品质太差，因而缺乏市场竞争力。在明代，销往陕西的川茶就受到湖南茶叶强有力的竞争，只是在明王朝的保护下，才得以保有西北市场。③ 入清以后，不再保护川茶在西北地区的销售，质优价廉的湖茶，最终取代川茶，占有西北茶叶市场。清末，川茶又受到印度茶叶的竞争，同样是在清政府的保护下，得以基本继续垄断四川藏区和西藏的茶叶贸易。“清代川茶专案，政府实行保护，禁止外商侵入，禁止茶种出关，禁止关外种茶。如九龙等处有种植茶株者，政府每三年必派员前往铲除一次。”④ 可以认为，自宋代通过榷茶将川茶的主要销售市场强制确定为少数民族地区以后，四川茶业一直是处于封建王朝的控制之下，川茶成为封建王朝控制以藏区为主的少数民族地区的政治商品，四川茶叶行业也由此成为垄断行业。整个川茶行业，无论是官府统购统销，还是由茶商专营，都是依靠垄断而生存，极其缺乏市场竞争力，一旦垄断被打破，川茶的衰败也就成为难以避免的事情。

---

① 《宋会要辑稿·食货》36之31。
② 《明宣宗实录》卷103宣德八年七月丙辰。
③ 《明神宗实录》卷308万历二十五年三月甲辰；《明史》卷80《食货志·茶法》。
④ 《1935年七月五属茶商呈》，载《近代康区档案资料选辑》，四川大学出版社1990年版。

茶叶贸易政治化，不仅使得川茶缺乏市场竞争力，同时也对四川藏区的养马业产生负面影响。由于藏区劣质马匹可以通过官方的茶马贸易和朝贡贸易进行销售，因而不利于养马技术的改进和马匹品种的改良。在今阿坝地区，虽然自南北朝开始就有品质优量的“青海骢”传入，清代称之为松潘马，但是这个优良马种始终未能取代蜀马的主导地位；在今甘孜地区，自宋代以后，主要马种为西康马，其饲养技术，直到清代仍然是只进行放牧而不加喂精饲料。而只吃草的马匹，毛长肚大，体力甚差，加之因缺铁而不钉铁掌，以致完全不能作为军用马匹。据民国《理化县志稿》卷5《食货》记载：“马，毛垭曲登及各小村共计约1万5千匹。马种头小腹大，毛色杂乱，负重不善走，牛场马且不惯食料。二十七年，中央军校派员购马，在理化治所及毛垭牧地，阅马以千数，竟无一合格者。以此，马仅本地买卖而已，运售极鲜。”中华人民共和国成立后，“1958年我骑兵部队物色坐骑，亦很难选上一匹合格者”[①]。由此可见当地马匹质量之低劣。

自宋代以后，不仅茶马贸易被政治化，铜、铁等金属及其制成品的贸易也被政治化，禁止输入四川藏区，以此防止这些金属被加工制成武器，从而对封建王朝的安全构成威胁。由于四川藏区长期缺乏冶炼铜、铁等金属的技术，这些金属的来源基本上是依赖于内地的输入，而宋代以后的禁止输入，造成四川藏区铜、铁等金属的极度缺乏。清代虽然逐渐允许一些金属制品输入四川藏区，但是开放程度非常有限。由于长期缺乏金属，四川藏区只得大量使用木、石等替代材料制作工具，这在农业工具中尤为明显。而木、石等材料制作的工具，其性能远远落后于金属工具，由此导致生产效率和生产水平的极度低下。可以认为，铜、铁等金属的长期禁止输入，是四川藏区以农业为主的社会经济长期处于落后状态的一个重要原因。

① 四川省编辑组：《四川省甘孜州藏族社会历史调查》，四川省社会科学院出版社1985年版，第225页。

三、民国与中华人民共和国初期的四川藏区商业

民国时期，四川藏区分别属于四川省和西康省。由于行政区划的差异，其商业贸易既有共同之处，同时也存在着明显的差异。

今属阿坝州的松（潘）理（县）茂（汶）懋（功）汶（川）地区，民国时期属于四川省管辖。民国十四年（1925），川军第二十八军进占该地区，民国十六年（1927）在茂县成立“四川松理懋茂汶屯殖督办署”。此后，该地区的贸易便被屯殖督办署所控制。“药材由屯殖督办署设立了药厂，征收药夫的实物，并设置木厂以垄断木材。1933 年屯署复筹组转运局，希图控制商业运输。帝国主义势力此时亦更加深入，英印砖茶侵入了本区。1937 年中国农民银行、四川省银行在茂县、理县、汶川等县建立了办事处，财政部贸易委员会在松潘设立了办事处，他们垄断了边茶、羊毛与药材等贸易。如军政部独占了茶马的贸易，1939 年向西路边茶各茶号订购了边茶 12 万包，分 3 年交货，军政部平均每年销售数额达到了历史上年销值的最高额，他们掌握大量边茶，以高价茶去换取少数民族的马匹以及可以换取外汇的物资。到抗战结束，统治的形式虽然取消了，但垄断的实质并未改变，本区所出大部分为外销物资，仍采用外汇管理办法，对外销物资进行了垄断掠夺。日英两帝国主义的货物，更从西北两方侵入，本地区的贸易，遂为帝国主义和官僚所控制。”①

民国时期，今甘孜州属西康省，其商业的基本情况，民国《西康通志稿·工商志》有一个梗概的说明：

“在逊清一代，因羁縻边人，敬崇黄教，惠及康藏，故前后藏卫及印度，均须至炉城购茶；而西藏所出物品，亦待运炉销售，故炉城商务，迄

① 游时敏：《四川近代贸易史料》，四川大学出版社 1990 年版，第 63—64 页。

于清末，皆能保持繁荣。乃至英藏商约成立之后，西康商业，遂即开始受其影响。茶业固无论矣，即藏产物品，亦因英人侵竞之故，渐失去其东销之传统习惯，故西康商务逐渐蒙受其影响。民国以还，边事日多，康地商业，日益萧条。康藏商运，既时梗时通，而川滇各地又复内战绵延，并无长久时间之安定，康省商业皆有日趋萧条之势。清季与民国初年相比照，其差异尤为显著易见。如在清季，自川省输入年约二千余万元，而民国初元，由藏输出者，乃反超出数百万元。此后康藏商业，久陷停滞，乃至近年方渐复旧观。

"至川康商业在清季时亦相当繁荣，藏民将货物售与出口商人，取得四川成渝各地兑票；藏民再以兑票购茶布杂货，每年由四川、滇、甘松销康藏印度之货约三千万元之巨。而民国以来，每年由川输入者，不过一二百万元，由藏销出则有千余万元，较之清代，反差至五分之一之多。抗战以来。交通恢复，产业日趋发展，内地商人渐感康藏商业之兴趣，故已有日趋复苏之象。自二十八年宁雅两属划归康省以后，形势更为一变。而宁属与滇川之交通，既有公路之联络，更能收货畅其流之效。于是现代式之商业机构，日益兴起。而康省工业，在省府及中央积极推之下，已能逐步长成。其于日用必需品之制造改进，亦使商（业）行为随之趋于活泼。"①

总体上看，民国时期，四川藏区的商业，大体以1937年为界线，分为前后两个时期。1937年前，四川藏区先后被不同的地方军阀割据，其中松理茂懋汶地区在民国十四年（1925）被邓锡侯的第二十八军占据，原属川边地区的东部在民国十六年（1927）为刘文辉的第二十四军据有，而原川边地区的西部则处于西藏地方政府控制之下。在军阀割据期间，四川藏区的商业，与清朝后期相比较，皆有不同程度的衰退。尤其是以转口贸易为主的康区，"1912年（原注：民国元年）以后，封建统治稍松弛，土司又复

① 载《近代康区档案资料选辑》，四川大学出版社1990年版。

嚣张，社会秩序混乱，商旅裹足。1914年陈步三变乱，店铺遭受抢劫，商人损失达千万元。1918年杜统军变乱，劫夺商家达二三百万元，继以欧战爆发，出口药材滞销，损失亦复巨大。自后军阀横征暴敛，1923年，税额由15％增至30％以上，商人将其转嫁到消费者身上，物价上涨，又形成滞销，招致商业倒闭达2/3"[①]。1937年抗战爆发后，国民政府加强对四川藏区的控制，并实施战时经济政策，其中对大宗商品贸易的"统治"政策，即实施"统购统销"，对商业的影响尤为显著，[②] 并由此导致四川藏区的商业结构发生重大变化，其影响一直延续到中华人民共和国成立之后。同时，英印商品经西藏进入四川藏区，再转运到后方各地销售。"英货的转销地点主要在康定，交易所用的媒介物资，不是货币而是边茶。货品中有匹头、毛货、纸烟、棉纱、颜料、西药等。从1943年到1949年当中，英商通过茶商，以茶包交易而来的占其中极大的比重，于是边茶当时竟成了英货流通的媒介。"[③] 据估计，每年在康定销售的外货约值200万银圆。英印商品大量进入四川藏区，使得四川藏区的出口商品主要销往印度，四川藏区大宗商品的贸易方式也由此发生变化。

民国时期，四川藏区的大宗商品贸易，在松理茂懋汶地区，主要输出商品为药材，每年约140余万元，其中松潘约65万元，理县约64万元，懋功约20万元；羊毛与皮张输出额亦大，其中羊毛年输出约40万斤，羔皮约30万斤，牛皮约100万斤。此外，黄烟、硝碱和鸦片亦为大宗输出商品。输入商品主要为茶叶，清末民初年输入1—5万市担；其次为布匹、绸缎和铜器杂货、金银等装饰品、宗教用品。此外，菜油、腊肉、玉米、大米等食品亦为大宗商品。[④] 在今甘孜地区，主要输出商品以牛、羊皮及羊毛为大

① 游时敏：《四川近代贸易史料》，四川大学出版社1990年版，第39—40页。
② 康欣平：《民国时期康藏贸易中的"统治"》，载《西藏民族学院学报》2011年2期。
③ 雅安县工商联合会：《四川省雅安专区边茶史料》。
④ 游时敏：《四川近代贸易史料》，四川大学出版社1990年版，第62页。

宗；药材以麝香最为著名，年产约3000斤，价值百万元以上，同时年输出虫草3万斤、贝母45万斤、知母67万斤，大黄、秦艽各数万斤，羌活万余斤；输出的矿产品以黄金最著名，年运金至康定约2000余两。1940年后，鸦片又成为重要输出商品。输入商品以四川的茶叶最为重要，年入关约50—60万包，值银130余万两。此外，还从四川输入纺织品、米粮、铁器、酒，自蒙古输入柔皮马具，从西藏输入麝香、鹿茸、熊胆和野皮，自哲蒙雄输入米谷、烟草，从印度输入藏红花、藏香、藏青果、藏呢和名为“藏土”的鸦片。①

概言之，民国时期，四川藏区的大宗商品交易，属于输入的商品，主要有茶叶和纺织品；属于输出的商品，以药材和毛皮为主。此外，鸦片也是民国时期四川藏区重要的输出商品。

茶叶贸易。民国时期，川茶仍然是输入四川藏区最重要的商品，其中主要销往松（潘）理（县）茂（汶）懋（功）汶（川）地区的西路边茶，于民国元年（1912）废除引票制度，允许商人自由营运。为了保证茶税收入，四川省政府推行“商总”制度，即由经营西路茶叶贸易的茶商选举产生两名“商总”，一名驻成都，一名驻灌县，统一办理领取茶票和缴纳茶税等事宜。而四川省政府对税票的控制，基本上与原有的引票相同，因此商总每年应缴茶税，仍然按照从前的规定，准以甲年领票，乙年起用，并完纳税银及缴清旧税。若旧税未缴，不得请领新票。关于查验事项，则于茂州石榴关、汶川索桥关，各设茶关一处，派员专司茶验事宜。西路边茶贸易在废除专商引岸，实行自由竞争之后，资本雄厚的本立生、丰盛和、义和全、天生永、裕国川、普益通等六家大茶商逐渐垄断草地、青海和甘肃等地少数民族的茶叶供销，并操纵西路边茶的贸易。然而民国前期的西路边茶贸易，与销往康藏的南路边茶一样，存在茶税不断提高，茶叶质量低

---

① 游时敏：《四川近代贸易史料》，四川大学出版社1990年版，第37—39页。

劣等问题，“1912年后，军阀对西路边茶初定每票（约重122斤）征收库银一两。嗣后茶税逐年增加，输出量虽然减少，而引票仍照原定税额征收，每担累至二两有奇；加以沿途卡税，每担四角，合计每担实达银圆三元以上；还要年年预征引票。由于军阀重税，垄断专商店，首先将负担转嫁到生产者身上，抑价收购，高价卖出，其结果产销两困，输出量大减。1913年（民国二年）销量6.5万余担，1914年销量11万担。1915年销量10万担，1916年销量5.8万担，1917年销量约为4.2万担，1918年销量约为3万担，1919年销量约4万担，1920年销量约8500担，1921年销量约3500担，1922年销量3214担……往昔，西路边茶由采摘、选炒、蒸制、蹈踩等七道工序制成好茶，现则弃嫩叶留粗叶，将粗于指拇大的粗杆夹入其中图增重量，还有不举火而制茶的，质低价昂，销路日窄”①。在这种情况下，湖南茶和印度茶乘机侵占原西路边茶的市场。“此时，湖南茯茶，遂乘机进入四川边茶市场。由于陕帮三元客商，见西路边茶价高质劣，径往湖南采办散茶，改装成包。为适应草地人民习惯，每包重量5斤，加以装璜，运往甘肃而达草地北首。将茶改成小包后，便于零星易货和携带方便，很受当地人民欢迎。湖茶质量虽不及川茶，但经湖南茶商努力推销，仍有相当销量。英印茶叶也于此时开始侵入边茶销区。因此，西路边茶市场起了很大的变化。”②

销往西藏和康区的南路边茶，清末成立的边茶公司，“民国初建，国内骚然，遂行瓦解，各自经营，间有掺有赝品，茶质杂矣”③。在刘文辉主持西康省后，仍然实施引票制度，每年制发引票，由各属茶商承领。然而南路边茶在与英属印度茶叶和云南茶叶的竞争中，不仅基本丧失传统的西藏市场，就连康区也受到印度茶叶的侵销。究其原因，民国二十四年(1935)，专销南路边茶的雅安、荥经、天全、名山、邛崃五县茶商在给西

① 游时敏：《四川近代贸易史料》，四川大学出版社1990年版，第147页。
② 游时敏：《四川近代贸易史料》，四川大学出版社1990年版，第147页。
③ 李亦人：《西康综览》，正中书局1941年版，第343页。

康总商会的的呈文中，归纳为以下七条：[①]

1. 票额增多。清代茶课，部引官商，计引八万余张，每张纳库平银一两，先发引过茶，然后纳课，为邛、雅、名、天、荥五县专案。彼时茶叶甚旺，引不敷用，常向盐茶道请领。赏需无息等票，不纳课银，仅纳手续费。清末印度茶侵销藏卫，赵大臣尔丰以边茶于国课国防皆有关系，为谋补救，特奏准督办边茶公司，改良制造，用资抵制。停发一切杂票，加引为十万张。民初，取消公司，改引为票，由四川财政厅制发，票额仍旧。民七，茶票改归川边财政厅制发，始增为十万另八千。十五年，即邛商有认案二千者，遂加票为十一万张。但票虽加多，而实际上树老山枯，茶不敷配，每年皆未能完销。

2. 课税增重。民初每票一张，纳库平银一两。民国十二年，每百张加票本藏银四元。十三年，每张加护商费一角。二十二年，每护商一角外，加剿赤印花工本杂费，又约一角。就金玉茶买本言，每包约值大洋一元，纳课三角有奇，税率达30%以上。加入脚费计之，税率亦达百分之十几。按之常关，值百抽二小数五之税率，已超过十余倍。

3. 有课无茶，关市征而不稽也。清季纳课，注重春冬二季。春季课银，常缓至秋季缴纳。夏季因值采买新茶时期，故体恤商情，免去催科。民国后，均仍旧。自十六年以来，始改为四季征收，继变为按月追收。不宁为是，由清末到民初，皆是有茶包始纳课，先过茶后纳课，商民常欠课款。自民国十六年以还，茶课须先纳预征，变相成为定例。茶票配销与否，不之稽也，因是已纳课而未配之票愈存愈多，总计约有十万左右。到二十四年秋季，犹有二十二三年茶票者。

4. 商民减少。查清季邛、雅、名、天、荥五县茶商，共200余家。民国初年，减至百余家。七年，犹有80余家。现刻仅存30余家，其中三分之一无

① 《近代康区档案资料选辑·1935年7月五属茶商呈》，四川大学出版社1990年版。

力撑持，已将歇业。其三分之二虽勉强撑持，亦力难久支。因预征故，商民逃亡日多。因逃亡故，课税减色。二十三年以有着之票，每年只八万多张，公家起征足十万，而遂分甲乙丙三等摊加，平均每百张票增课银 15 两有奇。

5. 品质粗劣。商民以受种种之损失，积累难堪。茶园户，亦不讲求培植茶株。生活日高，生产反以日蹙，贸易日减，课税反以日增。政府俨如债主，逃课不惜亡命，逋逃愈多，商累愈重。政府又不准歇业，无可奈何，乃劣其货而廉其价，以希图完课纳税，免受国法之制裁，此所以招外商之侵入，而骤难制止也。

6. 唯课不护。清末，印茶虽侵入西藏，其制造未良，不合藏人口味，尚无大碍。嗣英政府奖励茶商，印茶制造改良，交通便利，运输省费，关税优待，成本独微，川茶乃受其影响。近五六年来，滇茶并销西藏，川茶益形滞色。前者康藏概为川茶销场，今则西藏地方已为滇印唯一销茶处所，川茶但销西康境内，仅有少数细茶入藏。清代川茶专案，政府实行保护，禁止外商侵入，禁止茶种出关，禁止关外种茶。如九龙等处有种植茶株者，政府每三年必派员前往铲除一次。今印茶既入藏，川滇又并销，关外禁种又不严，不保护专案之利权，唯预征专案之茶课。护商有费，劫盗仍行，保障赔偿，谁负其责。故西康四民之苦，莫如商民。各帮商民之苦，莫如茶帮。号称大商，不若穷民。有如孤儿寡妇，向人强笑，背后偷啼，痛苦愈深，愈无可诉。

7. 专案束缚营业。窃专案之制，闭关时代行之有通，人民、政府均可获益。今各国实行经济侵略，对于国民商业似宜提倡解放，施以护助，使人尽其材，地尽其利，度有资本者，得经营茶务，相互竞争，茶业必且蒸蒸日上，无力者得歇业自由，痛库可以渐渐减少。倘唯存专案之虚名，不加保护之实力，激扬专案之流毒，实行剥夺之威权，此数十户茶商，歇业不可，营业不能，欲求不流为饿殍，不可得矣。

民国二十五年（1936），西康建省委员会为避免边茶行业倒闭，决定豁免五县茶商历年旧课。此后，边茶引额与实际销量，大体相符。

抗战爆发后，国民政府财政部于民国二十八年（1939）规定，茶叶应由政府统购统销，并决定增辟西南新茶区，责成中国茶叶公司负责办理，由此使得四川藏区的边茶贸易逐渐被官僚资本所垄断。

西路边茶的销售。民国二十七年（1938）修订的《四川省西路边茶暂行简章》规定，经营边茶的茶商具认保状和商会证明，即可领票销茶，由此取消了茶总制度。民国二十八年（1939），因湖南、湖北被日军控制，出口苏联和运销西北的湖茶出现问题，贸易委员会在征得苏联同意后，决定用四川西路边茶代替湖茶出口苏联。同时，国民政府军政部因战马缺乏，也拟用川茶在草地易马3万匹，于是在“1939年向西路边茶各茶号订购了边茶12万包，分3年交货”[①]。贸易委员会还为此在灌县建立茶厂，在松潘设立办事处，以期控制西路边茶的贸易。抗战胜利后，贸易委员会被裁撤，“但中央银行对外汇仍严格管理，茶商由西路边茶所换的羊毛、麝香等出口物资外销所得外汇，必须低价卖给中央银行，实际上间接控制了西路边茶。西路边茶各茶号换得外销货物，无利可图。临近解放，长江断航，外销货物更无销路，西路边茶贸易几告停顿”[②]。

南路边茶的情况。据《1939年川康建设视察团西康组报告》说：“最近印茶侵入西藏，我国川茶渐受威胁。茶商智识浅陋，故步自封，且多不重信义，掺杂混假，所在多有。故川茶运藏，声誉日坠，颓势不加挽回，实属不堪设想。故为国防前途计，为茶商本身计，产制运销，均宜极求改良。而组织大规模之茶叶公司，以科学方法改良其品质，以政府力量加强其统治，在今日实为必要。本年，中国茶业公司有与康定茶商合资开办公司，以谋振兴边茶之意。惟少数较大茶商，以康地茶业向行引岸之制，一加统

① 游时敏：《四川近代贸易史料》，四川大学出版社1990年版，第63页。
② 游时敏：《四川近代贸易史料》，四川大学出版社1990年版，第152—153页。

治，则传统利益，恐难保持，故群起加以反对。因之中国茶业公司不果到康，遂退而设分公司于雅安。康定茶商乃联合地方茶商二十余家，合资开办康藏茶业公司，以为改良边茶之张本。但小本茶商对此亦颇反对。因边茶引票，原有定额，如由公司统治，则小本茶商，势将全被淘汰也。该公司对此则劝导小本茶商，尽先入股，以便享受购得引票之权利。若资金困难，并可以资产折款入股。现小本茶商多已可望加入，故康藏茶业公司，已在积极组织中。”[①] 民国二十八（1939）春，康藏茶业公司正式成立，股本合法币 1000 万元，其中官僚资本约占 20%。总公司设在康定，由永昌茶号夏仲远、孚和茶号余根仙任正、副经理，康定和成银行经理宋鸿钧代表官僚资本任副经理。同时，在雅安设立分公司。在荥经、雅安、天全共设立 10 座制茶厂，其中第 1、2 两厂设在荥经，专制细茶、砖茶，年产 3 万包；第 3、4、5、6、7、8 厂设在雅安，主要制作金尖、金玉茶，年产约 29 万包；第 9、10 厂设在天全，专制粗茶，年产约 1 万包。康藏茶业公司成立后，通过承包全部 11 万张边茶引额的茶税，垄断南路边茶贸易。公司成立当年，生产边茶 35 万包。然而在民国三十一年（1942），茶税改由中央征收，税收科目均照通案实施，边茶引岸制实际上被废弃，康藏茶业公司对南路边茶贸易的垄断地位也随之被打破，加之经营不善，内部矛盾复杂等诸多原因，公司经营逐渐陷入困境。至民国三十八年（1949），仅产销茶叶 3—4 万包左右。在康藏茶业公司衰落的过程中，中国茶业公司和一些地方军阀、官僚利用边茶引岸制度被取消的机会，插手南路边茶贸易，先后成立荥经藏茶制造厂、西康公司、富康公司、利康茶号、兆裕茶号、24 军 37 师合作社，等等。而原来加入康藏茶业公司的一些陕帮茶商，亦脱离公司，自行经营，并组成同业公会，办理茶商的纳税事宜。尽管南路边茶在实行自由贸易后形成较多的茶商，但是整个茶叶贸易却不断衰落。“从 1948 年到

① 《近代康区档案资料选辑》，四川大学出版社 1990 年版。

1949年总产量仅有17万包左右，比常年产量减少60%。此时英印茶叶乘机大量侵入康藏，扩展销区。经营印茶最著名的商人为印度人西日让，设号于当生葛玛，每年制砖茶约150担、沱茶700担。次年英人邦卡巴任，设号于大吉岭山脚卡相，年产沱茶2000余包。由于英印茶叶的侵入，西藏有年值数十万元的土产，如羊毛（约500万斤）、皮革、药材、黄金（约万两），麝香等流入印度，再不经西康从四川出口了。”[①]

药材贸易。四川藏区出产多种药材，早在汉代，汶山郡就以“特多杂药”[②] 著称。入唐以后，位于岷江上游地区的州县，主要土特产品就是畜产品和麝香、羌活、当归等药材，其中一些州还因出产药材而得名，例如当州就是“以土出当归为名”[③]，松州则是以州界内出产甘松的“甘松岭为名”[④]。在宋代，岷江上游地区的部落民，通常就是用药材等土特产品交换茶叶，“归去喫用，谓之茶米”[⑤]。元明清时期，除了岷江上游地区出产药材之外，随着康区与内地关系逐渐加强，其药材也成为重要的土特产品。民国时期，四川藏区出产的药材，通常分为植物、动物、矿物三大类。其中植物类药材，以知母、贝母、秦艽、大黄为主；动物类药材，以麝香、虫草最为著名；矿物类药材有硼砂、云母等，唯因用途不广，销量不大，在药材贸易中不占主要地位。

民国时期四川藏区主要药材产地表[⑥]

药材名称	产地	年产量（斤）
虫草	四川藏区各地均产，其中理化、德格、邓柯、巴安和松潘、理县、茂县、懋功产量较多	康区：31530；松理茂懋汶：2000

① 游时敏：《四川近代贸易史料》，四川大学出版社1990年版，第151—152页。
② 《后汉书》卷86《南蛮西南夷列传》。
③ 《旧唐书》卷41《地理志》。
④ 《旧唐书》卷41《地理志》。
⑤ 吕陶：《净德集》卷1《奏具置场买茶旋行出卖，远方不便时状》。
⑥ 游时敏：《四川近代贸易史料·松理茂懋汶地区特产表》和《西康通志稿·农牧篇》第21—22页表，并参考相关记载制成。

续表

药材名称	产地	年产量（斤）
麝香	四川藏区各地均产	康区：1200－2000；松理茂懋汶：700
贝母	四川藏区各地均产，其中松潘、阿坝、理县、懋功和理化、白玉、德格产量较多	康区：40000；松理茂懋汶：10000
知母	康属各地均产	康区：60000
秦艽	四川藏区各地均产，其中理化、稻城、乡城、甘孜和阿坝、俄罗、理县产量较多	康区：50000
羌活	四川藏区各地均产，其中九龙、道孚和包坐、理县、懋功产量较多	康区：40000；松理茂懋汶：2000000
大黄	康定、理化、甘孜、雅江、九龙和松潘、理县、懋功、茂县、南坪	康区：210000
木香	四川藏区各地均产	康区：100000；松理茂懋汶：200000
麻黄	康属各地均产，其中九龙、道孚、丹巴产量较多；松潘亦产	康区：23112
赤芍	康属各地均产，其中九龙、道孚、丹巴产量较多	康区：32000
当归	泸定、松潘、汶川	康区：21000；松理茂懋汶：10000
防风	泸定	康区：1000
黄芩	泸定	康区：1000
甘松	松潘、懋功	松理茂懋汶：200000
五加皮	松理茂懋汶	松理茂懋汶：10000
泽泻	松理茂懋汶	松理茂懋汶：70000

民国时期，四川藏区的药材，主要取自野生，人工种养殖的药材极少。取自野生的药材，以植物类药材为主，采药者称为“药夫子”。其中在松理茂懋汶地区，药夫子“在松潘则是少数民族占多数，在茂县则是本地贫民较多，除少数民族外，还有川北各县的破产农民。他们受雇于药业资本家一棚厂，是由采药的人组成，推举棚长统率其事，于一年的九十月间出

资租赁药山，修搭路蓬，驱使药夫子采挖药材。当地的‘屯署’又成立药厂来管各棚厂，向他们进行实物征收。以贝母为例，每人年征一次，分上、中、下三等。征率：上等征干贝 31 两，中等 27 两，下等 20 两，棚长和儿童免纳。棚厂又按等级提实物给棚长，作为津贴，上中等厂提 11 两，下等厂提 8 两”①。而在康区，“药夫子多为四川安岳、乐至及川北之人，预支药商钱粮，随带炊具帐篷及工具，结队入山采药，下山以药材抵偿预支药商钱粮。各药商于采药季节，分派熟习康语者，赴各埠收集药材，或催收前放药夫子之债。业牧之民，亦有利用余暇，从事采药，以与药商交换茶烟布匹之属”②。药材商收购麝香等动物类药材的方式，大体与收购植物类药材类似，“其收购麝香的方式，以高利贷款给少数民族商人，预交订货时间，或在灌县、成都买好布匹和日用杂货运入，以实物掉换少数民族的土特产品”③。在四川藏区从事药材交易的商贩，大体分为内地与本地商人两大类。在松理茂懋汶地区，内地商人居主导地位；在康区，“药商多陕人，次则喇嘛寺及川人，大都设号于康定，并设分店于康属南北两路各大市镇”④。药材商在四川藏区收购的药材，主要在灌县和雅安进行集散。其中灌县药材市场的药材来源，“包括松潘高原的松潘、理县、茂县、汶川及灌县和青海的一部分地区。四川的珍贵药物多产在这个地区，主要药材有：松潘的甘松、大黄、贝母、柴胡、木香、硫磺、羌活、甘草、秦艽、鹿角、麝香、虫草、当归、鹿茸；理县的大黄、虫草、贝母、羌活、秦艽；懋功的麝香、虫草、贝母、大黄、羌活、黄芪；茂县的麝香、贝母、虫草、花椒、蜂蜜、杂药；汶川的当归、羌活、贝母、柴胡；灌县的川芎、泽泻、木香、羌活、凉黄等。以上药材集散市场在灌县。有上海、广东、浙江、江西、河南、陕西、重庆各帮在此设庄，购买山货、药材。为适应药材贸

① 游时敏：《四川近代贸易史料》，四川大学出版社 1990 年版，第 67 页。
② 民国《西康通志稿·农牧篇》，载《近代康区档案资料选编》，四川大学出版社 1990 年版。
③ 游时敏：《四川近代贸易史料》，四川大学出版社 1990 年版，第 64—65 页。
④ 民国《西康通志稿·农牧篇》，载《近代康区档案资料选编》，四川大学出版社 1990 年版。

易的需要，又有药材贸易行栈10余家。集中在这里的药材称为西路货”[①]。而康区也“是四川重要药材的出产地区之一。主要药材有：西康地区理化、德格的虫草；石渠的贝母；九龙孔壬、瞻化的大黄；德格、甘孜、道孚、宝兴的鹿茸、麝香、虫草、贝母、硼砂、知母、大黄、鹿角、豹骨、秦艽……雅州的黄连、木香、牛膝、赤芍、朴头、朴花、当归、天麻、熊骨、羌活。集散市场在雅安。雅安地处西南边陲，管毂康藏，西昌地区的进出口货物，亦从这里集散转运，是四川西南的一个较大市场，也是药材的主要集散地之一。外地大商帮多在雅安设有庄号。药材帮以天兴仁、长记复生、同顺昌、太极生为巨。单是天兴仁一家，在抗日战争前，交易额就达10万余元”[②]。

由四川藏区输出的药材，一部分供国内中医和藏医消费，一部分为外销药材。其中外销的药材中，麝香最为重要。“麝香在世界各地除中苏及阿比西尼亚以外，实为中国特产，而以西康为中心。康省所产，其品质最佳，香烈程度超过苏阿二三倍，在国外市场可称独步。不但用为高贵香料，且为重要之镇静剂。出口之麝香用于化妆品者约占十分之七，用于医药者占百分之三（十?）。过去在海关册上竟占税率之首位，因其每公斤系纳税百元也。川西松懋所产多销国内。滇西接近金沙江边者，多系由香港出口。至青海玉树出产，则汇聚于西康，与本境所产同销国外，以上海为其出口处。其产量变动不大，每年约一千二三百斤，盛产时有到二千斤者，至极盛时曾达二千四五百斤，此则为异数矣。其产量虽不大，但因价值昂贵之故，其总值颇为可观，在占领输出货值百分之七以上之药材中实远居首位，过去每两值五百元，故其总值恒在百万元以上……现麝香在康境集中地仍在康定，年约一千一二百斤，约占总输出百分之九十以上。现时在康定专

① 游时敏：《四川近代贸易史料》，四川大学出版社1990年版，第162页。
② 游时敏：《四川近代贸易史料》，四川大学出版社1990年版，第162—163页。

营麝香业者尚有四家。”① 而游时敏《四川近代贸易史料》则说：“四川麝香来自两大路：一路为灌县麝香，产地松潘、理县、懋功、茂县。其中又有大小路之别。产于松潘、茂县的称为大路货，色黄皮薄，质量较好；产自新街子、绥靖、崇化的称为小路货，味短色黑，其质较次。另一路为西康麝香，原西康省各县都产，平均年产量约200枚……四川所产麝香，分别运到康定、雅安、灌县，再集中重庆，除内销部分外，大部输出。据重庆市药材业公会统计：1931年至1933年，麝香年均输出量为115斤，总值3.5万元。”除麝香之外，四川藏区出产的贝母、大黄、虫草也是重要的出口商品。其中贝母在民国时期以浙贝和川贝最为著名，“川贝母产于西康和松潘两地。川贝全属野生，以松贝最为有名，产于松潘黄胜关、阿坝俄落的贝母质量最佳；理县的孟董沟、瓦钵梁子、九甲沟、黄上梁、猛古、虹桥、十八挂、大中子、王家砦、马河沟等地也产；茂县、懋功、崇化、绥靖、抚边各地产的贝母，统称松贝。1931年至1933年，从重庆出口的川贝年均输出量为4.76万担，价值200万元”②。而康区“贝母销量可达麝香价值之半，而知母亦达三分之一”③。大黄则有南大黄与北大黄之分，北大黄产于青海和甘肃，“南大黄即四川出产的大黄，产于松、理、懋、茂地区和西藏（野生又名凉黄）；产甘肃文县、阶州的纹黄；南坪、阶州的野黄，又名鬼子黄；西藏、打箭炉的雅黄。大黄国内外销量都大。四川大黄在北路的集中碧口，沿嘉陵江运重庆；出产于松潘一带的集中灌县，下成都，水运经乐山运至重庆。1931年至1933年，由重庆出口运销国内和海外的大黄年平均58.6万斤，值12.9万元。虫草，产于四川的德格、甘孜、泸定、宝兴、松潘、茂县、理县、汶川等地。虫草寄生于鳞翅动物蛾类幼虫之体中，夏天为草，冬天成虫，故名为虫草。产于西藏高原的虫草集中打箭炉转运雅

---

① 民国《西康通志稿·工商志》，载《近代康区档案资料选编》，四川大学出版社1990年版。
② 游时敏：《四川近代贸易史料》，四川大学出版社1990年版，第161页。
③ 民国《西康通志稿·工商志》，载《近代康区档案资料选编》，四川大学出版社1990年版。

安，再运重庆。本省只内销一部分，大多运销省外和南洋一带。1931 年至 1933 年三年平均从重庆出口的虫草为 7083 斤，总值 89.9 万元”①。

民国前期，四川藏区外销的药材，总体呈下降趋势，例如以四川藏区为主产地的四川大黄，民国二十年（1931）输出值为 30 余万元，民国二十一年（1932）仅为 8 万元。造成这种状况的原因，除了市场需求量的波动，日本同类药品的竞争之外，军阀割据，捐税苛重也是一个重要因素。“甘肃碧口交运的当归、大黄经嘉陵江运至重庆，必须经过 28 道关卡，苛捐杂税等于进货价。因此，有时使重庆药材价格高于上海药材价格，势必减少出口量。”抗日战争爆发后，四川藏区的药材贸易，被纳入“统治”的范围。“国民政府于 1938 年 1 月宣布统治出口外汇，中药材也要结汇后出口。1938 年 4 月 22 日财政部公布了《商人运货出口及集结外汇办法》，5 月份又在其规定‘应结外汇的 24 个品种’中指明中药材一定要结汇，即一定要将出口所得外汇卖给国家。1939 年 11 月，广州和汉口失陷，出口困难；1941 年滇越、滇缅两出口线中断后，商运中药材出口更为困难。抗战胜利后，海外运输仍然困难，加以外汇官价与黑市价格的差距逐渐扩大。这一切都使四川的中药材仍然不能出口，也难运销国内的原有市场；直接困毙了药商，间接也扼杀了药农和药夫子的生产。四川中药材的出口，在抗日战争交通艰难时期，并未完全停顿，贸易委员会及其所属如富华、复兴等公司和中央信托局并没有放弃对四川中药材的经营。它们乘出口交通断绝和外汇官价与黑市差距较大，商人不能购运，市价狂跌时，大量收购当归、大黄、川贝、虫草、银耳、麝香、五倍子等，空运出口。”②

羊毛贸易。民国时期，四川藏区的羊毛贸易，分为松理茂地区和西康地区。其中松理茂地区的羊毛，主要产自草地，分为北首毛和南首毛。“以

① 游时敏：《四川近代贸易史料》，四川大学出版社 1990 年版，第 159 页。
② 游时敏：《四川近代贸易史料》，四川大学出版社 1990 年版，第 166—167、170 页。

松潘为分界点。牧区不同，羊毛的质量亦异。上下作革班，占巴细阿细合坝，辖米十二部落（均为译音）及上下包座一带者名北首。北首牧区所产羊毛称北首毛，羊毛质量最好……上中下三阿坝、三果洛、三阿坝（树?）一带为南首，南首牧区所产的羊毛称南首毛，南首毛较北首毛质量稍次。”① 民国十六年（1927），松理茂地区所产羊毛，估计达到300万斤。此后产量逐渐下降。据民国二十八年（1939）“川康毛麻工业调查团”的调查，松理茂地区输出的羊毛，松潘43.8万余斤，理县13.9万多斤，估计走私约2.8万斤，总计输出量在60万斤以上。松理茂地区出产的草地羊毛，主要是在松潘县进行集散。产地的羊毛，用牦牛或犏牛运至松潘，由松潘城内收购羊毛的商号进行收购。民国二十七年（1938），松潘城的羊毛商号有聚盛源、泰记、祥福、裕通、天厚长、兴盛福、兴长发、元盛西、尹铺记、协昌尹等18家，年收购羊毛总计44万斤。此外，松潘城内也有一些散户收购来自草地的羊毛，据“川康毛麻工业调查团”估计，这些散户每年收购的羊毛，总计约为4.4万斤。整个松理茂地区出产的羊毛，大约有80％在松潘集散，20％在理县集散。集中于松潘、理县的羊毛，通常是用人力的挑子、背子或牲畜驮运至灌县再进行集散。灌县的羊毛交易，由货栈将“毛贩”运来的羊毛，介绍给山土字号购买，从中收取佣金。山字号购进羊毛后，通常要进行简单的加工处理，扯松块毛、卷毛，去除杂质和毛内油气。民国二十八年（1939）财政部贸易委员会在灌县建设洗毛厂，每日可洗羊毛30担。羊毛经过选择、洗晒后，打包盖印，即可装运。

西康的羊毛，主要来自北路，即“出康定北门经丹巴、甘孜或出南门经道孚、炉霍、甘孜、德格，包括石渠、瞻对等，为羊毛唯一的来路”②。西康羊毛的质量，总体上看，介于松潘羊毛南、北二首之间。在康藏地区

---

① 游时敏：《四川近代贸易史料》，四川大学出版社1990年版，第237页。
② 游时敏：《四川近代贸易史料》，四川大学出版社1990年版，第44页。

从事羊毛收购贩运交易的羊毛商主要有四种：一为零收毛贩，“全为当地小贩，各有一定范围及私人交谊，随牧民以迁徙，携带日用品，与牧民物物交换”，其收购数量至多不过百驮，然后集中在某一寺院售给二等毛贩，换取货品。二等毛贩，“经常备办牧民必需货物，如茶、布、糖、盐、烟草、火柴及现金等，远行至接近牧区之寺院，等候零收毛贩与之交易，或乘牧民区域之庙会、马会时期收购，并预订下期货物”①。大毛贩，通过设立庄号，以茶叶、布匹等货物与二等毛贩换购羊毛，其中邦达昌和甘孜活佛司结昌、昌都商人达萨昌、群珠昌、阿浴昌，甘孜商人恩珠昌、陈马昌、加多昌等较为著名。② 四为汉商，在抗日战争爆发前，西康出产的羊毛，主要是在康定进行集散。“羊毛运至康，歇足于‘锅庄’，然后由行栈介绍汉商购买，用锅庄自备秤称之。买卖成交后，锅庄可得退扣 4%，行栈得 2%，卖方付给。”③ 汉商购买羊毛后，也要对羊毛进行简单的加工处理，扯松块毛、卷毛，去除杂质和毛内油气。

抗日战争爆发前，四川藏区出产的羊毛，以外销为主，集散市场在重庆，其中由灌县沿岷江一川江水运至重庆的羊毛称为“灌毛”；由康定陆路运至雅安，经雅河水运至乐山，再沿岷江一川江水运至重庆的羊毛称为“炉毛”。“羊毛由庄客运到重庆后，转售与出口字号，将原有包皮上的牌名用麻皮蒙蔽，另标以本号牌名，即可装运出口。由重庆输出的羊毛，每年由几千担增至 1 万余担。国外销场，以英国为第一，其次为美、法、德及香港；上海各场，每年亦大量购入。羊毛销量的比例，国外约占 70%，国内约占 30%。”④

抗日战争爆发后，“平时经康定、雅安沿长江输出的羊毛，大部改由甘

---

① 《康藏贸易公司为拟具收购储销西藏羊毛办法及参考资料事致贸易委员会函》（1944 年 5 月 16 日），财政部贸易委员会档案，三〇九②/376，二史馆藏。
② 《西藏的商业与手工业调查研究》，中国藏学出版社 2000 年版，第 11 页。
③ 游时敏：《四川近代贸易史料》，四川大学出版社 1990 年版，第 241 页。
④ 游时敏：《四川近代贸易史料》，四川大学出版社 1990 年版，第 243—244 页。

孜经青海，顺黄河由天津出口，集中重庆的数量减少”[①]。同时，西康、青海等地的羊毛，还有相当部分是经由西藏运往印度销售。经营康藏羊毛销往印度的出口商，通常在噶伦堡设立商号，将大毛贩收购后运至噶伦堡的原装羊毛加以提检，改成大包（每包约400磅），经英商介绍，售予加尔各答或孟买之英美商行，并向英商支付佣金。[②] 民国二十七年（1938），国民政府贸易委员会将四川羊毛的对外贸易，纳入出口应给外汇货类，实行外汇管理。民国二十八年（1939），贸易委员会又在松潘设立办事处，直接收购西路边茶运至松潘交换羊毛。民国三十一年（1942），贸易委员会以“易货偿债”为理由，对羊毛实行统购统销。由贸易委员会所属的复兴公司承办统购统销业务，直接垄断了四川藏区的羊毛。与此同时，在抗战期间发展起来的川康毛织业，对羊毛需求旺盛，从而使四川藏区出产的羊毛，由原来以出口为主，演变为以供应毛织业为主。“成都出现了机制毛纺工厂。如开源厂生产毛纱、毛絮、毛线，年产约5万斤。惠新厂产出毛呢，1943年1至9月，共产8000码（1码＝0.9144米）。厚生厂出产人字呢、地毯、军毯，该厂于1943年开工，至10月已产人字呢650码、地毯200万尺、军毯1万条。另外还建立了较大的毛纺织厂，如川康毛织公司拥有资本50万元，新式纺毛锭1312枚，织机10台。1944年产出的毛织品高达10.2万米，1947年最低亦有4.9万米，正常年间产8万公尺，厂址在五通桥磨子场，为西康官僚资本投资建造。西康毛织示范厂，系西康省政府投资，资本5万元。采用单锭手纺机及人力铁木织机，年产毛呢7500丈，毛纱1500斤，毛毯3000条。厂址在康南门外喇嘛寺附近。这些工厂的发展，需要羊毛量逐渐增加。为了争夺原料，民族资产阶级与官僚资产阶级发生矛盾，贸易委员会想插手西康的羊毛，与川康毛纺织公司和西康毛纺织示范厂相

① 游时敏：《四川近代贸易史料》，四川大学出版社1990年版，第243页。

② 《康藏贸易公司为拟具收购储销西藏羊毛办法及参考资料事致贸易委员会函》（1944年5月16日），财政部贸易委员会桐油研究所档案，三〇九②/376，二史馆藏。

矛盾。康属提供的商品羊毛不过30万斤，仅够两厂之用（呢绒1公尺需羊毛3斤）。贸易委员会只好集中力量收购草地羊毛，而又使成都等地区的毛纺织厂没有原料供应。1943年8月以后，财政部贸易委员会公布了'羊毛统购统销办法'，这些厂家的原料更无来源。1943年10月，成都各毛纺织厂向有关工业主管机关组织的工业考察团报告说：'据闻近来在灌县交易地区，羊毛已被统治，而各厂商又觉官方不作合法之供应，厂方为维持工作计，以黑市高价收购，然多因资金不敷，每被商贸巨子暗中操纵，厂方吃亏甚大。'"[①] 抗战胜利后，财政部废止了羊毛的统购统销，但是继续实行出口外汇管理，间接控制着羊毛的贸易。

鸦片贸易。四川藏区的鸦片贸易，与罂粟的种植有着直接关系。前已述及，最迟在清文宗嘉庆年间，属于四川藏区的松潘厅，已经出产罂粟。而以罂粟为原料制成的鸦片，是要通过交易进行流通的商品。以此推断，最迟在清文宗嘉庆年间，四川藏区已经有鸦片的交易。清德宗光绪年间，罂粟的种植逐渐在四川藏区蔓延，鸦片的交易也有扩大的趋势。然而在光绪三十二年（1906），中国与英国签订禁烟条约，清政府承诺在十年内禁绝鸦片，英国也承诺在十年内彻底杜绝英印等殖民地向中国输出鸦片。为此，清廷发布禁烟上谕，并采取多种措施实施禁烟。四川地方政府亦从禁种、禁贩、禁吸等三个方面，全面禁烟。至宣统二年（1910），四川罂粟的种植，基本禁绝，仅在少数偏远之处尚有少量种植；烟土买卖和烟膏的销售，由官府掌控，并禁止外地烟土进入四川销售；在禁吸方面，全省"戒断人多至十有余万，风气迥非昔比"[②]。民国初年，中央政府仍然履行前清与英国签订的禁烟条约，实施禁烟政策，四川地方政府同样支持中央的政策。民国二年（1913），四川省行政公署训令各道观察使、各厅县知事，严厉禁

① 游时敏：《四川近代贸易史料》，四川大学出版社1990年版，第245—246页。

② 《总督部堂赵奏报川省土药一律禁种并禁吸禁贩情形折》（宣统二年五月初一），见《赵尔巽全宗案卷》，现藏中国第一历史档案馆。

止鸦片，规定各属从奉令之时起，在本年内全面禁止种植、贩运和吸食。[①] 各地方政府积极执行中央、省府的禁烟法规，同时强调："禁栽罂粟，系中外订约协力进行，较之寻常政令，尤关紧要。"[②] 因而在民国初年，四川基本禁绝罂粟的种植和鸦片的贩运。[③] 四川藏区的情况，基本上也是如此。然而在民国六年（1917）的护法战争期间，滇军和黔军进入四川，为解决军费问题，黔军袁祖铭在其驻防地区公开鼓励种植罂粟，收取亩捐。其后，一些军阀也相继仿效，从而使基本禁绝的罂粟种植死灰复燃，四川再次成为全国著名的鸦片产区。在四川藏区，罂粟的种植在军阀割据期间也有较明显的发展。1935—1940年，四川实施6年禁绝鸦片计划，在汉族聚居的内地，成效显著，但在政情复杂的藏区，不仅没有禁绝鸦片，反而使罂粟种植呈扩张发展之势，从而成为著名的鸦片产区。随着鸦片产量的增加，四川藏区的鸦片贸易也得到较大发展，不过康区和川西北地区的具体情况，不尽相同。

民国时期康区的鸦片，有"云土"与"土货"两种，云土亦称南土，来自云南，质高价昂；土货也称川货，主要产自康区。云土主要由云南商人运进康区销售，其中康定是最主要的集散市场，云南商人在康定设立的"翁顺兴""三益泰"等商号，就是专卖烟土，而入驻杨家锅庄的云南附近察哇绒一带商贩，以及罗家锅庄接待的云南客商，亦以贩卖烟土为主。据民国二十五年（1936）任汉光《康市锅庄调查表》说，"长年来康市南土，全量为三十万两以上之数"[④]。土货的贸易，通常是在产地经由集市贸易进行初级集散。据民国《丹巴县图志》记述，丹巴市场每年鸦片交易的金额约在50万元左右，每逢收烟季节，各路商贩云集，以日用百货、粮食调换

---

① 《四川政报》2期（1913年11月）。
② 《巫溪县禁烟告示及饬团总文稿并批示》（1916年），见《巴县档案》，现存四川大学。
③ 秦和平：《继往不开来：有关民国初年四川地方禁烟运动的认识》，载《西南民族学院学报》（哲学社会版）1999年6期。
④ 见《近代康区档案资料选编》，四川大学出版社1990年版。

鸦片，名为“赶烟会”，逾月不散；而《九龙县图志》则说，自民国以来，鸦片成为贵品。收烟季节，九龙城区每场可收购数百斤。经营鸦片者悉为军队，购价为藏洋五角，运至成都可卖大洋五六元，常有购数百担以至千余担者，由军队沿途护送，高举锦旗，招摇过市。这些“土货”，除少数在本地消费和直接贩运到内地之外，大多与进入康区的“云土”一样，最终汇聚到康定进行集散。早在民国初年，康定就已经是康区最大的公开鸦片贸易市场。川边财政厅特别印制专贴鸦片的印花税票，对贩运到康定的鸦片，由税收机关按纳税数量发给印花税票，销售时按买方所买数量，由卖方贴上印花。凡贴有印花的鸦片，不但可以在市场上公开销售，沿途关卡亦可通行无阻。民国十九年（1930），康定市场大约经销鸦片 30 万两，价值白银 150 万两，占当年康定市场商品经销总额的 10％左右，高于边茶、黄金、麝香的销售金额。这部分鸦片除少量供应康定等城镇烟馆外，大部分运往成都、雅安等地。据民国二十五年（1936）任汉光《康市锅庄调查表》说，“康市现贮烟土，川货、南货合计，恐在五十万两左右”[①]。西康省政府成立后，废止鸦片印花税，禁止公开买卖鸦片，并以制止鸦片在民间扩散为由，在康定设立“肃清烟毒事务所”。规定凡运到康定的鸦片，无论土货、云货，均须向该所申报登记，由该所以低于市价的价格，全部收购封存，如隐匿不报私售者，不仅鸦片充公，处以高额罚款，而且还要拘禁法办。从此，鸦片在康定市面绝迹，运销鸦片的云南商号也收庄回滇。而肃清烟毒事务所收缴的鸦片，每当达到万两以上时，便运到雅安，就地销售或转运成都，由 24 军军部处理。肃清烟毒事务所实际上成为刘文辉财政的重要来源。[②]

在川西北藏区，鸦片的初级集散也是在罂粟的种植地区。随着川西北

① 见《近代康区档案资料选编》，四川大学出版社 1990 年版。
② 刘君：《近代四川藏区鸦片贸易及其社会危害》，载《中国藏学》2002 年 3 期。

藏区罂粟的大面积种植，这一地区出现的鸦片贸易市场，数量较康区更多，而且更为繁荣。小金、黑水、松潘、杂谷脑、马塘、马尔康等相继成为著名的鸦片集散地。其中松潘地区最著名的鸦片市场在松潘县城、漳腊、南坪、镇江关，运销地点为甘肃洮州、中坝及成都，运售者除黑水的博罗子及各小贩外，主要是各地哥老会首领及甘肃商家。在四土地区，最先是在梭磨的马塘形成鸦片交易市场，但随着卓克基地区罂粟种植面积的迅速扩大，年产量高达数十万两，由此促进了马尔康烟土交易市场的形成，并逐渐取代马塘成为川西北藏区的鸦片贸易中心。其首要原因在于管辖马尔康地区的土司索观瀛，不仅大力提倡种植罂粟，同时给予来此交易的烟帮、烟贩以安全保障，而小金、黑水等地社会势力复杂，盗匪遍地，鸦片买卖没有安全保障；其次，小金、黑水道路崎岖，不便运输，且缺乏牲畜饲养草场，而马尔康道路较平，大藏一带即有草场；第三，马尔康在吃、喝、玩、乐方面，为烟客提供了诸多方便之处。因此，从民国三十二年（1943）开始，松岗、大藏、查铺河、四大坝、党坝、梭磨等地的种烟户就直接到马尔康出售鸦片，并吸引了西北的大烟帮来此购烟。同时，小金、理县、黑水、绰斯甲、来苏沟、草登等地在收获季节收购的鸦片，也运至马尔康销售。在马尔康市场，购买鸦片的商人，主要有回商与汉商。回商多来自甘肃、青海，他们带来棉布、面粉、铜器、枪弹，大批贩回鸦片，其中资本大的达十万元；汉商多为四川灌县、成都及川北诸县人，他们运来棉布、粮米、糖果、盐巴、清油、茶叶、铁器，贩回鸦片、药材。每年农历八九月收烟季节，烟市兴旺，藏、汉、回各族商旅云集，划地为市，使马尔康从一个乱石河坝变成繁荣的帐篷市场，多达数百户，参加贸易者达二三千人。另有资料表明，当时仅甘肃商人在此临时张幕驻扎的帐篷通常都有八百顶。在土司索观瀛的扶持下，马尔康不仅开设了茶房酒肆、货摊铺店，而且还有赌场、妓院、药店、旅舍、枪械修理铺，同时还建起了一所中心小学，马尔康在短时间一跃而成为阿坝藏区的贸易大集市。据历史调查，马尔康市场每年集散的鸦片达数百万两。来此贩烟势力最大的有两家，一家是青海马爷（马步芳的代表），资本雄厚，约 10 万银圆，坐镇土司官寨，设立庄口，长期大量收购鸦片；另一家是甘肃贡唐喇嘛，也有约 10 万银圆的资本。此外，甘肃、青海、四川烟帮亦云集马尔康，带来银圆、黄金、枪弹及油粮、布匹等日常生活用品，市场上各种商品琳琅满目，人们熙来攘往，一派繁荣景象。这些主要因鸦片贸易而新兴的市场集镇，如马塘、马尔康、杂谷脑等，通常被称为“烟市”。通过产烟地区市场交易而集中的鸦片，除来自甘肃、青海的商人将其运往西北地区外，来自四川成都、灌县以及川北各县的汉商所收购的鸦片，相当一部分还要在灌县进行集散。

民国时期的鸦片贸易，使四川藏区原本不甚发达的商业，在民国 30—40 年代出现了前所未有的繁荣景象，不仅大批外地各族商人纷纷涌入，而且本地也出现了经商的热潮，市场集镇不断涌现，交易品种琳琅满目，资金数额与市场规模日渐扩大，形成了四川藏区历史上商业贸易的发达时期。①

中华人民共和国成立之后的四川藏区商业。在阿坝地区，“直到 1953 年 4 月以前，阿坝市场由 5 大商号垄断，它们贩卖鸦片、枪支和日用品，操纵物价，牟取暴利，实行不等价交换，藏族吃亏很大。解放后，人民政府在阿坝设立贸易公司和人民银行，物价初步稳定，土特产价格合理，也有了发展。1952 年末，我贸易公司，并将各商行组成 7 个工商小组，进行教育，统一度量衡标准。过去只用银圆、银子，现在人民币也流通开了。1954 年又成立了市场管理委员会，市场贸易日趋正常”。而“嘉绒地区本无坐商，只有些零售的小贩，往来于汉区与嘉绒区之间，从事于布匹、首饰、宗教用品等贩卖。另外秋冬二季到内地敬香者，亦兼商贩，以所购物品，放置家中，以待交换，并不进行市场交易。喇嘛寺资本较大，可以进行批发。嘉绒地区除靠近汉区之大金、汶川、理县等地，因汉人较多，人口集中，

① 刘君：《近代四川藏区鸦片贸易及其社会危害》，载《中国藏学》2002 年 3 期。

县城和大路乡镇有长期之市街外，如四土等地，因从事于简单的自给自足的农业生产，尚未形成市场。仅梭磨之马塘和卓克基之马尔康，二十多年以来种烟，汉人贩烟，或以种烟长期居留该地，或以驮运枪支换烟，往返于汉区与四土之间。最先形成了马塘的烟市，后来马尔康取而代之，烟市逐渐扩大，经营日常必需品的小商贩，亦集中于该地，成为一个畸形的长期市场。和平解放后人民政府实行劝止种烟，长期市场，顿时停顿。人民政府发展贸易，马尔康乃易其以往烟市之面目，而成为真正供应嘉绒藏族人民生活资料及生产资料的长期市场，此外较大的乡区，皆设有贸易公司小组，从事收购土特产及供应日用品等，给嘉绒藏族人民生活上很大的方便”①。

在甘孜地区，根据中华人民共和国成立初期的调查，转口贸易占很大比重。一方面，内地的边茶通过这里转输到金沙江以西；另一方面，英、印货又通过这里转输到二郎山以东。民国时期，藏商的兴趣主要放在英、印货上，汉商则以土特产及茶、盐、布为主要经营对象。中华人民共和国成立后，藏商也开始注意土特产的经营，但包括英、印货在内的洋货仍是其主要经营对象。与转口贸易兴盛形成鲜明对比的是本地的商品交换不很发达，交换的基本形式是农民和牧民之间的以物易物，这是和社会分工基本上只存在于农业和牧业之间的情况相适应。因此，秋收以后的一段时间就成了交换的主要季节。届时，农民带来粮食，牧民带来牲畜、酥油、羊毛和牛皮，汇集在市集上，彼此交换。固然，农牧民必须仰赖于商人，以换取必不可缺乏的茶、盐和铁器、铜器等，但维系着他们生存的绝大部分物品，包括食物、衣服、居室和木质的生产工具等在内，仍是由他们自己生产，自然经济还是占着绝大的优势。不过在东路的藏汉杂居区，商品交

---

① 四川省编辑组：《四川省阿坝州藏族社会历史调查》，四川省社会科学院出版社 1985 年版，第 213 页。

换关系又是另外一种局面。在这里，交换主要发生在农民与手工业者之间，以及农民、手工业者与商人之间。货币关系在商品交换中占着统治地位。

甘孜藏区商品交换的一个显著特点，是绝大部分手工业品和全部工业品，均仰给于其他民族地区。其中茶叶全部从汉区输入，贫苦的藏民买不起茶，就只能采集一些气味略近的树叶，焙制成假茶。绸缎、棉布、首饰和瓷器也都来自汉区。铜器大多来自云南，本地藏族手工业者虽然也制造铜器，但产品以佛像和法器居多；铁器大多来自雅安地区。藏族手工业者所需的某些重要原料也得从其他民族地区输入，如铜从云南输入，一部分铁从云南和四川汉区输入，而银则是用银洋融化而成。这种在成品和原料上都极大程度地依赖于其他民族地区的状况，起着双重的作用：一方面，民族之间的经济联系密切了；另一方面，则是窒息了藏区的某些手工业，如制陶业就是因为瓷器的大量输入而衰落的；其他如铁器业、铜器业等也有类似的情况。可以这样说：一方面，藏区内部的手工业与农牧业仅有初步分工；另一方面，汉区的手工业与藏区的农牧业之间却有着明显的分工。基于上述社会分工方面的特点，除了转口贸易之外，藏区有着两种市场。一种是地方性的窄小市场，藏区本地出产的货品中，与人民日常物质生活有密切关系而行销较远的，只有一种，就是盐。出产在垛零夺（南距德格 7 站）、类乌齐、盐井等地，民国时期，四川盐通常只行销在折多山以东。另一种是民族间的广泛的市场，这个市场实际上就是甘孜藏区与全国各省区商业关系的总和。①

中华人民共和国成立之后，在四川藏区逐步建立商业行政管理机构和国营商业经营机构，以及供销合作社。其中商业行政管理机构是州、县政府的内设机构。国营商业经营机构则是在随军贸易的基础，逐步建立的民

① 四川省编辑组：《四川省甘孜州藏族社会历史调查》，四川省社会科学院出版社 1985 年版，第 10—11 页。

族贸易公司和各种专业公司。1957—1958年，四川藏区各州、县的商业行政管理机构和国营商业经营机构合并组成政企合一的州、县两级商业局。四川藏区的供销合作社始建于1951年，最初的供销社是由藏区人民以资金入社组建而成。其后，甘孜州供销合作社先后并入政企合一的商业局。阿坝州则于1958年在基层供销社逐步退还社员股金，停止理事会、监事会和社员代表的活动，将基层供销社升级过渡为国营商业。

在逐步建立政企合一的国营商业机构的同时，也对四川藏区原有的商贸体系进行全面改造。其中属于官僚垄断资本的商贸企业被没收，纳入国营商业体系；藏族农奴主和寺庙经营的商业在民主改革和“四反”运动中被取缔；属于一般性质的私营商业，按照“利用、限制、改造”的政策，首先通过经销、代销，然后实行全行业的公私合营，逐步实现社会主义改造。此外，小商小贩在国营商业和供销合作社的领导下，大部分组成了合作小组和合作商店，少部分并入公私合营商业，并保留个别的经销代销形式。[①] 其中阿坝州在1957年以“合作为主，合营为辅”的方针，发展公私合营企业11个，合作商店54个，经营代销店155户。1958年在农区9县全面开展对私营工商业的社会主义改造，到年底基本完成，共组建公私合营企业55个，合作商店108个，合作小组20个，转为国营6户，转为人民公社管理149户，总户数占全部工商业户的90%。甘孜州于1958年开始对私营企业进行改造，并在当年10月基本结束。全州私营企业1403户，从业人员2000余，被纳入公私合营，成立了不同类型的公私合营综合合作商店、小组，行商则被组成公私合营的运输、销售商行。[②] 木里县的私营商业到1958年4月也全部转为公私合营。到1959年，甘孜州共有商业机构674

① 中国科学院民族研究所四川少数民族社会历史调查组：《藏族简志》（下编）（初稿），1963年编印，第161页。
② 欧泽高、冉光荣：《四川藏区的开发之路》，四川人民出版社2000年版，第230—232页。

个，阿坝州有296个，木里县有22个。[①] 初步形成社会主义商业网，全面垄断四川藏区的贸易购销活动。其中国营商业居于绝对支配地位，供销社不仅数量少，而且只能在农村活动，即经销农业生产资料、农副土特产品、废旧物资回收，以及组织工业品下乡。

综上所述，可以看出，民国和中华人民共和国时期，四川藏区的商业经历了剧烈变化。在民国前期，由于实行贸易自由化政策，打破了自宋代以来在四川藏区长期实行的以垄断为主要特点的商业结构，致使旧有的商业运营模式遭到破坏，而适应市场竞争的商业运作模式尚处在探索中，整个商业处于转型时期，以茶叶贸易为主的商业处于衰退之中。而民国前期四川藏区的政治动荡，战乱频繁，社会不稳，更加重了整个商业的衰落。1937年抗战爆发后，四川藏区作为大后方的组成部分，被国民政府纳入战时经济体系，实行战时经济政策，对主要商品的交易实行“统治”，即重要商品主要由各类商贸公司统购统销。抗战结束后，“统治”的形式虽然被取消，但是以官僚资本为主的各类公司，实际上仍然控制着主要商品的贸易。

中华人民共和国成立后，在四川藏区逐步建成的社会主义商业体系，是由国家主导的商业机构全面垄断商品的流通。这些被称为国营的商业机构完全是按照计划经济模式进行运作，即配合中国共产党在各个时期的中心任务，开展商业活动：根据各个时期生产建设的需要，组织生产资料，将其供应给农、牧业生产部门和地方工业企业，同时收购农、牧、副业产品，推销工业产品；组织生活资料的供应，重点保证粮食、盐、茶和棉布的供应。同时，生产资料和生活资料也不是按照市场需求确定价格，而是按照政府的价格政策确定价格。原来主要以市场为导向的商业运营模式，

① 中国科学院民族研究所四川少数民族社会历史调查组：《藏族简志》（下编）（初稿），1963年编印，第181页。

完全转变为按照国家制定的经济计划进行产品收购和物资供应。这种单一的国营商业流通体制，直到20世纪80年代改革开放后才逐步得到改变。

第二节 商人及商业组织

一、小商贩

四川藏区的小商贩，基本上是指那些既从事农业生产，又兼而从事商业活动的农民和牧民。这种兼职的小商贩，最迟在汉代就已经出现。据《后汉书》卷86《南蛮西南夷列传》记载，汶山郡“土气多寒，在盛夏冰犹不释，故夷人冬则避寒，入蜀为佣，夏则违暑，反其聚邑”。《华阳国志》卷3《蜀志》也说，汶山郡“多冰寒，盛夏凝冻不释。故夷人冬则避寒入蜀，庸赁自食，夏则避暑反落，岁以为常”。这些来自汶山郡的夷人，不仅在蜀地“庸赁自食”，同时还将汶山郡的一些土特产品贩运到蜀地出售。这种习俗，一直沿袭到清代。清人张澍《蜀典》卷5就说：“按今其俗犹然，男则负枣、核桃、椒鬻于市，女为人家供薪汲，呼为‘播罗子’，亦呼‘二姐子’。”而乾隆《保县志》有更为具体的记载：“羌民以日食不敷，岁率妻子入内地为佣者数月。”[①] 基本上是“十月出佣，三月归巢，汶茂皆有之，而保县独多。”[②] 此外，杂谷脑、梭磨诸土司管辖的“诸番男妇，于三冬进口，赴蜀西各郡县佣工，谓之下坝做活路，不独威茂熟番然也”。这些主要来自今阿坝地区的少数民族，不仅在西蜀各县从事掘堰、淘井、造屋、筑墙等工作，同时也进行商业活动，“春尽则贩卖绯布、锅、刀、牲畜以归”[③]。可以认为，最迟自汉代以来，每年入蜀“庸赁自食”的川西北地区

① 乾隆《保县志》卷2《民事志·风俗》。
② 刘绍攽：《西征记》，载乾隆《保县志》卷7《艺文志》。
③ 乾隆《保县志》卷8《边防志·夷习》。

少数民族，是目前已知的四川藏区最早从事商业活动的小商贩群体。

在唐代，来自岷江上游的小商贩，通常是在彭州进行商贸活动。《白孔六帖》卷83引《金部格》云："敕松、当、悉、维、翼等州熟羌，每年十月以后即来彭州互市易，法司差上佐一人蚕崖关外依市法致市场交易，勿令百姓与往还。"由于当时岷江上游的诸羌部落中，还没有出现专门从事商业的商人，因此前往彭州互市的熟羌，均为从事小额贸易的部落民。《文苑英华》卷530《熟羌市易判》就反映了这种情况："当州熟羌，十月来导江县市易，按察使科彭州刺史罪。诉云：并蚕崖外。不伏。对：当州、导江，山川虽间，贸丝抱布，来往是常。矧今赤羽开元，黄旗启圣，布尧心于万国，复禹迹于九州，书等同文，车无异轨，虽夷夏殊俗，而交易何妨。"

入宋以后，导江县仍然是岷江上游地区各部落民与内地进行贸易的主要地方。据宋人吕陶《净德集》卷1《奏具置场买茶旋行出卖，远方不便时状》说，在导江县，"部落入城，博易买卖，其蕃部别无现钱交易，只将椒、腊、草药之类，于铺户处换易茶货，归去喫用，谓之茶米，或有疾病，用此疗治，旦暮不可暂阙"。除了椒、腊和药材之外，羊等畜产品也被贩运到这里出售。其中在导江县的灌口镇，"有太山府君庙，每年春三月，蜀人多往设斋"[①]，全年要"刲羊五万。民买一头将以祭，而偶产羔者亦不敢留，并驱以享。庙前屠户数十百家"[②]。灌口镇每年用于祭祀的五万多只羊，应当都是由岷江上游的部落民贩运来出售的。除岷江上游地区之外，位于大渡河流域的部落民，也开始在黎州与汉族进行贸易。据《太平寰宇记》卷77《黎州·风俗》记载，在黎州，"蕃部蛮夷混杂之地，元无市肆。每汉人与蕃人博易，不使钱。汉用细绢、茶、布，蕃部用红椒、盐、马之类"。

自宋王朝对四川藏区开展茶马贸易之后，四川藏区的部落民，主要围

① 《太平广记》卷88《抱龙道士》。
② 范成大：《吴船录》卷上。

绕着茶叶贸易进行商贸活动。在明代，位于今康定、泸定一带老思冈的番民，“专务贸贩碉门乌茶，蜀之细布，博易羌货，以赡其生”①。明末清初，在和硕尔特蒙古统治下的康区，对外贸易被统治集团所垄断，本地部落的头人和部落民只能在本地进行贸易，“不得擅越境界。如有私相往接买，接买者上等罚牛五十头，中等罚牛四十头，下等罚牛三十头。小头人罚三九东西，并革去头人……堆卡不严，致令出入来往不行查拿者，将坐堆为首之人抄家，并革去头人，余者鞭一百，并罚三九东西入官……大小头人、百姓，有私卖军器，经卡子查出，首报者，上等罚三九东西，中等罚二九东西，下等罚一九东西。大头人罚牛马七头，小头人罚牛马五头，百姓鞭一百。军器入官”②。由于康区各部落的经济结构皆为自给自足类型，彼此之间的商品交换极为有限，原来部落民从事的商贸活动，主要是汉番（藏）之间的转口贸易，当这种跨境的转口贸易被禁止之后，本地商业明显衰退，小商贩的数量也大幅度减少。在清王朝取代和硕尔特蒙古统治康区后，虽然取消对康区各部落贸易范围的限制，但是随着清王朝势力的深入，大批汉族小商贩先后进入康区各地，在与这些汉族小商贩的竞争中，对于内地商情不熟悉的藏区小商贩始终处于劣势。民国时期，四川藏区的小商贩基本上是由汉人构成，少数民族小商贩的数量甚少，且多集中在岷江上游地区。而在嘉绒地区，直到中华人民共和国成立后，仍然是“嘉绒地区本无坐商，只有些零售的小贩，往来于汉区与嘉绒区之间，从事于布匹、首饰、宗教用品等贩卖。另外秋冬二季到内地敬香者，亦兼商贩，以所购物品，放置家中，以待交换，并不进行市场交易”③。在康区，丹巴小商贩较为著名。“懋功接近成、灌，洋广杂货布帛器用，并较丹巴廉。地产鸦片，乏粮食。丹巴土人，常以其骡马，驮粮食赴懋易鸦片、布匹、茶及杂货回丹，

---

① 《明史》卷331《西域传》。
② 乾隆《雅州府志》卷13《夷律》。
③ 四川省编辑组：《四川省阿坝州藏族社会历史调查》，四川省社会科学院出版社1985年版，第213页。

亦有雇人力背负者。每2人准1牛马，负粮2斛（合4斗），脚价12—13千文。每驮来回，净赚钱5—6千至15—16千不等。多于农闲时为之。土民需布帛者，亦各取粮1斛，负往懋功。易所需物而归，则非商贾也。”[①] 此外，甘孜县木拉牧区的部分富裕农民，也从事商业活动，他们将粮食驮到理塘，换成藏洋，再购买酥油、羊毛等，再贩运到雅江、木雅等地交换玉米、小米、荞子等，可获利一倍以上。[②] 类似情况，在民国时期的康区，较为常见。

四川藏区的小商贩，除了土著的少数民族之外，还有来自内地的汉族。早在汉代，巴蜀之民就已经进入四川藏区进行商贸活动，故《史记》卷116《西南夷列传》说：“巴蜀民或窃出商贾，取其筰马、僰僮、旄牛，以此巴蜀殷富。”南北朝时期，蜀民也因“慕其利”[③]，前往吐谷浑从事商贸活动。早期的汉人小商贩主要活动于岷江上游地区，自宋代以后，随着碉门逐渐成为四川藏区对外贸易的主要市场后，汉族小商贩也渐渐集中到碉门一带进行商贸活动。入明以后，由于禁止内地商贩进入碉门及其以西的土司地进行商贸活动，因而当时的内地商贩主要是从事走私贸易，“碉门系土司地方，近有商贩潜往彼处做茶，亦当出示严禁”[④]。由于这些小商贩的走私严重干扰了茶引制度的执行，明朝还曾禁止小商贩运销茶叶。巡抚尹同皋在《条议》中就说，在雅州，“思经有荥经摸地之小贩，罗纯有碉门越境之私路，昼夜背送，不计其数”，因此要“禁小贩。凡做茶以给引为主，有随贩随做，或三五十担，或一二十担，不时运发，难以查理，必一概严禁，毋许踹茶之人代为私茶”。[⑤] 而在岷江上游地区，松潘卫所的屯田军士，也从事商业活动，“募通晓汉语番人，代为守堡，而已则潜往四川什邡、汉川诸

---

① 任乃强：《丹巴县视察报告》，载《任乃强藏学文集》（中册），中国藏学出版社2009年版。

② 四川省编辑组：《四川省甘孜州藏族社会历史调查》，四川省社会科学院出版社1985年版，第153页。

③ 《梁书》卷54《西北诸戎·河南王传》。

④ 嘉庆《四川通志》卷69引《巡抚尹同皋条议》。

⑤ 嘉庆《四川通志》卷69引《巡抚尹同皋条议》。

处贩鬻，经年不回”[①]。在清代前期，亦禁止内地商贩进入土司地区进行商业活动。不过在康熙末年，陕川甘的边属商民之狡者，私行出口，混居番界，希图渔利。其后，随着清王朝的统治逐渐深入四川藏区，以及在四川藏区先后实施的改土归流，大批汉族官吏、兵丁、农民进入四川藏区，其中不少人皆兼而从事商贸活动。据游时敏《四川近代贸易史料》记载，在松理茂懋汶地区，小贩多为陕西和川北农民来此落户经商，亦有邻近地区的农民在农闲时进入边区从事小额贸易。这种小贩，早在清代就来到边区，“迄至民国，更加增多，一种是长年经营的商人，一种是季节性的商人。长年经商的，终年都在这条道路上跑，而季节性商人，大多乘农历八月边区贸易的旺月从事贩运业务，更有一部分人深入山区进行交易。而附近城镇的藏人、羌人也有以零星货物上市出，这批零星交易，一方面是为交换货物；一方面来到杂谷脑、松潘等城市观光。例如杂谷脑，每日 12 点钟以后沿街两边，摆上小贩的货物，少数民族小贩则摆着山货，汉商小贩就摆着日用百货。这时市场的价格，被操纵于少数居间剥削的‘中人’”。这些“中人”的后台，多为当地坐地分肥的恶霸。

在康区，清代来自内地的汉族，通常都是亦农亦商，其中一个较为典型的例证就是泸定县得妥的陈氏家族。[②] 民国时期，康区的汉族小商贩也大体分为两类，一类是“内地小资本商人，以针线、土布之属，负运来境，穿行各村寨，零售与番民，逐十一之利者”[③]；另一类则以炉霍县虾拉沱的汉户为代表，“皆川籍垦民，清末随差入边，领地垦耕，并建屋如街，聚居于此。其地当孔道，有教堂。适于兼经商业，唯皆乏资本，率小贸而已”[④]。

中华人民共和国成立后，四川藏区的小商贩皆被逐步取缔。其中农兼商的小商贩只能从事农业生产，而商兼农的小商贩则在国营商业机构与供

① 《明宣宗实录》卷 59 宣德四年十月辛巳。
② 任乃强：《得妥陈氏谱》，载《任乃强藏学文集》（下册），中国藏学出版社 2009 年版。
③ 任乃强：《丹巴县视察报告》，载《任乃强藏学文集》（中册），中国藏学出版社 2009 年版。
④ 任乃强：《炉霍县视察报告》，载《任乃强藏学文集》（中册），中国藏学出版社 2009 年版。

销合作社的领导下，主要通过成立合作小组与合作商店等形式，将其纳入社会主义商业范畴。1958年，通过对私营工商业的社会主义改造，阿坝州90%以上的小商小贩将自有资产折价，作为股金入股，组织合作商店、合作小组、合作饮食店、合作理发店（社）、合作旅店等。1959年，阿坝州共有合作商店53个，职工252人；合作小组36个，职工113人。合作商业的业务、计划、财务活动，均由商业局归口管理，并接受乡、镇政府的行政管理。在甘孜州，1957年开始对小商小贩进行社会主义改造。“按不同经营项目，组织实行联购联销或联购分销，由各联合体自行核算，自负盈亏，纳入合作组织道路。1959年，全州组织合作商店、合作小组109个，从业1340人。为加强管理和限制，对现行商品价格、收费标准，进行重新审核”。由于大副调低商品价格、收费标准，并严格控制经营范围，“结果使合作商店、合作小组经营特点和经营能力不断下降”。[①]

二、商人

1. 汉商

商人是指专门从事商品交换并以营利为目的的人。四川藏区的商人，通常按照民族构成，分为汉商与少数民族商人两大类。汉商是对内地各省商人在藏区经商者的总称，少数民族商人则是对少数民族经商者的总称。由于四川藏区的社会分工长期只存在于畜牧业与种植业之间，因而区内的商人出现较晚。早期在四川藏区专门从事商品交换的商人，主要来自四川藏区的周边地区，其中蜀商最为重要。早在先秦时期，蜀商就已经将具有巴蜀文化风格的商品输入四川藏区，其中毗邻今四川藏区的临邛，是蜀商集中的地区，故《史记》卷129《货殖列传》说，临邛一带是“民工于市，

① 甘孜州志编纂委员会：《甘孜州志》，四川人民出版社1997年版，第1250页。

易贾”。在汉代，蜀商已经成为具有国际影响力的商人集团，其经营的商品，远销至中亚、印度、东南亚、东北亚等地。[①] 而四川藏区，仍然是蜀商重点经营的地区。南北朝时期，占据今四川藏区东部的吐谷浑，“其地与益州接，常通商贾”，蜀商与蜀民皆“慕其利，多往从之”[②]。唐宋时期，由于禁止内地的商人进入四川藏区经商，因而以蜀商为主的汉商，通常只能在彭州和黎州与来自四川藏区的部落民进行交易。南宋后期，蒙古军队侵入四川，与宋王朝展开长达五十年的争夺战，由此给四川社会造成灾难性破坏，其中蜀地遭到的破坏尤为严重。因蒙古军队“屠成都，焚眉州，蹂践邛、蜀、彭、简、池、永康，而西川之人，十丧七、八”，以至“昔之通都大邑，今为瓦砾之场；昔之沃壤奥区，今为膏血之野。青烟弥路，白骨成丘”。[③] 在这种情况下，曾经显赫一时的蜀商也就急剧衰落。此后，以蜀商为主的四川商人，虽然也从事对藏区的商业活动，但是再也未能重现历史的辉煌，其重要性，总体上也不如来自陕西的商人。

陕西商人进入四川经商，至迟可以上溯至唐代，当时主要是将今山西境内的池盐贩运到四川北部地区出售。入宋以后，因茶马贸易的重点是将四川茶叶运到陕西与少数民族交换马匹，由此使得陕西商人能够直接参与茶马贸易。“自来陕西客人兴贩解盐入川，却买川茶于陕西州军，货卖往还，获利最厚”[④]。陕西商人也因此进入四川藏区。据《续资治通鉴长编》卷277神宗熙宁九年九月甲寅朔条记载：“侍御使周尹言：‘欲乞应川、陕商旅，不许挈家属入威、茂州；及本处人与蕃部交易，止得于州县城内，不得出接连蕃部处城门。如有移家往居及以妇女看亲，须经永康军及绵州龙安县给公凭。乞自朝廷立法所贵，边禁稍严，奸谋遂寝。’从之。”入元以

① 童恩正：《略谈秦汉时代成都地区的对外贸易》，载《巴蜀考古论文集》；周永卫：《西汉前期的蜀商在中外文化交流史上的贡献》，载《史学月刊》2004年9期。
② 《梁书》卷54《西北诸戎·河南王传》。
③ 《宋代蜀文辑存》卷84吴昌裔：《论救蜀四事疏》。
④ 《宋会要辑稿·食货》55之39。

后，今四川藏区划归陕西行省管辖，这就为陕西商人进入四川藏区经商提供了便利的条件。在明代，虽然四川藏区重新划归四川省管辖，然而明代的茶马贸易，还是要将四川出产的部分茶叶运到陕西境内，与少数民族进行互市，这就为陕西商人继续在四川藏区从事商业活动提供了可能性。由于宋代以后，陕西商人主要是通过参与茶叶贸易而进入四川藏区，所以民国时期的人说："陕西商人得深入康省，即以运茶故也。"① 清代和民国时期，陕西商人已经成为四川藏区的汉商中势力最大的商帮。

元明时期，在四川藏区从事商业活动的汉商，除了崛起的陕西商人和传统的四川商人之外，来自云南的商人也明显增多，尤其是明神宗以后，康南地区在被云南丽江的木氏土司所控制，来自云南的商人便成为该地区最重要的商帮。

入清以后，在四川藏区经商的汉商，主要就是由陕西商人、四川商人和云南商人构成，即通常所说的陕商、川商和滇商。其中今阿坝地区，随着改土归流的实施，汉商的数量与商业活动的范围，明显增加。而在川边地区，汉族商人大量进入今甘孜藏区，应该是在清康熙四十五年（1706）修通泸定铁索桥之后。至清末，"设川滇边务大臣以经营西康，于商业一端亦特别重视，于是康地与边省之商业，遂由自由贸易时期而染上政治之彩色，盖政府有计划之经营，遂使其影响特别显著。而当时所推行之移居政策与康地汉商之发展，实有至大之影响。在政府有计划之鼓励招诱之下，不但一班流氓及受刑事处分者大量移入，而失业劳动者及一班追逐利润之徒，亦复闻风兴起，相率入康。据当时统计，三数年间，其入康经商者乃不下二十余万人，遂使康地汉商顿成繁荣之象。民国元年尹昌衡经略西康，于是又陆续移入数万，其中多数亦即成为就场贸易之商人。此后汉人在康逐渐经营各业，种类日多。而内地商人之负贩前往者，规模亦日渐增大。

① 吴文晖、杨锡福：《如何建设西康经济》，载《青年月刊副刊·边疆问题》6期。

民初以来，川人入康经商因而成为赘婿遂成为就场经营之商人者，其数亦即不下数万。总之，在清末民初，实为康地汉商之急遽开展之时期。且在汉人移入众多以后，此等移民对于内地商业亦感需要，更能熟习两地情形，深知供求之品类。而内地负贩入康者，因其利倍蓰，亦复乐于趋之。于是汉商影响所及，分布之区域日益扩展，不但康东各地，且更深入康西康南各处。于是除雅安、康定、巴安等商业要地而外，其他如甘孜、理化、道孚、炉霍、丹巴，更及于稻城、盐井、宁静、昌都、硕督、太昭、石渠、怀柔、邓柯等地"[①]。据民国二十二年（1933）统计，西康商人的总数"约有1.2万人，其中藏商2千人，陕籍7千人，川籍3千人。陕西商人人数比重较大，来此经营时间也很早，元朝时西康与陕西在同一行政区划内，又以明末四川农民革命战争激烈，川人到康经商者少，此时陕西商人趁机深入西康，扩大业务，奠定基础。川籍商人多系清代随军的粮台、驿卒和营屯士兵在此落籍经商；也有随军小官吏在此落户经商过活。川陕商人分布康定最多，甘孜、理塘、巴安、西宁、结古、昌都等地为次"[②]。关于民国时期西康汉商的优劣，《西康产业述要》曾评价说："汉商，分川、陕、滇三籍，陕商入康最早，资本亦厚，经营致富者颇不乏人。川、滇商人，精神技巧，皆逊陕商，入康时间亦迟。"

在四川藏区从事商业活动的汉商，按照经营方式，大体分为坐商与行商两类。坐商是指在藏区城镇中开设商号、店铺的汉族商人。在阿坝地区，汉族坐商主要集中在松潘，其次是杂谷脑、薛城、金川等地。这些汉商，通常是开设专营商号、店铺，专门经营一种商品。其中经营茶叶的商号，势力最大。由于茶税维持地方财政，因此茶号不仅操纵本地汉"番"贸易，而且操纵地方政权。松潘有"丰盛和""义和全""天生永""裕国川""普

① 民国《西康通志稿·工商志》，载《近代康区档案资料选编》，四川大学出版社1990年版。
② 游时敏：《四川近代贸易史料》，四川大学出版社1990年版，第40页。

益通”五大茶号，杂谷脑有“恒丰久”“德厚长”“益诚号”“鑫盛祥”“祯记”“同利永”等茶号。商业资本势力稍次者为香号，主营麝香，杂谷脑有名的香号是“杜盛兴”“协成全”“德义志”“张大常”“汤洪发”等，他们大多历史悠久，资本雄厚，在上海、天津、香港设有分行，业务受国际市场左右。由于地方政府常因缺款而向香号借贷，以税收作抵押，故杂谷脑地方财政实受香号支配。茶号与香号，经营着阿坝地区进口和出口的两种主要商品，即进口的茶叶和出口的麝香，其贸易额约占本地区贸易总额的一半以上。① 此外，在阿坝地区北部的草地藏区，亦有坐商，据中华人民共和国成立后的调查，迄至1953年，阿坝州北部的草地，“坐商：有73户，其中大商5户，每户有资金约折合人民币7亿至12亿元。中等商47户，每户资金在1亿元以下，5000万元以上。小商21户，每户资金约500万元”②。在康区，汉族坐商又被称为“居肆汉商”。“居肆汉商系就各大市邑及繁盛地点与康人交易者。近来交通日渐发达，各大城市之居肆商几全由汉商把握之”③。其中康定是康区居肆汉商最集中的城镇，其次为甘孜、理塘、巴安等地。

行商是指专门从事贩运的商人。汉族行商通常是将内地出产的商品贩运到藏区，交换当地出产的土特产品，再转运至各城镇售卖出。在阿坝地区，汉族行商主要活动于草地藏区。“阿坝草地没有市场，汉商投宿于土官或百姓家，称这些人为‘主人’，称汉商为‘客人’，各商纯恃这种主客关系，冒险深入，远至包座、铁布、作革、乔柯、旺清、夺巴、达克、托霍尔、秋贡、花颡、周基、雪花、三黑帐房。在中阿坝，土官特为汉商建筑有房屋，称为‘甲康头’。‘甲’番语为汉人，‘康’为屋，即汉人居住的意思。在其官寨前的称为‘下甲康’，有汉商30余家；在格尔低喇嘛寺前者称

---

① 游时敏：《四川近代贸易史料》，四川大学出版社1990年版，第64—65页。
② 四川省编辑组：《四川省阿坝州藏族社会历史调查》，四川省社会科学院出版社1985年版，第34页。
③ 民国《西康通志稿·工商志》，载《近代康区档案资料选编》，四川大学出版社1990年版。

为‘上甲康’，有汉商60余家，形成为较大的集市。”[①] 中华人民共和国成立之后，迄至1953年，阿坝州北部的草地，“行商：经常有100户。走甘肃者40余户，资金多寡不一，共约15—16亿元”[②]。在康区，行商又被称为“坝冲”。“坝冲系向乡下藏民收集商货，转运至各城邑向铺家售卖。此种小规模之商业，汉商经营之者为数亦不少。”[③] 在一些商业不发达的地方，汉族行商是当地最重要的商人，如邓科县，“本县向以汉商由康定购诸绸缎杂货至此掉换土产，以羊毛、药材、皮革为大宗，春来秋去，行以为常也”[④]。在稻城县，“此小贩悉行于乡间，经人介绍以某处为宜，即携货前往，至则择主而居，房饭不出分文，盖藏俗买卖出入，有主人三分手续费，以致殷勤招待，土人不敢歧视，以货掉货，春放秋收”[⑤]。

在四川藏区经商的汉商，不仅被分为坐商与行商，同时也按照商人的籍贯，分为不同的商帮。籍贯是陕西省的商人被统称为陕帮，其主要特点是资金雄厚，吃苦耐劳，经营灵活，是民国时期四川藏区最著名的汉商集团。原属陕西省的甘肃、青海，先后在清代和民国时期成为省级行政单位，因此在民国时期，甘肃商人和青海商人也就从陕西商人中分离出来，被称为甘肃帮、青海帮，其构成以回民为主，“他们在甘孜设有自己的商会组织聚英会，总部设在兰州，分会遍及西康各地”[⑥]。在阿坝地区，亦不乏甘肃帮、青海帮的商人。籍贯是四川省的商人被统称为川帮，“川帮来自四川的天全、雅安、荥经、名山、邛崃、汉源、遂宁、重庆、成都等地”[⑦]，因其来自四川不同地区，又有成都帮、重庆帮等帮名。其中康区的成都帮，专办川、广、苏、杭杂货匹头，同时收购康区土产；重庆帮专营收购康区药材、

① 游时敏：《四川近代贸易史料》，四川大学出版社1990年版，第66页。
② 四川省编辑组：《四川省阿坝州藏族社会历史调查》，四川省社会科学院出版社1985年版，第34页。
③ 民国《西康通志稿·工商志》，载《近代康区档案资料选编》，四川大学出版社1990年版。
④ 民国《邓科县志略·商情》。
⑤ 民国《稻城县图志·商情》，载《中国地方志集成·四川府县志辑》，巴蜀书社1990年版。
⑥ 邓昌银：《解放前夕甘孜县社会状况拾遗》，载《甘孜州文史资料》16辑，1998年。
⑦ 康定民族师专编写组：《甘孜藏族自治州民族志》，当代中国出版社1994年版，第77页。

羊毛，转销内地。籍贯是云南省的商人被统称为云南帮，“以云南鹤庆、丽江等地商人为多，约五、六家，主营鸦片，滇茶、杂货次之，每年经营鸦片约300万两”①。此外，在四川藏区经商的汉商还有河南帮、山西帮等。

除了按照籍贯划分商帮之外，在四川藏区经商的汉商也按照经营商品的种类和行业，划分为不同的行业帮会。这种行帮在康区较为常见。其中专营南路边茶的茶帮，按照经营茶叶的产地，分为雅安帮、荥经帮、天全帮、名山帮、邛崃帮，统称五属茶商，“在康营茶叶者，分雅安、荥经、天全、名山、邛崃五帮，此五属茶商系私人经营，票引领自四川，并无联合组织；以雅、荥、名、邛所产为‘大路茶’，天全所产为‘小路茶’”②。关于五属茶商的具体情况，李亦人在《西康综览》一书中，列有《五属茶商在康店号一览表》，大体反映了民国前期经营南路边茶的各茶帮基本情况。

金香帮：即经营黄金、麝香的商帮。其中经营黄金者，多为陕西商人；麝香业则多为山西商人。他们通常在康定设立总号，并在康区各地设立分号。其中“尤以德泰合营业为大，西康南北各县均有分号”③，同时，“该号营业还推及于申港及印藏，资金将达百万。民廿冬受匪与税两大影响而宣告停业，损失竟达百万之巨”。除了德泰合之外，“德聚合、兴聚永两号亦以损失约十余万而早辟歇，自民廿年所存者集义生、聚义生两家，资本不足三万”。④

药材帮：川陕商人皆有，以四川商人为主。晚清全盛时期，在西康经营的药材帮有同永昌、义和公、元亨通等近二十家。进入民国后，由于捐税苛重，多数商家先后歇业。至20世纪30年代，只剩下“同永昌、衡记、义和公、丰记、元亨通、德义荣、德盛号、德厚永、和记等九家，资本共约十万”⑤。

① 四川省康定县志编辑委员会：《康定县志》，四川辞书出版社1995年版，第168页。
② 李亦人：《西康综览》，正中书局1941年版，第343页。
③ 杨仲华：《西康纪要》（上），商务印书馆1937年版，第222页。
④ 仲康：《西康商业之现状及前途》，载《康藏前锋》1934年2卷2期。
⑤ 高长柱：《西康实业纪要》，载《开发西北》1935年4卷1—2期。

除了以上各行帮之外，还有牲皮业，经营者多为陕西商人。此外，“布商旧以陕帮之经营纱布者为主，后因川人移康日众，于是邛崃帮即起而代之。府货业仍由陕西帮经营，其商品为成都产之丝棉品及布疋。近来川商之经营是业者，亦日渐多。油酒业以汉源帮为主。其他如肉类、水果、烟业之输入康地行销者，亦以汉源帮为主。杂货业自内地人移康增多以后，多由成都帮及川北帮司之”①。

清朝末年，在四川藏区从事商业活动的商贩开始组成商会。清德宗光绪三十四年（1908），茂州、松潘厅、理番厅、懋功厅皆成立商会分会。民国时期，四川藏区亦建有商会。在阿坝地区，茂县于民国八年（1919）建立商会，理番县于民国九年（1920）建立商会，懋功县于民国十二年（1923）建立商会，汶川县于民国十五年（1926）建立商会，松潘县于民国十九年（1930）建立商会。各商会分别向所在地的行政长官负责，摊派收缴课税，登记商户，协调物价，保护商人利益。同时，原有的行帮，也逐渐为同业公会所取代。民国二十五年（1936），汶川县的行帮就纳入商会，成为同业公会会员。民国二十九年（1940），懋功县成立同业公会。民国三十年（1941），茂县成立油、酒、杂货同业公会。民国三十一年（1942），松潘县成立边茶等 7 个同业公会。

在甘孜地区，康定、甘孜、巴塘、理塘等商业较发达的地区也先后成立商会，其中康定商会在民国十七年（1928）国民政府发布的《全国商会条例》中，与上海、武汉两个商会一同被定为“总商会”一级。民国二十九年（1940），康定锅庄业主成立同业公会；理塘县商会成立于民国三年（1914），“公推知县蒋凤琪为理化县商会总理，选吴星昌、胡德华和边茶公司万丰盛、梁泰来、屈舒鹏、王廷栋、张锡田等人为董事，以便管理全县

① 民国《西康通志稿·工商志》，载《近代康区档案资料选编》，四川大学出版社 1990 年版。

的商务工作”[①]。民国十九年（1930），巴安县“商界根据国民政府公布的《商会法》成立了‘巴安县商会’，凡汉藏商人均可入会”[②]。甘孜县商会成立于民国二十六年（1937），“商会成立初均为外地商人参加，无本地藏商。民国三十年（1941）改选后任命洛朱（藏商代表）为常务理事，其后又提名任孔萨、麻书、甘孜寺等经商管家为常务理事候补监察委员”[③]，于是甘孜县商会便由汉、藏商人共同组成。

中华人民共和国成立之初，为加强对私营工商户的管理，逐步建立由政府管理和国营商业组织领导，团结教育工商界的工商业联合会。在阿坝地区，漩口镇于1950年10月成立工商业联合会。同年12月，茂县成立工商业联合会。1951年，懋功、松潘、汶川三县及龙溪乡先后成立工商业联合会。其后，阿坝、南坪成立工商组，代行工商业联合会任务。同时，将原有的同业公会逐步纳入工商业联合会作为团体会员，并在1956年停止同业公会活动。

除了设立工商业联合会之外，中华人民共和国成立后，还逐步对私商进行改造。阿坝地区于1952年在有条件的农区，开展反行贿、反偷税漏税、反盗窃国家资产、反偷工减料、反盗窃国家经济情报的“五反”运动。同时，逐步控制重要商品的货源与批发业务，抑制行商。从1954年起，加强市场管理和对私商的限制、利用，由此导致部分行业的商人难以维持而歇业，仅茂县、小金两县歇业私商就有146户。1955年，“阿坝州将私营工商业组织起来，进行改造。由于当时工作中普遍存在着个体、私营工商业者‘少一户，少一害’的认识，税收上采取‘宁高勿低’的做法，致使一些个体、私营工商业主被吃光、拖垮以致歇业、停业”[④]。1956年，对私商进行集中管理，分散经营、自负盈亏，限制其利润，并继续在私营工商户中实行并发合作与合营。1958年，在民主改革与农业合作化的基础上，于农区

① 四川省理塘县志编纂委员会：《理塘县志》，四川人民出版社1996年版，第234页。
② 四川省巴糖县志编纂委员会：《巴塘县志》，四川民族出版社1993年版，第217页。
③ 甘孜县地方志编纂委员会：《甘孜县志》，四川科学技术出版社1999年版，第178页。
④ 阿坝藏族羌族自治州地方志编纂委员会：《阿坝州志》，民族出版社1994年版，第1764页。

开展对私营工商业的社会主义改造，至年底，共建成公私合营企业 55 个，合作商店 108 个，合作小组 20 个，转为国营 6 户，转为人民公社管理 149 户，总户数占全部工商业户的 90%。1958 年底至 1959 年，在全州公私合营、合作店、组工商业中开展社会主义教育运动，并根据资金多少与雇工与否，分别对所有成员划定成分。至此，包括传统汉商在内的私营商人不复存在，取而代之的是不同阶级成分的商业工作者。而工商业联合会，也因私营工商业被纳入社会主义商业体系，于 1958 年后停止活动，机构消失。[①]

在甘孜地区，对藏商和汉商分别采取不同的政策。1952 年，对私商实行“利用、限制、改造”时，就贯彻执行“限制汉商出关或深购远销，对藏商从宽”的政策，并限制汉商经营的商品种类，由此导致部分汉商抽走资金，部分汉商停业、歇业或经营不正常，整个地区的营业额比 1951 年下降 18.88%。[②] 1954 年，采取批购零销、经销、代销、加工包销、加工订货等形式，把私营商业经济活动纳入国家管理范围内。在康定，由于规定私营工商户只卖不进，导致大批工商户申请停业或自行歇业，工商户的数量，与 1953 年相比，下降 55%左右。1955 年，加强对私商的管理，并对泸定县城的重点行业进行社会主义改造。1956 年，根据中央对私商改造的指示精神，对城市私营零售商业，在经销、代销的基础上，分期分批实行全行业公私合营，因当时甘孜州正在进行民主改革，因而只在泸定县全面实行公私合营。1957 年，“私营行业中肉食、棉布、土畜产市场零售业务大部分被国营商业取代，同时对这些行业进行全面安排和改造；对百货、副食、土杂等行业进行全行业经销。全州范围内的其他私营商业，全部纳入批购零销、经销、代销初中级形式国家资本主义轨道”[③]。1958 年，在康定、丹巴、道孚、九龙等 4 县进行公私合营试点。1959 年，全州基本完成公私合营，

---

① 阿坝藏族羌族自治州地方志编纂委员会：《阿坝州志》，民族出版社 1994 年版，第 1540－1541 页。
② 甘孜州志编纂委员会：《甘孜州志》，四川人民出版社 1997 年版，第 1248 页。
③ 甘孜州志编纂委员会：《甘孜州志》，四川人民出版社 1997 年版，第 1249 页。

共建立公私合营企业 16 个，从业 679 人，合营资金 40 万元。至此，甘孜地区传统意义上的汉商也不复存在。

2. 少数民族商人

四川藏区本地商人的出现，除了少数是由亦农亦商的小商贩因经商成功而演变为职业商人之外，主要还是与朝贡贸易有关。虽然四川藏区的朝贡贸易，可以上溯到汉代。但是因朝贡贸易而形成职业商人，应当是在元明时期。当时，朝贡贸易是四川藏区与元、明王朝最重要的商业贸易方式之一，为了最大限度地获取商业利益，参与朝贡贸易的四川藏区僧俗首领，逐渐选择熟悉商业的人员具体从事朝贡贸易，由此形成寺庙商、土司头人商。在清代和民国时期，四川藏区的本地商人，除了寺庙商和土司头人商之外，平民商也逐渐兴起。而外来的少数民族商人中，在今阿坝地区以陕、甘回族商人较为重要，在今甘孜地区，来自西藏的商人最为重要。对于康区的康藏商人，民国《西康通志稿·工商志》有这样一个评价："康藏商人对于主要之进出口商业，皆未能为规模之经营。尤以对于行销内地之商品及康地特产之输入内地，均由汉商司之。反之，康藏间之贸易则全在康藏商人之手，但其规模究非前者可比。故以商品之种类及数量言，康藏人所经营者，汉商与之并无利益上之冲突。康藏商均称为'蛮商'，其中又有康巴娃及藏巴娃之别。"康巴娃即康区本地的少数民族商人，分为以庙宇为名的寺庙商，以家族为名的土司头人商，以居地为名的平民商。藏巴娃即来自西藏的商人。中华人民共和国成立初期，四川藏区少数民族商人的构成，与民国时期相同。其后，通过民主改革和"四反"运动，取缔土司头人商和寺庙商，通过对私营工商业的社会主义改造，将平民商纳入国营商业体系。至 1959 年，四川藏区已经不存在传统意义上的少数民族商人。

寺庙商，亦称喇嘛商，由寺庙出资或募集资本，推举熟悉商情的喇嘛经营。在阿坝地区，为喇嘛寺经商者称为"济娃"，意为"会首"。据中华人民共和国成立后的调查，民主改革前，阿坝地区二万多名喇嘛中，"济娃”就有一千余名。担任“济娃”必须家资殷实，本人会做生意，由寺庙温布或囊佐根据寺庙经商资本的多寡，指派人数，3 年一换。由寺庙借给“济娃”资本，通常按 30%～60%收取利息，年底结账，不论盈亏，付清本息。此外，每名“济娃”每年正月还要给全寺供茶一次至三次。“济娃”则利用寺庙雄厚的资金和特殊的政治、宗教特权，专事贱买贵卖、囤积居奇的经营活动。其中格尔底寺有“济娃”40 人，资金约 30 余万银圆。[①] 而阿坝土官控制下的夺克登寺、郎衣寺、日格渣寺等都拥有大量资金，收入颇丰。其中“夺克登寺有济娃八人，资金：银子 244 秤（每秤 70 两），银圆 15700 元，酥油 8280 斤，茶叶 20900 斤，大米 150 升（每升 30 斤）。郎衣寺有济娃四人，资金 120000 元。日格渣寺有济娃二人，每人有资本：银圆 3800 元，酥油 11700 斤，茶叶 60 包，青稞 4500 斤，大米 1900 斤”[②]。在康区，据民国《西康通志稿·工商志》记载：“康省各喇嘛寺，除颂经修法外，大都从事农商。其经营商业之情形，系由寺出资若干，选熟习商情之喇嘛从事经营，并规定折本由经营之喇嘛赔偿。其所营品物，以康族日用必需品如布匹茶叶等为主，出售物品悉以藏洋定价，如折合法币，其值特高。运输工具惟赖牛马，较大之喇嘛寺，多自备之，间亦代客运输，取费不昂。若寺未置备，则其附近居民之牛马，每年平均应轮番代寺至少服务一次，或自行在佛前许愿，愿服务若干次。至往返经商路线，则系自康定购茶运藏为主，以之交换其应需品物。以时间言，一年仅能往返两三次。因之每次进货较巨，且在进货一次即可供一年之销售者。因有宗教信仰上之便利，得人民之支持，故利润特厚，其他商帮难与争衡，故喇嘛寺在康省实一特殊重要之商业机购，在关外各地常具有决定性之力量。”游时敏

① 四川省编辑组：《四川省阿坝州藏族社会历史调查》，四川省社会科学院出版社 1985 年版，第 34 页。

② 四川省编辑组：《四川省阿坝州藏族社会历史调查》，四川省社会科学院出版社 1985 年版，第 162 页。

《四川近代贸易史料》也说："藏商中的豪商大贾，喇嘛商力量最大，资本最雄，常远贸于康定、拉萨及其他市场，业务范围以茶及宗教用品为主，兼放高利贷……喇嘛商又称寺庙商，社会地位很高，藏语称为'充本'（意为'官商'），资本来自地租，高利贷；其商业资本的积累，除剥削广大的生产者和消费者外，还对商业劳动者加以剥削。西康寺庙实行一种派商的办法，对个别富裕的农奴，派其作'谢根尼巴'（汉译为'会首'之意），给予资本经商，一年以后必须缴纳5%或100%的利润，否则负责赔偿。'谢根尼巴'的任职期为3年或2年，货物运输由'乌拉'承担。"据中华人民共和国成立后的1954年调查，在甘孜藏区，约有70%的喇嘛寺经营商业，资本雄厚，经营规模大，获利也多。其中大金寺有资本40万大洋，甘孜寺有20万大洋，康宁寺（丁宁寺）有大洋28万元。大金寺、理塘寺在西藏、云南、青海、重庆、上海及印度均设有购销点。而德格地区的八邦、更庆、竹庆、仲莎四大寺，其购销地域，亦远及印度、上海、广州、拉萨等地。为了管理和经营商业，较大的寺庙通常都设有专门的经营机构，其中商业资本位居甘孜藏区首位的甘孜大金寺，设有6名"西巴"，"所有经商组织的经营活动，都在西巴的统一领导下进行。西巴共由6人组成，任职期3年。由寺庙大会从3个扎仓中各选2名，形成商务组，专门负责寺庙的商业。其中有4人，分管往来于拉萨、玉树、康定等地的经商人员，另2人往来各地，负责运输、联络。经商的僧人，都是经过寺庙大会选举的。被选者都是有钱财的僧人，任期3年。3年期满后，移交时，只许盈利，不许亏损；如有亏损，亏损部分全由经营僧人赔偿。西巴之下设有5个机构，各机构情况如下：（1）曲然涅巴：是全寺商业经营的一部分。主要经营英国、印度、康定、西藏、四川等地的商品，经营所得盈利，用于寺内各种教务开支。3年结一次帐。如有盈利，必须公布账目，并给寺庙僧侣进行一次散召。曲然涅巴掌握的资金约60万元人民币。（2）果涅：主要经营黄糖、酥油等物品。共有藏币100万元。同时还发放高利贷。银圆的利息每百元为百分之五，所得盈利交西巴后，作为散召开支。（3）智涅：专门管理寺庙耕地，全寺共有71公顷耕地”[①]。（4）空涅：专门负责寺内的修建。（5）更涅：管理整个寺庙财产和固定资产。

总体上看，在民国和中华人民共和国成立初期，四川藏区的寺庙商，是四川藏区最重要的本土少数民族商业集团。据1958年调查，甘孜州私营商业资本约2500万元，其中寺庙商为1800万元，占总数的72%，[②]商业收入也是寺庙重要的经济来源之一。1958年前后，通过“四反”运动，四川藏区的寺庙商皆被取缔。

土司头人商，由土司头人出资，指派家人经营。在阿坝地区，土官指派较富裕的属下经商，称为“崇娃”，每届任期3年。由土司头人借给银圆作为资本，或以牲畜、皮毛、酥油等实物折成现金作为资本，每年按资本金的40%～50%向土司交纳利润。如果3年期满，未能交够利润便沦为“家人”或“娃子”；若经营得当，除上交利润外还有盈余，3年期满后也可自己经商，成为个体商户。在阿坝地区的土司商人中，清德宗光绪年间，阿坝土官杨俊扎西在汉、回商人影响下，出资经商，有“崇娃”8人，资本50余万银圆，无论亏盈，每年崇娃都要上交资本额的40%，任期3年，期满后将资本移交下届“崇娃”。由于经营得当，杨俊扎西很快就成为草地藏区著名的土官商人。民国年间，“杨俊扎西死后，回商天隆号老板马福德代土官华尔功臣烈经商，使华成为草地势力最大、资金最多、贸易范围最广的民族巨商”[③]。在康区，土司头人商皆以家族为名，“又有南路及北路之分。北路有扯里家、孔撒家、登朱家、白利家等。南路则如安朱家、甲多家、降错家及其他”。此等康商，以家族的资产为其资本。“其所经营者，亦为进出口商业。其经营范围，西至拉萨，东至康定。其所用之运输之牛

① 甘孜县地方志编纂委员会：《甘孜县志》，四川科学技术出版社1999年版，第402页。
② 冉光荣：《中国藏传佛教寺院》，中国藏学出版社1994年版。
③ 阿坝藏族羌族自治州地方志编纂委员会：《阿坝州志》，民族出版社1994年版，第1537页。

马及枪械等，均属自备自有。其资本规模均颇不小。此等康商，在康藏商业交通上实居于至重要之地位”。[①] 其经营方式，通常是土司头人出资，指派熟悉商情的亲信经营，称为“涅巴”，意为“管理者”，两年一换。经过清代的大规模改土归流之后，民国时期，康区的土司头人商，已趋于衰落，仅在土司复辟地区还有着较强的实力。据中华人民共和国成立后的统计，民主改革前，土司头人商在甘孜地区约有资金 100 亿元左右，其中康北夏克刀登、德格土司经商娃子布楚楚的经营规模最大。[②] 其后，通过民主改革，取缔土司头人商。

平民商是由富裕的少数民族独资或合资经商。也有通过给寺庙或土司头人经商成功后，积累了资本，自行经商者。在阿坝地区，清末民初形成的草地帮，就是由富裕藏商组成的平民商人集团。该帮主要是从松潘购进茶叶、粮食、布匹、日用百货等，贩运到草地藏区及甘、青一带，交换畜产品和药材等土特产品，于次年 5 月底以前返回松潘县城，参加 6 月以后相继举办的皮庄交易会和药材交易会。此外，也到平武、茂县购买茶叶，贩运到甘肃的夏河、临潭等地交换畜产品。在甘孜地区，平民商通常是“以居地为名者，有甘孜娃、德格娃、理塘娃等，皆以居地县名及大村落为名，资本不大。其所经营者，大体系以本城之土产来康定或其他商业枢纽地换取茶布杂货等物”[③]。其中康北的霍尔人，善于经商，叶长青（J. H. Edgar）将其称为“聪明的商人”[④]。这些霍尔人是川藏贸易的重要中间商，将雅州所出的边茶转输至玉树，再销售到西藏及青海各地，几乎都是由他们来完成的。[⑤] 据中华人民共和国成立后的统计，在甘孜州，属于一般藏商

---

① 民国《西康通志稿·工商志》，载《近代康区档案资料选编》，四川大学出版社 1990 年版。

② 四川省编辑组：《四川省甘孜州藏族社会历史调查》，四川省社会科学院出版社 1985 年版，第 5 页。

③ 民国《西康通志稿·工商志》，载《近代康区档案资料选编》，四川大学出版社 1990 年版。

④ J. H. Edgar：《The Horpa of the Upper Nya or Yalung》，journal of the West China Border Society，Vol. Ⅴ，1932。

⑤ 周希武：《玉树调查记》卷下《实业》，青海人民出版社 1986 年版。曾现江：《康北霍尔人的来源及历史演变蠡测》，载《民族研究》2006 年 5 期。

的商家，约有245家，资金约50亿元（旧币）。[①] 在阿坝州，“解放后，国营商业的发展，使藏商极不等价交换所获高额利润和高利贷剥削受到极大抑制，纪娃缴纳资金利息从1953年起减至25%，经营品种逐渐转到粮、茶、布、酥油、牲畜、民族用品方面”[②]。其后，通过民主改革与社会主义改造，四川藏区的藏商皆被纳入国营商业体系。至1959年，四川藏区已经不存在传统意义上的平民商。

外来少数民族商人。在阿坝地区，来自陕西、甘肃的回族商人较为重要，只是这些回族商人的籍贯皆在原陕西省境内，所以也将他们划归陕西商人。在今甘孜地区，除了回族商人之外，来自西藏的商人最为重要，即“所谓藏巴娃，西藏人来康经商之商人。其东来之主要地点为康定。其所销售者为土货，种类亦多。其所购办者则以茶为主，其他杂货等类则为附带品。资本颇大，规模亦不小。其作风不与上述之营康藏进出口之康商颇相似”[③]。其中邦达昌最为著名。邦达昌是藏语 Spang Mda' Tshang 的音译，意为“邦达家”，原本是居住在今西藏自治区昌都地区芒康县邦达乡的萨迦寺差户，后因经商，遂以邦达昌为商行字号。据刘曼卿《康藏轺征》记载：“邦达昌原为村名，后因富显，故以为商行字号。先是邦达村与普那村冲突，互相杀戮，普那村被灭族，邦达亦仅馀一子，名不疑江，潜遁赴藏，作某阁员侍从。稍有积蓄，遂入印营商，利又倍蓰。”清宣统二年（1910），清廷派川军进入拉萨，十三世达赖喇嘛出走印度，“穷极无聊，而邦达昌倾家助之。后返藏，乃许渠以经商特权，不受普通法令限制，以势之所在，利亦趋之，故彼有今日之煊赫”[④]。不疑江即邦达尼江，亦写作邦达列江，由于他“有恩于达赖，得羊毛与黄金之专买专卖权。藏军前总司令渣绒氏

① 四川省编辑组：《四川省甘孜州藏族社会历史调查》，四川省社会科学院出版社1985年版，第5页。
② 阿坝藏族羌族自治州地方志编纂委员会：《阿坝州志》，民族出版社1994年版，第1537页。
③ 民国《西康通志稿·工商志》，载《近代康区档案资料选编》，四川大学出版社1990年版。
④ 刘曼卿：《康藏轺征》，南天书局1987年版。该书记载达赖奔印度是在光绪年间，有误，应为宣统二年。

曾窃运羊毛至印度，以军人之大力与跋扈，宜其不能禁止之，但邦达昌老主人不疑江竟予以扣留，而直控于达赖。经达赖批交四大臣核议，邦达昌竟以胜诉，与康民驱营官同为开藏中新纪元之事，自足以骇人听闻。再者，前此藏政府与三大寺冲突，两方各不相下，戒备以待，大有驰骋疆场之可能。官方欲派一人为之疏解，众皆裹足不前，惟不疑江自告奋勇，单骑往说，竟得释嫌和好。原三寺喇嘛均曾受邦达昌之布施，故以大檀越之资格，收干戈玉帛之效也。有此数事，于是藏中人无有不知邦达昌者，信用既立，纵实无一钱，而买空卖空亦可以撑最大之局面。更有一要诀，则大商号每年纳多量之金钱于政府，即可得政府之种种优待。例如运输可派乌拉，收账可嘱地方官代催，岁暮更大请三寺喇嘛，敬酥油茶及黄油饭，外送贽见礼，人各一钱至数钱，综计之，少亦在十数万。各方好感既生，进行无不顺利，故邦达昌近日所营，即贷钱国库与三大寺，又转借与平民，无虑其不偿还，因地方官即彼催索吏。闻更有送钱璧还，守候至数日而不得交纳，此乃还债难而非讨债难矣。后以权势过大，遭人嫉妒，适其至好将冷从主人约彼郊游，被刺客凿地道枪杀之。将冷从与渠交好之程度，实非内地人所能梦想，交换女儿，互易妻室，以图融洽为一家人。不疑江既被杀，政府指将冷为嫌疑，尽没入其财产，两家至今犹存最大隔阂以此”①。邦达尼江死后，其长子邦达尼玛负责家族的商务，次子邦达阳佩（养培）为西藏地方政府任命的亚东总管，三子邦达热嘎（饶嘎）为十三世达赖喇嘛的侄女婿、藏军代本，四子邦达多吉于 1932 年被西藏嘎厦政府任命为芒康、察雅两宗的总管，由此使得邦达昌成为西藏地区著名的亦商亦官家族。

1933 年，十三世达赖喇嘛土登嘉错圆寂，西藏地方政府内部随即爆发权力斗争，邦达昌也受到牵连，于是邦达多吉在 1934 年春起兵攻击驻防芒康等地的藏军，将其缴械。随即在藏军的攻击下，邦达多吉放弃芒康，进

① 刘曼卿：《康藏轺征》，南天书局 1987 年版。

入其拜把兄弟傅德铨控制的巴塘避难。其后，由于多种原因，西藏噶厦政府除责成邦达多吉将抢走的枪炮折价赔偿之外，并未重罚邦达昌及邦达多吉。[①] 1936 年，邦达多吉从巴塘北区移防巴塘东区的中咱，并选定义敦波米村为屯兵之地。1937 年，在与刘文辉协商之后，邦达多吉从傅德铨手中买下波米地方，并以此为基地，从事商业活动。大约在 1940 年，邦达多吉在康定设立“邦达昌”商号，并在理塘设立“邦达昌”临时总商号，开始经营印度、拉萨、康定、雅安等地的药材、茶叶、烟土等生意。由于得到西康省主席刘文辉的支持，加之与西藏嘎厦政府的关系得到改善，邦达昌迅速成为康区最重要的藏商之一。据邦达多吉之子邦达旺青回忆：“1940 年邦达多吉开始正式经商，在打箭炉住了几年，当时住在拉萨的邦达养碧从印度进口布料、百货等，而邦达多吉在打箭炉进口茶叶、布料等物品，从而‘邦达昌’在三地之间贸易网络开始建立起来了。”[②] 同时，邦达昌还利用其在印度、拉萨和康定之间的贸易网络，以自有驮队，从印度大批购进棉纱、染料、药品、皮革、毛料、布匹、香烟、盘纸，以及麝香、虫草、克什米尔红花和贝母等，由印度噶伦堡直发康定和丽江后转至成都、昆明等地，其中在 1942 年，邦达昌就派仲麦·格桑扎西带上从印度发来的西药、皮革、毛料、布匹和棉纱到成都经销。这些来自英印的商品，在一定程度上缓解了战时大后方商品紧缺的问题，因而十分畅销，且获利丰厚。在邦达昌的影响下，康藏商人纷纷起而仿效：前往中国西藏拉萨或印度噶伦堡买货，分别贩运至康定和丽江等地，回程又购买茶叶等商品运往拉萨，由此形成“藏商的兴趣主要放在英、印货上”[③]。直到中华人民共和国成立初期，虽然“现在藏商也开始注意土特产了，但包括英、印货在内的洋货仍在源源而

① 美朗宗贞：《‘邦达昌’反叛嘎厦政府始末考》，载《西藏研究》2005 年 4 期。
② 美朗宗贞《“邦达昌”在康定设立商号后的第二次复兴》。载《西藏研究》2007 年 4 期。
③ 四川省编辑组：《四川省甘孜州藏族社会历史调查》，四川省社会科学院出版社 1985 年版，第 10 页。

来”[1]。1951 年，西康省藏族自治区人民政府决定发展藏商经营，一方面通过国营贸易公司收购藏商积压的土畜产品，另一方面与其签订合同，禁运英、印货销售，并号召藏商“面向关外经营”。但因英、印货在康区销售，利润甚大，不仅藏商经营，部分汉商也涉足其间。直到 1957 年，“采取限制英、印货的输入，同时海关西移，藏商来康贸易完全断绝”[2]。1958 年，邦达昌停止经营活动。

三、歇家与锅庄

歇家的基本含意是指客店，即清人李年鹏等人编辑的《六部成语》所说的“停歇客商货物之家”。歇家之名，最早见于明宪宗成化三年（1467）马昂的《会议漕运事宜》。稍后，杨一清在《为修复茶马旧制以抚驭番夷安靖地方疏》中，也提到歇家：“今后但有将私茶潜往边境兴贩交易，及在腹里贩卖与进贡回还边人者，不拘斤数，事发，并知情歇家牙保，俱问发南方烟瘴地方卫所，永远充军。”[3] 由此可以看出，在明代的茶马贸易中，是由歇家为茶商提供住宿和交易场所，并充当“牙保”，即交易中介人，因此在打击非法茶叶交易时，将知情的歇家牙保列为重点打击对象。这种同时为客商提供住宿和交易场所，并充当交易中介人的歇家，在阿坝地区一直沿袭到民国时期。据《四川近代贸易史料》记载，阿坝地区的“歇家，类似康定的锅庄，住宿熟悉的番商，一切食用概由歇家供给，生意作成酌给酬金。没经过歇家而直接与商号进行买卖，则只须送给礼物，而不必再给酬金”。歇家主要集中在松潘和杂谷脑两个城镇中，来此的商人，选择入住的歇家后，如无特殊原因，以后每次来此都入住同一歇家。歇家不仅为入

① 四川省编辑组：《四川省甘孜州藏族社会历史调查》，四川省社会科学院出版社 1985 年版，第 10 页。
② 甘孜州志编纂委员会：《甘孜州志》，四川人民出版社 1997 年版，第 1249 页。
③ 《明经世文编》卷 115；《杨一清集》卷 3《茶马类》，中华书局 2001 年版。

住的少数民族商人提供食宿，并担任交易的中介人，同时自己也经商。民国时期，由于歇家大多自行经商，因而被视为“番商”中的一类商帮。“多数是一个或几个藏族区的买卖总代理人，区内各户所需买卖的货品，集中托一人代理。商帮或直接与茶号、香号交往，或先由茶号付给贷款，约定时期，以毛皮、药材、麝香给付。商帮有时远至成都直接买卖货物。”①

锅庄是集客栈、货栈与交易中介等多种功能的商业组织。在四川藏区，锅庄主要集中在康定。关于锅庄名称的来源，有多种说法，其中较为可靠的说法是，锅庄是藏语“谷草”的音译，词义为“贵族、贵人”，是指锅庄主原为明正土司属下的土目。其后，锅庄虽然演变为一种类似歇家的客店，锅庄主也不全是土目，但是早期形成的“谷草”称谓却被沿袭下来，汉族则将其译为“锅庄”。

锅庄的出现，通常认为是在元代。民国二十五年（1936），任汉光在《康市锅庄调查报告书》中说：“一、锅庄萌于何时，殊难确考，惟据安家锅庄主人称，按家谱该庄当创业于五百年前。复据江家锅庄主人称，该庄明洪武年间已成立，则谓元明之际，康定已有锅（庄）创设，当无大误。二、据康中练达者谈，康定原为汉藏茶马交易中心。元明之际，康定附近一带，东薄泸定，南达九龙，西奄雅江，北抵道孚、丹巴，皆为明正土司辖地。该土司分封头人，执掌诸地，并令诸子及小头人，建立庄廓于康市，为诸头人觐见驻节地，亦得为各地商旅来康招待所，名为‘独吉’，凡十三家，是为当时所称‘十三独吉’。汉人名之为十三锅庄。后贸易日繁，锅庄建立益众，凡增为四十有八，是为世称之四十八家锅庄。”朱祖明在《明正土司之过去与现在》一文中也说，“康定初有锅庄四家，属明正土司分担差务。后因关外大小土司朝贡，差务日繁，原有锅庄不敷应用，由四家而增为十三家。代分差务。嗣因贸易日繁，锅庄建立日多。清中叶，增为四十

① 游时敏：《四川近代贸易史料》，四川大学出版社1990年版，第66页。

八家庄，性质变而为旅店矣”①。早期的锅庄，是明正土司下属设在打箭炉的办事机构。清康熙年间，打箭炉被确定为汉藏贸易口岸，城市商业迅速发展，锅庄才得以全面向商业服务设施转化，成为集客栈、货栈与交易中介等多种功能于一体的商业组织。清朝末年，打箭炉改称康定，明正土司也被改土归流，失去土司庇护的锅庄开始衰落，而另一批没有政治背景的旅店、客栈却在清末民初应运而生。“如这一时期增设的孙相贵锅庄、郜玉钊锅庄、孙绍先锅庄、孙绍明锅庄、皮子富锅庄、刘海山锅庄、汪彭措锅庄、范家锅庄、岳家锅庄等。这些锅庄，虽然经营方式，收费标准也和原有的锅庄相类似，但在群众心目中却没有把它们列入四十八家锅庄之内”②。民国二十九年（1940），康定锅庄户成立同业公会。民国三十五年至三十六年（1946—1947），西康省财政厅对康定锅庄进行调查，共有锅庄47家，其中原属48家之列的锅庄仅有20多家。中华人民共和国成立后，经民主改革，并于1957年限制英、印货的输入，使得藏商来康贸易完全中断，康定的38家锅庄业务基本停顿，有的改行，有的歇业。

康定锅庄的建筑结构，通常是一楼一底的四合院或三合院，都有一个较为宽阔的用石墙围砌的院坝，藏语称为“果撒”，其主要功能是用来拴住客商的牦牛和骡马，同时也为缝茶工人提供操作场地。

康、藏商人到康定经商，首次选择某家锅庄入住，此后再来康定，必住原处，因此每家锅庄的客商，相对固定，没有特殊情况，一般不会改变。例如瓦斯碉锅庄常住德格、白玉、甘孜东谷寺以及青海和西藏的藏商，木秋云锅庄常住甘孜大金寺，炉霍觉日寺和青海的藏商，杨家锅庄常住道孚驮脚娃，子耳坡王家锅庄常住瞻对娃和更庆寺藏商，等等。由于各锅庄常住客商较为固定，其携带的商品也就各有特色。如瓦斯碉锅庄，因常住商

① 朱祖明：《明正土司之过去与现在》，载《康导月刊》，1947年6卷9—10期合刊。
② 高济昌、来作中：《康定锅庄传闻录》，载《甘孜州文史资料集》2辑，1984年。

人多往来西藏经商，除大宗土产外，多有藏毯、藏片、藏青果、藏红花等藏货；王家锅庄由于常住的瞻对客户较多，而瞻对盛产黄金，且黄金成色在甘孜州最高，故沙金生意突出。这种住锅庄客户相对固定的情况，一直维持到中华人民共和国成立初期，变化甚微，只有在锅庄发生意外，如火灾，破产、乏嗣无人经纪等，原常住客户才另选锅庄入住。

锅庄为客商提供食宿、货物堆放等服务，并利用自己通晓汉藏语言，熟悉商业行情等有利条件，提供交易中介服务，帮助客商推销商品，购进货物，并为客户提供担保。生意成交后，收取一定数额的费用。锅主主人收取的费用称为“退头”，即“佣金”。具体收费标准，分为两种情况：为客商提供食宿的，通常按客商交易成交总额的4%提取“退头”；只为客商提供住宿而不提供膳食，一般按客商交易成交总额的2%提取“退头”。同时，锅庄主人只为客商提供商业服务，不直接从事商品的交易。民国时期，部分锅庄已经演变为单纯的客栈，并不提供商品交易的中介服务。

除康定锅庄外，“清代中后期，道孚县城有幺女娃、日吾娃、左戈吾娃3家锅庄。民国时期，发展到17家，著名的有大锅庄、丁家锅庄、阎家锅庄等”①。此外，在商业较繁荣的甘孜县，也有类似歇家与锅庄的商业组织。“甘孜县城内老街、打金滩，历史上为比较固定的商品交易商场，本地经商者及外商大多在此经商，城内有十户左右供外商堆放货物、食宿之便的货栈（藏语称‘里布’）主人家。商人按月付给少量藏洋或一包茶叶（约9公斤）的报酬。‘坝子主’，在牧区有一定势力和威望的人。在牧区经商人按‘坝子主’指定的地方堆放货物（一般搭有帐篷），‘坝子主’保其不被抢盗，并帮助联系购销，商人视情况给其百分之三、四‘退头’（回扣），按销售总额计算”②。

① 甘孜州志编纂委员会：《甘孜州志》，四川人民出版社1997年版，第1245页。
② 甘孜县地方志编纂委员会：《甘孜县志》，四川科学技术出版社1999年版，第178页。

民国时期的康定锅庄①

锅庄汉名（藏名）	主人姓名	所在街巷	客房间数	客家籍贯	取偿住客方式	备注
邱家锅庄（羌厥）	邱文彬	茶店街39号	20余间	甘孜、德格	出口货照价退头3%～4%，茶每包退银三分	成立时间不详，民初年交易总额约7、8万元，近年不过1万元
包家锅庄（乙卡瓦）	包二哥	茶店街43号	10余间	甘孜、德格	出口货退2%～4%，余同前	原与瓦斯碉为一家，约二百年前，分建于此
牟家锅庄（甲人色）	甲东修	民生巷1号	18间	大金寺、白日寺、炉霍	同前。客夫子每月交房租0.5—1.5元	锅庄内住背水、打柴、甲朱娃等称为客夫子。民初年贸易额约20万元，现在约4万元
杨家锅庄（日那卜夏妈）	杨则行	民生巷6号	5间	道孚驮脚	每日每客付糌粑1碗，若有驴马，付藏洋1元	仅住驮脚
王家锅庄（日尔波）	王先有	民生巷8号	8间	瞻化、德格	退头同其他锅庄	民初年交易额约10余万元，近年约6、7万元
贾家锅庄（独根固）	贾朋德	民生巷9号	9间	炉霍	退头同其他锅庄。客夫子月出房租1元	章谷喇嘛寺常资助番客来康定贸易，驻扎本庄
彭家锅庄（弟子智）	彭永年	民生巷14号	6间	甘孜、白日地	同前	年交易额约在2—5万元之间
彭家锅庄（丹尊家）	彭南田	民生巷16号	房廊20余间			已出当为药行
丁家锅庄（边巴冲洛）	丁伯恒	民生巷20号	10间	道孚、汉商	收取房租	1932年建

① 根据《近代康区档案资料选编·1936年12月任汉光〈康定市锅庄调查表〉》的记载，整理制成此表。

续表

锅庄汉名（藏名）	主人姓名	所在街巷	客房间数	客家籍贯	取偿住客方式	备注
杨家锅庄（吉泰长）	杨桂林	民生巷22号	23间	未住番商	收取房租	约建于1929年。主人往来关内外，自行经商
安家锅庄（仲一出）	安克勤	民生巷24号	13间	道孚、汉商	盐每驮退头0.15元，主客均分，余货同其他锅庄	成立于500年前，清末年交易额8万余元，民国时约1、2万元
秦家锅庄（齐卡）	秦启宗	民权巷7号	4间	甘孜、昌都、山西	退头同其他锅庄，兼收房租	祖业原在民权巷9号，1931年卖给龚家后，于1934年在此新建秦家锅庄
龚家锅庄（原齐卡）	龚达三	民权巷9号	7间	汉人	收取房租	1931年从秦启宗名下买得
张家锅庄（桑加甲）	充二姐	民权巷14号	11间	客夫子	收取房租	主人出家
江家锅庄（阿陧巴巴）	江质清	民权巷10号	20余间	招收住户	收取房租	因债务纠纷衰败
杨家锅庄（拔出佳）	杨海廷	民权巷13号	15间	甘孜、德格	同其他锅庄	原名白家锅庄，建于明季。后因白家无嗣，由杨家赘婿继承。最高年交易额约7万元，1936年左右仅2万元
孙家锅庄（朱热夺妈）	孙英光	民族巷2号	5间	道孚、德格现无番客	收取房租	原名张家锅庄，1916年由赘孙家继承法。因经营无术，番客他徙，遂至凋零

续表

锅庄汉名（藏名）	主人姓名	所在街巷	客房间数	客家籍贯	取偿住客方式	备注
岳家锅庄（接攞伯）	乐维柏	民族巷12号	6间	川籍汉商	收取房租	主人经商致富，于是1919年买地建锅庄
黄家锅庄（黄贵甲）	黄德华	民族巷14号	12间	德格。久无番客，现招佃客夫子	收取房租	三十年前业务兴旺，后因主人年幼，不习商务，番客他徙，已有二十年
彭家锅庄（瓦斯足欲妈）	彭先生娘	民族巷	12间	德格。久无番客，现招佃客夫子	收取房租	本庄与瓦斯碉原系一家，与黄贵甲世属姻娅，而庄务早已衰落，无番客已有三十年
包家锅庄（瓦斯碉）	包文光	民族巷15号	30余间	甘孜、东谷	番客卖货，照入额退4%，茶每包3分，一切同他庄	成立约500年前，曾遭三次大火。繁荣年代，庄房约80余间，年贸易总额约80万元。近年不过30万元左右
龚家锅庄（那朱瓦）	黄玉林	民族巷21号	7间	觉贡、笮丫		1933年有龚王氏卖与黄玉林，现无番客，亦未招佃，主人住家于此，作商号堆店
高日家锅庄（高日拉）	高日氏	民族巷22号	15间	道孚、瞻化	番客卖货，照入值退2%，茶每秤退1元	原年营业额约4万元，现约1万元
刘家锅庄	刘海山	中山街279号	11间	川、陕、甘客商	收取房租	原属山阳锅庄，后由现主人购得，1930年建成新庄
邱家锅庄（七义巴巴）	邱秉忠	中山街281号	15间	德格、甘孜、理化	同其他锅庄	1924年前后，年贸易额约30万元，20世纪30年代末不过10万元

续表

锅庄汉名（藏名）	主人姓名	所在街巷	客房间数	客家籍贯	取偿住客方式	备注
江家锅庄（卡瓦江初）	江春浦	中山街 297 号	12 间	理化、德格、昌都	对番客收取退头，同其他庄；对住户收取房租	建于明洪武年间。先前年贸易额约 20 万元以上，20 世纪 30 年代末不过 1、2 万元。江卡之邦达昌常寓居此。著名客商“邦达昌”为康定经营汇兑的庄号，主人杨迫，江卡人，随父来康市，势雄望重，经营康、泸、印、藏间汇兑。后以经营不善，复挥霍非分，大亏时负债 20 余万元。其父复被刺于草地，杨迫匿逃，现该行尚有三管司在本庄，债务纠纷，尚未全部解决
杨家锅庄（夕热洛麻）	杨马泰	中山街中段侧巷内	6 间	云南附近察哇绒一带商贩	100 两鸦片烟退 4 角，1 包茶退 3 分	以鸦片烟为大宗商品
汪家锅庄（夏毕从）	汪慎终	中山街 17 号	17 间	甘孜、昌都、波密、查耳	番客卖货，准其值退 2%～4%，茶每秤退 1 两银	先前年贸易额近 30 万元，20 世纪 30 年代末不到 10 万元
罗家锅庄（甲宜绝马）	罗王氏	中山街 235 号	5 间	云南	收取房租	本庄娘家名甲宜绝马，数十年前，母氏由中正街 238 号王家锅庄适此，无男，赘婿承继
王家锅庄（甲宜绝马）	王春华	中山街 238 号	8 间	木雅乡	收取房租	
王家锅庄（朱热觉妈）	王张氏	中正街 83 号	4 间	道孚	同其他锅庄	始于明正土司受封时。据说，清果亲王请命朝廷，敕加明正土司封号，故有明正世袭果亲王爵之传说

续表

锅庄汉名（藏名）	主人姓名	所在街巷	客房间数	客家籍贯	取偿住客方式	备注
贾家锅庄	宋贾氏	中山街 241 号	8 间	木雅乡民	收取房租	已二、三代无番客入住
陈家锅庄（阿商速马）	陈文明	中山街 243 号	15 间	理化、甘孜绒坝岔	同其他锅庄	极盛时年交易额近 70 万元，1936 年不超过 30 万元
彭家锅庄（阿松拓）	彭家模	中山街 253 号	11 间	理化、昌都	同其他锅庄。黄金交易 1 两退 5 角	极盛时年贸易额约 80 万元，20 世纪 30 年代末仅及 1/5，然而其繁荣情况，在康定仅次于瓦斯碉而居第二位
包家锅庄（萼惹阿）	包至忠	中山街 262 号	5 间	德格、白玉	收取房租	本庄与瓦斯碉同族。七八年来，常住军队，番客转徙，现虽军队移出锅庄，仍无番客
李家锅庄（朗配惹）	李海廷	中山街安息日会隔壁	13 间	炉霍、道孚、泰宁、吉谷	本年开业，退头办法尚未决定	原为包家锅庄，1933 年由李海廷购得
充家锅庄（充喜佳）	充建猷	将军桥 13 号	约 20 间	道孚、甘孜	同其他锅庄。现收取房租	极盛时，年贸易额超过 60 万元，入住番客资本雄厚，其中那瓦·嘉本家，在康定仅瓦斯碉和香根家可以与之匹敌。大白战争后，番客不来，故无交易可言
罗家锅庄（色根古）	罗仲华	将军桥 14 号	15 间	甘孜、绒坝岔、炉霍	同其他锅庄	业务久已不振
杨家锅庄（牙错）	杨膏如（已死）	将军桥	10 间	木雅乡民	收取房租	凋零已久

续表

锅庄汉名（藏名）	主人姓名	所在街巷	客房间数	客家籍贯	取偿住客方式	备注
孙家锅庄	孙九莲	祥云街1号	6间	雅江	每日每客付主人糌粑1碗，约四五两	主要是经营驮脚者
林家锅庄（甲嫁）	林佩凤	祥云街2号	3间	木雅乡	收取房租	常住客多为木雅乡之驮脚娃
咱家锅庄（达古吉巴）	咱一清	祥云街9号	原有10余间，被焚，仅重建4间	木雅乡	收取房租	常住客多为木雅乡之驮脚娃
刘家锅庄（刘卡错扎）	刘桂兰	祥云街13号	4间	木雅乡	收取房租	以前曾有番客，现住客多为木雅驮脚娃
杜家锅庄	孙相贵	祥云街10号	原为一大庄院，后被焚，仅修葺铺面2间	云南、木雅	收取房租	云南巨商大贾，咸集于此。现住客半为云南烟土贩，半为木雅乡的驮脚娃
孙家锅庄（生吉夺马）	孙肇铭	祥云街17号	5间	康定四乡居民	收取房租	住客多为驮脚娃及商贩
罗家锅庄（蒙夺）	罗玉桂	白土坎21号	8间	理化	收取房租	原属平常锅庄，后因庄内常住军队，遂至零落，现已全无商务
史家锅庄（贡夺欲马）	王泽普	白土坎34号?	6间	原无番客，现为难民、客夫子	收取房租	

四川藏区的歇家与锅庄，属于性质基本相同的商业组织，而其演变与发展却不尽相同。其中歇家是明代因茶叶贸易而形成的商业组织，基本功能是为客商提供住宿与交易中介。然而在民国时期，随着商贸体系的变化，传统商业中介功能逐渐弱化，面对这种情况，阿坝地区的歇家功能也随之发生改变，即歇家主人不仅为入住的客商提供商业服务，同时还充分利用在商业服务中积累的人脉，将其转化为商业资源，成为一个或几个藏区买卖的总代理人。通过自行经商，不仅赋予歇家新的内涵，也使歇家能在新的形势下得以生存并获得发展。

锅庄的出现，早于歇家。但是早期的锅庄并不是商业组织，而是明正土司的下属办事机构，直到清代，随着锅庄所在城市商业的发展，锅庄才转变为商业组织。清末，明正土司改流后，锅庄也随之发生变化，不仅一批原来依附于土司的锅庄先后衰落，一批新兴的锅庄相继出现，而且其功能也在发生变化。民国时期，康定有不少锅庄实际上已经成为单纯的客栈，不再为入住的客人提供商业中介服务。导致这种现象出现的因素很多，其中汉藏交易方式的转变，是锅庄中介功能衰落的一个重要原因。早期内地商贾在康区的经商活动，基本上是固定在打箭炉，借助“锅庄”的中介来完成与藏商交易。这种集食宿、商贸中介于一体的商业组织，在汉藏交易中发挥着重要的中介与催化作用。① 但是完全依赖藏商与锅庄的经商方式，增加了内地商人的商业运作环节，降低了利润。为了获取更为丰厚的商业利润，一些资本雄厚的内地商贾便采取设分号、派坝充等方式，直接进行汉藏贸易。民国时期，汉藏之间的直接贸易在康区已成主流，传统的锅庄商贸中介功能趋于衰落，而因循守旧的康定锅庄，未能像阿坝地区的歇家那样进行变革，因而逐渐向着单纯的客栈方向演变。

---

① 谭英华：《说“锅庄”》，载《清季民国康区藏族文献辑要》（上），四川民族出版社2003年版。

四、贸易公司

清朝末年，四川藏区开始出现一种新型的商业组织，即贸易公司。其中边茶公司是最早开设的专业贸易公司。清德宗光绪三十三年（1907），在中英关于《藏印通商章程》谈判前夕，为预防藏印通商后，印茶倾销西藏，使传统的川茶入藏受阻，川滇边务大臣赵尔丰决定成立公司，以保障川茶输藏的权利。光绪三十四年（1908）十一月，垄断南路边茶贸易的五属茶商聚集在打箭炉，筹建边茶公司，推举夏鼎兴、于恒泰等人为临时主持人，并认定股金361700两，其中雅安茶商认股206700两，荥经茶商认股60000两，天全茶商认股50000两，名山茶商认股45000两，邛崃茶商以道远为由，未至。同年十二月，四川总督赵尔巽札饬雅州知府武瀛，令其督率茶商在雅州成立"商办藏茶公司筹办处"，并任命武瀛为公司总办。宣统元年（1909），"商办藏茶公司筹办处"在雅州成立，以雅州孚和号茶商余璘为经理，其余各县茶商分别选出正、副协理各一人，其主要工作是继续筹集股金，研究边茶业的整顿改良等事宜。同时，由筹办处拟定公司《章程》，确定公司的宗旨、性质和组织公司的办法。宣统二年（1910）四月十二日，边茶公司"商办边茶股份有限公司"在雅州正式成立。

在官府积极推动和干预下成立的边茶公司，实有资本为九七库平银33.5万两，全部为商股，因而属于商办性质。然而官府虽不干涉公司的经营，"而一切运转保护，大凡商所有为难之处，无不官为补助，使得一意进行"[①]。整个公司实际上是在官府的保护下进行经营，这也就是边茶公司《章程》第十九条第一条所说的："纯以商办组织，官任保护，名为商办边茶股份有限公司。"现在通常将其定性为官督商办的公司。

① 赵尔巽：《边茶公司成立情形折》，载《四川官报》庚戌八月。

边茶公司成立后，通过承销南路边茶全部引票，垄断南路边茶的销售，从而成为一个垄断性的商业组织。在茶叶的采购方面，公司于雅安等五属产茶县分别设立制茶处，利用当地大茶商原有设备，就地采购茶叶，加工制成边茶，并统一商品规格。由于五属产茶县的产量不足，公司还分别在犍为、峨眉、宜宾等地设立采配处，将“下河茶”改制为南路边茶。在运输上，于清溪县泥头汛设立转运处，负责督率沿途茶包运至康定。在销售方面，不仅在康定设立分号，还打破内地茶商不出炉关的限制，先后在南路的理塘、巴塘，北路的介姑，以及昌都设立销售分号，减少中间流通环节，将茶叶直接销售到藏区。同时，公司《章程》还规定：“如边藏内尚有应设分号处所，随时调查，逐渐推广。”同时，为了与印茶竞争，边茶公司还采取措施，提高边茶质量，严禁假茶。施特劳奇在《重庆海关 1902—1911 年十年调查报告》中就说“由于许多茶商习于掺假，四川茶叶在西藏的消费量大为减低，川茶的地位已被印度茶叶取而代之。为了打击这种掺假行为，特设一个‘边茶公司’来监督行销西藏各处茶叶的分类和包装。总公司设在雅州，茶厂设在邛州、天全和荥经”①。宣统三年（1911），辛亥革命推翻清王朝，官督商办的边茶公司随之解体。②

民国时期，按照国民政府《公司法》组成贸易公司从事商业活动，在四川藏区逐渐普及。而抗战期间成立的康藏贸易公司，则是第一家主要由藏族资本家组建并经营的股份有限公司。

民国三十一年（1942）八月，由康藏知名人士格桑泽仁、邓珠郎杰、夏克刀登、黄正清、邦达多吉、桑都居冕、麻倾翁，以及西康省主持财政金融的官员李万华、李先春等人筹资，成立康藏贸易公司，经营康藏进出口贸易，“力求促进增强康省与西藏、中央与拉萨间之关系、经济联系，以

---

① 施特劳奇：《重庆海关 1902—1911 年十年调查报告》，载《四川文史资料选辑》11 辑，1964 年。
② 陈一石：《清末的边茶股份有限公司》，载《思想战线》1987 年 2 期。

图挽回利权，而免整个西藏经济商业为英印方面所操纵支配”①。公司资本金为法币600万元，设有董事会和监事会，其中格桑泽仁、邓珠郎杰、麻倾翁等人为常务董事，宋鸿勋为常务监事，格桑悦希任总经理，邓珠郎杰为协理，张乐天为襄理。总公司设于康定，在成都、拉萨和印度的加尔各答设有分公司，重庆、甘孜、昌都设有办事处，雅安设转运站，并在西藏与西康之间的交通沿线设有运输站。同时，公司还自有驮队，其中在拉萨、甘孜各有骡马100匹，在类乌齐、黑水各有驮牛100头，因“各处站主管人员及该公司股东，颇多原系康藏土司头人，或为大寺院喇嘛，随时可就地征调私有牛马，最多能达二千头，货运不致中途停滞。复有自卫武力，沿途可保安全”②。

康藏贸易公司主要从事康藏之间山货药材、原料制品、日常用品及其他用品的营运与购销，并代理各厂商办理康藏各地制品推广与销售、原料之采办与运输及其他委托事宜等。其经营方式是将康藏地区的山货、药材、羊毛、牛皮、硼砂等运往内地，换取茶叶、绸缎等运回康藏地区销售。运往内地的商品，一部分用于换取印度外汇，同时通过中央银行康定分行，为藏商代办印度外汇，从印度购回各种消费品、西药和机器设备，运销内地。民国三十三年（1944），康藏贸易公司又与交通部合作，各出资200万元，组建康藏驮运公司，由康藏贸易公司总经理格桑悦希兼任经理，接受各方委托，由印度驮运物资经西藏至康定。为此，康藏贸易公司将旧有驮畜227匹作价转让给驮运公司，③并增购驮畜，以作运输工具。同时，从中印边境的噶伦堡至康定，沿途共设运输处12站，并在康定、拉萨两地设有总站。交通部则派专员赴印度，与有关各方商洽驮运公司代运物资中遇到的各种问题，以此保障驮运公司能够正常营运。

① 《西康省政府致财政部公函》，现藏中国第二历史档案馆。
② 《财政部视察李如霖视察西川及西康区致财政部贸易委员会报告》（1943年11月2日），现藏中国第二历史档案馆。
③ 《康藏贸易公司致西康驮运公司函》（1944年1月30日），现藏中国第二历史档案馆。

康藏贸易公司名为商办组织，实际上不仅有官僚资本入股，而且与国民政府高层有着特殊的关系，其总经理格桑悦希、常务董事邓珠郎杰多次受到蒋介石的接见。同时，该公司的一些商业运作也得到国民政府有关部门的大力支持，其中格桑悦希提出由康藏贸易公司收购西藏羊毛的计划，甚至得到蒋介石的亲自过问，并要求财政部“转饬贸易委员会，会同中国银行及康藏贸易公司，洽商收购储销具体办法”①。在这样的背景下，抗战期间的康藏贸易公司，生意兴隆。然而在抗战胜利后，受通货膨胀影响，自民国三十六年（1947）开始，公司连年亏损。中华人民共和国成立后，康藏贸易公司被政府代接收。②

中华人民共和国成立后，逐步在四川藏区建立国有的民族贸易公司。其中阿坝地区在1950年于茂县凤仪镇设立国营的“中国百货公司茂县分公司”，隶属川西百货公司。1951年，改称茂县专署贸易分公司，并设立直属骡马运输队。1952年，有分公司1个、支公司9个、县属区商店5个、固定贸易小组6个，共有职工370名。1953年，改称四川省藏族自治区民族贸易公司，迁刷经寺。同年，设立直属威州办事处、驻兰州采购组，撤销骡马运输队。1954年，设立直属转运组和经济警察中队，同时增设南坪、绰斯甲2个支公司。1955年，设立直属刷经寺营业部，公司成为纯管理机构。1956年，改称阿坝藏族自治州民族贸易公司。撤销驻兰州采购组。1957年，阿坝藏族自治州民族贸易公司有各级经营机构87个。

阿坝州的国营民族贸易公司，领导全地区国营商贸工作。为此，陆续在各县建立国营商业机构，并积极发展从业务上进行领导的农村供销合作社，以此确立国营商业机构在城乡商业中的主导地位。

阿坝州国营民族贸易公司的资金，最初是由省公司按计划划拨，其后

① 《蒋介石致孔祥熙电》（1944年3月5日），财政部贸易委员会档案，现藏中国第二历史档案馆。曹必宏：《抗战时期的康藏贸易公司》，载《中国藏学》2006年3期。

② 格桑扎西：《康藏贸易公司简况》，载《巴塘志苑》1984年4期。

主要靠财政拨款和少量银行贷款，同时，企业内也有少量积累。其商业活动实行计划管理。从1953年起，开始执行省商业计划。由自治区民族贸易公司按年度和季度向省编报商品流转计划，各县的计划。计划商品的分配，1957年以前，除统购统销商品按政策规定分配外，一般计划商品基本上按各县上报的建议数，参照上年度销售水平进行分配。“1958年，计划按必成数与期成数两本账安排，上一级的期成数是下一级的必成数，出现高指标，大计划，层层加码，脱离实际。”① 商品供应逐渐紧张，城乡都需要的副食品，优先供应县城；城乡都需要的工业品，优先供应农村。

在计划管理下的国营民族贸易公司实行购销结合，一揽子经营：供应农业生产资料，收购地方工业产品和以药材为主的农副土特产品；组织消费品的购销，并控制货源，限制私营批发商的经营范围。同时，控制物价。机构成立之初，首先摸清当地市场价格，参照成都、灌县市场价格，制定本地区收购农副土特产品牌价和调入工业品的销售牌价。1952年，在全地区开展普遍审价，制定各地商品价格计算办法。1956年，首次全面调整物价，按照“压缩城城差，放宽城乡差，合理安排批零差”的办法，将全州市场分为三个类型，分别确定各种差价水平和商品管理权限。同时，国家对民族贸易给予利润留成，价格补贴等特殊照顾政策。在利润留成方面，1952年规定，民贸企业利润暂不上缴。1958年，按实现利润的80%留给企业。在价格补贴方面，中华人民共和国成立之初就规定，民族地区的商品按照“不赔不赚、有赔有赚、以赚补赔”的原则销售，实际上是实行价格补贴。1958年，在交通不便的边远山区和牧区，农牧土特产品收购实行最低限价，部分主要工业品销售实行最高限价，即保护价，由此产生的亏损由财政给予补贴。

除了国营商业经营机构之外，中华人民共和国成立初期，阿坝地区还

---

① 阿坝藏族羌族自治州地方志编纂委员会：《阿坝州志》，民族出版社1994年版，第1569页。

设有商业行政管理机构。1951 年，茂县专署设建设科，1952 年改为四川藏族自治区经济处，1953 年成立自治区工商处，1956 年，在原工商处的基础上成立阿坝藏族自治州商业局，作为政府职能部门，主管各县商业局业务，并负责商业行政管理。1957 年，阿坝藏族自治州商业局与民族贸易公司合并，实行政企合一，既负责商业行政管理，也直接经营国营商业。1958 年，阿坝州所辖各县撤销工商科，改设县商业局，同样实行政企合一。至此，阿坝州的商业组织，在州、县两级都实行政企合一。同时，将州、县土产公司并入州、县商业局，将基层供销社升级过渡为国营商业，从而使州、县商业局完全垄断着阿坝州的商业活动。

甘孜州的情况，与阿坝州大同小异。1950 年 6 月，西康省贸易公司在康定设立民族贸易分公司，负责康定市场农副土畜产品收购、工业品批发、零售粮油供应业务。同年 12 月，成立康定百货公司，民族贸易分公司将百货、粮油业务交其经营。两个公司的业务均受西康省贸易公司领导，行政上属西康省藏族自治区政府经济处管理。1951 年，泸定县成立贸易公司，丹巴、雅江、康定木雅区、道孚、甘孜县，分别成立民族贸易支公司，各自负责当地市场的购销业务。1952 年，康定增设医药、专卖、茶叶、畜产品等 4 个专业公司，将康定民族贸易分公司的相关业务分别划归专业公司经营。同年，乾宁、炉霍、德格 3 县成立民族贸易支公司。1953 年，九龙、新龙、白玉、邓柯、石渠、色达 6 县也成立民族贸易支公司，甘孜县增设百货公司、烟酒专卖营业部，康定畜产品公司则在甘孜、石渠分别设立畜产品采购组。1955 年，理塘、义敦、巴塘、乡城、稻城、得荣 6 县相继成立民族贸易支公司。至此，甘孜州所有的县都建立起县级国营商业经营机购。1957 年，撤并州属的民族贸易公司、百货公司、专卖公司和医药公司，组成甘孜州商业局，受州政府和省商业厅双重领导，实行政企合一的管理。各县也相应地撤销县工商科和县民族贸易公司，成立政企合一的县商业局，受当地县政府和州商业局的双重领导。至于供销合作社，甘孜州仅在康定、泸定建有机构，而且最终都并入商业局系统。其中泸定县于1952年建成3个区的基层供销社，6个分销店。1953年5月正式成立县供销社，10月改为县商业局。康定县于1952年建立工人、机关、国道管理局3个消费合作社，1958年撤销，人、财、物交由州商业局安排使用。此外，康定县还在1955年成立县供销社筹委会，1956年建成区供销社3个、牧区乡社1个、分销社4个、县属门市3个、转运站1个。1958年，全部并入县商业局。①

甘孜州国有商业部门的管理，最初是实行报账制，未执行编报商品流转计划制度。各县所需商品，由康定贸易分公司分拨各县支公司。1955年以后，各县支公司开始编报商品流转计划，报州审察综合后，分别按行政和企业系统上报下达。“州商业局成立后，计划管理制度，改为在上级集中领导下，各县商业行政部门综合平衡，商品实行分级管理，并由州局统一分配下达各县局。1959年，实行在中央集中统一领导下，以地区综合平衡为基础，专业公司与地区相结合的管理制”②。

在计划管理下的甘孜州国营商业部门，同样实行购销结合，一揽子经营，并在自有资金、利润留成、价格补税上享受国家的“三项照顾”政策。其中资金照顾方面，自1953年开始，零售企业自有资金占流动资金的80%由国家拨给，其余20%由银行贷款解决；批发企业自有资金占流动资金的50%由国家拨给，其余50%由银行贷款解决。1958年又规定，民族贸易企业的利润，全部或大部留给企业，作为增加自有流动资金。1959年，国家商业部通知，民贸企业自有资金，全部转为国家贷款。在利润留成照顾方面，“1957年前，全州民贸企业实现的利润全部留用。1958年，改按实现利润20%缴省，80%留给企业。1959年按实现利润的5%提取”。在价格照顾方面，“国家对部分商品实行保护价差额补贴，对当地生产的主要农副土

① 甘孜州志编纂委员会：《甘孜州志》，四川人民出版社1997年版，第1250—1251页。
② 甘孜州志编纂委员会：《甘孜州志》，四川人民出版社1997年版，第1293页。

特畜产品，实行最低保护价；对工业品销售实行最高限价，补贴金额由省核定下达，财政列入预算进行弥补”。[①]

在四川藏区实行政企合一的商业局，完全垄断着四川藏区的商业活动，享受着国家优厚的照顾政策，其组织特点是政府职能与企业职能合为一体，工作特点是“依靠行政抓购销，依靠扶持抓发展，依靠计划分配搞经营”。既没有竞争，也不追求利润。

第三节 城镇商业

一、城镇商业的形成和演变

四川藏区的城镇建设，始于秦代设置的县级行政机构“道”和汉代设立的郡、县。只是秦汉时期设立的郡、县（道），其治所所在的城，仅为行政中心，基本上不具备商业功能，所以这些郡县吏卒所需要的“奉食币物，传车马被具”[②]，都要从邻近的汉中等郡调拨，而不是在本地进行采购。蜀汉时期，“以汶山郡北逼阴平、武都，故于险要置守，自汶江、龙鹤、冉駹、白马、匡用五围，皆置修屯牙门。晋初以御夷徼，因仍其守”[③]。汶江等五围，实际上只是军事要塞，同样不具备商业功能。南北朝时期，无论是南朝或北朝，在今四川藏区境内设立的郡县，其治所所在的城，以及各种称谓的军事要塞，仍然只是政治、军事中心。而占据着今四川藏区部分地域的吐谷浑政权，最初是“有城郭而不居，随逐水草，庐帐为屋”[④]，其后虽然“起城池，筑宫殿，其小王并立宅”[⑤]，然而“人民犹以毡庐百子帐

① 甘孜州志编纂委员会：《甘孜州志》，四川人民出版社 1997 年版，第 1292 页。
② 《汉书》卷 24（下）《食货志》（下）。
③ 《华阳国志》卷 8《大同志》。
④ 《晋书》卷 97《吐谷浑传》。
⑤ 《梁书》卷 54《西北诸戎·河南王传》。

为行屋”[①]，因此吐谷浑在今四川藏区的昴城、龙涸等城，也只是政治军事中心而已，并不具备商业功能。入唐以后，情况并没有发生变化。唐朝在岷江上游地区设有松、茂等州，但是当地的少数民族并不在本地的州城、县城中进行商业活动，而是要到毗邻的彭州去互市，[②] 其中彭州的导江县是一个主要的互市地点。[③] 这说明当时的松、茂等州城，基本上也不具备商业功能。同样，位于大渡河以西地区的部落，通常要到黎州进行互市，而黎州为“蕃部蛮夷混杂之地，原无市肆”[④]。只是黎州虽无城镇商业，但是交易仍在本地进行，这与岷江上游地区的少数民族要到完全属于内地的彭州去进行互市，多少还是有一点差别。至于唐朝和吐蕃在今四川藏区境内修筑的城，或为军事要塞，或为政治、军事中心，很少具有商业功能。

四川藏区城镇商业的形成，始于茶马贸易。在宋代，四川藏区与宋王朝的商业贸易，主要就是茶马贸易。由于四川藏区普遍缺乏交易市场，加之对宋王朝而言，在不受其管辖的四川藏区进行互市，缺乏安全性，因而将茶马贸易的市场设在毗邻四川藏区的黎州、雅州和龙州、文州，以及宋王朝能够控制的茂州、威州。其中北宋神宗熙宁三年（1070）设立的威州买马场，[⑤] 熙宁八年（1075）设立的茂州买马场，[⑥] 是在今四川藏区范围内最早设立的专业市场。而这些市场的设置，使得原来单纯的行政中心，开始具有商业功能。入明以后，明王朝先后将松潘、打箭炉和岩州确定为茶马贸易的市场，其中松潘是今阿坝地区最主要边茶销售口岸，由此推动松潘城由行政、军事中心向着商业城市转变。而先后被确定为茶马互市地点的打箭炉和岩州，则成为今甘孜地区最早的市场。其中岩州原为唐代雅州都督府管辖的羁縻罗岩州，明代称为岩州。明初置岩州长官司。明太祖洪

---

① 《南齐书》卷《河南传》。
② 《白孔六帖》卷 83 引《金部格》。
③ 《文苑英华》卷 530《熟羌市易判》。
④ 《太平寰宇记》卷 77《黎州·风俗》。
⑤ 《续资治通鉴长编》卷 259。
⑥ 《皇宋编年纲目备要》。

武二十一年（1388），礼部主事高唯善招抚长河西、鱼通、宁远诸处还朝，建议“拨兵戍守”岩州，建筑城堡，“于岩州立市”，并蠲免天全六番招讨司八乡之民的徭役，“专令蒸造乌茶，运至岩州，置仓收贮，以易番马……岩州既立仓易马，则番民运茶出境，倍收其税，其余货物，至者必多……碉门至岩州道路，宜令缮修开拓，以便往来人马”①。明太祖采纳了他的建议，设岩州卫，并将岩州建成对大渡河以西地区进行茶马互市的主要市场。“初制，长河西等番商，以马入雅州易茶，由四川岩州卫入黎州始达，茶马司定价，马一匹茶千八百斤，于碉门茶课司给之。番商往复迂远，而给茶太多。岩州卫以为言，请置茶马司于岩州，而改贮碉门茶于其地，且验马高下，以为茶数。”② 虽然明廷最终没有采纳岩州卫的建议，仍将茶马司置于雅州，然而茶马交易的地点，主要还是在岩州，由此导致岩州商业的繁荣。

入清以后，四川藏区的城镇商业获得长足的发展。在今阿坝地区，随着改土归流的推进，以汉族为主的内地商贩大量进入该地区，以城镇为中心，开展商业贸易，由此推动城镇商业发展。原来作为行政中心的城市，开始普遍具有商业功能。“清末，在茂州城及杂谷脑等集镇，就有外区或外省的商人来此设号，坐庄收购药材、花椒，其中麝香一项远销至河南、上海、香港。”③ 而松潘城则发展成为整个阿坝地区最繁荣的商业都会。

在今甘孜地区，清代前期，地处川康交通枢纽的打箭炉逐渐发展成为康区最重要的商业城市，而在明代兴盛一时的岩州，因其转口贸易地位被打箭炉取代，迅速衰落。清圣祖康熙四十年（1701），清军平定打箭炉营官昌侧集烈之乱。康熙五十八年（1719），诱杀青海和硕特部派驻理塘的达瓦蓝占巴，并招抚藏巴汗派驻理塘的第巴，青海和硕特部在康区的势力被彻

① 《明史》卷 331《西域传》。
② 《明史》卷 80《食货志》。
③ 游时敏：《四川近代贸易史料》，四川大学出版社 1990 年版，第 63 页。

底瓦解，清王朝逐渐确立起对整个康区的控制权。随着清朝政治、军事力量的不断深入，以汉族为主的内地商人亦随之进入康区，以打箭炉为中心，开展商业贸易，由此推动打箭炉城市商业的进一步发展。除了因地处康藏交通枢纽的打箭炉逐渐发展为商业城市之外，理塘、巴塘则是在粮台的基础上形成市场。清高宗乾隆十五年（1746）平定西藏，自打箭炉至后藏，设理塘、巴塘、察木多、拉里、拉萨、扎什伦布寺等6个粮台，以资军粮转运。其后，理塘、巴塘即以粮台为中心，形成商贸市场。此外，因改土归流而在行政中心设立市场，是清代康区城镇商业形成和发展的又一个重要原因。其中在光绪与宣统年间，赵尔丰经略西康，实行改土归流，逐渐革除土司制，并整理交通，使当时的西康政治与经济均发生变化，商业也随着这种变化而有所发展。新设县治所在地方，通常也就是市场形成的地方。而赵尔丰在筹建西康省时，拟将巴安作为省会，为此加强对巴安各种基础设施和商业的建设，由此使得巴安的城镇商业得到显著发展。

民国时期，今阿坝地区的城镇商业，主要集中在松潘、杂谷脑、茂县、懋功、马尔康等地。其中松潘城是整个阿坝地区最重要的商业城市。位于岷江上游与大渡河上游交通要道处的杂谷脑，清代已形成集镇。“民国初年，开办‘林茂公’、‘松泰’、‘利川’等伐木公司和伐木厂，增加大量伐木工人，商贩云集，有坐商、小贩百余户，季节性行商和赶烟会者众多，茶商‘丰盛合’、‘义合全’、‘本立生’3家为最大。茶号、商铺、杂货商资本1—15万银圆不等，大都以物易物，照价折算。”① 杂谷脑以转口贸易为主，其中输入商品以茶叶、布匹、食粮、杂货四类为主。抗日战争前，茶叶年输入总值在300万元左右，布匹年总值约五六十万元，年输入粮食的金额多则20余万元，少则数万元，杂货品种甚多，包括生活用具、装饰品、宗教用品，等等。输出的商品主要是药材，约有五六十种，年值约可抵茶

① 阿坝藏族羌族自治州地方志编纂委员会：《阿坝州志》，民族出版社1994年版，第1534页。

叶的支付；次为皮毛，年值约可抵布匹之支付；另有木材与鸦片的输出。

民国时期的茂县，其商业地位，次于杂谷脑。凡由灌县运至松潘的货物，或由松、茂等地区运出的货物，均须经过茂县，因而行庄商号甚多。据民国三十二年（1943）统计，县城商店有69家，其中窄布店9家、宽布店4家、杂货店16家、皮货店1家、麝香号2家、茶号6家（系转运商，不经营买卖）、木号1家、字号2家、饮食店13家、旅栈15家。县城每年的贸易额约为硬洋13—14万元。贸易方式，“抗战以前，一般番民多挖药运茂，换取盐酒窄布及日用品。抗战以后，番民多偷种鸦片，无人挖药，对正常商业，影响不少”①。此外，茂县所属的干沟，是与绵竹、安县交易的市镇；县属的马槽场，是与川北交易的市镇。②

懋功县的商业，肇始于清代。据说在清嘉庆年间即有外地商贩来此经商。至清末，城镇商业已有一定规模。其输出商品以药材为主，每年销往邛崃、灌县的药材约有9万余斤，价值银1万余两。输入商品多为纺织品、粮食与杂货。民国年间，“本地土地多种鸦片烟，食粮更感不足，同时生活日用品仍从外输入。唯以山道崎岖，运费昂贵，外来商品价格极高昂，此时唯靠烟土输出，以资弥补，进出收支始趋平衡。每年到五六月份，各地商贩运货来此换烟络绎不绝，而本地官僚地主也于此时在市场大事活动，从中操纵掠夺；政府小职员、学校教师也多参加这一买卖，市场极为热闹。这就是本县一年一度的烟会”③。鸦片交易的兴起和烟会的形成，直接推动了懋功县商业的繁荣。民国二十八年（1939），全县工商户已达270家，其中县城美兴镇即有200余家，其余分布在日隆关和维达。

位于卓克基、松岗、党坝、梭磨四个土司属地的马尔康，原为寺庙名称。民国时期，“经商藏民从甘肃、杂谷脑、灌县购回茶、盐、布、油、氆

① 周开庆：《四川经济志·茂县经济概况》，台湾商务印书馆1972年版，第329页。
② 游时敏：《四川近代贸易史料》，四川大学出版社1990年版，第70页。
③ 游时敏：《四川近代贸易史料》，四川大学出版社1990年版，第72页。

氇、装饰品等，除留作自用外，大部分运往绰斯甲、懋功、靖化交换粮食和牲畜”①。随即因四土地区大规模种植罂粟，鸦片交易兴盛，开始在梭磨的马塘形成鸦片交易市场。其后，在土司索观瀛的推动下，于马尔康寺庙一带形成以鸦片交易为主的帐篷市场，并迅速发展成为新兴的市镇。这个市镇也被称为马尔康。据中华人民共和国成立初期的调查，在嘉绒地区的“梭磨之马塘和卓克基之马尔康，二十多年以来种烟，汉人贩烟，或以种烟长期居留该地，或以驮运枪支换烟，往返于汉区与四土之间。最先形成了马塘的烟市，后来马尔康取而代之，烟市逐渐扩大，经营日常必需品的小商贩，亦集中于该地，成为一个畸形的长期市场”②。

在今甘孜地区，为培育市场，沿袭清末的做法，通过行政手段，在一些城镇设立市场。其中民国二十七年（1938）在得荣县城开辟市场，民国二十八年（1939）三月二日在邓柯县城设立商场，民国三十二年（1943）在金汤以新宅作市。而整个地区的城镇商业，主要集中在康定、甘孜、理塘、巴安等县（详下）。此外，丹巴、道孚、炉霍的城镇商业也各具特色。

丹巴原为丹东、巴底、巴旺三土司地。清宣统三年（1911）改土归流，民国二年（1913）设立丹巴县。其商业的基本情况，据民国《西康通志稿·工商志》记载：“丹巴为西康北路商业要道，有商店四五十家。其输入货品除茶、布匹、器用、洋货杂货等外，并由道孚输入蛮盐，由懋功等地输入粮食，均系在本地推销。输出商人多系坐商，长驻县城，坐收麝香、贝母、知母、秦艽等土产香料药材，运往康定再转输内地及京沪。”而游时敏《四川近代贸易史料》则说，丹巴商人“分行商、坐贾两种：坐贾资本雄厚，坐收土产运成、渝、沪、汉出售；行商有丹懋的行商，购粮运懋，一般交换鸦片、布匹、茶及杂货。每年五、六月间，除行商外，汉人每户

① 阿坝藏族羌族自治州地方志编纂委员会：《阿坝州志》，民族出版社1994年版，第1537页。
② 四川省编辑组：《四川省阿坝州藏族社会历史调查》，四川省社会科学院出版社1985年版，第213页。

必有一二人负土产、豆、麦、红椒赴懋，赶烟会，交易多为以物易物。丹道行商向道孚贩运食盐，丹炉行商向炉城贩运茶叶，以道途多匪，商贸不及丹懋。输出商品，首为麦子、玉米（年各千余石），次为荞麦，再次为药材、木材、云母、麝香等。市面货币流通甚少，多以物易物，货币概自炉城、懋功流入。银币以藏洋为主，不用大洋。铜币有当十与新二百等种。城外以林卡、巴旺等为较大市场”。

概言之，民国时期的丹巴县，其城镇商业，集中在县城和林卡、巴旺等地。其商业活动，坐贾主要是收购当地的药材，运往康定再转输内地及京沪；行商多以本地出产的粮食、药材至懋功交换鸦片、布匹、茶及杂货；至道孚换回食盐。这种输入商品主要为本地消费的商贸结构，在以转口贸易为主的四川藏区，颇具特色。

道孚（rTe'u mkhar）之名，吐蕃时代就已经见诸记载，后为孔撒、麻书、明正、丹东四土司交界处。清宣统三年（1911）置道坞设委员。民国元年（1912）改为道孚县。据任乃强《道孚县视察报告》称：“道孚县治与泰宁二处，为二商业中心。内地汉商，多派人来此坐收鹿茸、麝香、虫草、贝母、秦艽、大黄等药材。本地汉户之富者，与喇嘛寺并自经营队商，或自养驮牛，或雇佣驮脚娃，贩运关外土产、兽皮、药材、盐巴等于打箭炉，自炉运茶布洋货于关外。每三四十驮为一队，携犬及枪，以防劫匪。随地就水草而牧，日行五六十里，不住栈房，不带草料。除炉城外，无关税厘卡，故其利率，较内地经商为胜。每年每家，贩运数次。如无劫掠，终岁温暖有余矣。至于各区番民，衣食起居，安于粗陋，除茶以外，无须外物，即珍货满山，亦弃不采，故除汉人住地外，悉无商业可言。”民国《西康通志稿·工商志》也说：“道孚与泰宁二地，为康北重要商区，道孚亦称为西康第二大商业中心地。县城有商店六七十家之多，其中规模大者亦颇不少。输入以茶叶为大宗，布匹次之，其余则为洋广杂货。输出货品有虫草、麝香、贝母、大黄、秦艽等药材，及狐皮、猞猁、金钱豹、艾叶豹等皮货。

行销数量均较他处为大。”

概言之，民国时期，道孚县的城镇商业，主要集中在县城和泰宁，其中坐贾几乎全为内地汉商，而行商则几乎全为本地汉人中的富户及寺庙商。

炉霍，旧名章谷（Brang mgo）。清德宗光绪二十年（1894）改土归流，派委员管理。光绪三十年（1904）改为炉霍屯。民国元年（1912）改为县。“炉霍县商业经营者，寿灵寺喇嘛为巨擘。该寺为斯木、宜木、雅德、宜拜四乡百姓所建。四乡百姓集有公本，由喇嘛推举数人经商，所获红利，即为祀神修庙，与购枪械等用。其营业范围甚大，西入西藏，东入炉城，北至西宁、界谷，凡康人喇嘛之日用品、珍奇玩好、兽皮药材、鞍马金石之属，无不办理。而最重要者为茶，四乡百姓，殆无不仰于此。其次为觉黎寺，为朱倭之喇嘛寺。商品限销于朱倭乡。又其次为治城内之汉商，多系陕籍，到边已数十年，有历三世者，共七八家。营业以收购药材为主，兼营兽皮、香茸、茶、布、杂货业。初时皆小资本经营，后渐获利致富，为大庄客，安家置产，居然富翁。侯保正、王德禄二家，其尤著也。又其次为虾拉沱汉户，皆川籍垦民，清末随差入边，领地垦种，并建屋如街，聚居于此。其地当孔道，有教堂。适于兼经商业，唯皆乏资本，率小贸而已”①。游时敏《四川近代贸易史料》也认为，炉霍县“商业亦为喇嘛寺中所操纵，商人资本贷自他们，乃至货物运道，则借事胁迫使之廉价折抵，以至商业难为发展。经商以寿灵寺喇嘛为巨，经营地区，远至西藏、甘肃、康定。其次觉黎寺，经营商业多在朱倭地区。汉商多陕籍，已历三世者有七八家。年输入：茶叶、杂货、布匹，输出：甲子呢、挂子呢、狐皮、药材、藏红花等。炉霍受三次康藏战争影响，商也不振，输出减少”。

概言之，民国时期，炉霍县商业的最大特点是以寿宁寺为主的喇嘛寺掌控着全县的商业。

---

① 任乃强：《炉霍县视察报告》，载《任乃强藏学文集》（中册），中国藏学出版社 2009 年版。

中华人民共和国成立后，继续采取行政措施，培育四川藏区的城镇商业，从而使州、县行政中心成为所辖地区的商业中心，其中马尔康最为典型。民国时期，因鸦片贸易而兴起的马尔康，至中华人民共和国成立后，因“人民政府实行劝止种烟，长期市场，顿时停顿。人民政府发展贸易，马尔康乃易其以往烟市之面目，而成为真正供应嘉绒藏族人民生活资料及生产资料的长期市场”①。1953 年设立四川省藏族自治区马尔康办事处，1956 年正式建立马尔康县。1958 年自治州州府机关迁此，由此成为阿坝藏族羌族自治州人民政府所在地。其后，马尔康逐渐被培育成阿坝州的商业中心。同时，中华人民共和国成立后，还通过行政干预，将四川藏区城镇商业的主要功能，从原有的商品交换转化为按照政府指令性计划进行物资的收购和供应。同时，先后建成一些主要为本地农副产品提供交易场所的集贸市场。其中甘孜州在中华人民共和国成立之前，仅泸定县有集贸市场，“四乡群众上街赶场，出售农副产品，购回所需生活用品；其余各县均无集镇设置”②，更无固定的集市贸易。“1952 年，康定、泸定先后建成集市贸易。1955 年，甘孜、道孚、丹巴、理塘等公路沿线重点县，建起集市交易场所，泸定县冷碛建起初级市场。1959 年，在各县城区和部分重点区，先后建起农副产品交易市场。”然而这些市场，一度管得过死，流通渠道阻塞，交流不畅，影响群众生产、生活。③ 在阿坝州，从 1952 年起，逐步在各县城和部分区政府驻地恢复和建设初级市场，先后建成 31 个集贸市场，并加强市场管理，抑制外货经营活动。

总体上看，四川藏区城镇商业的形成，主要有三个途径。一是将行政中心和军事要塞培育成商业城镇，其中宋、明时期，主要是通过茶马贸易培育城镇商业，清代以后，主要是通过行政措施，将行政中心培育成所在

① 四川省编辑组：《四川省阿坝州藏族社会历史调查》，四川省社会科学院出版社 1985 年版，第 213 页。
② 甘孜州志编纂委员会：《甘孜州志》，四川人民出版社 1997 年版，第 1614 页。
③ 甘孜州志编纂委员会：《甘孜州志》，四川人民出版社 1997 年版，第 1281—1282 页。

地区的商业中心。中华人民共和国成立之后，除了继续将行政中心培育成所在地区的商业中心之外，还在城镇建设集贸市场，为本地的农副产品提供交易平台。二是因处于交通枢纽之地而发展起来的城镇商业，具体原因则有很大差别，其中康定是因茶叶贸易而兴起，甘孜是因麻书土司的推动而形成城镇商业，巴塘、理塘则是因为粮台的设立而发展成为商业城镇。三是由特种商品的交易市场发展为商业城镇，除了茶叶贸易之外，鸦片贸易也是推动四川藏区商业城镇兴起的一个重要因素。

四川藏区城镇商业的功能，在中华人民共和国成立之前，是以市场为导向，以转口贸易为主的商品交换。中华人民共和国成立后，按照政府的经济计划进行物资收购和供应，取代了以市场为导向的功能，不仅使城镇商业中的转口贸易功能消失，就连一般的商品交换功能也被限制在集贸市场，并且被边缘化。城镇商业的基本功能就是为城镇居民提供消费品。

二、主要城镇商业

1. 松潘

松潘县位于四川省阿坝藏族羌族自治州东北部，东接平武县，南界茂县，东南与北川县相邻，西及西南毗连红原县、黑水县，北与九寨沟县、若尔盖县接壤。地理坐标介于北纬 32°06′～33°09′，东经 102°38′～104°15′之间。县境东西最长 180 公里，南北最宽 112.5 公里，全县面积 8608.37 平方公里。县城进安镇，地理坐标东经 103°35′，北纬 32°38′，海拔 2849.5 米，南到省会成都 350 公里，西距州府马尔康 413 公里。

松潘古为氐羌之地。秦汉时期，属湔氐道。南北朝时期，该地区的主要部族为邓至羌，亦即“白水羌也，世为羌豪，因地名号，自称邓至。其地自亭街以东，平武以西，汶岭以北，宕昌以南”[①]，其中心在今九寨沟县。邓至羌的酋帅为像氏，原本臣服于毗邻的宕昌羌，后来逐渐脱离宕昌的控制。北魏孝文帝太和五年（481），邓至酋帅像舒治向北魏遣使朝贡，孝文帝封他为邓至王。此后，邓至便脱离宕昌的控制，成为依附于北魏的藩国。西魏时期，邓至又被吐谷浑所控制，随即被西魏征服，以其地置宁州，后改称邓州。北周武帝天和元年（566），分邓州之地，另置扶州。隋文帝废扶州，以其地分属会州和邓州，同时改邓州为扶州。唐高祖武德元年（618），以会州交川县、扶州嘉诚县置松州，“取州界甘松岭为名”[②]。唐代宗广德元年（763），松州为吐蕃占有。[③] 在吐蕃统治期间，松州的民族构成发生很大的变化，苏毗、吐谷浑、羊同等部，先后移居松州地区。[④] 吐蕃王朝崩溃后，有吐蕃首领潘罗支兴起，其占领的地区被称为潘州。据日本学者山口瑞凤研究，潘罗支是 hphan bla rie 的音译，其意为潘州王。而这个潘州王是出自苏毗（Sum pa）的望族郎氏（rLans）。[⑤] 入元以后，松州、潘州皆内附，属吐蕃等处宣慰司。[⑥] “寻叛。明洪武十一年，御史大夫、平羌将军丁玉讨平之，置松州、潘州二卫。寻并为松潘卫。二十一年，改松潘等处军民指挥使司，隶四川行都司。”[⑦] “嘉靖四十二年，改松潘卫。”[⑧] 清朝前期依旧设松潘卫，雍正九年（1731）裁卫，改置松潘抚民厅，移龙安同知驻此。乾隆二十七年（1762），升为松潘直隶厅，民国三年（1914）改为松潘县。中华人民共和国成立后，依旧为松潘县。

早期松州的治所在嘉诚县，明代设置松潘卫以后，于洪武十七年

① 《魏书》卷 101《邓至传》。
② 《旧唐书》卷 41《地理志》。
③ 《资治通鉴》卷 223 代宗广德元年十二月。
④ 《四川通史》卷 3《两晋南北朝隋唐》，四川人民出版社 2010 年版，第 264—265 页。
⑤ 山口瑞凤：《白兰と Snm paの rLans 氏》，载《东洋学报》1969 年 52 卷 1 号。岩崎力：《西凉府潘罗支政权始末考》，载《西北民族学院学报》（哲学社会版）1984 年 3 期。
⑥ 《读史方舆纪要》《明史·地理志》认为，元代的松州，属云南行省。
⑦ 民国《松潘县志》卷 1《建置》。
⑧ 《读史方舆纪要》卷 73《四川·松潘卫》。

(1384) 建成卫城，“即隋唐嘉诚县地也。甃石为城，有濠环之，门五，城周七里有奇”①。其后，对松潘城进行过数次增修，但是作为县城，直到中华人民共和国成立后，一直没有变动。

松潘县的交通较为发达，在漫长的历史过程中，先后形成多条交通路线。周开庆《四川经济志》将其归纳为五条干线，即松潘至灌县的松灌线，松潘至平武的松平线，松潘至南坪的松南线，松潘至包座的松包线，松潘至阿坝（麦柯）的松阿线。（详见第四节公路路线）

松潘历来为少数民族聚居之地，同时还位于农牧交界之处，其中黄胜关以内，基本上是农业地区；黄胜关以外，则是广袤的草原，历来是游牧民族活动的地区。为了控制松潘地区的少数民族，北周设有扶州总管府，唐朝设有松州都督府，吐蕃设有松州节度，明朝则设置松潘卫，“控制番戎”②。这些军事机构的设置，表明在明代以前，松潘城基本上是属于军事要塞。

松潘商业的兴起，始于明代。明王朝认为：“松潘为四川西陲重地，深入番境。外则东通任昌、蜡梅，南临董卜韩胡，西连乌思藏界，北接羊峒、洮州，中则大、小二姓寨族部落弥满山林，环据险固。”③ 为加强对松潘的控制，明王朝一方面增强军事力量，大量修筑关卡城堡；另一方面则将松潘确定为边茶贸易的口岸，企图通过茶叶贸易，增强对松潘地区少数民族的控制，由此使得松潘城逐渐由一个单纯的军事要塞向着商业城镇转变。然而在明代，“松潘番人贫，而资于茶者不甚急”④，因此松潘口岸的茶叶，主要是转销到草地的游牧部落，以至“下潘州、白利等番，挟牛羊毡毳来，或由阿玉岭，或由铁门墩，出抵寒盼、祈命诸寨，贸易茶叶，岁以为常”⑤。

① 《读史方舆纪要》卷 73《四川·松潘卫》。
② 《读史方舆纪要》卷 73《四川·松潘卫》。
③ 《明宪宗实录》卷 198 成化十五年十二月辛未。
④ 《明经世文编》卷 383 姜宝：《茶法议》。
⑤ 《蜀中广记》卷 31《边防记》。

然而这种转口贸易却产生了一个问题。由于“松潘与洮、河近，私茶往往阑出”，为防止松潘茶叶通过走私而冲击陕西茶马贸易，明廷同意御史杨一清的奏议：“停松州引目，申严入番之禁。”[①] 松潘的茶叶贸易因此受到沉重打击，城镇商业的发展也举步维艰。

入清以后，清王朝在加强军事控制松潘的同时，也将松潘确定为西路边茶销售的主要口岸。随着西北茶马贸易的逐渐取消，以及茶引制度的不断完备，阻碍松潘商业发展的政治因素随之消失，而松潘较为发达的交通，以及地处农牧交界处的区位条件，使其依托茶叶贸易，逐渐发展成为内地与阿坝草地藏区之间进行贸易的主要物资集散地。其中茶叶的销售，是由茶商将内地茶叶贩运到松潘之后，“听各番民自行进口买回，向无商人贩运出口之事。其赴松潘买茶者，系甲凹、阿革、鹊个、郎隋、阿坝、郭罗克、阿树、包座、作革各土司，以及甘省之青海、竹浪、谷茂等处，俱由黄胜关大路进口买茶，守关员弁挂号放行，由松潘厅同知给票出关”[②]。除了茶叶之外，内地的布匹、纸张等生活用品也通过松潘输入少数民族地区，而少数民族部落则主要是以畜产品和药材交换茶叶与各种生活用品，由此形成内地主要以茶叶和农副产品与牧区畜产品和药材进行交易的商业格局。同时，随着商业的发展，以商号为代表的商业组织也逐渐形成。

民国时期，松潘城镇商业的发展，大体以民国二十六年（1936）为界，分为前后两个时期。民国二十六年（1936）以前，松潘依旧是内地与阿坝草地藏区之间进行贸易的主要物资集散地。城内有坐商 120 余户，商贩 1200 余人。其中县城北街有丰盛合、义合全、本立生、大盛源、裕国祥、聚盛源六大茶号，杜盛兴、杜盛全两大香号，桂兴店、春阳店、正兴店、文源店等四家皮庄，分别专门经营茶叶、麝香、皮毛生意；南街有杂货业

① 《明史》卷 80《食货志·茶法》。
② 朱批奏折 1287 号，刘秉恬、富勒浑等：《查议出口茶斤界限以严边禁折》，中国第一历史档案馆藏。

十八户，旅店十户。此外，全城还有十家批发庄。其中住北街的马春香，批发米面、清油、青盐、衣物；中街的吴锡之，批发绸缎、布匹，收购药材、羊皮；南街的刘伟国等三户，皆来自遂宁，批发绸缎、土布，收购药材、黄金；南街的雷位三等五户，皆来自绵竹，批发糖、烟、酒、纸等。[①]其中北街和南街是全城商务最繁盛的地方。“商人有松潘汉商及青海、甘肃、新疆等省汉商、回商，间有少数亚洲等国家商人往来。全城人口专业商者25%，经商兼事农者15%，业农而兼事驮运背脚及挖药等副业者60%，各种行户中以布行而兼油、酒、纸烟、杂货者为最多，约占全城商家户数的50%，茶行约30%，药店及香号（收买麝香者）约占20%。资本则以茶号居首。”[②] 民国二十六年（1937）抗战爆发后，松潘的商业格局发生重大变化，一批官僚资本先后进入松潘。其中民国二十六年（1937），青海军阀马步芳在松潘县城北街开设“德兴堂”商号。民国二十八年（1939），山西军阀阎锡山在将军河坝开设“利民”茶号；四川军阀刘跃奎的兄弟刘跃宸与松潘士绅马凌云在松潘县城北街开设“宸丰永”茶号。而国民政府财政部则逐步控制西路边茶，独占麝香、当归、大黄等主要药材的贸易。官僚资本的进入，以及抗战期间对大宗商品的交易实施“统治”政策，使得原有的一些茶号、香号相继歇业，随之兴起裕厚长、利贞长、利亨永、苏世昌四大商号。抗战胜利后，时局变化，通货膨胀，货币贬值，松潘商业深受影响，至民国三十八年（1949），经商人员仅有300余人。

民国时期，输入松潘的商品，以边茶最多，布匹、米次之，清油、纸张、烟、糖、酒又次之。这些商品的来源，以1943年为例，边茶来自灌县、平武、北川和安县，布匹由灌县及崇庆输入，米来自平武，清油来自灌县

---

① 马勇：《松州商贸的历史考察》，载《西北民族研究》2005年2期。
② 游时敏：《四川近代贸易史料》，四川大学出版社1990年版，第72页。

和甘肃省文县，酒由灌县和绵竹输入，糖由灌县输入。输入商品的销售，松潘县城及附近地区约占3/10，转销至西北两路草地者，约占7/10。①

1943年松潘县主要输入商品一览表②

商品名称	输入量	单位	单价（元）	来源
边茶	70000	包	1600	灌县、平武、北川、安县
米	3000	市担	14000	平武
清油	1600	市担	14000	灌县、甘肃省文县
布匹	10000	匹	800	灌县、崇庆
酒	700	担	4000	灌县、绵竹
糖	500	担	6000	灌县

民国时期，松潘输出的商品，以羊毛、药材为大宗，马、牛、羊皮及野牲皮次之。其中羊毛，"以其与甘肃青海接壤，所有俄落黑帐房等地的南首毛及青海草地的北首毛，凡是集中阿坝的均必运至松潘贸易，每年平均约为60—70万斤，1929年高达300万斤。在1931年后，甘青羊毛北道运输恢复，集中松潘的羊毛逐年渐少，至1936年以后，不过30—40万斤"③。药材的来源较为杂乱，其中大黄主要来自南坪、镇江关和包坐，当归、党参主要来自南坪，贝母主要来自黄胜关和阿坝、俄罗，五加皮主要来自虹桥关，羌活主要来自热务关，甘松主要来自包坐，鹿茸、麝香、秦艽主要来自阿坝与俄罗。

① 川康边政设计委员会：《川康边政资料辑要·松潘县》，1937年。

② 根据周开庆《四川经济志·松潘经济概况》有关记载制表。其中单价一项，选自游时敏：《四川近代贸易史料》第73页《输入品一览表》。游时敏表中所罗列的数据，据称为1945年松潘输入品，但表中数据，除纸烟一项和各项商品单价之外，其余数据与周开庆所述1943年松潘输入商品完全一样。

③ 游时敏：《四川近代贸易史料》，四川大学出版社1990年版，第73页。

1943 年松潘县主要输出商品一览表①

商品名称	输出数量	单位	单价（元）
羊毛	5000	市担	4500
羔皮	1500	市担	5000
牛皮	1000	捆	10000
马皮	1200	捆	5000
野牲皮	900	捆	60000
酥油	200	担	8000
猪鬃	80	斤	160
牦牛	200	只	5000
鹿茸	600	对	40000
鹿角	2000	斤	150
麝香	2400	两	2500
贝母	115	担	60000
羌活	2500	担	300
甘松	1500	担	300
虫草	25	斤	1800
大黄	1000	担	200
秦艽	200	担	400
五加皮	50	担	4000
当归	700	担	5000
猪苓	150	担	16000
豹骨	1500	副	1000
熊骨	800	副	2000
泡参	140	担	5000
党参	650	担	12000

① 根据周开庆《四川经济志·松潘经济概况》有关记载制表。其中单价一项，选自游时敏：《四川近代贸易史料》第 74 页《输出品一览表》。

续表

商品名称	输出数量	单位	单价（元）
柴胡	60	担	1000
麻黄	70	担	3000
独活	80	担	4000

每年输入松潘的商品，按市场需求输入，没有确定的时期。而输出的货物，在民国前期，大多有登市的时间，“大抵六、七月皮庄登市，八、九月鹿茸、贝母、大黄、甘松、牛、羊登市，十月以后羊毛登市。麝香杂药暨各山货则无定时。商帮有草地帮、西客帮、河南帮、陕帮、渝帮之别。若米面帮、森林帮，资本较微细矣。各帮字号，以丰盛合、本立生、义合全、杜盛兴开岸最早，聚盛源、裕国祥、协盛全次之。老号二、三百年，余皆百数十年不等。资本雄厚，交易和平，尤重信义”[①]。由于输出的商品大多出自草地，而道途多匪，因此汉商和少数民族商人，通常都是结队行走于草地间，“各货入城，均有牙行，交易须先经牙行议价，完备手续，再向税局缴纳营业税，然后成交”[②]。全年的交易总额，估计在3000万元左右。[③] 抗战期间，由于对毛皮和主要药材实行统购统销的“统治”政策，皮毛和药材的交易会随之瓦解。

中华人民共和国成立后，阿坝州逐步对私营商业进行社会主义改造。到1958年，基本完成对私营商业的生产资料私有制的社会主义改造，建立起社会主义的生产资料公有制，由此使得松潘的商业结构发生根本变化：原有的官僚和私有商业生产资料被改造为社会主义生产资料，原有的商业组织完全被国营商业机构与供销合作社所取代，原有的以市场为导向的商业运营转变为按政府的经济计划进行物资收购和供应。由此形成一种全新

① 民国《松潘县志》卷2《学校附实业》。
② 周开庆：《四川经济志·松潘经济概况》，台湾商务印书馆1972年版，第336页。
③ 游时敏：《四川近代贸易史料》，四川大学出版社1990年版，第73页。

的商业运营模式。

2. 康定

康定县位于四川省甘孜藏族自治州东部，东与宝兴、天全、泸定、石棉等县交界，南接九龙县、木里县，西邻雅江县，北靠小金、丹巴、道孚等县。地理坐标介于北纬 29°39′～30°45′，东经 101°33′～102°38′之间。县境东西最宽 140 公里，南北最长 180 公里，全县面积 11422.75 平方公里。县城炉城镇，海拔 2540 米，为州、县政府驻地。

康定旧名打箭炉，其名始见于明代。据《明史》卷 331《西域传》长河西鱼通宁远宣慰司条记载："洪武时，其地打箭炉长河西土官元右丞剌瓦蒙遣其理问高惟善来朝，贡方物。"又说："天全六番招讨司八乡之民，宜悉蠲其徭役，专令蒸造乌茶，运至严州，从贸番马，比之雅州易马，其利信之。且于打箭炉原易马处相去甚远，而增于此，则番民如蚁之慕，归市必众。"在明代，打箭炉属长河西鱼通宁远宣慰司，即明正土司管辖。清世宗雍正七年（1729），"新设雅州府分驻打箭炉同知，令其管辖土司"[①]。清德宗光绪三十年（1904），升为打箭炉直隶厅，"将四川雅州府打箭炉同知升为打箭炉直隶厅同知，隶建昌道，仍作为冲、繁、难三项要缺，与雅州府分理。关外土司管辖一切事宜，悉归该厅专辖"[②]。光绪三十四年（1908）改设康定府，民国二年（1913）改为康定县，中华人民共和国成立后，沿用其名。

康定县治，藏名"打折渚"，汉译为"打箭炉"，简称"炉城"。民国二十八年（1939）西康建省，以炉城为省会。中华人民共和国成立后，以炉城为西康省藏族自治区人民政府驻地。1955 年，西康省藏族自治区改为四

① 四川省民族研究所《清末川滇边务档案史料》编辑组：《清末川滇边务档案史料》（上册）《锡良、成都将军苏噜岱请升打箭炉同知为直隶厅折》，中华书局 1989 年版。

② 四川省民族研究所《清末川滇边务档案史料》编辑组：《清末川滇边务档案史料》（上册）《打箭炉同知刘廷恕禀报锡良遵任直隶厅事》，中华书局 1989 年版。

川省甘孜藏族自治州，炉城为州府驻地。

炉城位于大渡河支流雅拉河与折多河的交汇处。两水在炉城汇合后，东流60里，入于大渡河，沿途“全为深峡，水流漂激，飞瀑相嬗，60里间，水面高差1200余米，《四川通志》称为炉水者是也。从古川康交通，皆循此峡以达炉城，他无通道。炉城以西，河谷开敞，大道四歧：北循雅拉沟通金川、泰宁、道孚、炉霍、甘孜、瞻化、德格与甘肃、青海各地。西循折多水通理塘、巴塘、察雅、昌都与西藏各部。南循榆林宫河通九龙、木里与云南各部。西南自折多塘循毛家沟通吉曾、义待诸村”[①]。这种特殊的地理条件，使得打箭炉成为川康交通的枢纽。自宋代在碉门设立买马场之后，打箭炉就成为康区各部族前往碉门进行茶马贸易的必经之地。在元代，已有番人在此互易茶马。明朝初年，一度将打箭炉确定为四川茶马贸易的口岸。因此，当明王朝取消在其地进行茶马互市之后，便对当地经济产生严重影响。明成祖永乐十三年（1415），“四川长河西鱼通宁远等处军民宣慰司言：‘西方无他土产，惟以马市茶为业。近年禁约之后，生理甚艰，乞仍开市，庶几民有所养。’从之”[②]。不过明王朝虽然同意恢复茶马互市，但是将康区与四川内地的贸易口岸，改在大渡河以东的黎州、雅州、碉门和岩州，内地商人也不准到大渡河以西的地区从事商贸活动，因此，地处大渡河以西的打箭炉地区各部落，主要是利用位于川康交通必经之地的有利条件，从事转口贸易。这种情况直到明朝末年才开始发生变化。据清乾隆《雅州府志》卷10《筹边》记载，打箭炉，“元明时，番人俱于此地互易茶马。自明末流寇之变，商民避兵过河，携茶贸易。而乌斯藏亦适有喇嘛到炉，彼此交易，汉番杂处。于是始有坐炉之营官，管束往来贸易诸番。迭经更替，历有年所”。内地商人直接到打箭炉进行贸易，对于打箭炉

① 任乃强：《西康图经·疆域篇》，见《任乃强藏学文集》（上册），中国藏学出版社2009年版。
② 《明太宗实录》卷95永乐十三年二月戊戌。

商业的发展，产生了重要的推动作用。

入清以后，控制着打箭炉的蒙古和硕特部，除了继续派遣营官垄断该地区的商业贸易之外，还积极推动打箭炉成为清政府认可的贸易口岸。清圣祖康熙三十二年（1693），以达赖喇嘛的名义，奏请清廷准许在打箭炉互市。康熙三十五年（1696），四川巡抚于养志“会同乌斯藏喇嘛、营官等查勘打箭炉地界，奏番人借茶度生，居处年久，且达赖喇嘛曾经启奏准行，应仍准其贸易。理藩院议准。从之”①。由此使得打箭炉成为清王朝正式认可的贸易口岸。

康熙三十九年（1700），西藏任命的打箭炉营官昌侧集烈杀死明正土司蛇蜡喳吧，清廷随即发兵进讨。康熙四十年（1701）平定打箭炉之后，清朝保留其贸易口岸的地位，但是不再由西藏任命营官管理当地的贸易，而是由清廷“将成都府同知移驻打箭炉，给与印信，令其抚绥抽税”②。同时，“由京派委部院司员并带笔帖式一员，颁给监督关防，赴炉征收税银”③。康熙四十一年（1702），在打箭炉设立税关，④“命喇嘛达木巴色尔济、郎中舒图、员外郎铁图等往打箭炉地方，监督贸易”⑤。自此以后，打箭炉的商业贸易就完全被置于清朝的控制之下。最初只征收茶税，“每年邛州、雅安县、荥经县、天全州由本州县纳课，请领部茶边引，运打箭炉，售与口外蛮客。每茶一引，运茶一百斤，应纳税银一钱八分。雍正七年，又定征收杂货税，按本每两三分。续又颁发货税征银则例，刊榜悬挂，由部印发，商人亲填，簿交监督征收。用清字题销。乾隆四十七年，奉旨停差监督。经总督文（绶）奏明，改季同知征收”⑥。此后，打箭炉的税收就一直由打箭炉同知负责征收。

① 嘉庆《四川通志》卷69《食货·茶法》。
② 乾隆《雅州府志》卷10《筹边》。
③ 乾隆《打箭炉志略·职官》。
④ 乾隆《雅州府志》卷10《筹边》。
⑤ 《清圣祖实录》卷207。
⑥ 乾隆《打箭炉志略·关榷》。

清王朝在控制了打箭炉的商业贸易之后，先后采取多种措施，推动商业的发展。其中较为重要的措施有两项：一是改善交通条件，先后修建泸定桥，凿冷竹关峡壁为路；二是将打箭炉确定为四川与康藏之间的茶叶贸易口岸，“其赴打箭炉买茶者，则系西藏、昌都、理塘、巴塘、卡丫、德尔格、霍尔、瓦述及各寺喇嘛进口买食茶商，由打箭炉同知盘验，给票出口”[①]。由此使得打箭炉迅速发展成为川藏贸易的重镇。康熙五十八年（1719），随清军进藏平定准噶尔之乱的焦应旂在《藏程纪略》中就说，打箭炉“今设兵戍守其地，番汉咸集，交相贸易，称闹市焉”[②]。乾隆《打箭炉志略·土俗》也说，自设官“分驻以来，地方宁谧，明正司世济恭顺，邛、雅、荥、天各州县商人，领引运茶，皆于炉城设店出售。西藏、金川、巴勒布、敦廓尔联次出师，客民贩运食用货物来者益众”。尽管“军务竣后，贸易渐减，而主客相安，多有留住”。留住之人，多为商贾。在其推动下，打箭炉的城镇商业，逐渐向着多元化的方向演变，故刘赞廷在《康定杂志》中说：“凡康藏土产系由此出口，以黄金、麝香、硼砂药材、羊毛、皮革为大宗；入口以川茶、绸缎、布疋、铜铁、器具、瓷器以及杂货等。每年交易数字至一千八百余万两”。同时，随着商业的发展，清代的打箭炉，逐渐形成三大商业服务的行业，即锅庄业、缝茶业和皮房业。

锅庄原为明正土司下属土目听差侍贡的处所，后逐渐转变为集客栈、货栈与交易中介等多种功能于一体的综合商贸服务组织。（详见“城镇商业”）

缝茶业是为茶叶运输提供包装的行业。在清代，由内地运到打箭炉的边茶，是用竹篾编成的长篓进行外包装，两篾为一包，四包为一引。用竹篾包装的边茶贩运到打箭炉之后，要改用牛皮作为外包装，再进行运输。缝茶就是为茶叶提供牛皮外包装。清代打箭炉的缝茶业，主要承办藏商所

① 朱批奏折 1287 号，刘秉恬、富勒浑等：《查议出口茶斤界限以严边禁折》，中国第一历史档案馆藏。
② 吴丰培：《川藏游踪汇编》，四川民族出版社 1985 年版。

购茶叶的外包装。由于藏商多住锅庄，因而缝茶业务多由锅庄出面与缝茶工的工头接洽。从事缝茶的工人，藏语称为“甲朱娃”，即明正土司的匠奴或土奴，其业务由工头负责安排。除了缝茶之外，缝茶工还要应官差，跑驿站，扫街道，甚至从事抬丧送葬等杂役，人数最多时达到一百三、四十人。清末明正土司改土归流后，缝茶工脱离奴婢身份，组成一个松散的行业，分上街、下街两地作业，各自推举一名“梗巴”、二名“俄巴”，负责行业事务。而缝茶工则与老板组成师徒关系，作为师傅的老板，占有生产资料，如皮塘、牛皮等，拥有相对固定的客户，专门为一家或几家锅庄的客商缝茶；作为徒弟的缝茶工，则按照老板的安排进行缝茶。人手不够时，由老板向别的老板借用工人。

缝茶的工具极为简单，只有一把割牛皮用的刀，两根缝针，其中一根缝针用于缝“花包”，另一根缝针用于缝“满包”。缝茶包用的牛皮，由需要缝茶包的藏商提供，或由老板提供牛皮，藏商出牛皮钱。

藏商提供的牛皮是干的，而缝制茶包要用湿牛皮，于是康定又产生专门泡牛皮的“皮塘”。有的皮塘是由缝茶老板自建自用，也有其他人修建皮塘供缝茶老板有偿使用，最多时全城有皮塘 20 多家。牛皮在皮塘经过一周左右的浸泡，变得湿润柔软，即可用于缝制茶包。

缝茶包时，先将泡好的牛皮取出，剪去长毛，用小刀把一部分牛皮割成约 1 厘米宽的细条作为线，把线穿在长约 15 厘米的缝针一头圆孔里，坐在地上进行缝制。包装形式有两种：一种是用于运输途程较近的包装，先用刀把牛皮按需要的尺寸开割成块，再将竹篾包装的茶叶从正中拦腰割开，但不完全割断，然后对叠起来，用两块约三寸宽的牛皮划成花格，将叠成三条的茶裹成一包，用针线把两块皮之间的缝口缝起来。两头再用大小合适的两块整皮缝起。这种缝好的茶包，外形像戏台上孔明穿的道服，所以叫花包。这样缝好的茶叫一只，两只为一驮，适合一头牛或一匹马驮运。另外一种运输距离较远的包装，先将竹篾包装的茶叶从竹篾中取出，去除两头的茶盖后，将原包装的三包，一分为二地堆成六层，用牛皮全部包裹缝合。这样缝好的茶，称为满包，同样是两只为一驮，供牛或骡马载运。在包装好的花包或满包两头，各家藏商均用刀刻划出自家的房名或地名，或寺名，以示区别。

皮房业是康定最早的制革业，其产品为烟熏红牛皮，藏语称为“路各古玛”。据康定皮房业老工人回忆，康定的皮房业大约始于清朝的同治、光绪时期。最早由清溪一位邓姓师傅率先在炉城设坊，带徒经营，首创该业。到清末民初，发展到十余家。皮房业的产品，大多以锅庄为销售场所，通过藏商，运销到康藏各地，以及西藏、青海、云南。一张红牛皮通常可以换三张生牛皮，或三包半至四包茶叶，或 10 个银圆。① 其制作方法是：“将牛皮有毛的一面撒上石灰折好，置于水池中（池的周围均以木板装好使其不渗水），泡至一定时间（夏季七天即可，春秋约需半月，冬季要一个多月）取出，用半月形铁铲，将毛铲净，另放入无石灰的清水池中，待灰质退尽，再取出上灶。熏时用稞麦草或小树枝由灶口放入灶肚中点燃，将牛皮平铺灶面上，一面熏一面添柴草，火的大小将直接影响皮子的质量，需恰到好处，每张皮须熏三次，以熏到淡黄色为佳。熏好后，再用圆铲将牛皮无毛的半面铲光，并用脚踏揉，务使柔软润泽，然后染以红色或黑色。染成红色的又称红牛皮，比揉皮、硝皮好”②。

清代打箭炉商业的发展，不仅使其成为康区的物资集散中心，而且逐渐成为政治中心。在康熙四十年（1701）平定打箭炉之后，清廷最初主要是控制该地区的商业贸易。清世宗雍正年间，逐渐加强对该地区的军事和政治控制。雍正元年（1723），派阜和营驻防打箭炉。雍正七年（1729）设打箭炉厅，属雅州府管理。雍正八年（1730）建打箭炉城，“炉地旧无城

① 吴吉远：《川藏贸易重镇——清代打箭炉城的产生和发展》，载《西藏研究》1995 年 2 期。
② 甘孜州志编纂委员会：《甘孜州志》，四川人民出版社 1997 年版，第 1196 页。

垣，国朝既定藏番，设立文武衙署、仓库、税关，雍正八年始建东、南、北三门，各筑城垣数十丈，以资启闭”[①]。清德宗光绪三十年（1904），升打箭炉为直隶厅，“不属雅州府。光绪三十四年秋，边务大臣赵尔丰，会同川督赵尔巽，奏改打箭炉厅为康定府。宣统三年夏，赵尔丰兼署川督，会代理边务大臣傅嵩炑，查照民政部奏准各省土司改流之案，同至打箭炉，令明正土司甲木参琼珀缴印，改土归流”[②]。至此，打箭炉就成为在清王朝完全控制下的西康政治中心。由物资集散地发展为商业中心，再演变为政治中心，这是康定县城发展演变的突出特点。

民国前期，康定“为巨商荟萃之地，货品以茶为主，绢布、药材、羊毛、烟酒又次之。经营此者，概住炉城，分汉、番二大派。汉派分雅安、名山、邛州、天全、川北、成都、陕西、云南等邦，各以地为畛域，运售其土产，及炉城而止，不出关外。现始新设总商会，试行委员制。番派无组织，凡关外各地富商大贾、土司家、喇嘛寺之有资力者，率能驱其驮队，运羊毛、药材、鹿茸、毪子之属至炉，易茶与杂货、布帛而归。居间交易者，恒为各大锅庄，瓦斯碉即其首领也。另有汉人出关，零收麝香、药材、毪子、羊毛之属，成趸运回炉城出售者，皆小商人，自无驮队，雇佣驮脚娃运之”[③]。汉商之中，来自陕西的陕商居于主导地位，其“资本之雄厚，规模之阔大，态度之佳良，目光之锐敏，在康地商人中皆为首屈”[④]。这些在康定经商的陕西商人被统称为“炉客”[⑤]。藏商之中，寺庙商和土司商最为重要。同时，在打箭炉从事商业活动的商人，按照主要经营的商品，或者按照地域，分为若干商帮。民国十九年（1930）前后，康定的商帮构成如下表。[⑥]

---

① 乾隆《打箭炉志略·城垣》

② 傅嵩炑：《西康建省记·明正改流记》，成文出版社 1970 年版。

③ 任乃强：《西康视察报告——康定县视察报告》，载《任乃强藏学文集》（中册），中国藏学出版社 2009 年版。

④ 李亦人：《西康综览》，正中书局 1941 年版，第 364 页。

⑤ 王振忠：《豆腐、老陕、狗，走尽天下有》（下），载《读书》2006 年 5 期。

⑥ 引自来作中：《解放前甘孜藏区商业简述》所列表，载《四川文史资料选辑》42 辑，1994 年。参见李亦人《西康综览》一书中的《五属茶商在康店号一览表》。

雅安、荥经、天全、名山、邛崃五县在康定设立的主要茶号及经营状况表

县别	茶号名称	店董	籍贯	引额（张）	销路	备考
雅安	义兴	苗幼功	陕西泾阳	11600	本区及西藏	康名“栈古”，经营已近百年，信誉极好
	孚和	余赓广	四川雅安	11500	本区及西藏	康名“藏巴拉”
	天兴仁	高智轩	陕西泾阳	9400	本区各地	原为天增公布店，因营业停滞，改营茶业
	恒泰	苏含芬	陕西泾阳	8000	本区及西藏	
	聚成	赵炎	陕西泾阳	4500	德格、昌都一带	
	永昌	夏仲远	四川雅安	4000	昌都、察雅一带	
	永和	毕介眉	陕西泾阳	2400	理塘、巴塘一带	
	丰盛	胡光荣	陕西泾阳	1600	理塘、巴塘一带	
	同福昌	李尚中	云南鹤庆	1300	康南	指理塘、巴塘一带
	福聚亨	卢德元	四川雅安	1300	康南	
	永兴	陈锡长	四川雅安	1300	康南	
	义享		四川雅安	1400	康南	
	永义	赵遐昌	四川雅安	1400	康南	
	永裕昌	陈光汉	四川雅安	1400	康南	
荥经	荣泰	兰翘云	四川荥经	7400	西藏	专制茶砖
	裕兴	姜桂英	四川荥经	7000	西藏	
	长盛元	王猷轩	四川荥经	1900	西藏	
	忆盛元	王某	四川荥经	1900	西藏	
	全安隆	姜伯衡	四川荥经	1900	西藏	
	又新	姜德滋	四川荥经	1200	西藏	
	蔚生	姜豹生	四川荥经	1200	西藏	
	鸿兴	姜崇文	四川荥经	400	西藏	
邛崃	松茂	余贲先	四川雅安			邛崃距康定较远，脚价过重，故将引票转让雅安各商

续表

县别	茶号名称	店董	籍贯	引额（张）	销路	备考
名山	瑞兴	袁瑞兴	四川名山			
	羽成		四川名山	1300		
天全	复元	黄复元	四川天全	1600	康定、丹巴、道孚一带	
	泰茂松	高某	四川天全	600	康定、丹巴、道孚一带	
	泰茂久	高侥	四川天全	600	康定、丹巴、道孚一带	
	庆发昌	李某	四川天全	1600	康定、丹巴、道孚一带	
	庆发长	李某	四川天全			
	庆发荣	李某	四川天全			
	德泰	高海筹	四川天全	1280	康定、丹巴、道孚一带	
	泰昌	高某	四川天全	1280	康定、丹巴、道孚一带	
	克昌	高克昌	四川天全			
	兴华	王某	四川天全	1280	康定、丹巴、道孚一带	
	恒升	王某	四川天全	1280	康定、丹巴、道孚一带	
	恒义	王某	四川天全			

茶商之外康定各商帮一览表

帮口	经营种类	籍别	代表商号	年经营额	价值（银两）	销路	备考
金香帮	黄金	陕西、山西	德泰合、义生、积庆隆	15000 两	140 万	成都、上海、广州、汉口	南北路皆有分庄
	麝香	陕西、山西	德泰合、义生	4000 斤	120 万	成都、上海、广州、汉口	南北路皆有分庄
府货帮	绸缎	四川、陕西	约十余家	15000 包	20 万	康定及关外部分县	
	匹头	四川、陕西		15000 件	20 万	康定及关外部分县	同时收购药材外运
	丝绵	四川、陕西		4600 件	330 万	康定及关外部分县	

续表

帮口	经营种类	籍别	代表商号	年经营额	价值（银两）	销路	备考
药材帮	虫草	四川、陕西	云发、大兴	3 万斤	15 万	内地	
	贝母	四川、陕西	云发、大兴	4 万斤	16 万	内地	
	知母	四川、陕西	云发、大兴	6 万斤	6 万	内地	
	鹿茸	四川、陕西	云发、大兴	5000 斤	15.5 万	内地	
	鹿角	四川、陕西	云发、大兴	7 万斤	6.72 万	内地	
	鹿筋	四川、陕西	云发、大兴	2000 斤	4000	内地	
	秦艽	四川、陕西	云发、大兴	10 万斤	5.5 万	内地	
	大黄	四川、陕西	云发、大兴	55 万	5.5 万	内地	
	羌活	四川、陕西	云发、大兴	30 万	3.5 万	内地	
	赤芍	四川、陕西	云发、大兴	1 万	1000	内地	
云南帮	鸦片	云南鹤庆等	约五六家	300 万两	150 万	康定和内地	
	滇茶	云南鹤庆等				康定和关外	
	杂货	云南鹤庆等				康定和关外	
重庆帮	羊毛	重庆	约七八家	550 万斤	66 万	内地	同时收购药材
	牛皮	重庆	约七八家	2 万斤	2000	内地	
	羊皮	重庆	约七八家	12 万张	2.28 万	康定加工，内地销售	
	狐皮	重庆	约七八家	8000 张	8 万	康定加工，内地销售	
	杂皮	重庆	约七八家	6000 张	5 万	康定加工，内地销售	
邛布帮	哈达	邛崃、大邑	约十余家	12 万张	2.08 万	康定和关外	
	旗布	邛崃、大邑				康定和关外	做经幡和嘛哩旗
	土洋棉	邛崃、大邑				康定和关外	
川北帮	土杂	安岳、遂宁等	约三四十家		15 万	康定和关外采金地	指日用杂货及草鞋、草绳等
	玻璃	安岳、遂宁等				康定和关外	
	铁器	安岳、遂宁等			2 万两	康定和关外	

续表

帮口	经营种类	籍别	代表商号	年经营额	价值（银两）	销路	备考
成都帮	广杂	成都	约五六家		10 万	康定和关外	指钟表器具等
	皮杂	成都			2 万		皮件制成品
干菜帮	食物				5 万	康定和关外	
	海菜				3 万	康定和关外	
	油类				5 万	康定和关外	
草烟帮	烟类		约五六家		12 万元大洋	康定和关外	
制革帮	红皮加工	汉源、天全	约二三十家			康定和关外	
汉源帮	大米	汉源	约三四十家	4000 担		康定和关外	
	油类				12.8 万元大洋	康定和关外	
	黄烟					康定和关外	
纸瓷帮	纸张	洪雅、夹江	约六七家		3 万	康定和关外	
	瓷器	重庆、乐山	约六七家		1.5 万		

清朝末年是康定商业的繁荣时期，每年的交易额，最低也有 600 万元以上。进入民国之后，虽然康定依旧是康区最重要的商业城镇，然而商务却趋于衰败。据民国十九年（1930）的调查，由康定运往藏区的商品有：茶叶 700 万斤，衣服 4 万多件，绸缎 4500 件，丝绵 2.4 万斤，匹头 5000 件，汉区烟材 8500 斤；由康定运销内地的商品：麝香 5000 斤，虫草 9300 斤，知母 22.81 万斤，贝母 12.21 万斤，鹿茸 2.82 万斤，秦艽 2600 斤，大黄 187.5 万斤，羌活 1.43 万斤，羊毛 71.23 万斤，另外还有皮类。商品量值共约 244 万元，[①] 远低于清朝末年的年贸易额。造成这种状况的原因，民国二十五年（1936），任汉光在《康市锅庄调查报告书》中将其归纳为以下 10 条：

① 游时敏：《四川近代贸易史料》，四川大学出版社 1990 年版，第 45—46 页。

1. 印藏铁路到达藏境后，由印度加尔各答到拉萨，仅需十余日，而康定运货往藏，竟需六七个月乃可到达，致使西藏及昌都以西各地所产货物，悉由印度输出。

2. 滇越铁路的建成，导致云藏商贩率取道盐井、昌都西行，而不经康定。

3. 天津天兴祥商号，设分号于兰皋、西宁，斋助行商，纷来青南、康北收买皮毛麝香、鹿茸各色货物，于是康北以及西藏一部货品，不再来康定。

4. 民国六年以后，康省丧地大半，藏领域内，商旅未便遄来康定。

5. 藏康商旅，率来康定，非在物品之销售，乃为川茶之购买，今印藏域内，茶树成荫，已无来康必要。

6. 川茶运销，既感不利，而税额有增无减，令使茶价高涨，视云茶价格，贵及一倍，故康南商旅，咸道出云南。

7. 茶商但计目前价廉，易于销售，曾以枯叶夹茶中，一人作俑，群起竞利，于是赝品充斥，益令藏康商畏缩不来。

8. 西康要荒之区，地瘠民贫，不图历来官吏，既未抚民，反朘剥工人不已，致使人民生活弥艰，购买力大减。

9. 加以兵役累作，差徭繁重，乡民穷困无计，骄悍者即走险为匪，匪盗出没，益使商旅裹足不前。

10. 去岁诺拉称乱，赤匪窜扰，今虽敉平，而浩劫之后，十室九空，人民未遑喘息，何敢逐利，致康市商务，有如今日之凋敝。

就全部估计，康市商务繁荣期中，每年出入金额，总计最低值亦在六百万元以上。二十一二年，已不过四百万元，今最高且不及二百万元矣。[①]

---

① 四川省档案馆、四川民族研究所：《近代康区档案资料选编·1936 年 2 月任汉光〈康市锅庄调查报告书〉》，四川大学出版社 1990 年版。

同时，康定作为西康的政治中心，非商业人口不断增加，尤其在抗战期间，随着西康建省，作为省会的康定，人口增加迅速，消费需求在商品交换中的比重大幅增加，由此使得康定本地的商品消费量（值）逐渐超过货物集散量（值），从而改变了原来以过境贸易为主的商业贸易结构。民国《西康通志稿·工商志》对此有较为具体的分析："康定人口自抗战以来已年有增加，据最近调查，实已超过二万，其中汉人约占十分之六七，康人约达十分之三四。有商店近二百家，汉商之中以川陕两帮占大多数。惟附城百里均系山地，地势险要，土质硗薄，以致出产不丰，除少数菜蔬青稞而外，一切必要食品，均仰给于雅安、天全、汉源等地。"故以商业性质言，康定之重要性本应在其运转之中心上，出入货品应皆以此为集散地，而事实上本地之消费反甚重要，而造成本市之显著之入超。

其输入货品，自茶业衰退后即以匹头占第一位，食品及绸缎等丝织物次之，再次则为叶烟、酒、海菜、洋广杂货、纸张、山货等。其中匹头与食物约各占百分之二十左右，而匹头一项实年有增加。故若合绸缎等计之，则康定之输入品中实以衣用品远居首位。以数量言，匹头约万匹，绸缎万余匹，腊肉干肉四五十万斤，糖十余万斤，面二三十万斤，清油三四十万斤，棉花数千斤，鸡鸭蛋百余万个，豆瓣、花生各八九万斤，黑瓜子二三万斤，纸张十余万斤，金属器具则只二三万斤。

输出货物则以麝香、药材、皮货为主。其中麝香年约千一二百斤，虫草一万三四千斤，知母、贝母、大黄各三四万斤，藏青果、羌活、秦艽各二三千斤，羊毛三四十万斤，青菌三四万斤，白菌一二千斤，花椒一万余斤，硼砂一二万斤，各种兽皮三四万张。至以货品之价值言，输出货品以药材、皮货、毛类、山货为大宗。药材最多，毛皮次之。如二十八年药材约占四十二万五千余元，实占是年总输出百分之七十。此后且连年增加。如二十九年占百分之七十七，三十年占百分之八十四。皮毛类在二十九、三十年均约占百分之十一。故出口货物之值，药材、皮毛两类即共占百分之八十五以上，其他各货所占之值则至为稀少矣。

以康定商品输出入之货值关系比较言之，则入超恒较出超为多。以民国二十七年底至三十年底三年之统计为例，三十八个月中入超即占二十八个月，而出超仅占十个月，输入总值二百八十四万五千二百余元，输出总值则只有九十九万零四百余元，故两者品迭入超为一百八十五万四千七百余元，此种情势在最近数年中，尚无若何改善之倾向。此实为康定商业状况重要特征之一。

在上述之数值中，尚有为康人必需之十万零八张引票之茶，折合五十五万包（每包十六七斤），及汉人日用之食米约三千余石，未计算在内。茶与米均为汉人康人之日用必需品，茶由茶关按引票抽税，食米无税，故在调查出入口货值中皆未将其列入。然此二者实际上占输入之值至为巨大，两者合计约达八九百万元。故如将其加入计算，则康定每年之入超乃竟达千万元矣。

故综言之，康定商业之特点，以货值论，输出方面药材与皮毛约共占百分之八十五以上，可代表输出货物之值；输入货品以汉康人民之日用必需品米茶为主，次为衣着服用，二者总值亦在百分之七十五以上，可以代表输入品之值。两者实距平衡之值甚远。以入超言，其年达千万元以上，其货品之绝大多数为日用必需品，则在康定逐年现代化以后，人口繁荣消费日增，则此入超之势，将有增无已。盖事实上输入货品中除边茶一项而外，大部分均消费于本市，而输出之各货品则产于康省之各区，故如工业与交通无显著之改变，则此种情势难言改善。此不但康定一城，西康各地之商业状况亦可以之为代表①。

中华人民共和国成立后，康定作为地区行政中心，人口继续增长，消费需求在商品交换中的比重持续增加，最终使得整个城市的商业主要就是

① 四川省档案馆、四川民族研究所：《近代康区档案资料选编》，四川大学出版社1990年版。

为本地人口提供各种消费品。在市场建设方面，“1952年，康定率先建立农贸行商市场。泸定、汉源、石棉等地商贩、商品生产者，将鸡鸭、禽蛋、蔬菜水果、粮食及土产品运抵康定，市场繁荣。对私营改造以后，商贩重新组合，同时加强市场管理，物资贩运日减，集市贸易逐渐解体”①。同时，随着国营商业机构的兴起，原有的商业组织随之消亡，至1959年，康定只有国营商业机构从事着购销等商业活动。

3. 甘孜

甘孜县位于四川省甘孜藏族自治州西北部，东与炉霍县接壤，西与德格县毗邻，南与新龙县、白玉县交界，北与石渠县、色达县和青海省相接。地理坐标介于北纬31°24′～32°54′，东经99°08′～100°25′之间，县境南北最长164公里，东西最宽117公里，面积7358平方公里。县城甘孜镇海拔3390米，距离州府所在地康定385公里，距省会成都752公里

甘孜旧属孔撒、麻书、白利三土司地。清宣统三年（1911）改土归流，设甘孜治委会。民国元年（1912）改为甘孜直隶州，民国二年（1913）改为县。中华人民共和国成立后，依旧为甘孜县。

甘孜县城原为甘孜寺和麻书土司官寨所在地，清同治八年置麻书汛，宣统三年（1911）为甘孜委员驻地，民国元年为甘孜直隶州治所在地，民国二年（1913）为县治所在地，其后相沿不变。

甘孜商业形成于清朝后期。据任乃强《西康札记·甘孜市》记载：“甘孜昔为麻书土司官寨，麻书在霍尔五土司中为最大，差民最多，故官寨附近，原有差房数家（各乡头人候差之房称为差房）与住民十余家，名甘孜村。大喇嘛寺亦建筑于此。清同治时，瞻对‘雅龙瞎子’造反，攻霍尔五土司，孔色土司投降，麻书土司不投，逃赴成都告变。瞻对平后，麻书土司回境，因其在成都时，见商业繁盛之状，羡之，遂请四川总督，招汉兴

① 甘孜州志编纂委员会：《甘孜州志》，四川人民出版社1997年版，第1282页。

商于甘孜村。总督奏行之，并设麻书汛官于此，常驻兵40名，以卫汉人。具时打箭炉已有商店，陕籍尤多，陕人经营草地商业者已数百年，习知甘孜地当北道冲繁，交通西宁、戒谷（结古）、洮州、俄洛、昌都、瞻对等处，兴商甚有希望，故多设分号于此。”① 正是在麻书土司的推动下，地处康北交通要道的麻书汛，迅速发展为康北的重要商业城镇，故《察炉道里考》说，清代的麻书汛，“正北为金川；西北即果洛克野番地，远通西宁界谷玉树等处；正西为德尔格忒；南为瞻对。其地汉番商贾汇聚，四路要冲”②。

民国时期，原麻书汛成为甘孜县城，其商业得到进一步的发展，成为西康仅次于康定的第二大商业城镇。任乃强在《甘孜县视察报告》中，对甘孜的商业有较为具体的记述：“甘孜可称西康第二商埠。盖打箭炉外，旧推巴塘繁盛。现因川藏交通移于北道，巴道冷落，甘孜日益发达也。计查甘孜共有陕商8家，川商7家，西宁商1家，番商2家，喇嘛寺商7家，土司家商2家，皆资本千两以上者。兹以调查所得，列为甘孜商家表。

字号	商籍	主人姓名	资本额	营业项目	备考
利盛公	陕籍	刘青唐	10000两	药材、茶布、杂货	炉城分号
吉泰公	陕籍	张吉泰与玉福和合	8000两	药材、茶布、杂货	炉城分号
玉奉公	陕籍	薛登来	1000两现负债	药材、茶布、杂货	炉城分号
德聚合	陕籍	刘兆才	6000两	药材、茶布、杂货	退军籍为商
协盛荣	陕籍	杨玉全	现因赌负债	药材、茶布、杂货	炉城分号
春发源	陕籍	石成玉	现因赌负债	药材、茶布、杂货	炉城分号
德胜源	陕籍	邵正公	5000两	药材、茶布、杂货	炉成分号
顺兴合	陕籍	李德元	10000两	药材、茶布、杂货	退军籍为商
正全合	川籍	甘正全	8000两	同上，兼制红牛皮	白手成业

① 载《任乃强藏学文集》（中册），中国藏学出版社2009年版。
② 载《川藏游踪汇编》，四川民族出版社1985年版。

续表

字号	商籍	主人姓名	资本额	营业项目	备考
源泰长	川籍	刘荣魁	千余两	药材、茶布、杂货	退军籍为商
裕兴祥	川籍	冯兆祥	千余两	同上，兼做磨房	白手成业
吴正荣	川籍	吴正荣	数百两	零生意	
赵良成	川籍	赵良成	3000 两	鞣革	
马国霖	川籍	马国霖	数百两	鞣革	马现已死，仍雇人经营
徐绍源	川籍	徐绍源	2000 两	零生意	
大兴隆	甘籍	西宁娃娃闵	10000 两	川康京沪甘藏各货咸备	
扯腻家	寺籍	甘孜喇嘛寺公本	2000 秤即 10000 两	藏货、茶业、毛皮、药材	
呷青家	寺籍	同	100 秤即 5000 两	藏货、茶业、毛皮、药材	
墨龙家	寺籍	同	同	藏货、茶业、毛皮、药材	
阿巴家	寺籍	同	旧与扯腻家并称，现负巨债 40 万两	藏货、茶业、毛皮、药材	因充本侵没逃逸至于息业
竹撒家	寺籍	竹撒家公本	300 秤即万五千两	藏货、茶业、毛皮、药材	
仙根家	寺籍	仙根喇嘛	千秤即 5 万两	藏货、茶业、毛皮、药材	与孔色家合作
孔马家	寺籍	孔马寺公本	20 秤现负债	藏货、茶业、毛皮、药材	
孔色西根涅巴	土司家	孔色土司	百 60 秤	藏货、茶业、毛皮、药材	“西根涅巴”为土司户生意之意
麻孜西根涅巴	土司家	麻孜百姓公本	70 秤	藏货、茶业、毛皮、药材	
泽翁仁亲	夷籍	麻孜百姓公本	5000 两	藏货、茶业、毛皮、药材	
仁清大吉	夷籍	麻孜百姓公本	因受阿巴家拖累负债	藏货、茶业、毛皮、药材	
绛喀巴	夷籍	麻孜百姓公本		藏货、茶业、毛皮、药材	

“土司家商，经理者名‘涅巴’，由土司委部民任之。（麻孜涅巴现仍由公推）三年一换，无薪水，赚钱归公，充念经修造等用，折本自赔。喇嘛家商，经理者称‘充本’，由众公推，每二年一换，唯须待六年后，始能将账交完。盖关外商场，恒有巨账也，亦无薪水，赚钱归公念经，折本不赔，得连任四次。

“此外，东谷与绒坝岔，各有汉商数家。东谷寺、大金寺皆有大资经营商业，与甘孜寺同。

“甘孜商业，以炉城运茶为主，粗茶在炉城值 1 元 1 甑者，至甘孜可值 2 元，抵货可作 3 元，赔偿物价可作 4 元。买茶时不必现金，悉以信用验茶运销。数年后，始偿茶价。故本银百两，可做生意数千两，为利甚大。其茶除小部分销于本县外，大部输入西藏与野番地。交易土产，如藏货（实由英国输入西藏者，毛褥、呢绒、鞍具最多）、药材、麝香、皮货等运回，再售炉城，易茶而还。

“其次为青海地方之盐，俗称番盐，尽池盐也。盐产地不出青稞，番商载粮往易。每驮青稞，换盐 5 驮，大半由野番地方运回，少半由界谷、石渠运来。抵甘孜后，分销于南北两路各县。较远之处，每驮盐又换五六驮青稞矣。

“又其次为布匹、绸缎、喀带、针线之属，概自成都办来，自炉城输出，销于全康藏民间。昔时西藏排英，此项商业，为我专擅。今年英国衣料，输入西藏极多，已有倒侵入康不可抵制之势。甘孜上等人家之服物，大都英产（俗称藏货），非中华物矣。

“又其次为羊毛，大都自西宁、界谷、押甘多等埠输入，或直走炉城易茶，或即甘孜交易。羊毛之大部分，供土民织毪子，为衣料，小部分输入川省。又其次为牛皮，或运炉城鞣制输出。又其次为狐皮、猞猁、麝香、鹿茸等山货。每年夏季，各商家派人赴各县乡收买，称为‘坝充’。秋后回店，聚集运炉售之，为利颇大。

“又其次为烟草、洋货等物，概自炉城同茶布输入。又其次为鸦片，大半自大小金川一路输入，小半由云南经炉城来，唯汉人嗜之。民国七年绒坝岔之战，汉军骤增，烟价暴涨至五六倍，多数商家由是致富。”①

民国《西康通志稿·工商志》亦称：“甘孜为康省北道商业重镇，亦称次于康定之第二大商业中心地。其地商业繁荣，市廛颇具规模，有商店八九十家。其中规模较大者有陕商八家，西宁商二家，夷商三家，喇嘛寺商四家，土司商数家。资本均相当可观，而尤以喇嘛寺为最。县属东谷亦有陕商居之。输入货品仍为茶叶、布匹、洋货、杂货，输出货品亦系药材皮货等，惟数量销额均较他处为大耳。运茶入藏，运藏货入康，为其主要之商业。”

中华人民共和国成立后，据1950年统计，“甘孜县有私营商业127户，资本870万元（大洋）。其中寺庙商37户，资本500万元；土司头人商4户，资本200万元；藏汉平民商16户，资本10余万元；陕商40户，资本100万元（在甘资本）；川商30户，资本60余万元”②。1955年，开始在甘孜县城区建立初级市场，设置固定交易地点，以利农牧产品的交换。与此同时，逐步建立国营商业体系。1950年，西康省推销组，跟随中国人民解放军18军来到甘孜县进行商业活动，成立甘孜县民族贸易公司。1952年，成立中国百货公司西康省公司藏族自治区甘孜商店。1953年，成立西康省畜产公司康定支公司甘孜畜产营业组。1954年，先后成立中国专卖事业公司西康省公司甘孜批发部、医药公司甘孜小组。此时的国营商业，多数是上级专业公司在甘孜县设立的分公司或门市部。除日常经营活动外，为扩大国营商业的市场，还在1952年、1955年召开两次物资交流会，打破寺庙商、土司头人商对大宗商品交易的垄断。1957年，成立甘孜县商业局，“既

① 载《任乃强藏学文集》（中册），中国藏学出版社2009年版。
② 甘孜县地方志编纂委员会：《甘孜县志》，四川科学技术出版社1999年版，第178页。

是行政管理机构，又是商业企业经济实体，成为政企合一的体制”①。1959年，通过对私营工商业的社会主义改造，成立甘孜公私合营商店，取代私营商业。至此，政企合一的商业局就完全垄断了甘孜县的商业。

4. 理塘

理塘位于四川省甘孜藏族自治州西南部，东邻雅江县，西接巴塘县，南连木里、稻城、乡城等县，北交白玉、新龙等县，地理坐标介于北纬28°57′～30°43′，东经99°19′～100°56′，县境南北最长215公里，东西最宽155公里。面积14182平方公里。县治高城镇，海拔4014.187米，距州府康定285公里，至省会成都654公里。

理塘其名始见于吐蕃统治时期，元代曾设置李唐州，明代后期至清代前期，先后为云南丽江木氏土司与青海蒙古和硕特部管辖，清世宗雍正七年（1729）置宣抚司。清德宗光绪三十二年（1906）改土归流，置理化县。民国元年（1912）改为理化府，民国二年（1913）改为理化县。中华人民共和国成立后，于1951年改称理塘县。

理塘地处康南交通枢纽之地，据说在元代，已有汉商前往该地区进行商贸活动。明神宗万历八年（1580），第三世达赖喇嘛在梭磨拉卡山下建黄教寺庙，命名为长春青科尔寺。入清以后，围绕长春青科尔寺，形成商业区。清人焦应旂在康熙五十五至六十年（1716—1721）间写成的《藏程纪要》中就说：理塘“其寺院之华丽，喇嘛之众多，诸货之聚集，较巴塘稍胜。所不及者，地道寒冷，无嘉田花木之美耳”。清世宗雍正六年（1728），又在此设置理塘粮台，并逐渐形成商业街区，故《理塘志略》卷上《城市》说：“理塘无城郭，因居人所住之碉楼为捍卫，南结营盘，北联喇嘛寺，西依粮台，中开一街，商贾番民杂处。”这条街就是“理塘高城镇的老街子，历史上是一个比较固定的商品交易市场，寺庙、土司、头人及外商，大多

① 甘孜县地方志编纂委员会：《甘孜县志》，四川科学技术出版社1999年版，第179页。

在此经商。清光绪三十一年（1905），雅安‘商办边茶股份有限公司’在此设立售茶分号”[1]。当时，理塘是康藏南路最重要的商业城镇。

“民国初年，县城仅川、陕汉回商号就达200余家，有‘岳钟琪路’等街道，可见市镇规模之一斑。然经民国年间的多次焚烧洗劫，尤其是民国八年（1919）连县衙也被烧毁，被大肆抢夺一月余，捆载一万余驮而去后，则逐显萧条”[2]，故任乃强在民国十九年（1930）撰写的《理化县视察报告》中说：“理化在清时为南路大城，街市颇繁盛，自数经乡匪之祸，渐形衰落。南路废后，更无振兴之望。现存民百余家，较大商店10余家，以收买虫草，或自云南、乡城等处贩运鸦片、碗儿糖等来此分销康地。现时市价：鸦片1元1咀（两），虫草13元（斤），贝母11元（斤），知母3元半（斤），麝香4元（两），鹿茸100元（两），赤金100元（两），均藏洋计。商人资本，喇嘛寺占最大类，陕商次之，番商又次之，川商甚少。”下列理化商家调查表：[3]

商号	业主	营业项目	商籍	历岁	资本概数
嫁多	莫拉村喇嘛寺	杂货、药材、山货、藏货	喇嘛寺	无考	20万大洋
德盛昌	额拉阿村	杂货、药材、山货	番商		10万大洋
生根	理塘寺喇嘛	茶布、药材、鸦片	喇嘛寺		万元
宣教师	洛桑降泊	同上	喇嘛寺之堪布		5000元
德盛祥	李茂林	杂货、药材、山货	本城汉人	30年	5000元
兴瑞祥	刘俊卿	同上	陕帮	10余年	3000元
马春浦	马春浦	同上	本地汉人	40年	4000元
衡记	夏恒易	杂货、山货、药材、藏货	川商	2年	1000两

① 四川省理塘县志编纂委员会：《理塘县志》，四川人民出版社1996年版，第234页。
② 四川省理塘县志编纂委员会：《理塘县志》，四川人民出版社1996年版，第41页。
③ 任乃强：《理化县视察报告》，载《任乃强藏学文集》（中册），中国藏学出版社2009年版。

续表

商号	业主	营业项目	商籍	历岁	资本概数
彭错唐开	同名（濯桑保正）	药材、鸦片	番商		3000元
金盛源	文姓	杂货、药材、山货	陕籍	2年	3000元
九集成	耿大	同上	同上	2年	2000元
俊德成	郭俊文	同上	同上	20年	2000元
恒发昌	王季发	杂货、药材、山货	陕籍	10余年	2000元
周云孝	同名	药材、鸦片	同上	6年	2000元
罗世芳	同名	同上	同上	30年	千余元
官文通	同名	同上	川商	20年	1000元
官文达	同名	同上	同上	20年	1000元

民国《西康通志稿·工商志》亦称："理化商业不甚繁荣，有茶商十余家，亦为转运站性质。此外之输入货品则为布匹杂货等，输出之商品有药材、虫草、知母、贝母、鹿茸、麝香、狐羊皮、猞猁皮、烟土及其他土货。其中运销数量较大者则推虫草。此等商品多系运销康定。"

民国时期，理化县城，每年都有两次大的贸易期，一为农历七月十五，一为岁末至次年初的佛教盛会期。

概言之，"清代及民国时期，川籍随军的粮台、小官吏、驿卒、营退士兵在此落户经商，此外，还有部分甘肃回族商人也来此经商。外来汉商中大多数为行商，极少数为坐商，他们主要在本地收购虫草、贝母、鹿茸、麝香及毛皮运到康定易烟、茶、布、杂货等，从中获利。寺庙喇嘛、土司头人及本地藏商见有利可图，便利用他们各种特权和雄厚的私人资本，操纵和垄断着县内交易，并在本地收购虫草、麝香、黄金、牛羊等大宗土特产品，远销西藏、四川内地、上海及印度，换取日常用品，高价售卖，以获取暴利。其经营方式主要有两种：一是自己独立经营；二是将私有资本投入寺庙参与商品流通，分取利润。如毛垭土司锁加当时就拥有资产约100

余万元（大洋），曲登土司热登汪加约40余万元；此外木拉的甲多布根，大营管坝的阿格仲马，毛垭的让玲旺堆，濯桑的那列、布吉等都拥有可观的资产。由于地方寺庙及土司、头人的势力庞大，外来经商者在很大程度上受到了限制，不得不成为他们的附庸，否则就很难在此立足”①。其中以长春青科尔寺为中心的寺庙商是理塘最重要的商业组织。早在明代，长春青科尔寺就设有经济机构“西所”。最初只有豪登西所与巴空西所，主要职责是经营信众的布施。其后，增设洛沙、八马、阿候、拉绒四个西所，除洛沙西所为玉瓦孔村的经济机构外，其余五个西所都是属于全寺的经济机构，主要职责也扩大为经商、放债和收布施。每一个西所有会首2—5人，在经商中如有亏损，由西所负责人私添，所得利润，会首可以分红。民国时期，二世香根活佛昂旺罗绒登增次来嘉措，在担任何长春青科尔寺的堪布期间，整顿原有的西所，并新设立“下布”“榨子”等经济机构。其中“下布”由四人组成，任期五年，两名下布外出西藏或印度经商，另外两人在寺内掌管经济，确定有关商业的事项，并参与寺内各项大事的决策；榨子“是寺内收入及开支最大的经济机构。僧俗人家有丧事，都得将死者衣物、用具、钱财等动产部分捐献给榨子，榨子以之变卖后给死者念经，其收入极大，并兼放高利贷，收入用于供给寺内念经的一切费用，敬神需酥油，寺内公共事项费用，年终给喇嘛的布施等。经营者（管家）一年一任”②。

中华人民共和国成立后，于1953年3月将县城迁至原县治稍南的营官坝。同时，逐步建立国营商业。1951年，由康定派出6人到理塘筹建国营商业，因受寺庙阻挠，不得不撤回。随即成立供应站，为理塘的部队、机关供应物资，有多余物资时也供应给群众。1953年，供应站改名为理塘县民族贸易支公司。1957年，民族贸易支公司改为县商业局，实行政企合一。

① 四川省理塘县志编纂委员会：《理塘县志》，四川人民出版社1996年版，第234页。
② 四川省理塘县志编纂委员会：《理塘县志》，四川人民出版社1996年版，第510页。

而原有的私商，逐渐转变为主要从事小商品经营与服务行业。据 1958 年 3 月统计，理塘县城区常住人口 610 人，其中私营经商者为 64 人，分属 33 户藏商、22 户汉商，主要从事饮食、百货、副食、日杂品、修理等行业。同年，通过“以废除寺庙的封建制度为中心的反叛乱、反违法、反特权、反剥削”的“四反”运动，取缔寺庙商。1959 年，理塘县成立对私营改造委员会，对寺庙商之外的坐商、行商、摊贩一律进行社会主义改造。先后组建公私合营的百货商店与综合商店，其中大部分商人经改造后回家从事生产。“至此，个体所有制的私营工商业完全由社会主义集体所有制的合作化商业取而代之，同时将其纳入社会主义国营商业的统一管理之中”①。政企合一的理塘县商业局，由此完全垄断全县的商业活动。

5. 巴塘

巴塘位于四川省甘孜藏族自治州西部，东接乡城县、理塘县，南连得荣县，西隔金沙江与西藏芒康、盐井、贡觉等县和云南省德钦县相望，北与白玉县交界。地理坐标介于北纬 28°44′～30°37′，东经 98°57′～99°44′之间，县境南北最长约 206 公里，东西最宽约 72 公里。面积 8193 平方公里。县治夏邛镇，距州府康定 483 公里，至省会成都 851 公里。

巴塘于清圣祖康熙五十八年（1719）归顺清王朝，清世宗雍正六年（1728）置巴塘粮台，雍正七年（1729）置巴塘宣抚司。清德宗光绪三十三年（1907）“改土归流”后置巴安县，翌年升为巴安府。民国二年（1913）复为巴安县。中华人民共和国成立后，于 1951 年更名为巴塘县。

巴塘商业的形成，始于归顺清王朝之后。“康熙五十八年（1719），岳钟琪西征至巴，部分陕西客商从康定移居巴塘经商。雍正五年（1727）相继来巴的川、陕、滇商人和艺匠已达 40 余人”②。雍正六年（1728）设置巴

① 四川省理塘县志编纂委员会：《理塘县志》，四川人民出版社 1996 年版，第 235 页。
② 四川省巴塘县志编纂委员会：《巴塘县志》，四川民族出版社 1993 年版，第 217 页。

塘粮台之后，直接推动巴塘城镇商的发展。道光二十五年（1845），姚莹在撰写的《康辖纪行》就说，巴塘“蛮民数百户，有街市，皆陕西客民，贸易于此”。除了陕西商人之外，亦有川、滇籍商人在此经商。“这些汉商在县城以老街的灯杆坝为中心开设铺面，世代经营。其品种有百货、茶叶、食盐、布匹、药材、金银首饰、锅盆碗壶等”①。清德宗光绪三十二年（1906）赵尔丰奏改为巴安县，并拟以巴安为筹议的西康省会，因而在此设宝丰隆银行以活跃金融；培修道路、台站，规定乌拉，以利交通；设置邮政电报局以利商业。由此使得巴安的商业得到较快发展。主要输入商品为四川、印度、西藏等地的茶叶、布匹、丝绸、烟及汉广杂货。输出商品为药材、皮张、褥子。

民国时期，“巴安县有商店约三数十家，其中以陕商为主，其次则为四川、云南、西藏、印度商人。在逊清时尚甚萧条，民国以来则日臻繁荣。输入货品以茶叶丝绸、广汉布匹及其他杂货等为主，输出则仅有狐豹猞猁等皮货及少量药材而已”②。民国二十六年（1937），巴安县的商户有124家，民国三十七年（1948），巴安的商业，已有十五个行业，工商户接近200家。

中华人民共和国成立后，据统计，“1955年，全县除寺庙商外，仅县城的个体工商户就有205户，流动资金达913万元。1956年至1958年，由于巴塘县进行平息反革命武装叛乱和民主改革工作，内地开展对私营商业的社会主义改造运动，谣言四起，致使部分个体工商户歇业，有的工商户藏匿、转移资金达85万多元，寺庙商业的资金80万元也全部抽逃隐藏。1958年上半年，全县个体工商业仅存111户，资金仅有55472元”③。1959年，巴塘县政府成立对私营改造办公室，采取公私合营和成立合作组店等形式，

---

① 四川省巴塘县志编纂委员会：《巴塘县志》，四川民族出版社1993年版，第217页。
② 民国《西康通志稿·工商志》，见《近代康区档案资料选编》，四川大学出版社1990年版。
③ 四川省巴塘县志编纂委员会：《巴塘县志》，四川民族出版社1993年版，第218页。

将私营工商业纳入社会主义商业体系。全县共组成 7 个合营店、堂、组，资金 22797.96 元，另有亦农亦商 62 户，转入所在农村从事农业生产。

在逐步取缔私营工商业的同时，巴塘县也逐步建立起国营商业。1954 年，巴塘县成立机关供应站，由县工委和县人民政府领导，并由县政府财粮科拨款做其铺底资金，从设在理塘的供应站组织货物，运回巴塘，供应全县干部职工的日常生活用品、机关单位的办公用品，以及各伙食团的副食品。同时也向农牧民出售茶叶、棉布等物资。1955 年 9 月，成立西康省民族贸易公司康定分公司巴塘县支公司，同时撤销机关供应站，其物资移交民贸公司作价出售后归还县财政。同年 10 月，因西康省撤销，巴塘县划归四川省，原巴塘县支公司更名为四川省巴塘县民族贸易公司。1957 年，巴塘县成立县商业局。“至此，商业局与县民族贸易公司实行‘两块牌子，一套人马’，对内对外只用‘巴塘县商业局’的名称，形成商业、供销、外贸、医药、专卖‘五位一体’的政企合一体制，行政上受县人民政府领导，业务上由州商业局主管。”① 1959 年，完成对私营改造后，巴塘县商业局就完全垄断了巴塘县的商业活动。

6. 泸定

泸定位于四川省甘孜藏族自治州东南部，东接天全、荥经、汉源诸县，南连石棉县，西、北皆与康定县交界。地理坐标介于北纬 29°54′～30°10′，东经 101°46′～102°25′之间，县境南北最长 69.2 公里，东西最宽 49.9 公里。面积 2165.35 平方公里。县治泸定桥，距州府康定 49 公里，至省会成都 315 公里。

泸定旧为冷边、沈边、咱里三土司地。清宣统三年（1911），“川滇边务大臣赵尔丰奉旨改土归流，取消沈边、冷边、咱哩三土司”②，设泸定县。

---

① 四川省巴塘县志编纂委员会：《巴塘县志》，四川民族出版社 1993 年版，第 220 页。
② 民国《泸定县乡土志·建置》。

民国时期亦为泸定县。中华人民共和国成立后，相沿不改。

泸定是一个以汉族居民为主的县，其人口构成，据民国《泸定县乡土志》记载，“士约百分之二，农约百分之八十，工约百分之三，商约百分之十五”，从事商业的人并不多。任乃强在《泸定县视察报告》中也说：“泸定人皆业农，经商者极少，唯地当川康通衢，出入商货甚多。由川入康，茶为大宗，盐、布、洋货次之。由康入川，羊毛、药材为大宗，皮货次之。本县消纳外货，以布为大宗，盐、杂货次之。本县输出之货，有大黄、花椒输出川省，米及蔬菜输往康定，数量并巨。岚州羊毛、皮货亦先输往康定，然后输出。至向时康区所用茶、布，皆自川省输入。泸定桥有陕商八家，经营堆店。近年自云南、九龙、稻城输入康定之茶叶、布匹为量甚巨，雅州茶课，由15万引减至10万引，犹难销足。炉定商业遂亦无形衰败，现已无陕商留住，仅余小店数十家，供给日用物品而已。”[①] 然而民国《西康通志稿·工商志》却说，泸定“亦为一商业要地。城内有商店三四十家，其所辖之冷碛亦有商店达三十余家。自东路输入之货品以纸张、布匹、叶烟、茶、盐、杂货为大宗，多系转销回本境各地，以及康定附近等县。其自南路输入者多为铜器。因多系转销之故，其输出货品多为纸张、叶烟、盥洗器等。其本境出产品之运销于外者则有药材、羊皮、花椒、丛线等，多系行销内地，但量与值均不大。亦有少量之小菜粮食销康定”。游时敏《四川近代贸易史料》则说，泸定“1930年，县城商店仅30余家，其中陕商8家，经营堆栈；另冷迹（即冷碛）亦有20余家。货物从四川入口为纸、布、盐、茶、杂货，销本县并转销康定。从南路入口的为纸烟、鸦片、盥洗器具、铜器。西路入口的为红白糖。本县输出为皮张、羊毛、药材、花椒、水果，其中以大黄与金川梨为有名，也有米和蔬菜运销康定”。概言之，民国时期，泸定的城镇商业，主要集中在县城和冷碛镇，皆以转口贸易为主。

---

① 载《任乃强藏学文集》（中册），中国藏学出版社2009年版。

中华人民共和国成立后，泸定县的转口贸易逐渐消失，城镇商业转变为本地农副土特产的集市贸易。《甘孜州志·商业篇》就说，泸定县“城乡集市交易有固定场期，还有定期庙会。烹坝是县北部农副产品集散中心，当地习惯于二、五、八为赶场期，附近农民都集中在此进行粮食、棉花、烟、酒交易。中华人民共和国成立后，1952年，城区正式建立农贸市场。1958年‘大跃进’中，由于劳动力紧张，城乡先后停止集市贸易活动，主要乡镇冷碛集市的场期，也一度改为十天一场。1959年，冷碛集市贸易恢复后，其他乡镇的交易市场也随之恢复，上市品种逐渐增多，市场价格逐步回落”。这种集市贸易是一种非常初级的商品交换形式。

第四节 公路建设

四川藏区地势险峻，山岭叠嶂，河流纵横，交通极为不便。历史上的传统道路均为山径小路，仅能供人走马行。桥梁稀少落后，许多地方要靠溜索、皮船渡河。且历史上的传统道路，大多为军事行动和政治建设所开辟，往往随政治军事之需而兴废；一些边远地方长期封闭、对外无路可通。民间开辟的道路虽然较多一些，但主要为商贸交换之小路，只是在“茶马互市”正式开展，规定了口岸后，才有了一些路线较固定，道途较宽敞的商道，以供马帮、驮队行走。但仍远远不能满足藏区发展与人民生活所需，[①] 故交通问题始终是制约四川藏区社会经济发展的最大问题和主要瓶颈。而修建公路，发展汽车运输，则为近代以来政府解决藏区交通问题的主要途径和目标。自清末以来，一直为此谋划、筹建。然而限于资金、技术、设备和人才之缺乏，四川藏区的公路建设进展迟缓。直到抗战爆发后，才有了较大的进展，中华人民共和国成立后才有长足发展。

---

① 关于四川藏区的传统交通路线，见《四川藏区史·政治卷》。

四川藏区的公路建设，可以追溯到清朝末年修筑的川康车路。据民国《西康通志稿·交通志》记载："川康公路之建设，创议于清末之边务大臣赵尔丰，于时国内汽车尚未创行，上海、天津等市场虽有柏油大路之设，然仅为行驶马车之用，故称为马场，再引而曰马路。嗣赵氏拟仿陕甘及新疆办法，建设成都至康定段之骡马大道，名为车路，以示异于马路也。"赵尔丰修筑成都至康定的车路，基本上是沿着原有的成都经雅安至打箭炉的大路进行改扩建，然而翻越邛崃山的路段，却没有沿袭由雅安经荥经南下翻越大相岭，再经汉源县九襄镇西行通过飞越岭的大路，而是选择翻越香炉山的路线，"其选定路径为自荥经经小河场、（鱼）进沟迄蒲麦地、龙巴铺，以达泸定，用避大相、飞越二岭之高峻"①。由于"当时测量与土木工程智识甚属幼稚，兼以人才缺乏，路径未经勘察，即囫囵着手，无有所成"②。清宣统二年（1910），赵尔丰又会同四川总督赵尔巽奏请修筑川藏大车路，拟由川、边、藏分段负责修筑。其中成都至康定一段由四川拨款，沿途各县分段承担修筑工作；康定至昌都一段由边务经费拨款修筑；昌都至拉萨一段由驻藏经费拨款修筑。由于工程浩大，川藏大车路仅做了一些勘修开基和设站的准备工作，并在河口修建雅砻江上第一座钢吊桥。③ 一年之后，即宣统三年（1911），清王朝就被辛亥革命推翻。

民国元年（1912），川边经略使尹昌衡为经略川边，决定在赵尔丰修筑的车路基础上，继续修建成都至康定的马路。由于所修马路主要用于军事运输，因而被称为军路。四川都督胡景伊，允拨军票20万元作为筑路经费。军路所选择的路线，大体上是沿着赵尔丰所确定的车路进行修建，只是翻越邛崃山的路段，将原来通过香炉山的路线，"改由飞水场架桥（原注：今

---

① 民国《西康通志稿·交通志》，见《近代康区档案资料选编》，四川大学出版社1990年版。
② 民国《西康通志稿·交通志》，见《近代康区档案资料选编》，四川大学出版社1990年版。
③ 在河口修建的钢桥，赵尔丰命名为平西桥，费银30万两，民国二年（1913）完工。民国四年（1915）陈步三之乱，经过此地，原在此操持渡船的船工，因钢桥建成后失业，为恢复旧业，乘乱将桥毁坏。

名康威桥），循荥经河，经九把锁、炭厂，逾蒲麦地，下瓦板岩、鱼进沟，至龙巴铺，到泸定大路”。整个军路的建设工程，于“民国二年正月兴工，自成都至泸定间，分16段，同时进行。泸定一段，将金菜花大岩凿通，佛耳岩溜槽亦经开凿，为此役最大成绩；成都至新津一段，则已开成马路，然工料不坚，雨则泥泞，反为行旅所苦，怨声载道，未几，路工因款拙停顿，路亦为人所毁；瓦板岩至九把锁一段，则因山势陡峻，崖壁悬绝，工人望而却步，无敢着手，未有丝毫成绩”①。随即因尹昌衡去职，路款无着，工程停顿，已建成的马路复为农田。

民国十四年（1925），西康屯垦使刘成勋决定再次修建成都至康定的马路。为此，设立成康马路工程总局，刘成勋自兼督办，林碧珊为总办，文赞臣为局长，廖辉如为工程主任。筑路经费由沿线各县随粮附征，并对富绅再按粮加派捐款，由各县统收统支。在线路的选择上，“经派员测量，选定路线为自荥经经小河场越蒲麦地，以合龙巴铺旧路。而其路线之渊源，仍不出前赵氏之坯胎也”②。同年12月20日在成都南郊武侯祠举行开工典礼。整个工程，采取分段施工的方法实施。民国十五年（1926）秋，成都至新津段土路40公里建成。同时，新津至邛崃、邛崃至名山、名山至雅安各段亦先后开工。

民国十六年（1927），刘文辉打败刘成勋之后，继续修筑成康马路。设马路总局于邛崃，按照刘成勋原定办法筹款，只是不分县界，统收统支。民国十八年（1929），成康马路总局改为分局，隶属于川南马路总局，仍照前案由各县征收路款，修筑成康路。在线路的选择上，大体沿袭刘成勋所确定的路线，只是翻越邛崃山的路段，改由荥经县小河场沿大黄沟而行，翻越山王冈，经化林坪至龙巴铺，并将这条路称为“新路”，先行动工修

① 任乃强：《川康交通考》，载《任乃强藏学文集》（下册），中国藏学出版社2009年版。
② 民国《西康通志稿·交通志》，见《近代康区档案资料选编》，四川大学出版社1990年版。

建。民国二十一年（1932），成康路的成都至雅安段全线打通。此后，分别于民国二十四年（1935）、民国二十八年（1939）和民国三十四年（1945），三次对成雅公路进行整治。

成都至雅安的公路建成后，由雅安到康定的路段，虽然已经建成翻越邛崃山的新路，然而“新路所逾之山王冈，高度仍在2800公尺左右，附近数十里内，冬令结冰，厚达尺余，土内含水，经结冰后，容积涨缩甚大，致将筑土完全抬松。春雨发后，土随水去，路面复坏，积年愈甚。加以夏季山洪，破坏尤烈。而修路之后，未招店肆，力夫往来食宿不便。行人既少，保路亦难。今殆已不复可行矣”①。有鉴于此，民国二十年（1931），“青飞如任川康边区屯殖司令，锐意经营雅、芦、天、宝一带交通事业，欲改从大金河谷迳出泸定，既测勘马鞍山路线，认为不能建筑，探得二郎山路可出冷碛山后斜下泸定，得无马鞍山下绝壁偏桥之险。”青氏邀请精于川康地理的任乃强先生同往探之，“攀藤附葛，缘壁而行，约三十余里，再经冷碛山后之别拖，抵达泸定。此行察得二郎山口略低于马鞍山，较蒲麦地与飞越岭两处修筑为易，岭间盘道亦不甚长，则认为雅康间路线之最佳选者”②。

民国二十三年（1934），“军委会行营饬四川省政府建筑川湘、川陕、川黔、川康各公路，川省府遵命派队测量选线”③。其中川康路的成都至雅安段已经建成，只需进行整改。而雅安至康定段中翻越邛崃山的新路，实际上已经难以通行，因此需要重新踏勘选线。据《川康公路测量经过》记载，在雅安至康定之间，绵延着高峻的邛崃山余脉，仅在山脉的低凹处有四条路线为通常往来的途径，即：

甲、二郎山路线。由雅安取道天全，经两路口折向西南，越二郎山至泸定。

---

① 任乃强：《泸定考察记·川康公路小史》，载《任乃强藏学文集》（中册），中国藏学出版社2009年版。
② 民国《西康通志稿·交通志》，见《近代康区档案资料选编》，四川大学出版社1990年版。
③ 民国《西康通志稿·交通志》，见《近代康区档案资料选编》，四川大学出版社1990年版。

乙、马鞍山路线。由雅安取道天全，经两路口，越马鞍山二十四盘至泸定。

丙、野牛山路线。由雅安取道荥经，越野牛山，经蒲麦地、海子坪至泸定。

丁、大相岭路线。由雅安取道荥经，翻越大相岭至汉源，再经化林坪至泸定。[①]

上述各线中，丁线虽为清代的大路，但是线路长，工程大，自清末赵尔丰修建川康车路时即已放弃，因此可供比较的为甲、乙、丙三线。民国二十四年（1935）8月，四川公路局派工程师洪文钰踏勘选线。洪文钰认为，甲、乙两线工程浩大，不宜采用，因此“仍依荥经新路故道报核”[②]，即选择丙线。然而，当四川公路局派队测量丙线时，“测量至野牛山、蒲麦地一带，悬崖峭壁，循旧大路迂回盘绕，高差甚大，所测路线无法施工”[③]。于是军委会行营再派技术专员美国人开恩浩复勘甲、乙、丙三线，“二十四军派交通处长姚仲良氏[④]偕行。开认原选路线不堪实用，姚导视二郎山路。开返渝报命，力主经二郎山，行营允之”[⑤]。民国二十五年（1936）四月，军委会行营公路监理处派工程师王永祓再次踏勘，最终决定雅安至康定的公路采用翻越二郎山的甲线，即由雅安经飞仙关至天全，再经两路口，越二郎山至泸定，过大渡河，经瓦斯沟到康定。在报经行营核决后，即派测量队分段进行实测。民国二十五年（1936）五月，重庆行营在雅安组建川康公（马）路工程处，由第12路军总指挥薛岳派工兵修筑，并征调乐山、眉山等7县石工负责技术工程。然而自6月开工后，仅施工月余，薛岳部队即调往贵州，参加筑路工程的工兵亦随之调走，工程陷于停顿。

---

① 《川康公路测量经过》（民国二十六年二月），现藏南京国家图书馆特藏部。
② 民国《西康通志稿·交通志》，见《近代康区档案资料选编》，四川大学出版社1990年版。
③ 《川康公路测量经过》（民国二十六年二月），现藏南京国家图书馆特藏部。
④ 姚为刘文辉的电台台长，不谙交通，因任乃强前曾考察过此路，故先询任氏，由此得知二郎山路。
⑤ 民国《西康通志稿·交通志》，见《近代康区档案资料选编》，四川大学出版社1990年版。

民国二十七年（1938），因抗战爆发，国民政府已由南京迁到武汉，并准备再迁重庆。为加强后方建设，电令重庆行营“大规模兴建西康省各公路”，随即拨款先修川康公路。同年五月，重庆行营在雅安再次组建川康公（马）路工程处，负责修筑川康公路雅安至康定段。次年，工程处迁到天全。整个工程采取分段施工，逐步推进的方法实施。第一段由雅安经天全至下河坝，全长73公里，就近征调民工4.2万人，仅给上路民工发放少量津贴，民国二十八年（1939）二月建成该路段。第二段由下河坝经两路口至龙胆溪，全长30公里，征调丹棱、夹江、蒲江、邛崃、洪雅等5县民工及运输工4万人，因应征地均在百里之外，故实行给价征工，民国二十七年（1938）年底开工，次年二月完成路基土石方。第三段由龙胆溪经二郎山顶至干海子，全长23公里，征天全县民工1万人，经过8个月的艰苦施工，于民国二十八年（1939）二月三日完成。第四段由干海子经泸定至冷竹关，全长60公里，征调泸定、汉源、荥经、雅安、芦山等5县民工3.5万人，于民国二十八年（1939）五月最终完成路基。第五段由冷竹关至康定，全长27公里，征调名山、洪雅、丹棱、蒲江等4县民工及运输工1.6万余人，于民国二十八年（1939）冬陆续开工，次年秋天完成。民国二十九年（1940）十月十日，对初步建成的雅安至康定公路进行试通车，行营公路监理处处长彭先蔚等20余人，分乘小客车及货车各1部，由天全出发，11日过二郎山抵达泸定，15日到达康定。民国三十年（1941）二月，由中央交通部设立川康公路改善工程处，对川康公路雅安至康定段进行改善，历时1年完工，于民国三十一年（1942）二月正式通车。据任乃强《川康公路小史》记载：“川康公路自雅安至康定全长218.5公里，通车后一日可达。纵不乘车，即仍以肩舆骡马负运往来，亦较相岭旧路缩短路程三日，较荥经新路缩减二日。而凿窄为宽，斫曲就直，化险为夷，去急为缓，其便利行旅之处，不仅十倍，是为开发康省一大动力也。然而中央为此耗款之巨，与民众为此死亡之多，牺牲代价，亦属不资。后之享其成者，应毋忘之耳。”①

在川康公路雅安至康定段修筑期间，西康省政府于民国二十八年（1939）请准筹修西康至青海的康青公路。在路线的选择上，确定在原有的西康入藏“北路”基础上，修建康青公路。民国三十年（1941），交通部决定修筑康青公路的康定至营官寨段。为此，在康定成立康青公路康营段工程处，由西康省交通局长骆美轮兼任处长。工程由包商承包修筑。为降低造价，除了包工之外，还征调土著的康工3500名参与筑路，其中泸定1200名，康定1000名，丹巴500名，道孚400名，九龙200名，雅江150名，泰宁50名。工程于民国三十年（1941）十月陆续开工，至民国三十一年（1942）十月全段土路修通。全长71公里，用工237000余个，耗资12000余万元。

在康青公路康营段建成后，民国三十二年（1943）开始分段修筑营官寨至青海省歇武寺路段。其中营官寨至甘孜段，由交通部川康公路管理局于民国三十二年（1943）五月在营官寨设立营甘工程处，征调德格、邓柯、甘孜、炉霍、道孚、泰宁、丹巴、康定、九龙等县民工8000人，于同年八月局部开工，至十一月全线打通。甘孜至青海歇武寺段，在民国三十三年（1944）十月完成。至此，康青公路全段土路粗通。其具体路线为：自康定起，沿折多山经大坪、折多塘、二台子，翻越海拔4367米的折多山垭口，沿茹水下行，经提茹到营官寨，全长71公里。由营官寨经岔路口、泰宁、中古垭、集思中，至道孚，过鲜水河，经炉霍、雄鸡岭、卡萨山至甘孜，跨过雅砻江，经大金寺、松林口至玉隆（今马尼干戈），再经海子山、催拉格马山、苍朗松都山至石渠，通过康、青交界的安卜拉山，下山至青海歇武寺，全长720公里。民国三十三年（1944）十一月三十一日，交通部公路总局和西康省组成试车团，由康定出发，前往玉树，十二月十三日返回康

① 任乃强：《泸定考察记·川康公路小史》，载《任乃强藏学文集》（中册），中国藏学出版社2009年版。

定，往返 44 天，行程 1600 余公里。

中华人民共和国成立后，决定在原康青公路的基础上，修筑康藏公路。为此，成立康藏公路修建司令部，下设中国人民解放军第 18 军后方司令部康藏工程处（后改为第二施工局），具体管理公路的测量设计和施工。先后在成渝两地调配和招收民工 2.6 万人，加上 18 军 53、54 两个师，于 1951 年在原康青公路的马尼干戈开工修建经岗托进入西藏的公路。1952 年元旦，打通雀儿山，同年 6 月通车至岗托。1954 年，康藏公路全线贯通。同年 12 月 25 日，在雅安和拉萨同时举行康藏公路通车典礼。在西康省被裁撤后，康藏公路改称川藏公路。其后，在川藏公路南线建成之后，原川藏公路又被称为川藏公路北线。

川藏公路南线。在四川境内的路段称为东巴公路，起自东俄洛，经雅江、理塘、义敦、巴塘到达金沙江边的竹巴笼，全长 434 公里。该公路翻越高尔士、剪子湾、卡子拉、海子山等四座大山，有一半的路段平均海拔在 4000 米以上。1957 年 2 月，根据中央决定，四川省交通厅组建东巴公路指挥部，调集交通部公路总局第一工程局第三工程处、四川省公路局第一工程处、四川省公安厅劳改支队以及军工等 1 万余人施工。当年由东俄洛修至理塘，全长 205 公里。1958 年，自理塘修至巴塘，全长 197 公里。1959 年，由巴塘修至竹巴笼，全长 32 公里。至此，东巴公路全线贯通。由于东巴公路是为了稳定社会政治、经济形势而抢修的一条简易公路，因而标准不高，临时性桥涵较多，也没有铺筑路面。1963 年后，多次进行整治。至于川藏公路南线西藏境内段，于 1963 年 5 月开始施工，1969 年 8 月竣工，其路线是从东巴公路的竹巴笼进入西藏，经通海、芒康、竹卡、左贡、田妥，在邦达与川藏公路北线相接。

泸石公路。泸定至石棉的公路，原为民国时期筹建的康滇公路一段。“先由康省府派技正沈明伦前往测勘。沈于民国二十七年夏出发，历泸定、冕宁、西昌、会理入滇，又由九龙转回康定，阅时半岁，选得路线系自冷碛由川康公路分出，南循大渡河东岸至挖角坝，渡河至安顺场，循小河逾山达安宁河平原入滇。其后川康公路路线改由冷碛山上绕行，经中央派队测勘，改其路线自泸定西岸分出，经涉沙坝、田坝、紫牛、杆泥、扯索、咱威、奎武，至加郡口外渡大渡河，沿河岸至得妥，又改自得妥后山绕庄子坪、王家沟至雨洒坪，仍自挖角坝渡河，以经冕宁、泸沽、西昌、会理，渡金沙江，经滇省之永仁、祥云等地，衔接通滇要道”[①]。由于经费问题，这条路的修建被搁置。中华人民共和国成立后，石棉县于1952年组织民工3500人在属界之内开工修筑石棉至泸定的公路，1953年6月完工，建成石棉县境内45公里。然而泸定县境内的路段却没有动工，从而使泸石公路成为一条断头路。直到1962年，四川省林业厅为打捞清理大渡河漂木，决定重修泸石公路。由林业厅公路一处施工，至1965年12月竣工。

在今阿坝地区，公路建设始于修建成都至阿坝的公路。民国十四年（1925），成都至灌县的公路全线完工，长55公里，耗资约20万元，次年开行汽车。这是四川省第一条行驶汽车的公路。中华人民共和国成立之后，于1950年开始组织修建灌县至阿坝的公路，采取分期施工，逐段推进的方法进行建设。为此，在灌县成立灌茂公路工程处，由川西人民行政公署直接领导。1951年3月21日，灌县至阿坝公路的灌（县）汶（川）段开工建设，平均每月参工人数为1.9万人，其中军工担任重点工程，民工担任一般路基土石方工程，在广汉、什邡、德阳等县招收的技工专做桥涵工程。1952年7月10日，灌汶段建成，总长73公里。接着，开始修筑汶川至理县段公路。1953年2月，汶川至理县的公路修通，全长51公里。随即撤销灌茂公路工程处，组建成阿公路指挥部，修筑理县至龙日坝公路。1954年2月10日，理县至龙日坝公路239公里修通。至此，灌县至龙日坝公路全线贯通，共开挖路基土石方900余万立方米，投资1880万元，平均每公里造

---

① 民国《西康通志稿·交通志》，见《近代康区档案资料选编》，四川大学出版社1990年版。

价 4 万余元。接着，开始修筑龙日坝至阿坝县城的公路。1955 年 4 月 27 日，撤销成阿公路指挥部，另行组建四川省成阿公路公程处，下辖两个支队，其中公安厅筑路五支队共有犯工 2400 人，2055 支队有军工 1300 人。此外，两个支队下属的工区还配有一些民工、技工。在成阿公路工程处的领导和施工下，1955 年建成龙日坝至阿坝县城的公路 107 公里，共投资 222 万余元，开挖路基土石方 140 万余立方米。至此，成阿公路全线贯通，其具体路线为：自成都老西门起，经犀浦、郫县、安德铺、崇义铺至灌县，沿岷江右岸逆水而上，经飞沙关，过沙窝子，进抵威州（即汶川），跨岷江，沿杂谷脑河右岸到达理县薛城，然后上行至米亚罗，沿来苏河至山脚坝，翻越海拔 4132 米的鹧鸪山，下行至刷经寺，再越过海拔 3910 米的茶镇梁子到达龙日坝，又经墨尔坝到阿坝县城，全长 525 公里。在成阿公路建成后，1958 年，解放军又修筑阿坝县城经分水岭到青海省久治县的便道，该便道于 1965 年至 1966 年期间改建为四级公路。

在成阿公路的龙日坝，还有一条经唐克至郎木寺的公路，即龙（日坝）郎（木寺）公路。该公路的修筑，分为两段。其中郎木寺至唐克段 145 公里，原为解放军在 1953 年 3 月至 7 月间修筑的便道，1958 年由交通部将其改建为简易公路，1959 年由阿坝州对其进行改善；唐克至龙日坝 124 公里，于 1956 年由龙唐公路工程处组织民工 2000 人、犯工 2000 人建成。1957 年，阿坝州筑路一支队按部颁六级公路技术标准，对安曲至白河桥路段 107 公里进行改善。龙郎公路的建成，形成一条由灌县经汶川、理县、红原、若尔盖，在郎木寺进入甘肃的公路，该公路现为国道 213 线的组成部分。

在阿坝州，除了成阿公路和龙郎公路之外，截至 1959 年，还先后修建了如下几条公路。

刷丹公路。起自成阿公路上的刷马路口，经马尔康至红旗桥，沿大金川南下，经金川至丹巴。其中刷马路口至马尔康段 65 公里，于 1955 年由阿坝州投资 104.7 万元，刷马筑路总队组织民工 2000 余人，按照简易公路标准测量设计修筑。1958 年，阿坝州又投资 28.8 万余元，组设刷马路加宽大队，按照部颁六级公路技术标准，加宽改造。马尔康至红旗桥（可尔因）段 41 公里，按部颁六级标准测量设计，由马丹公路工程处修筑。1956 年 10 月动工，次年 12 月竣工。红旗桥至丹巴段 137 公里，按部颁六级标准测量设计，由马丹公路工程处、刷丹公路监理所、四川省公安厅劳改局一支队和阿坝州筑路支队共同承建。1956 年底完成红旗桥至周伞 23 公里，1958 年 11 月完成周伞至独松 44 公里，1959 年底完成独松至丹巴 70 公里，从而全线接通。

可壤公路。起自刷丹公路上的可尔因（红旗桥），经两河口至壤塘。其中可尔因至两河口段 124 公里，由刷丹公路工程监理所、阿坝州筑路支队和四川省公安厅劳改支队于 1958 年 5 月动工，1959 年 1 月后，根据当时政治、军事需要，按照“先通后畅”的原则，实行抢修。1960 年 3 月通车。

南汶公路。南坪至汶川的公路，连接南坪、松潘、茂县、汶川四县，采取分段修建的方式建设。其中茂县至汶川段 44 公里，于 1953 年 11 月至 1954 年 7 月，由茂县人民政府将原有的道路改建为马车道。1956 年，阿坝州政府又决定将此路改建为简易公路。同年 10 月成立威茂公路工程处，组织民工 2300 人、劳改人员 2300 人施工。1956 年 12 月 20 日开工，1957 年 3 月 5 日完工。南坪至松潘段 146 公里，由南坪县筑路指挥部、南坪县公安局管训队、松潘县筑路大队于 1958 年 7 月开工修筑，1959 年 10 月完工。松潘至茂县段 140 公里，1963 年开工，1968 年建成。

公路建设，改变了四川藏区交通闭塞的状况，对于经济的发展，起到了积极的推动作用。以成阿公路为例，据成阿公路工程处在 1955 年 8 月 22 日编写的《成阿公路修筑概况》说，在公路建成前，由于交通运输困难，川西北人民很难买到大米、布匹、油、盐等生活用品，而当地的土特产品如皮毛、药材、花椒等也无法运销出去。中华人民共和国成立初期，党和政府为了解决各族人民的生活困难，曾在灌县拨了一批救济粮，但由于交通运输不便，拖延了时间，没有起到应有的作用。国营贸易公司常因运输困难，物资积压变质或中途发生丢失，造成货损货差成本高。而当地的土特产品也无法大量收购，从而影响人民的购买力。“随着成阿公路逐段通车，情况发生了变化。刷经寺没通车前，从成都运往阿坝、若尔盖等地的物资，须经汶川、茂县、松潘等地转运，需时20至25天，从灌县到马尔康，由骡马驮运，需19天；通车后，上述地区只需4至5天。由刷金寺至黑水的运费也由每担16.7元下降为6元左右。公路通车，运输成本降低，物价也相继下降。通车前马尔康每斤大米4角，通车后3角；阿坝的方茶每担下降7元。当地的土特产收购价格相应提高，以前阿坝1斤松茸换大米30斤，通车后换39斤多；理县的花椒，通车前每担换清油160斤，通车后换590斤。这种产品交换比率的变化，给沿线各族人民的生活也带来了变化……随着成阿公路的通车，沿线相继出现了邮局、贸易公司、银行，出现了不少的新兴市镇，如刷经寺，原来一片荒凉，通车后一栋栋新房建立起来，各种小型工厂、贸易公司、新华书店、人民医院等都一一建立起来了。刷经寺已成为川西北高原上的一座新兴城镇。”① 然而民国和中华人民共和国成立初期在四川藏区建设的公路，大多出于政治、军事需要，按照“先通后畅”的思路进行修筑，标准低，质量差，抗灾能力不高，而四川藏区又是地质灾害和自然灾害频繁的地区，因此建成的公路，通过能力普遍较低。仍以成阿公路为例，成阿公路从修建开始，历年坍塌严重。1953年，162公里处发生大塌方，经一年抢修，初步稳定。1957年，受地震和其他自然灾害影响，又出现严重塌方，1958年更趋严重，阻车两个月，于是投入1000人清理塌方。1959年，采取“截除顶部，减轻压力，达到崖层稳定”的施工方案，经过两年施工，滑坡和塌方才基本得到治理。在四川藏区，由于普遍存在建成公路通过能力较差的问题，从而制约了交通运输对社会经济发展的支持作用。

---

① 转引自《四川公路志》，四川人民出版社1995年版。

第四章

赋　役

赋役是统治阶级的强制性征课。四川藏区的赋役包括两个方面：一是统治该地区的政权征发的赋役；二是该地区各部族统治者的强制性征课。

四川藏区最早的赋役，始于汉代。西汉武帝时，“汉连出兵三岁，诛羌，灭两粤，番禺以西至蜀南者，置初郡十七，且以其故俗治，无赋税。南阳、汉中以往，各以地比，给初郡吏卒奉食币物，传车马被具”①。其中在今四川藏区设置的初郡为汶山郡和沈黎郡，时间是西汉武帝元鼎六年（前111）。虽然汉朝在今四川藏区设郡之初，因其故俗，无赋税，但是时间并不长，在统治相对稳定之后，便实施与内地诸郡相同的政策，征发赋役，结果导致汶山郡和沈黎郡的罢废。其中沈黎郡因赋敛烦数，牦牛夷叛，西汉武帝天汉四年（前97）沈黎郡，其地改属蜀郡，“置两都尉，一居牦牛，主徼外夷；一居青衣，主汉人”②；在汶山郡，宣帝地节三年（前67），“武都白马羌反，使骆武平之。因慰劳汶山，吏及百姓谓武自讼：‘一岁再度更赋，至重，边人贫苦，无以供给，求省部。’郡建以来四十五年矣。武以状上，遂省汶山郡，复置都尉”③。从“一岁再度更赋”可以得知，汶山郡的

① 《汉书》卷24（下）《食货志》（下）。
② 《后汉书》卷86《南蛮西南夷列传》。
③ 《太平寰宇记》卷76引《华阳国志》。

百姓，与内地诸郡的百姓一样，要服更役，交纳赋钱。自沈黎郡和汶山郡因赋役繁重而废郡改设都尉之后，赋役的征发，随之发生变化，不再征发更役和课以赋钱，而是根据当地的出产进行课税，既无定名，亦无定额。灵帝时，复置汶山郡，又以原沈黎郡之地置汉嘉郡。不久又省汶山郡，至顺帝建安末年，刘备复立汶山郡。[①] 重新设置的汉嘉郡和汶山郡，其赋役的征发，仍然沿袭设置都尉时的办法，根据需要，临时征发，故蜀汉时期，张嶷讨伐汶山叛羌时，“使译告晓之曰：‘汝汶山诸种反叛，伤害良善，天子命将讨灭恶类。汝等若稽颡过军，资给粮费，福禄永隆，其报百倍。若终不从，大兵致诛，雷击电下，虽追悔之，亦无益也。’耆帅得命，即出诣嶷，给粮过军”[②]。而与越巂郡毗邻的汉嘉郡，其赋税的征收，大约与越巂郡相同，也是“赋出叟、濮耕牛、战马、金银、犀革，充继军资”[③]。

曹魏灭蜀汉之后，在巴蜀地区推行租调之制。租是指田租，按亩征收；调是指户调，按户交纳。西晋沿袭曹魏户调制度，并在武帝太康元年（280）制定户调之式，赋税仍然分为田租、户调两项。其中田租是按丁征课，丁男交纳 50 亩的田租，共计 4 斛；次丁男交纳 25 亩的田租，丁女交纳 20 亩的田租。“远夷不课田者输义米，户三斛；远者五斗；极远者输算钱，人二十八文。”户调仍然按户征课，“丁男之户，岁输绢三匹，绵三斤；女及次丁男为户者，半输；其诸边郡或三分之二，远者三分之一；夷人输賨布，户一匹，远者或一丈”。[④] 由此可知，夷人虽然也要交纳租调，但是具体的征收方法，与汉族编户相比较，有很大的差异。其中田租一项，不是按丁交纳田租，而是按户交纳义米或算钱；户调则是按户交纳賨布。在晋代，四川藏区的部族皆属夷人范畴，故《华阳国志》卷 4《南中志》说：“夷人大种曰‘昆’，小种曰‘叟’。皆曲头木耳，环铁裹结，无大王侯，如

① 《三国志》卷 39《蜀书·陈震传》。
② 《三国志》卷 43 引《益部耆旧传》。
③ 《三国志》卷 43《蜀书·李恢传》。
④ 《晋书》卷 26《食货志》。

汶山、汉嘉夷也。”西晋曾设西夷校尉，重点控制蜀中的羌夷；又置南夷校尉，“持节，统兵镇南中，统五十八部夷族都监行事。每夷供贡南夷府，入牛、金、旃、马，动以万计，皆预作忿恚致校尉官属；其贡郡县亦然”[①]。由此可以看出，在南夷校尉管辖下的南中地区夷族，具体交纳的租调，不是法令规定的义米和賨布，而是折纳当地出产的牛、金、旃、马，这与蜀汉时期越嶲郡的叟、濮交纳耕牛、战马、金银、犀革作为赋税，基本相同。汶山郡和汉嘉郡的部族皆属夷人范畴，其交纳租调，应当与南中地区的夷族一样，也是折纳当地出产的物资。

西晋末年割据巴蜀地区的成汉政权，沿袭西晋的租调制度：“男丁一岁谷三斛，女丁一斛五斗，疾病半之。户调绢不过数丈，绵不过数两。事少役稀，民多富实。”[②] 其租调的征收数额，低于西晋户调之式的规定。东晋和刘宋、萧齐、萧梁时期，基本沿袭西晋的租调制度而略有变化。其中对夷僚的租赋，大体分为义租和赕物两项。萧齐时，陈显达为益州刺史，“大度村僚前后刺史不能制，显达遣使责其租赕”[③]。租是指义租，赕是指赕物，大度村在沈黎僚郡。由此看来，夷僚是要同时交纳义租和赕物。梁武帝时期，加强对夷僚租赕的征收，“梁、益二州，岁岁伐僚，责其租赕，公私颇藉为利”[④]。在南朝统治范围内的今四川藏区，大体上也是属于征发租赕的地区。

西魏宇文泰“平梁、益之后，令所在抚慰，其与华民杂居者，亦颇从赋役”[⑤]。宇文泰之子宇文觉建立的北周，其赋税之法：“有室者，岁不过绢一匹，绵八两，粟五斛；丁者半之。其非桑土，有室者，布一匹，麻十斤；丁者又半之。”隋朝的赋税，沿袭北齐之制：“丁男一床，租粟三石。桑土

① 《华阳国志》卷4《南中志》。
② 《华阳国志》卷9《李雄传》。
③ 《南期书》卷26《陈显达传》。
④ 《北史》卷95《僚传》。
⑤ 《周书》卷49《僚传》。

调以绢绝，麻土以布绢。绝以匹，加绵三两。布以端，加麻三斤。单丁及仆隶半之”[①]。在西魏、北周和隋朝控制下的今四川藏区，赋税似乎分为两种情况，一是与华民杂居者，按照相关规定，课以租调。例如汉代的严道县，“自晋永嘉分崩，李雄窃据，此地芜废将二十纪。夷人侵轶，僚又间之，公私路绝，无可推访。后魏废帝二年始，更招遗民，渐垦殖，因侨立蒙山郡于此，领始阳、蒙山二县，属邛州。自后人户稍繁，舆赋有叙”[②]；另一种情况是在夷僚聚居之地，沿袭晋代以来的办法，根据乡土所产，折纳租调。

两晋南北朝时期，中原王朝和南北朝诸政权，基本上只控制着现今属于四川藏区的岷江上游和大渡河中上游地区，其赋役制度也仅在这两个地区得以实施。而在中原王朝和南北朝诸政权未能控制的地区，原本就不存在赋役的征课，南北朝时期，这种情况仍然普遍存在于党项和诸羌部落之中。其中位于今九寨沟县的邓至羌，与毗邻的宕昌羌一样，“国无法度，又无徭赋。惟战伐之时，乃相屯聚，不然则各事生业，不相往来”[③]。而党项羌也是“俗尚武力，无法令，各为生业，有战阵则相屯聚。无徭赋，不相往来”[④]。位于附国与党项之间的诸羌部落，“并在深山穷谷，无大君长。其风俗略同于党项”[⑤]。应当与党项羌一样，也是没有徭役与赋税。

西晋末年，来自辽东鲜卑族的吐谷浑，占有今四川、甘肃、青海三省之间的地区，建国于群羌之故地。“国无常赋，须则税富室、商人以充用焉”[⑥]。这种赋税制度，还不是一种针对全体国民的强制性征课，而是根据实际需要，不定期地对特定的居民，即富人和商人征收赋税。而富人和商人之外的民众，则不承担赋税。这种赋税制度，应当是从无赋税向全体居民普遍纳税的一种过渡性质的赋税制度。类似的情况还有附国，其赋税制

---

① 《隋书》卷24《食货志》。
② 《太平寰宇记》卷78《剑南西道·雅州》。
③ 《魏书》卷101《宕昌、邓至传》。
④ 《隋书》卷83《党项传》。
⑤ 《隋书》卷83《附国传》。
⑥ 《魏书》卷101《吐谷浑传》。

度可能与毗邻的苏毗相同，“课税无常”[①]。

综上所述，在唐代以前，今四川藏区的赋役大体经历了两个阶段。第一个阶段是在汉代以前，整个四川藏区不存在任何形式的赋税，这与当时四川藏区尚处于原始社会发展阶段有着直接的关系。第二个阶段是自汉代开始，四川藏区出现了赋役的征课。具体情况，基本上可以分为三类：一类是在汉王朝控制的岷江上游和大渡河中上游地区，当地居民被纳入封建王朝统治之下，从不征收赋税演变为与内地编户交纳相同的赋税，再演变为与内地编户有所不同的赋税制度，其中有别于内地编户的课税原则为后来控制四川藏区的中原王朝所承袭。二类是在汉王朝未能直接统治的地区，原本没有赋役的征发，直到南北朝时期，党项及诸羌部落，仍然如此。三类是吐谷浑和附国等建立在部落或氏族基础上的地区性政权，基本上是根据实际需要，不定期地征收赋税，既无固定的制度，也无定额。其赋税的征课，既不同于完全没有赋役的少数民族部落，也有别于封建王朝对全体编户普遍征发赋役。

在唐代，四川藏区先后被唐王朝和吐蕃政权所统治，这两个政权皆在四川藏区实施强制性征课。其中唐朝赋役制度，经历了从租庸调法到两税法的转变。而吐蕃的赋役，既类似于唐朝的租庸调法，又有着不同于租庸调法的力役和杂税。

唐王朝的赋役，以唐德宗建中元年（780）为界，分为前后两种赋役制度。唐代前期，“凡赋役之制有四，一曰租，二曰调，三曰役，四曰杂徭”[②]。大体上是由租调和力役两部分组成。具体的征课办法是：“课户每丁租粟二石。其调随乡土所产，绫、绢、絁各二丈，布加五分之一。输绫、绢、絁者，绵三两；输布者，麻三斤。皆书印焉。凡丁，岁役二旬，无事

① 《隋书》卷83《女国传》。
② 《大唐六典》卷3《尚书户部·户部尚书》。

则收其庸，每日三尺。”[①] 由于唐朝有输庸代役的规定，并且在唐玄宗时期普遍征收庸绢和庸布，所以通常将唐朝前期的赋役制度，简单地归纳为“租庸调之法”[②]。至于杂徭，又称夫徭，是地方州县征发的徭役。唐朝的《充夫令》规定：“诸正丁充夫，四十日免役，七十日并免租，百日已上，课役俱免。中男充夫，满四十日已上，免户内地租；无地租，折户内一丁；无丁，听旁折近亲户内丁。”[③] 可知服杂徭超过40天，可以部分或全部免除其他的课役。

唐朝在今四川藏区的行政建置有两类：一类是正州、正县；二类是羁縻州、羁縻县。在唐代前期，正州、正县皆要交纳租庸调，但是具体交纳的数额和交纳的方法，不同的地区和不同的民族，存在着很大的差异。其中位于岷江上游的茂州，地处青衣江流域的雅州，汉族课丁是按照租庸调的有关规定全额纳税，而“夷僚之户，皆从半输，轻税”[④]。由于夷僚的经济较为落后，在具体征课时，又多有变通之处。其中租粟的征收，基本上是“皆随土毛，准当乡时价”[⑤]，进行杂折；庸调则是交纳麻布。而在松州，因当地的诸羌和党项部落以畜牧为主，所以不是征收租庸调，而是定为九等户，按户等征税。唐令规定：“凡诸国蕃胡内附者，亦定为九等。四等以上为上户，七等以上为次户，八等以下为下户。上等户丁税银钱十文，次户五文，下户免之。附贯经两年以上者，上户丁输羊两口，次户一口，下户三户共一口。无羊之处，准白羊估，折纳轻货。”[⑥] 在松州，主要是折纳麝香等药材。至于唐朝在今四川藏区设立的羁縻州、羁縻县，则不承担赋税，各羁縻部落只是与唐王朝保持“贡纳”关系，定期向唐王朝缴纳土贡之物。但是羁縻州、县在升为正州、县之后，则要缴纳赋税。

① 《旧唐书》卷43《职官志》。
② 《新唐书》卷51《食货志》。
③ 《白氏六帖事类集》卷22《征役》。
④ 《大唐六典》卷3《尚书户部·户部尚书》。
⑤ 《通典》卷6《食货·赋税》。
⑥ 《大唐六典》卷3《尚书户部·户部尚书》。

在唐德宗建中元年（780）实行两税法的时候，今四川藏区的绝大多数地方已经被吐蕃占领，唐王朝所能控制的地区，基本上只有黎、雅、茂等州。其中汉族与少数民族杂居的黎、雅二州有两税，故文宗大和四年（830）南诏入侵西川时，文宗下诏："成都府及州县，并邙（当为'邛'之误）、雅、黎等州，蛮寇所经处，赋税三分蠲放一分。"[①] 而在茂州，"自古至今，并无两税"[②]。大体而言，唐朝的两税法，仅在毗邻今四川藏区的黎、雅二州施行，而在今四川藏区，并没有实施两税法，但在唐王朝控制的地区，当地部落仍要向唐王朝缴纳土贡之物。

唐朝对其控制的四川藏区境内诸部落，皆有力役的征发，其中最重要的是兵役。唐代前期，在沿边的黎、雅、邛、翼、茂五州，设有镇防团结兵。[③] 其中位于岷江上游地区的翼、茂二州，镇防团结兵是由当地的部落兵组成，通常称为羌兵，亦称子弟兵，由当地部落计户出兵，平时从事农耕或畜牧，战时为兵出征，具有服兵役的性质。西山八国，亦有此类子弟兵。[④] 安史之乱爆发后，西山地区的羌兵大量增加，杜甫在《东西两川说》中估计："堪战子弟，向二万人。"[⑤] 唐武宗以后，吐蕃政权崩溃，西山地区羌兵的主要任务从对吐蕃作战转变为维持社会治安，其统属关系也因此改由州刺史押领，故称为州兵。僖宗光启二年（888），剑南西川节度使陈敬瑄就是"发维、茂羌兵击（高）仁厚，杀之"[⑥]。至于黎、雅二州的镇防团结兵，主要出自黎、雅二州所领的羁縻部落。文宗大和四年（830），李德裕出任剑南西川节度使之后，将其改编为雄边子弟兵，"使习战，贷无事，缓则农，急则战，谓之雄边子弟"[⑦]。懿宗咸通十二年（871），剑南西川节

① 《全唐文》卷 744 崔戎《请勒停杂税奏》。
② 《太平寰宇记》卷 78《剑南西川·茂州》。
③ 《旧唐书》卷 43《职官志》。
④ 《全唐文》卷 377 杨谭《兵部奏剑南节度破西山贼露布》。
⑤ 《全唐文》卷 360。
⑥ 《资治通鉴》卷 256 僖宗光启二年三月。
⑦ 《新唐书》卷 180《李德裕传》。

度使路岩又将黎、雅二州的雄边子弟兵改编为坛丁，“米点坛丁子弟，教之斫刺刀，补义军将，主管教练士兵”[①]。坛丁是“蜀中边郡民兵也”[②]，义军是由豪强控制的乡兵，义军将则是节度使授予乡兵头目的军职。由此可知，路岩的做法，实际上是把坛丁兵纳入镇兵的体系。入宋以后，四川地区仍有雄边子弟和坛丁。

吐蕃政权的赋役，大体上也是分为赋税与力役两大类。为便于赋役的征发，吐蕃仿照唐朝制度，建立籍账，称为 khram，其中与赋役有直接关系的是 khram dmar po，即红册。据《敦煌本吐蕃历史文书·编年史》记载，717 年，“大论乞力徐（Khri gztgs）于雅木西噶尔（Ryam shi gar）地方召集多思麻（mDo smad）冬季会议议盟。统计‘岸’（mngan）的户数”。多思麻有广义与狭义之分，广义的多思麻（mDo smad）是相对多思兑（mDo stod）而言，通常是指整个安多（A mdo）地区；狭义的多思麻是相对宗喀（Tsong kha）而言，也就是指宗喀以外的安多地区，包括多康（mDo khams）以东，邛域（'jang yul）以北的四川藏区。从《敦煌本吐蕃历史文书·编年史》的记载来看，多思麻的集会议盟是指狭义范围的多思麻。岸（mngan）也有多种含义，[③] 这里应当是指行政区划。在多思麻集会议盟时，统计行政区的户数，实际上就是建立籍账。由此可知，吐蕃在其控制下的四川藏区，实施了籍账制度。早期的籍账是记录在木简上，744 年，“将赞普之诏令从红册木牍移入黄册上”[④]，即用黄纸册代替木牍红册。籍账的记录，大约也是在此时改用黄册。

吐蕃的赋税，王尧、陈践在《吐蕃简牍综录》一书中，根据在新疆发现的吐蕃简牍，认为有三种，“一、农业生产品的地租：zhing-zhun，实际

① 《资治通鉴》卷 252 懿宗咸通十四年五月引《锦里耆旧传》。
② 《资治通鉴》卷 255 僖宗中和四年三月条，胡三省注。
③ 张琨：《敦煌本吐蕃纪年之分析》，载《民族史译文集》9 期，1981 年；黄布凡、马德：《敦煌藏文吐蕃史文献译注》，甘肃教育出版社 2000 年版。
④ 《敦煌本吐蕃历史文书·编年史》744 年。

是地租，一般是缴纳实物，如：青稞、小米。二、一种税收：khral，按人口计征的税收，也是以实物缴纳。三、劳役地租：以服役的形式完成纳税的任务”。其中 zhing-zhun 大体相当于唐朝租庸调法中的“租”，khral 大体相当于唐朝租庸调法中的“调”，只是征收单位是“人口”，而不是“户”；至于劳役地租，则大体相当于唐朝租庸调法中的“庸”，只是吐蕃制度为实际服劳役，而不是唐朝规定的输庸代役。由此看来，吐蕃的赋税，大体上类似于唐代前期实行的租庸调法。在吐蕃统治下的今四川藏区，除了交纳类似于唐王朝租庸调法中的租、调之外，还有名目繁多的杂税，见于记载的有入贡赋税、黄金赋税、关卡税等。据《敦煌本吐蕃历史文书·编年史》记载，669 年，“赞普驻于悉立之都那，吐谷浑诸部前来致礼，征其入贡赋税”。除吐谷浑诸部之外，分布在今四川藏区的东女国和西山八国，“土有丝絮，岁输于吐蕃”[①]，也应当属于入贡赋税。关卡税主要是在交通要道处征收。692 年，“多思麻之冬会于甲木细噶尔举行，收‘苏毗部’（孙波）之关卡税”[②]。黄金赋税主要是在出产黄金的地方征收。708 年，“多思麻之会盟事，于若达之娘布召集之。对‘平民’征集黄金赋税颇多”[③]。

吐蕃的力役，名目繁多，较为重要的有两项，一是兵役，一是运输力役。吐蕃的兵役，与部落有关，而部落又往往是以氏族或家族为核心，故《新唐书》卷 216（下）《吐蕃传》（下）说，“虏法，出师必发豪室，皆以奴从，平居散处耕牧”。所谓豪室，应当就是大的氏族或家族。在今四川藏区，除了归附于吐蕃的西山八国和东女国等部族之外，还有先后迁入四川藏区的孙波、羊同诸部，以及成为奴部的党项。这些部族、部落和氏族皆要承担兵役，因此在新疆出土的藏文简牍和敦煌藏文文书中，都能见到一些原本分布在今四川藏区的部落或氏族戍守今新疆及甘肃等地。此外，又

① 《旧唐书》卷 197《东女国传》。
② 《敦煌本吐蕃历史文书·编年史》692 年。
③ 《敦煌本吐蕃历史文书·编年史》708 年。

有所谓“大调集”。702 年，吐蕃赞普墀都松（Khri'dus srong）驻跸悉寨（Khri rtse），在孙如进行大调集（Snm ruh' i mkhos chen po bgyis）。[①] 悉寨就是唐朝设置的悉州，其地在今岷江上游的黑水县境内；孙如是指由孙波（Sum po）诸部组成的军事行政组织“如”（ru），其地原在孙域（Snm yul），即汉文史料记载的苏毗国。其后，随着吐蕃王朝的扩张，孙波诸部逐渐向东移徙，进入川西高原，由孙波组成的孙如也由此扩展到四川藏区。[②] 大调集是一种征兵制度，《新唐书》卷 222（上）《南蛮传》（上）云：“大料兵，率三户出一卒，虏法为大调集。”从墀都松赞普在孙如进行“大调集”可以得知，吐蕃在四川藏区进行的“大调集”，是以“如”为单位实施的。而在边境地区则可能是以勇士部（DPah bai sde）为单位进行大调集。四川藏区与唐朝和南诏接壤的地区，分别属于吐蕃的中勇部和下勇部。[③] 运输力役即乌拉。乌拉，源于突厥语，原本是指驿站上供应来往使臣、客商乘骑的马匹，后来引申为提供马匹等运输工具的差役。汉文史籍中关于乌拉的最早记载见于唐人慧立《大慈恩寺三藏法师传》，写为“邬落”。“乌拉”的征发与驿站的设置有着直接的关系。在吐蕃统治四川藏区期间，曾开通多条驿道，在驿道上支应各种乌拉差役，就成为沿途各部落必须承担的一项沉重力役。

自吐蕃王朝在四川藏区的统治崩溃后，四川藏区的部族，大多是各自为政，互不统率，不存在赋役的征发。少数处于唐王朝控制下的部落，也不缴纳两税，只是缴纳少量的土贡之物和承担以兵役为主的力役。入宋以后，在宋王朝控制的地区，则有赋税的征收，只是蕃人税户承担的赋税，要比汉人税户少一些，故北宋元丰二年（1079）十二月二十八日的诏书就说：“雅州荥经县依茂、威、黎三州，免输义仓米，盖以所领户杂蕃夷也。”[④]

① 《敦煌本吐蕃历史文书·编年史》702 年。
② 《四川通史》卷 3《两晋南北朝隋唐·吐蕃与巴蜀的关系》，四川人民出版社 2010 年版。
③ 《四川通史》卷 3《两晋南北朝隋唐·吐蕃与巴蜀的关系》，四川人民出版社 2010 年版。
④ 《宋会要辑稿·食货》62 之 22。

元朝将四川藏区纳入其统治范围内之后，继续在四川藏区征发赋役。元代的赋役，主要有三类：一是税粮，二是科差，三是课程。其中税粮的征收，“大率以唐为法”，在北方原金朝统治区域征收的税粮，“曰丁税，曰地税，此仿唐之租庸调也”；在南方原南宋统治地区的税粮，“曰秋粮，曰夏粮，此仿唐之两税也”。[①] 四川原属南宋统治地区，因而是仿照唐代的两税法，征收秋粮、夏税。然而今四川藏区并未划归四川行省管辖，而是由陕西行省管理。陕西原为金朝统治地区，因此是仿照唐代的租庸调法，征收丁税和地税。由陕西行省管理的四川藏区，亦征收丁税和地税。

元代的科差就是徭役。其征发的方式分为两类：一是征收丝料、包银以代替力役的征发，二是实际征发力役。在四川藏区，是否征收丝料和包银，未见史料记载。而力役的征发，名目繁多，其中对后世影响较大的是沿袭吐蕃时期的乌拉制度，无偿征调人、畜为驿站（站赤）服役。元代将乌拉译为“兀剌”，管理这种差役的人称为“兀剌赤”。

元代的课程，主要是岁课，即每年定额征收的土贡之物和商税，四川藏区见于记载的岁课为马骡 1000 匹、狗 100 只。除了岁课之外，还有名目繁多的额外之课，包括门摊、白药、羊皮、乳牛等。

除了征课赋役之外，元朝还在四川藏区推行土官制度，承认各部落统治者的权利，并任用其担任土官，由此推动四川藏区各部落内部的阶级分化不断扩大，而以土官为头面人物的新兴统治集团则向属民强制性征课。

明朝的赋役，大体分为田赋、丁徭和土贡三类。田赋的征收，沿袭二税法，每年征收夏税、秋粮；徭役分为三等，“曰里甲，曰均徭，曰杂泛”[②]；土贡就是缴纳土特产品。明神宗万历年间，对赋役制度进行改革，“总括一州县之赋役，量地计丁，丁粮毕输于官。一岁之役，官为佥募。力

① 《元史》卷 93《食货志》。
② 《明史》卷 78《食货志》。

役则计工食之费，量为增减；银差则计其交纳之费，加以增耗。凡额办、派办、京库岁需及存留，供亿诸费，以及土贡方物，悉并为一条，皆计亩征银”①，统称为“一条鞭法”。在今四川藏区，明朝征发的赋役，大体也分为赋、役、土贡三类，但是具体的征收办法，既存在着区域性差异，也不完全相同于内地。在岷江上游北部的松州，明太祖于洪武十六年（1383）诏谕松州卫指挥佥事耿忠：“西番之民归附已久，而未尝责其贡赋。闻其地多马，宜计其地之多寡以出赋。如三千户，则三户共出马一匹；四千户，则四户共出马一匹，定为土赋。庶使其知尊君亲上，奉朝廷之礼也。”耿忠回复称：“臣所辖松潘等处安抚司、各族长官司，宜以其户口之数，量其民力，岁令纳马；置驿，而藉其民充驿夫，以供徭役。”② 由此可知，松潘地区是按户交纳马匹作为“土赋”，同时还要在驿站服役，这显然是沿袭元代的乌拉差役。然而在岷江上游南部的茂州，部分地区却没有徭役。洪武二十三年（1389），茂州汶山县知县因考绩到京师，就向朝廷奏报：“羌民二十八寨，言语不通，自开始至今，七年不听差役。”而明太祖则说：“蛮俗素与中国异，启可拘其徭役。能善抚之，久则自然服从。”③ 在大渡河中游以西地区，则以缴纳马匹作为土贡。明太祖洪武三十年（1397），“礼部檄长河西、打箭炉番酋，责以纳马修贡，诸番稽首奉约”④。不过到明神宗时，部分土司与内地州县一样，也要交纳夏税秋粮。而在土司统治区域，土司向属民征课则成为普遍的现象。同时，明代中期控制今川西北高原东部的蒙古火落赤，占据今巴塘、理塘、乡城、稻城、得荣等地的丽江木氏土司，均向当地居民征收赋税。明末清初，占据整个康区的蒙古和硕特部，同样向当地居民征收赋税，征派乌拉。

清代初期，沿袭明朝制度，分别征收田赋和丁役。田赋是清政府根据

---

① 万历《四川总志》（34 卷本）卷 19。
② 《明太祖实录》卷 151 洪武十六年正月辛酉。
③ 《明史》卷 331《四川土司》。
④ 《明会典》卷 110《礼部·给赐》。

土地的数量或产量，向土地所有者征收的田亩税，亦称地税，其中实际征收粮食和丝、棉、麻等物者称为“本征”，改征银、钱者称为“折纳”；丁役是指16至60岁的男子每年应为官府承担的无偿劳役，由于是交钠银、钱代替亲自服役，因而称为“丁役银”，简称“丁银”。康熙年间，四川开始实施按粮编丁的办法，“四川丁银向系以粮载丁征收”[①]，其主要特点是：“田载丁而输纳，丁随田而买卖。”[②] 至雍正年间，最终形成地丁合一。四川藏区的赋税，基本上也经历了由分别征收田赋和丁银到统一征收地丁银的演变。但因四川藏区各地被纳入清王朝统治的时间前后差别较大，加之部分藏区属于纯牧区，没有耕地，无法将额征丁银摊入地亩，因而赋税的征收，多有变通，由此形成具有四川藏区特色的赋税制度。

位于岷江上游的茂州，为汉羌杂居之地，其赋役是按照里甲进行征发，而里甲的编成则分为汉民里甲和羌民里甲。据乾隆《茂州志》卷2《里甲》记载，茂州的汉民里，最初只有“在城、陇东、蓬族、石鼓四里，后增陇木、静州、岳希三里。乾隆五十一年，茂州营属踏花、牛耳十八寨恳请编氓，详归入七里，一体输赋承役，蒙准改新民里。五十三年，沙坝土千户属部落梁黄七寨，复请编氓，照新民里之例，详入七里，一体输赋应役，蒙准改广民里。以上九里，名曰汉民，差赋较羌民繁重”。而羌民里“原额：沟口、岐山、三沟五寨，黑虎寨，巴珠寨，维新，汰派，大、小牛耳，麦尔寨羌民八里，后增入三寨无主生番三十六寨三里。又，杂谷土司苍旺服诛，毗连州界后番黑水十八寨部落入州，照羌民一体应役，分为二里。以上羌民十三里，除黑虎、三齐、黑水六里系输夷粮麦石外，七里俱系照汉例输纳”。编入汉民里的汉羌之民，最初都是缴纳田赋和丁银。只是田赋不是按照田土的实际面积纳税，而是按照播种数量确定税额。这种纳税方

① 《清朝文献通考》卷19。
② 王庆云：《熙朝纪政》卷3。

式，通常被称为“估种认粮”①。据乾隆《茂州志》卷1《田赋》记载，茂州的田赋是“山地估种一千七百八十四石一斗二升二合七勺，每种一石，征丁粮银二钱九分五厘五毫四丝三忽八微三尘五纤五沙。”雍正五年（1727），原属成都府管辖的汶川县划归茂州，其田赋和丁银的征收，也是实行估种认粮：“清顺治十八年，奉文清丈地亩，至雍正七年止。汶川山高岭峻，刀耕火地，不产稻谷，无从清丈，下地估种一石，榷下地五亩，每亩载荞麦一斗，荞每石征银四钱，麦每石征银四钱。荞、麦各半。每荞麦一石九升六合六勺二抄一撮三圭五粒四粟，载丁一，丁每丁征银一钱二分。”雍正七年（1729），“丁粮合并计算，按亩征银四分九毫四丝二忽七微一纤”②。经过雍正时期的清丈，“茂州并属三州县，山下地估种二千六百十九石八斗四升三勺六抄，下地三十三顷二亩九分二厘，共征丁条粮银七百三十四两八分九厘一毫一丝八忽五征四尘二纤”③。

至于茂州所属的土司，其输赋纳粮，大体分为三种情况：一是按照汉例，估种纳粮，如“茂州长宁安抚司苏文耀、巡检司苏文炳报称，各该管羌民人等，情愿报种七十二石，按种纳粮。查得长宁地方，深山野箐，原非查丈所及，羌民慕义输诚，愿纳正赋，随令地方官，加意劝纳，一体报司，附册征收”④。二是静州、陇木、岳希三土司，不缴纳田赋，只是认纳徭银。三是黑虎、三齐、黑水等寨，只认纳荞、麦杂粮。嘉庆年间，茂州直隶州的“茂州，旧管山地估种一千八百五十石三斗七升二合七勺，征丁条粮银五百四十六两八钱六分六厘。静州、陇木、岳希三寨共纳徭银二十四两三钱六分。又，黑虎七族、墨斗及三齐等寨、黑水下寨，共纳荞麦杂粮一百十三石六斗，折净仓斗米九十石五斗九合二勺。汶川县，旧管山地估六百八十九石四合，榷下地三十五顷十九亩五分二厘，征丁条粮银一百

① 嘉庆《四川通志》卷62《食货·田赋上》。
② 民国《汶川县县志》卷3《赋税》。
③ 嘉庆《四川通志》卷62《食货·田赋上》。
④ 嘉庆《四川通志》卷62《食货·田赋上》引《巡抚宪德节次疏略》。

四十四两九分八厘”①。具体的征收，分为两种情况，汉族编户是直接向官府交纳课粮或课银，而在土司管辖地区，赋税是由土司征收解运。道光年间，随着大姓寨、小姓寨、大黑水寨、小黑水寨、松坪寨等土司的改流，茂州除汶川瓦寺土司外，基本完成改土归流。在改流地区的农民，只向州县交纳赋税，不再为土司上粮服役。同时，赋税也多由实征改为折纳白银。其中“松坪各寨原纳稞粮六石，折仓斗米四石九升多，应折银八钱一两”；而“大姓青片四寨，原纳粮三十石，向例纳布三十匹，每匹布折银一两一钱多，应折银三十六两余；认纳黄蜡三十斤，折银三两六钱”。原岳希、静州、陇木“三土司各寨认纳征银二十四两三钱六分一丝九忽，例不载丁。于雍正七年丈量丁粮，合并计算，按种征粮，于嘉庆九年止，除籍田四亩九分不征丁粮外，原载及垦输山地估种一千八百五十石七斗七升二合七勺，每种一石，征丁粮银二钱九分五厘”。② 而瓦寺土司亦要缴纳租赋，“其赋应纳汶川丁粮银一十三两八钱零，兼纳理番粮银九两八钱，灌县粮银八两零。其地产杂粮，番民计斗种出租赋”，因此，“汶川土司，旧称阃内土司，意谓其输租纳赋，无异齐民”。③ 至此，茂州的赋税，基本上与四川内地州县的赋税征收相同，皆为土地所有者向官府交纳丁粮银。除此之外，清代的茂州还对碾磨、牙行、田房交易征税，同时征收盐税与茶税，统称“杂课”④。

位于茂州以北的松潘地区，“清初平定关内外，松潘属境认纳地丁条粮，屯田尽为民地矣。至于关外，概属生番游牧草地，广袤数千里，无田可屯，国家仅羁縻之”⑤。然而自康熙以后，随着关外部落相继归诚，也要以青稞、马匹等实物缴纳赋税，例如雍正年间，“题准四川松潘口外热当、

① 嘉庆《四川通志》卷63《食货·田赋下》。
② 道光《茂州志》卷3《田赋·税课》，卷4《食货志》。
③ 民国《汶川县志》卷6《瓦寺土司》。
④ 乾隆《茂州志》卷1《田赋》。
⑤ 民国《松潘县志》卷2《田赋》。

磨下二寨番民，原纳青稞，因地方寒冷，颗粒无收，每年照例改纳马匹”①。嘉庆年间，松潘直隶厅的“松潘厅，旧管地粮二百石三斗一合二勺，征屯租银一百二十四两七钱八分八厘。下地、山下地六十一顷十八亩八分，征丁条粮银六十七两三钱七厘。松潘镇中营征峨眉喜、七布等寨土千户五员，其青稞米折银三十六两九钱；左营征阿思筒寨土千户青稞九石，折充兵米；右营征下泥巴寨土百户青稞七石，折充兵米；漳腊营征上撒路、木路等寨土千、百户十员，共青稞一百五十九石三斗，折充兵粮；平番营征丢骨、云昌寺、呷竹寺三土千户共青稞三十石，又，贝母折净仓斗米四十五石，改征银七十三两八钱；南坪营估种六石五斗六升，征银四两八分七厘，又征羊筒、芝麻、隆康等寨番民共青稞折净仓斗米二十七石三斗六升，採地、杂捌等寨番民稞粮三石折银二两七钱五分四厘，共折净仓斗米一百八十四石九斗五合；叠溪营征土目青稞折净仓斗米十五石二斗二升五合；石泉汛归并龙安营征青片、白草等寨番民杂粮折净仓斗米十二石九斗九升二合，又征拗盘等寨青片生番稞粮折净仓斗米九十一石八斗七升五合”②。由此可知，嘉庆年间，松潘赋税大体分为两类：一类是折征银两的屯租银和丁条粮银，二类是实征稞粮。咸丰年间，松潘直隶厅的中、左营官员在藏民纳粮时，采取尖斗浮收，引起藏民不满。咸丰十年（1860），藏民由抗粮不纳演变为大规模叛乱，先后占领松潘厅城及漳腊、南坪、叠溪等营城和屯堡一百余所。③ 同治元年（1862），清军平定叛乱后，对赋税的征收进行改革。据民国《松潘县志》卷2《田赋》记载：“松潘向无税银，咸丰庚申以后，每年只征丁粮，时有增减。”

位于茂州以西杂谷脑河流域的杂谷土司，于乾隆十七年（1752）改土归流，原杂谷土司管辖地的北部地区的黑水18寨部落，划归茂州管辖，“照

① 嘉庆《四川通志》卷62《食货·田赋上》。
② 嘉庆《四川通志》卷63《食货·田赋下》。
③ 《松潘县志》卷3《边防·书庚申番变事》。参见《清文宗实录》卷3咸丰十一年庚申条。

羌民一体应役，分列二里”[①]。其南部则实行屯练，分别设立杂谷脑屯、乾堡寨屯、上孟董屯、下孟董屯、九子寨屯，“将该处头人拨补屯弁，管领番民，挑补屯练，承耕地亩，按地纳粮”[②]。

位于杂谷脑以西的大、小金川，乾隆四十一年（1776）最终平定大、小金川后，实行改土归流，在大金川设阿尔古直隶厅，在小金川设美诺直隶厅。乾隆四十四年（1779），将阿尔古直隶厅并入美诺直隶厅。乾隆四十八年（1783），将美诺直隶厅改为懋功屯务厅，设同知一员，总理屯政，由四川省直接统辖。在懋功厅下，设有懋功屯、章谷屯、崇化屯、绥靖屯、抚边屯，“五屯安插屯田户口：屯练系杂谷五寨屯练随征至金川，原派差防，拨留给地耕种；屯番系平定两金川后，向化番人，分拨给地耕种，屯兵系额设五营选募兵丁三千名，除分拨差防外，余俱给地耕种，携眷赴屯者为眷兵，单身赴屯者为单兵，由屯番选补者为屯兵；屯民系内地人民愿赴屯开垦者，给地耕种。统计屯练一百七十户，屯番一千九百九十七户，单兵、眷兵、屯民共五千一百一十五户，总共屯番兵民七千二百八十二户垦输。共地一十八万五千三百五十五亩，内除汉牛屯番二百九十户从前系首先投诚，即以原地耕种，未经领地；又，章谷屯乾隆五十九年奉文丈量，余荒不敷拨给降番，于垦输地内，提出一千零八十二亩，拨补该降番等量力耕垦，永不升科外，实垦地一十七万五千五百一十五亩，每户给地三十亩，加垦六十亩及二百一十亩。又，单兵每一名给地十五亩，多寡不等。比照杂谷屯练例，每三十亩纳粮二斗一升八勺五抄，计每亩纳粮七合二抄八撮三圭，连汉牛屯番，共纳粮一千二百九十五石二斗三升六合四抄，以稞、麦、荞、豆四色，照数征入屯仓，搭放喇嘛分例及官役口粮。此外，并无额征银两。又，荒山瘠地，奉文丈量，共九千五百七十余亩，内以八

① 乾隆《茂州志》卷2《里甲》。

② 嘉庆《四川通志》卷87《武备·屯田附屯练》。

千五百一十八亩，遵旨拨给出征勇往降番等，量力耕垦，永不起科。尚余荒地一千零五十五亩零，作为公产”①。由于懋功厅屯练的课税是比照杂谷屯练，因而两地的赋税制度应当相同，即按亩实征青稞、小麦、荞麦和豆类，并未折纳银钱。具体征收为每份兵地（30亩），纳粮二斗一升八勺五抄，约合今25公斤。

清朝初期的康区，仍然处于蒙古和硕特部和西藏地方的联合控制之下，由其分设在各地的营官征收赋税。清朝在逐渐将蒙古和硕特部的势力逐出康区的过程中确立新的赋税制度。康熙四十年（1701），清朝最终平定打箭炉营官昌侧集烈之乱，招抚近边50余部，1.9万余户，② 统称为“西炉”。康熙五十八年（1719），用兵西藏，永宁协副将岳钟琪出打箭炉，诱杀青海和硕特部派驻理塘的达瓦蓝占巴，招抚西藏拉藏汗派驻巴塘的“第巴”，即营官。至此，青海和硕特部在康区的势力被彻底瓦解。雍正六年（1728），松潘镇总兵周瑛收抚康北之德格、霍尔诸土司。其地合巴塘、理塘之地，统称“炉边”，西炉与炉边，共有大小土司120余员，皆隶属雅州府。雍正七年（1729），清朝设打箭炉厅，加强对康区的管辖。嘉庆年间，雅州府“阜和协明正宣慰司并束口内笮里、木丫等土千百户四十九员，共纳夷赋银一百六十五两八钱七分；霍尔竹窝、章谷二安抚司，共青稞折银二百七十四两；霍尔孔撒安抚司，杂粮折三十五两，所属科则等土百户二员，共青稞折银十两五钱；甘孜麻书安抚司，青稞折银二十五两；德尔格忒宣慰司，青稞折银一百五十两；霍尔咱、春科二安抚司，霍尔白利、春科二长官司，共青稞折银六十三两；蒙葛结长官司，青稞折银十五两；林葱安抚司，青稞折银四十两；上纳夺安抚司属黎窝、上纳夺土百户二员，共粮折银二十两。以上各粮银，俱解交打箭炉厅收纳。理塘宣抚司纳夷赋银三千三百六

① 嘉庆《四川通志》卷97《武备·屯练》。
② 《清圣祖实录》卷202康熙四十年二月乙丑；同书卷208康熙四十一年闰六月辛丑。

十二两四钱七厘，巴塘宣抚司杂粮银二千十四两八钱二分一厘三毫四丝，交巴塘粮务衙门，兑换打箭炉台费银两，拨支泰宁营兵饷，所属上临、卡石等土百户七员，共夷赋银一百十七两二钱二分一厘二毫三丝”①。由此可知，在康区的土司，无论交纳夷赋或青稞、杂粮，皆折纳银两。然而在同治四年（1865）将瞻对划归西藏管理之后，其赋役则有别于清朝控制下的康区。“瞻地山多田少，户口仅五、六千数，民以弋猎游牧为生者多矣。自彭饶巴定赋税，每岁除杂费，不过数千金。后来者日甚一日，加至数倍。至兑堆夺吉，更大肆苛虐，民不聊生矣。其实正供少而杂敛多。闻藏中多以守瞻为优差，非以贿不能得，故虽横征暴敛，虽知之亦不究，故其下有所恃而不恐。如每户每年收粮二斗、洋钱数元，此为正供外，又发盐、茶、藏货与民，其价较市价多至数倍，秋收则纳之，无钱则折算牛马，查抄家产。每年调民乌拉千余匹，驮运私货，不用者每匹折洋钱二、三元不等。每年出巢，派调民兵数百千名不止，自备粮马，经年累月，有伤亡者，毫无抚恤。私自派人挖金，不予工价，民间挖得之金，不准私卖，以小半价买之。挖金者均与纳税，自三两至二钱不等，尽充私囊。每户必要一、二人当差，不来者折洋钱五元。各牛厂每年上奶渣、酥油各二元。又抽杂税，牛三头征洋钱一元，一马作二牛征收，羊五头征洋钱一元。猎者所打猞猁狲皮，三张抽一，狐皮五张抽一，虎豹皮如之。值百金之茸，以茶数包易之，麝亦然。又每年以四月起，八月止，假意封山，有犯者，除收去麝、茸，更倾家重罚。”② 宣统三年（1911），清朝收回瞻对后，革去各项杂税，与康区其他改流地方一样缴纳赋税。至于瞻对的金课，最初是“面谕挖金土民，免其金课，惟所挖之金，须卖与官，每两算九钱四分，以六分纳课等语。近闻该番所挖之金，概卖与商人去讫。官既不得买金，何能扣六分

① 嘉庆《四川通志》卷63《食货·田赋下》。
② 光绪《定瞻厅志略·苛政篇》。

金课。该番虽贫穷可悯，而狡猾可恶。况各处挖金，均系纳课，自应仍照各处章程办理”[①]。即每名金夫子，依其壮弱，每月纳课三分或二分。

在清代，随着丁役银的征收和地丁合一制度的推行，基本上不再普遍实施力役的征发。然而在康区，不仅没有取消原来主要由土司向差巴、科巴征发的乌拉差徭，反而将乌拉差徭转变成国家征发的一种力役。

清代前期，控制康区的和硕特蒙古，承袭元、明时期的做法，在康区征发“乌拉”：“差人各处公干，沿途各台站，务要伺候口粮夫马。如误口粮，听凭差人拉马一匹；如误夫马，罚三九样东西。”如果“隐藏夫马，故意推诿者，查出，罚一九样东西”；“或假扮差人，私索夫马口粮，查出的实，即拿解西宁问罪”。“凡头人殴辱差人者，罚三九样东西；百姓殴辱差人者，罚一九样东西。”[②] 由此可知，青海和硕特蒙古因公干派往康区的差人，是由各台站支应交通“乌拉”，并供应口粮。而西藏地方政府不仅差人公干要征发乌拉，即使差人前往打箭炉经商，亦令沿途百姓支应乌拉。乾隆十五年（1750），四川总督策楞在《酌定西藏善后章程》中，曾对此加以限制：“达赖喇嘛差务，向由地方百姓供应。自颇罗鼐等任事后，凡嘎隆、代本等差人往西宁、打箭炉、色尔喀马、阿里克等处交易，亦私出牌票，致乌拉派累百姓，嗣后应禁止。遇公事，禀明达赖喇嘛，发给印票遵行。”[③] 不过从后来的情况看，该项规定并未得到严格的遵守。

除了和硕特蒙古征发乌拉之外，清王朝在经营西藏和康区的过程中，亦在川边藏区主要交通线上，逐步建立按站支应运输乌拉的制度。康熙五十八年（1719），清军进藏驱逐准噶尔对藏区的骚扰，经过理塘时，僧俗百姓，“倾心投诚，输纳贡赋，承应差使”[④]。经过巴塘时，当地百姓“襁负归

① 四川省民族研究所《清末川滇边务档案史料》编辑组：《清末川滇边务档案史料》（下册）《米宗襄详复傅嵩炑遵札照章征收瞻对金课》，中华书局 1989 年版。

② 乾隆《雅州府志》卷 13《夷律》。

③ 《清实录·高宗实录》卷 385。

④ 嘉庆《理塘志略》卷（上）《建置》。

诚，转输供役”[①]。虽然在用兵西藏的过程中，沿交通干线的土司、营官大量征调“乌拉”，用于军事运输，但这时征调乌拉，属于临时性质，在军事行动结束后，乌拉的征发也就随之结束，并未形成按站支应乌拉的制度。雍正六年（1730），清朝在平定西藏阿尔布巴之乱后，开始常设驻藏大臣，并在西藏留驻川陕兵和滇军。由于驻藏军队所需粮饷和军用物资皆由四川内地拨运，清政府遂在康区南路进藏官道的理塘、巴塘、察木多、拉里设立粮台，转运物资，供应驻藏官兵。乾隆十三年（1748）后，粮台成为常设机构。在平定大小金川和抗击廓尔喀入侵西藏的军事行动中，清政府将原乌拉差徭转变成为官府的运输乌拉，利用藏族的民间骑驮来转运军需。具体方法是由各土司在自己的辖境内负责派遣差民，运送往来官员和粮饷物资，构成连续不断的“乌拉”运输线。由此正式形成官运乌拉差徭制度。其中理塘的情况是：“供应夫马，定例有大、小之别。过一百只者谓之大乌拉，明正司直送理塘，理塘直送巴塘。不及百者谓之小乌拉，明正司送至河口换替，河口送至西俄洛换替，俄洛送至理塘换替，理塘送至喇嘛丫换替，喇嘛丫送至巴塘换替。西来亦然。自喇嘛丫至河口，皆理塘地，此理塘之民所以苦于役也。”[②] 巴塘则是“大差经过，所需骑驮乌拉，土司先期于数百里内外拨派，数日前赶齐站所。其纤夫、背夫、牧马、砍柴、负水诸役，亦必裹粮早来伺应”[③]。

清朝末年，川滇边务大臣赵尔丰在川边地区实施改土归流，对赋役制度多有改革。首先，对改流地区进行户口登记。在此基础上，按照“凡种地者，无论汉、蛮、僧、俗皆应纳正粮”[④] 的原则，征收粮税，即田赋。在牧区，则征收牧业税。为此，专门制定《关外收粮暂行章程》和《牲畜税

① 道光《巴塘志略·通道》。
② 嘉庆《理塘志略》卷（下）《杂记》。
③ 道光《巴塘志略·风俗》。
④ 四川省民族研究所《清末川滇边务档案史料》编辑组：《清末川滇边务档案史料》（上册）《锡良咨请赵尔丰查收转发〈巴塘善后章程〉汉文本》，中华书局1989年版。

章程》。在农区，土地被分为三等，上等地下种1斗，纳粮1斗2升；中等地下种1斗，纳粮1斗；下等地下种1斗，纳粮8升。在牧区，按牛的头数纳税，并规定：10只羊合牛1头，1匹马合1匹牛，每家有13头牛免税，超过13头的牛，每头牛纳银1咀（1/4银圆），牲畜不及2岁者免税。宣统三年（1911），赵尔丰又将实物田赋改为货币田赋，"准民间按照定章官价，以藏元铜圆折粮上纳"。宣统三年闰六月初五日，川滇边务大臣傅嵩炑在《札打箭炉厅、道坞、炉霍、甘孜、瞻对委员本年征粮准照定章折纳银两》中就说："本年征粮，如地方距署在三站以外者，所纳之粮准定章粮价折收银两；附近官署在三站以内者，大米、苞谷、小麦、青稞照收粮实，其大麦、豌豆、粟米、胡豆、荞麦、黄豆等项，仍准折价。兹将各项粮价定明……无论市价低昂，均系一律办理。纳粮者准照价折银，即官收之粮，无论官弁兵民领食，亦照定章以现银交价，不准赊欠。"除了普遍征收田赋和牧业税之外，在改流地区，还根据具体情况，在不同的地区，分别开征盐税、矿税等。

赵尔丰在担任川滇边务大臣时，也对运输乌拉制度进行改革。一方面限制和禁止官兵在支应运输乌拉中的不法行为；另一方面又适当保护差民利益，并对支差办法作了统一规定。傅嵩炑继任川滇边务大臣后，在赵尔丰改革的基础上，颁行新订乌拉章程，规范乌拉差役。[①]

民国初年，四川藏区的赋役，皆沿袭旧例征发。其中田赋一项，多数地方是按地丁银与田粮附加两大类进行征收。然而"松潘县属南路六关大小姓，每年额征贝母折价银一百一十两零七钱。查此项前清时由平番营征收，折充兵米。继后绿营裁撤，适值辛亥番变，档案焚毁，由财政司抄发数目，改由县征收局征解"[②]。而松潘县的拈佑、毛革、蛇湾诸寨，田赋仍

① 四川省民族研究所《清末川滇边务档案史料》编辑组：《清末川滇边务档案史料》（下册）《傅嵩炑札关外各委员发给新订乌拉章程》，中华书局1989年版。

② 民国《松潘县志》卷2《田赋》。

然是缴纳实物粮食。懋功县与靖化县，则是沿袭清代懋功屯务厅的赋税征收办法，按亩实征青稞、小麦、荞麦和豆类，只是将每份兵地（30 亩）的纳粮数额由二斗一升八勺五抄增为三斗，合今 37.5 公斤。至于梭磨、卓克基、松岗、党坝四土司辖区，清代不征粮税，只缴纳贡赋。民国时期，地方政府无力征收田赋，因而四土百姓仍向土司纳粮服役，一般每户每年缴纳 4—7 斗，每斗合今 7.5 公斤。康区的色达地区也是如此，牧民向部落头人、寺庙缴纳畜牧产品，并提供无偿的出劳当差，无税政机构和乌拉差役。同时，民国时期被藏军占领的西康部分地区，西藏地方政府废除民国政府税制，颁布西藏政令，当地人民向西藏地方政府纳粮完税。民国四年（1915），作为田赋的地丁银改称正税，田粮附加则改为副税。其中正税的征收，在阿坝地区是改征银圆，“向征库秤银一两，折收现行银圆一元六角。照额加征解费银一角六仙”[①]。在甘孜地区，按照《川边征收田赋暂行章程》的规定，地粮依旧折征藏元，“地粮折征官价，按下列旧章办理：上粮，青稞、豌豆、小麦、玉米，每斗折征藏洋二元；中粮，大麦每斗折征藏洋一元零二咀；下粮，荞麦、粟米每斗折征藏洋一元”。民国十七年（1928），财政部又将正税划归地方，使其成为地方政府的主要税收。民国二十四年（1935），因追击红军，西康驻军增多，川康边防总指挥部决定，所征地粮、粮银、牲税三项，增加两成征收，以供驻军食用。民国二十五年（1936），西康建省委员会由雅安迁至康定，又按三成、五成、十成的比例，减免地粮税。民国二十八年（1939），西康建省，地粮的征收，或缴纳青稞、豌豆等实物，或折征藏洋，由西康省财政厅统筹收支。民国三十年（1941），正税划归中央，并全部改征实物，俗称“征实”。民国三十五年（1946），财政改制，将实征的粮食，改为县得 50%，省得 20%，中央得 30%。同时，将民国三十五年（1946）、三十六年（1947）的田赋，豁免一半征收。

① 民国《松潘县志》卷 2《田赋》。

民国时期，四川藏区田粮附加的征收，各地差别甚大。在阿坝地区，民国初年，松潘、茂县、汶川、理番四县被划为边瘠之地，免征各项附加。民国四年（1915），除加征解费银之外，“奉财政厅详准川省收回军票案内附加税，每额一角七仙一星”①。此后，田粮附加也不断增多。抗战期间施行“征实”时，将原有的田赋正税与附加税合并作为粮额，以此计算和征收实物粮食的数量。同时，用摊派的方式，平价收购与田赋数额同量的粮食，只有部分粮食不能自给的县准予减购或免购。民国三十二年（1943），改购粮为借粮，发给粮食库券，分五年偿还，每年以库券面额的五分之一抵缴征粮。民国三十五年（1946），附加征收公粮三成。民国三十六年（1947）后，借粮不再发给粮食库券，只在农民缴纳借粮时，注明“自民国四十一年起分五年抵还”。民国三十七年（1948），松潘、理县、汶川、懋功、靖化等县还附征教育粮。在甘孜地区，民国初年，一些地方就自立名目，设立田粮附加，作为办学经费。民国十八年（1929），泸定县开征粮税附加，每斗2角，作为女子小学经费。后又将田粮附加三成，作为自卫队经费和公教人员生活补助费。民国二十八年（1939）西康建省后，在田赋项下附加征收保安费和国难费。

清德宗光绪三十二年（1906）在川边地区开征的牲畜税，属于杂税。民国时期，仍被划为杂税。西康省政府曾明确规定税率，并废止征收藏洋，改征法币。其中牛、马每头征法币0.1元，10只羊折算为1头牛。

除了田赋与牲畜税之外，民国时期的四川藏区还有名目繁多的工商税，其中一些税种沿自清代，而更多的税种则为民国时期开征。在阿坝地区，清代先后征收的杂税，除各项正税之外，摊派附加约有40余种。民国初期，“各项附加、苛杂、摊派，此兴彼效，形成税无定则，征无定物，各自为政的局面。民国十八年（1929），试行统一货物征税，收税品目扩大到麦粉、

① 民国《松潘县志》卷2《田赋》。

糖类、茶叶。均系从价征税。民国二十年，裁厘（金）后改征营业税，分别以营业总收入、营业资本、报偿金额和承包金额计税。民国三十一年，营业税为国税，税率实行单一制。采用按等核课、查账课征或由牙行代征的征税办法。从民国十八年至三十三年，先后开征薪给报酬所得税，营利事业所得税、证券存款所得税、非常时期过分利得税、营业牌照税、车船使用税、筵席及娱乐税。到民国三十八年，十六行政督察区所属各县已形成以货物税、营业税、所得税、财产税和行为税为主的税制体系。另有烟苗捐、红灯捐、过街税、过桥捐、壮丁费、乡丁费、草鞋费、柴火费、年猪捐等70余项杂捐”①。在甘孜地区，“民国元年（1912），边关税局对烟、酒、肉、糖、矿、邮件征税。民国二年（1913），开征印花税。民国四年（1915），开征烟酒牌照税。民国十七年（1928），对面粉、卷烟开始征税。民国二十八年（1939），边关税含五种税收：茶课、常税、邮包税、禁烟印花税、驮捐。民国三十五—三十八年（1946—1949），隶属中央征收的有直接税（所得税、利得税、遗产税、印花税、契税、土地税等）、货物税（茶、食品、杂货每驮驮捐及进出口常税），划归县税管辖的有：屠宰税、牌照税、宴席、碾磨、娱乐、房捐等”②。此外，少数县还有一些特别的税种。例如德格县，沿袭清末税制，征收印经税，后改为经版税。

民国时期，沿袭前清乌拉制度，继续在四川藏区征发运输差役。而其弊端，在康区尤重，“二十年来，战役频兴，差徭繁数，民不堪命。尤以北道大路沿线，更当冲要，农牧良民，弃业供差，接应不暇。加以征用人员，不知体恤，每有吝发刍秣，强迫过站，及挝挞头人，估索折价等事。于是驯者逃徙，黠者顽抗。因抗差而抗粮，因抗粮而逆命。逃徙之民，无复归宿，流散为匪，与之勾结，因而查坝、木茹、鱼科、罗科马岩、冷卡石、

① 阿坝藏族羌族自治州地方志编纂委员会：《阿坝州志》，民族出版社1994年版，第1831—1832页。

② 甘孜州志编纂委员会：《甘孜州志》，四川人民出版社1997年版，第1471页。

乡、稻、得荣等部，无形之中，成为化外。夷匪遍地，不可爬梳。流弊所及，不堪言状。川康边防总指挥部接管康区后，曾饬由西康政务委员会设法整顿。仍以弊端庞杂，治法空疏，未能深中症结，殊少实效”①。民国二十八年（1939），西康省主席刘文辉筹建西康牧运公司，试办北线康定至甘孜运输业务，以此减轻民间乌拉负担，并打算取得成效后推广至南路巴塘。但经营半年后就停办。川边藏区的运输乌拉也就一直持续到中华人民共和国成立。

中华人民共和国成立后，沿袭旧例，继续征收田赋和牧业税。其中田赋一项，改称农业税，亦称公粮。1950 年 1 月，川西行政公署决定征收 1949 年公粮，征收的方式，是按阶级成分确定其负担。2 月 13 日，中共中央西南局发出关于征粮工作的指示。指示指出，四川各地开始征粮后，土匪蜂起，其口号亦主要是抗粮分粮，以争取群众。加之征粮数目很大，负担面窄，使征粮工作甚为困难。据此，指示要求将负担面力求扩大到 70%—80%。地主负担不超过 40%—50%，富农不超过 25%—30%，佃富农不超过 20%，中农不超过 10%—15%，贫农不超过 5%。2 月 19 日，川西区党委、川西行政公署针对按旧田赋所载产量分配公粮任务，造成负担不平衡，以及负担面偏窄等问题，联合颁布《关于贯彻合理负担政策》的几项具体规定，并确定免征点为每人 85 公斤。② 茂县专署最终确定的公粮负担为：地主负担 40%—50%，富农 25%—35%，佃富农 20%—50%，中农 10%—15%，贫农 5%以下。同年 10 月，茂县专署贯彻执行中央人民政府政务院颁布的《新解放区农业税暂行条例》，“纯汉族村，依条例标准计征，少数民族与汉族杂居区，如地主系汉族，佃户是少数民族，照条例标准征收；地主系少数民族，佃户是汉族，采取协商折衷办法，调解处理”③。

① 任乃强：《开办牧站联运以期永废乌拉》，载《康藏前锋》1936 年 4 卷 4 期。
② 《当代四川》丛书编辑部：《当代四川大事辑要》，1950 年，四川人民出版社 1991 年版。
③ 阿坝藏族羌族自治州地方志编纂委员会：《阿坝州志》，民族出版社 1994 年版，第 1642 页。

而在土司、守备地区，则动员上层人士带头完成公粮任务。全年征收农业税折谷 216 万公斤，开征地区为松潘、理县、茂县、懋功、汶川、靖化。1951 年，“不减轻农业税，将原征地方粮占农业税比例由 15%提高到 20%，随农业税征收”①。1952 年，依率计征区扩大，全年共征农业税折谷 496.5 万公斤。1953 年，执行《四川省藏族自治区 1953 年农业税征收办法（草案）》，通过乡代表会议，免除贫困户负担的公粮，其余的承税户划分为不同的等级，分别按等级缴纳不同数额的公粮。1954 年，在新建的黑水县和马尔康县开征爱国公粮。1957 年，在绰斯甲县开征爱国公粮。1958 年，在阿坝县、壤塘县和若尔盖地区开征农牧业税，全州农业税收入折谷 89.7 万公斤。

在甘孜地区，1950 年同时开始征收农业税和牧业税。根据《西康省藏族自治区域 1950 年度农牧业税征暂行办法》，泸定县按照中央和西康省政府规定的农业税办法征收，其他各县，“负担额照 1949 年度赋粮及牧地税配征额为今年负担额，地方附加粮税不另征收”。即比照 1949 年国民政府征收的田赋和牧地税，开征农业税和牧业税。同时，征收 1949 年旧欠田赋。1951 年，按照西康省政府的规定，除泸定县和康定县的瓦斯乡按已土改区负担农业税之外，其他地区仍沿用上年的规定执行。1957 年，在初步完成民主改革的 10 个县，废除旧的农业税征收办法，将累进税制度改为按社计征的地区差别比例税制，甘孜州的税率低于四川全省平均税率三分之一以上。同时，采取按农业收入计征：地主、富农按其农业收入负担 10%；其他群众，按照自报公议，领导批准的办法，按户计征，税率为 3%—8%（不包括附加），全年人平不足 200 斤者，以及贫苦军烈属，全部免征；对寺庙自耕地，按其农业收入负担 5%，雇人耕种负担 15%，收租者负担 20%。1958 年，贯彻执行《中华人民共和国农业税条例》，对农业税的征收，实行

① 阿坝藏族羌族自治州地方志编纂委员会：《阿坝州志》，民族出版社 1994 年版，第 1642 页。

比例税制。其中农业产量的评定，以1957年的产量为基础，一般不动，仅对个别偏高偏低的产量进行适当调整。农业税的征收比例，甘孜州仍维持3%—8%的税率。农业人口人平不及150斤者免征。地方附加，泸定为正税的14%，其他各县为正税的10%，主要用于地方公益事业。1959年，对农业税的征收，高级社以社为单位纳税，税率为5%；初级社仍然是按户计征，由社统一缴纳，税率还是按3%—8%几个比例征收。同年，甘孜州对牧业税的征收办法作了新的规定："国营牧场、农牧场、高级牧业社、高级农业社的纯牧业部分，以场或社为纳税单位。以牦牛折合，每畜征酥油5两（原16制），或按场、社会计记载的牧业收入（包括驮运收入），以2%的税率征收，高级社和社员自留畜免征；初级社社员及个体户，以户纳税，人平有畜2头以下者免征，2—5头者每头征酥油3两；5—7头者，每头征酥油5两；7—12头者，每头征酥油7两；12头以上者，每头征酥油9两。对农业社（户），不论牧畜多少，一律不征牧业税。牲畜折算办法，以牦牛折算，按头计征。黄牛、马、骡1头折合牦牛1头，阿角牛2头折牦牛1头，犏奶牛1头折合牦牛1头半，绵羊5只折合牦牛1头，山羊10只折合牦牛1头。未满3岁的牛、马、骡及未满1岁的羊免征牧业税。"① 在将牧业税由配额征收制改为按人均牲畜占有头数的起征点累进税制之后，明确规定，石渠、色达两个牧业县，以及邓柯县雄坝、甘孜县大塘坝、炉霍县罗柯马、道孚县玉科等牧区，免征牧业税一年。

在四川藏区，与农业税同时征收的，还有农林特产税。在甘孜地区，根据1951年西康省人民政府制定的林木特产计征办法，谷物地内播种或兼种的林木，以同等土地种植谷物之常年应产量评定酌征；大宗其他特产，以年产量之六成，照收获季节一般批发市价，折合主粮计算；林木按其出售所得实际收入的六成，依一般比价折合主粮计算，未成林前或无收入之

① 甘孜州志编纂委员会：《甘孜州志》，四川人民出版社1997年版，第1468页。

年，均免税。“五十年代，全州仅有康定、泸定、丹巴、九龙、巴塘五县先后对花椒、水果等作物征收过，系以评定常产与粮田和经济作物农业税合并征收。”[①] 1959 年，甘孜州的农林特产税收入，折粮 7.5 万公斤。

中华人民共和国成立后，继续在四川藏区进行粮食收购。1950 年，康定、泸定贸易公司曾收购粮食 15 万斤，康区支前委员会则为进藏部队在今甘孜州内买粮 100 万公斤。1953 年，中共中央做出关于粮食的计划收购和计划供应决议，即对粮食实行统购统销。据此，西康省藏族自治区人民政府决定，在泸定、康定汉族聚居区，通过区、乡政府和群众团体，组织农民将粮食卖给国家，并消灭投机。其余地区，采取群众自愿的原则，进行收购。同年，四川省藏族自治区各县粮食局，以粮食仓库为收购点，收购农民余粮。距离仓库较远的地区，委托农村合作社或贸易机构代购粮食。1955 年，国务院颁布农村粮食统购统销暂行办法，阿坝州仍然“实行在农民自愿的原则下收购余粮，不分摊任务，未实行统购统销”[②]。而甘孜州仅对丹巴、甘孜两县分别布置收购 25 万斤余粮的任务。1957 年，甘孜州在完成民主改革的县，实行粮食由国家统一收购的政策。1958 年，甘孜州多数县完成民主改革，粮食收购政策从自由收购改为派购与动员收购相结合。对有余粮的个体农民和农业生产合作社，采取“动员收购”的办法；对地主、富农的余粮，包括其历年存粮，则派购其余粮的 80%—85%。在阿坝州，汶川、理县、茂县、大金、小金和松潘部分地区，实行统购统销；在马尔康、黑水、绰斯甲和松潘、南坪部分地区，不实行统购统销，部分县是动员农民自卖余粮，部分县是自行确定收购余粮的办法。1959 年，根据中共甘孜州委《关于粮食工作的指示》，甘孜州的泸定县执行全国统购办法，其余各县采取派购与动员相结合的办法，粮食征购按 12%计算，连同

---

① 甘孜州志编纂委员会：《甘孜州志》，四川人民出版社 1997 年版，第 1468 页。
② 阿坝藏族羌族自治州地方志编纂委员会：《阿坝州志》，民族出版社 1994 年版，第 1644 页。

地方附加，全年征购任务为 1505.5 万公斤。此外，再收购 394.5 万公斤。而阿坝州“全年实际征购 3723 万公斤，其中收购 2466.5 万公斤，部分地区连农民的口粮、种子和饲料粮也全部收购。过头粮的收购，导致次年春季农民缺粮”①。

至于工商税的征收，1950 年，按照政务院统一全国税收的决定，茂县专区开征货物税、工商业税、印花税、存款利息所得税、交易税、屠宰税 6 种。同时，将原有的筵席及娱乐税更名为特种消费行为税。1953 年，按照减少税种、降低税率、减征税额、简化手续的原则，对原有工商各税进行了简化和调整。阿坝州只征收工商业税、屠宰税、交易税 3 种，原有的特种消费行为税改为文化娱乐税。甘孜州共开征商品流通税、货物税、工商业税、屠宰税、牲畜交易税、印花税、车船使用牌照税、文化娱乐税、存款利息所得税、契税等 10 个税种。1954 年，阿坝州开征城乡个体工商户所得税。1956 年，阿坝州在经济基础较好的 7 个县，恢复全国统一税法，开征商品流通税、货物税、营业税、印花税、车船使用牌照税、牲畜交易税、利息所得税、地方税。1958 年，四川藏区将商品流通税、货物税、营业税、印花税 4 个税种合并为工商统一税。1959 年，取消利息所得税。

中华人民共和国成立后，继续征收各种附加税，并将其统称为预算外资金，这是由“各地区、各部门、各单位根据国家规定，自行提取、自行使用的不纳入国家预算的资金”②。其中比较重要的有农业税附加、工商税附加。在甘孜州，“对农业税附加，1951 年泸定县及康定县瓦斯乡附加率为 20%；1959 年，州规定凡实行合理负担地区按正税附加，泸定附加 14%、其余各县附加 10%”。对工商附加，“康定自 1951 年 8 月开征，附加率为 10%；泸定县 4 月开征，附加率 10 月以前为 10%，10 月以后为 15%；

① 阿坝藏族羌族自治州地方志编纂委员会：《阿坝州志》，民族出版社 1994 年版，第 1645 页。
② 甘孜州志编纂委员会：《甘孜州志》，四川人民出版社 1997 年版，第 1505 页。

1952 年西康省规定附加随正税征收 10%—15%，国营及地方公私企业、合作社同样负担；1953 年工商税附加改为 1%征收。1959 年，州确定国营、地方国营、合作社、公私合营（定息户）均按正税 1%征收；参加合作组织自负盈亏户，未定息的公私合营企业，未经改造的私营工商业户的附加，康定为纳所得税的附加 6%，不纳所得税的附加 4%，各县工农产品统一税按正税附加 2%—6%。对育林基金，1951 年曾规定机关、学校、部队、团体所需木材，砍伐应缴纳 10%育林费；1959 年又规定育林费收入全部缴各级财政作预算收入”。[①] 在阿坝州，“1953 年，以县为单位，按农业税实征额 10%，筹集乡村经费，作为预算外资金管理。主要用于村级公杂费和村级干部误工补贴。1956 年，州规定乡村自筹经费、公租房、企业管理费、市场管理费、机关特种资金、育林费、机关俱乐部掌握的福利费、搬运公司和群众运输站收入以及其他不纳入预算或经批准单独管理堤资金，统属于财政预算外资金。预算外资金管理由县自行安排计划，报州审核。1959 年，全州预算外资金占预算内收入的 13.34%”[②]。

① 甘孜州志编纂委员会：《甘孜州志》，四川人民出版社 1997 年版，第 1505 页。
② 阿坝藏族羌族自治州地方志编纂委员会：《阿坝州志》，民族出版社 1994 年版，第 1825 页。

参考资料

一、档案志书

1.《点校本二十四史》，中华书局，2011 年。

2. 司马迁：《史记》，中华书局，1959 年。

3.《全唐文》，中华书局，2013 年。

4.《全唐诗》，上海古籍出版社，1986 年。

5. 孔颖达撰：《大唐六典》，中华书局，1984 年。

6. 李肇撰：《唐国史补》，中华书局，1991 年。

7. 杜佑撰：《通典》，中华书局，1984 年。

8.《资治通鉴》。

9.《宋会要辑稿》，上海古籍出版社，2014 年版。

10.《续资治通鉴长编》，中华书局，1936 年。

11. 王钦若等编：《册府元龟》，中华书局，1960 年。

12.《元和郡县图志》，中华书局，1983 年。

13.《明实录》，上海书店出版社，2015 年。

14.《明会典》，中华书局，1989 年。

15. 万历《四川总志》。
16. 陈子龙辑：《明经世文编》，中华书局，1962 年。
17. 《大明一统志》，台联国风出版社，1977 年。
18. 曹学佺：《蜀中名胜记》，重庆出版社，1984 年。
19. 《太平寰宇记》，中华书局，2007 年。
20. 《清实录》，中华书局，1985 年。
21. 《清朝文献通考》，浙江古籍出版社，1988 年。
22. 《读史方舆纪要》，中华书局，2005 年。
23. 《钦定平定两金川方略》。
24. 中国第一历史档案馆编辑：《清代档案史料丛编》。
25. 吴丰培：《清代藏事奏牍》，中国藏学出版社，1994 年。
26. 《硃批奏折民族类》，中国第一历史档案馆藏。
27. 《军机处录附奏折民族类》，中国第一历史档案馆藏。
28. 《赵尔巽全宗案卷》，中国第一历史档案馆藏。
29. 《巴县档案》，四川大学藏。
30. 吴任臣撰：《十国春秋》，中华书局，1983 年。
31. 周询：《蜀海丛谈》，巴蜀书社，1986 年。
32. 《金川档》，中国第一历史档案馆藏。
33. 西康省农业改进所：《西康省农业改进所农业史料》，四川省档案馆藏。
34. 徐孝恢：《西康省农业改进所报告书》，四川省档案馆藏。
35. 视察团编印：《国民参政会川康建设视察团报告书》，1939 年。
36. 吴丰培辑：《川藏游踪汇编》，四川民族出版社，1985 年。
37. 《清季民国康区藏族文献辑要》，四川民族出版社，2003 年。
38. 四川省档案馆、四川民族研究所：《近代康区档案资料选编》，四川大学出版社，1990 年。
39. 游时敏：《四川近代贸易史料》，四川大学出版社，1990 年。

40. 四川省民族研究所《清末川滇边务档案史料》编辑组：《清末川滇边务档案史料》，中华书局，1989 年。
41. 四川省编辑组：《四川彝族历史调查资料档案资料选编》，四川省社会科学院出版社，1987 年。
42.《中国地方志集成·四川府县志辑》，巴蜀书社，1990 年。
43. 乐史撰：《太平寰宇记》，中华书局，1985 年。
44. 李心衡：《金川琐记》，《小方壶斋舆地丛钞》第八帙第一册。
45.（明）曹学佺撰：《蜀中广记》。
46.（清）常明、杨芳灿、谭光祜修纂：嘉庆《四川通志》。
47. 乾隆《保县志》。
48. 乾隆《雅州府志》。
49. 同治《理番厅志》。
50. 道光《龙安府志》。
51. 道光《茂州志》。
52. 乾隆《茂州志》。
53. 民国《汶川县志》。
54. 嘉庆《理塘志略》卷上《建置》，台湾成文出版社，1970 年。
55.《四川松理懋茂汶屯区屯政纪要》，商务印书馆，1936 年。
56. 常璩撰：《华阳国志》，中华书局，1985 年。
57. 民国《南坪乡土志》，南坪县志办公室印，1983 年。
58. 张典等修、徐湘等纂：《民国松潘县志》，巴蜀书社，1992 年。
59. 四川省地方志工作办公室编：《西康通志稿》，方志出版社，2016 年。
60.《民国时期西藏及藏区经济开发建设档案选编》，中国藏学出版社，2005 年。
61.《康区藏族社会珍稀资料辑要》，巴蜀书社，2006 年。
62. 张羽新主编：《中国西藏及甘青川滇藏区方志汇编》，学苑出版社，

2003 年。
63. 中央民族学院图书馆编：《打箭炉志略》，中央民族学院图书馆，1979 年。
64. 傅嵩炑：《西康建省记》，台湾成文出版社，1968 年。
65. 《川康公路测量经过》（民国二十六年二月），现藏南京国家图书馆特藏部。
66. 川康边政设计委员会：《川康边政资料辑要》，1937 年。
67. 贺觉非著：《理化县志稿》，西康省政府，1945 年。
68. 北京大学历史系等：《西藏地方历史资料选辑》，三联书店，1963 年。
69. 《敦煌本吐蕃历史文书》。
70. 四川省建设厅：《四川资源报告之一·四川之森林》3 卷，1938 年。
71. 四川省地方志编撰委员会：《四川省志》，四川人民出版社，2000 年。
72. 甘孜州藏族自治州州志编撰委员会：《甘孜州志》，四川人民出版社，1997 年。
73. 康定县地方志编纂委员会：《康定县志》，巴蜀书社，2000 年。
74. 四川省甘孜藏族自治州雅江县志编纂委员会：《雅江县志》，巴蜀书社，2000 年。
75. 四川省巴塘县地方志编纂委员会：《巴塘县志》，方志出版社，2001 年。
76. 四川省理塘县志编纂委员会：《理塘县志》，四川人民出版社，1996 年。
77. 炉霍县志编纂委员会：《炉霍县志》，四川人民出版社，2000 年。
78. 四川省稻城县志编纂委员会：《稻城县志》，四川人民出版社，1997 年。
79. 四川省甘孜藏族自治州新龙县志编纂委员会：《新龙县志》，四川人民出版社，1992 年。
80. 四川省甘孜藏族自治州丹巴县志编纂委员会：《丹巴县志》，民族出版社，1996 年。
81. 四川省色达县志编纂委员会：《色达县志》，四川人民出版社，1997 年。

82. 甘孜县志编纂委员会编纂：《甘孜县志》，四川科学技术出版社，1999年。
83. 四川省九龙县志编纂委员会：《九龙县志》，四川人民出版社，1997年。
84. 四川省道孚县志编纂委员会：《道孚县志》，四川人民出版社，1997年。
85. 四川省德格县志编纂委员会：《德格县志》，四川人民出版社，1995年。
86. 白玉县志编纂委员会编：《白玉县志》，四川大学出版社，1996年。
87. 乡城县志编纂委员会编：《乡城县志》，四川大学出版社，1997年。
88. 得荣县志编纂委员会编：《得荣县志》，四川大学出版社，2000年。
89. 石渠县志编纂委员会编：《石渠县志》，四川人民出版社，2000年。
90. 泸定县志编纂委员会编：《泸定县志》，四川科技出版社，1999年。
91. 阿坝藏族羌族自治州地方志编撰委员会：《阿坝州志》，巴蜀书社1987年。
92. 四川省阿坝藏族羌族自治州汶川县地方志编纂委员会：《汶川县志》，民族出版社，1992年。
93. 四川省马尔康县地方志编纂委员会：《马尔康县志》，四川人民出版社，1995年。
94. 四川省阿坝藏族羌族自治州茂汶羌族自治县地方志编纂委员会：《茂汶羌族自治县志》，四川辞书出版社，1997年。
95. 四川省阿坝藏族羌族自治州松潘县志编纂委员会：《松潘县志》，民族出版社，1999年。
96. 若尔盖县地方志编纂委员会：《若尔盖县志》，民族出版社，1996年。
97. 四川省阿坝藏族羌族自治州黑水县地方志编纂委员会：《黑水县志》，民族出版社，1993年。
98. 四川省阿坝藏族羌族自治州小金县地方志编纂委员会：《小金县志》，四川辞书出版社，1995年。
99. 金川县地方志编纂委员会：《金川县志》，民族出版社，1994年。
100. 理县志编纂委员会：《理县志》，四川民族出版社，1997年。

101. 阿坝县志编纂委员会：《阿坝县志》，民族出版社，1993 年。

102. 壤塘县志编纂委员会：《壤塘县志》，民族出版社，1997 年。

103. 南坪县志编纂委员会：《南坪县志》（《九寨沟县志》），民族出版社，1994 年。

104. 红原县志编纂委员会：《红原县志》，四川人民出版社，1996 年。

105. 木里藏族自治县志编纂委员会：《木里县志》，四川人民出版社，1995 年。

106. 四川省编辑组：《四川省阿坝州藏族社会历史调查》，四川省社会科学院出版社，1985 年。

107. 四川省编辑组：《四川省甘孜州藏族社会历史调查》，四川省社会科学院出版社，1985 年。

108. 沙正华、段世治主编、中国人民解放军四川省凉山军分区军事志编纂委员会编纂：《凉山彝族自治州军事志》，四川人民出版社，2003 年。

109. 康定民族师专编写组编纂：《甘孜藏族自治州民族志》，当代中国出版社，1994 年。

110. 四川省地方志编纂委员会：《四川省志・林业志》，四川科学技术出版社，1999 年。

111. 四川省地方志编纂委员会：《四川省志・冶金工业志》，四川科学技术出版社，1992 年。

112.《四川公路志》，四川人民出版社，1995 年。

二、文史资料

1. 中国人民政治协商会议四川省委员会四川省省志编辑委员会编：《四川文史资料选辑》。

2. 冯有志：《西康史拾遗》，巴蜀书社，2013 年。

3. 中国人民政治协商会议甘孜藏族自治州委员会编：《甘孜州文史资料》，第1—24辑。

4. 中国人民政治协商会议甘孜藏族自治州委员会编：《甘孜州文史资料集萃》，第1—2辑。

5. 中国人民政治协商会议甘孜藏族自治州康定县委员会编：《康定县文史资料选辑》，第1—8辑。

6. 中国人民政治协商会议四川省泸定县委员会编：《泸定县文史资料选辑》，第1—4辑。

7. 中国人民政治协商会议四川省道孚县委员会编：《道孚县文史资料选辑》，第1—3辑。

8. 中国人民政治协商会议四川省丹巴县委员会编：《丹巴县文史资料选辑》，第1—2辑。

9. 中国人民政治协商会议四川省九龙县委员会编：《九龙县文史资料选辑》，第1—2辑。

10. 中国人民政治协商会议四川省炉霍县委员会编：《炉霍县文史资料选辑》，第1—2辑。

11. 中国人民政治协商会议四川省巴塘县委员会编：《巴塘县文史资料选辑》，第1—3辑。

12. 中国人民政治协商会议四川省松潘县委员会编：《松潘县文史资料选辑》，第1辑。

三、民国期刊

1. 郑象铣：《西康高原区之农业与移植》，《边政公论》1943年2卷11—12期合刊。

2. 邱述钤：《九龙经济建设之研讨》，《康导月刊》1940年2卷1期。

3. 刘贻燕：《西康经济建设之回顾与前瞻》，《康导月刊》1940 年 3 卷 1 期。
4. 文阶：《德格写真》，《康导月刊》1940 年 2 卷 4 期。
5. 黄国璋：《西康边防问题及其解决途径》，1942 年《边政公论》1 卷 11—12 期合刊。
6. 佚名：《西康的新巴安》，《康导月刊》1942 年 4 卷 4—5 期合刊。
7. 佚名：《边政资料》之《理化巴安新建设》，《边政公论》1941 年 1 卷 3—4 期合刊。
8. 朱刚夫：《得荣鸟瞰》，《康导月刊》1940 年 2 卷 11 期。
9. 《矿业：四川矿产统计》，《四川月报》1935 年 6 卷 2 期。
10. 《经济：松茂汶等县金矿调查》，《四川月报》1936 年 9 卷 2 期。
11. 且维屏：《龙达金厂视察记》，《边事研究》1935 年 2 卷 4 期。
12. 任乃强：《开办牧站联运以期永废乌拉》，《康藏前锋》1936 年 4 卷 4 期。
13. 朱祖明：《明正土司之过去与现在》，《康导月刊》1947 年 6 卷 9—10 期合刊。
14. 仲康：《西康商业之现状及前途》，《康藏前锋》1934 年 2 卷 2 期。
15. 高长柱：《西康实业纪要》，《开发西北》1935 年 4 卷 1—2 期。
16. 赵尔巽：《边茶公司成立情形折》，《四川官报》庚戌八月。
17. 《产业：茂县硝业概况》，《四川月报》1937 年 10 卷 3 期。
18. 凌纯声：《中国边政之土司制度》，《边政公论》1944 年 3 卷 2 期。
19. 刘有栋：《理番之伐木运输与概况》，《四川省林学会特刊》，1938 年。
20. 松田寿男：《吐谷浑遣使考》，《史学杂志》1937 年 48 编 12 号。
21. 吴文晖、杨锡福：《如何建设西康经济》，《青年月刊副刊·边疆问题》6 期。

四、研究著作

1. 任乃强：《西康札记》，新亚细亚月刊社，1931 年。
2. 李亦人：《西康综览》，正中书局，1941 年。
3. 杨仲华：《西康纪要》，商务印书馆，1937 年。
4. 刘曼卿：《康藏轺征》，南天书局，1987 年。
5. 《川藏游踪汇编》，四川民族出版社，1985 年。
6. 王尧、陈践：《吐蕃简牍综录》，文物出版社，1986 年。
7. 王尧、陈践：《敦煌吐蕃文献选》，四川民族出版社，1983 年。
8. 《北朝隋唐均田制新探》，岳麓书社，2003 年。
9. 石泰安著、耿昇译：《西藏的文明》，中国藏学出版社，1999 年。
10. 冉光荣：《中国藏传佛教寺院》，中国藏学出版社，1994 年。
11. 许慎：《说文解字》，中华书局，1963 年。
12. 《当代四川》丛书编辑部：《当代阿坝》，当代中国出版社，1993 年。
13. 贾大泉、陈一石：《四川茶业史》，巴蜀书社，1989 年。
14. 《四川通史》，四川人民出版社，2010 年。
15. 西南师范学院地理系四川地理研究室：《四川地理》，西南师范学院学报编辑部，1982 年。
16. 西藏自治区文物管理委员会、四川大学历史系：《昌都卡若》，文物出版社，1985 年。
17. 中国科学院民族研究所编印：《藏族简志》，1963 年。
18. 四川省编辑组：《羌族社会历史调查》，四川省社会科学院出版社，1986 年。
19. 周开庆：《四川经济志》，台湾商务印书馆，1972 年。
20. 王尧、陈践：《吐番简牍综录》，文物出版社，1986 年。

21.《任乃强藏学文集》，中国藏学出版社，2009年。
22. 蒋君章：《西南经济地理》，商务印书馆，1943年。
23. 孙敬之：《西南地区经济地理》，科学出版社，1960年。
24.《丽江木氏土司与滇川藏交角区域历史文化研讨会论文集》，中国藏学出版社，2008年。
25. 鲁子健：《清代四川财政史料》，四川省社会科学院出版社，1988年。
26. 郭声波：《四川历史农业地理》，四川人民出版社，1993年。
27.《四川纳西族社会历史调查》，四川省社会科学院出版社，1987年。
28.《羌族简史》编写组：《羌族简史》，四川民族出版社，1986年。
29. 四川省编辑组：《羌族社会历史调查》，四川省社会科学院出版社，1986年。
30. 卢勋、李根蟠：《民族与物质文化史考略》，民族出版社，1991年。
31. 阿坝藏族羌族自治州计划委员会编写：《阿坝藏族羌族自治州经济社会发展四十年（1950—1990)》，四川民族出版社，1993年。
32. 李敬洵：《唐代四川经济》，四川省社会科学院出版社，1988年。
33. 游修龄：《蚕豆的起源和传播问题》，《自然科学史研究》1993年12卷2期。
34. 欧泽高、冉光荣：《四川藏区的开发之路》，四川人民出版社，2000年。
35. 黄布凡、马德：《敦煌藏文吐蕃史文献译注》，甘肃教育出版社，2000年。
36.《四川藏学研究论文集》，中国藏学出版社，1993年。
37.《西藏的商业与手工业调查研究》，中国藏学出版社，2000年。
38. 李根蟠、卢勋：《中国南方少数民族原始农业形态》，农业出版社，1987年。
39. 任新建：《雪域黄金——西藏黄金的历史与地理》，巴蜀书社，2003年。
40.《当代四川》丛书编辑部：《当代四川大事辑要》（1950年），四川人民出版社，1991年。
41.《四川森林》编辑委员会：《四川森林》，中国林业出版社，1992年。

五、研究论文

1. 赵志军、陈剑：《四川茂县营盘山遗址浮选结果及分析》，《南方文物》2011年3期。
2. 陈剑、陈学志：《大渡河上游史前文化寻踪》，《中华文化论坛》2006年3期。
3. 陈剑、何锟宇：《大渡河上游史前文化、环境与生业初析》，《四川文物》2007年5期。
4. 童恩正、冷健：《西藏昌都卡若新石器时代遗址的发掘及其相关问题》，《民族研究》1963年1期。
5. 冯汉骥、童恩正：《岷江上游的石棺葬》，《考古学报》1973年2期。
6. 四川省文管会、雅安地区文化馆、荥经县文化馆：《四川荥经曾家沟战国墓群第一、二次发掘》，《考古》1984年12期。
7. 刘世旭：《略论“西南丝绸之路”出土海贝与贝币》，《四川文物》1993年5期。
8. 扎西茨仁：《甘孜州石棺葬文化概述》，《康定民族师专学报》（文科）1990年1期。
9. 四川省文物考古研究所：《四川炉霍卡萨湖石棺墓》，《考古学报》1991年2期。
10. 徐学书：《岷江上游新石器时代文化的初步研究》，《考古》1995年5期。
11. 赵志军、陈剑：《四川茂县营盘山遗址浮选结果及分析》，《南方文物》2011年3期。
12. 徐廷文：《中国栽培大麦的起缘与进化》，《遗传学报》1982年9卷6期。

13. 邵启全等：《栽培大麦的起源与进化》，《遗传学报》1975 年 2 卷 2 期。
14. 谢辉、江章华：《岷江上游的石棺墓》，《四川文物》2002 年 1 期。
15. 徐学书：《岷江上游石棺葬文化综述》，《四川大学考古专业创建三十五周年纪念文集》，1998 年。
16. 宋治民：《川西和滇西北的石棺葬》，《考古与文物》，1987 年 3 期。
17. 四川省文物考古研究所、甘孜藏族自治州文化局：《四川炉霍卡萨湖石棺墓》，《考古学报》1991 年 2 期。
18. 四川省文管会等：《四川宝兴汉塔山战国土坑积石墓发掘报告》，《考古学报》1999 年 3 期。
19. 陈明芳：《炉霍石棺葬族属刍议——兼论炉霍石棺葬与草原细石器的关系》，《南方文物》1996 年 1 期。
20. 甘孜考古队：《四川巴塘、雅江的石棺墓》，《考古》1981 年 3 期。
21. 施劲松：《关于四川牟托一号石棺墓及器物坑的两个问题》，《考古》1996 年 5 期。
22. 《四川茂汶羌族自治县石棺葬发掘报告》，《文物资料丛刊》1983 年 7 辑。
23. 《四川理县佳山石棺葬发掘报告》，《南方民族考古》1987 年 1 辑。
24. 茂县博物馆、阿坝藏族羌族自治州文物管理所：《四川茂县牟托一号石棺墓及陪葬坑清理简报》，《文物》1994 年 3 期。
25. 阿坝藏族自治州文物管理所、理县文化馆：《四川理县佳山石棺葬发掘清理报告》，《南方民族考古》1987 年第 1 辑。
26. 张振刚等：《关于理县佳山石棺葬墓群的两个问题》，《江汉考古》2011 年 1 期。
27. 罗二虎：《试论青衣江上游的石棺葬文化》，《四川大学学报》（哲学社会版）1999 年 3 期。
28. 黄承宗：《四川木里出土的汉代农具》，《农业考古》1981 年 1 期。

29. 李璠等：《甘肃省民乐县东灰山新石器遗址古农业遗存新发现》，《农业考古》1989 年 1 期。
30. 傅大雄：《西藏昌果沟遗址新石器时代农作物遗存的发现、鉴定与研究》，《考古》2001 年 3 期。
31. 宗冠福等：《四川省甘孜藏族自治州炉霍县发现的古人类与旧石器材料》，《史前研究》1987 年 3 期。
32. 张森水：《古脊椎动物与古人类》，《富林文化》1977 年 15 卷 1 期。
33. 何锟宇：《营盘山遗址出土动物骨骼研究》，北京大学硕士研究生学位论文，2006 年 6 月。
34. 石应平：《卡若遗存若干问题的研究》，《西藏考古》1 辑，四川大学出版社，1994 年。
35. 霍巍：《论卡若遗址经济文化类型的发展演变》，《中国藏学》1993 年 3 期。
36. 中国科学院考古研究所洛阳发掘队：《河南偃师二里头遗址发掘简报》，《考古》1965 年 5 期。
37. 中国社会科学院考古研究所二里头工作队：《1984 年秋河南偃师二里头遗址发现的几座墓葬》，《考古》1986 年 4 期
38. 中国社会科学院考古研究所二里头工作队：《1987 年偃师二里头遗址墓葬发掘简报》，《考古》1992 年 4 期。
39. 石兴邦：《长安普渡村西周墓葬发掘记》，《考古学报》1954 年 8 期。
40. 中国科学院考古研究所：《沣西发掘报告》文物出版社，1963 年。
41. 中国社会科学院考古研究所沣西发掘队：《1967 年张家坡西周墓葬的发掘》，《考古学报》1980 年 4 期。
42. 玻璃河考古队：《1981—1983 玻璃河西周燕国墓地发掘简报》，《考古》1984 年 5 期。
43. 罗西章：《黄堆老堡西周墓葬出土货币的初步研究》，《中国钱币论文

集》（第三辑）中国金融出版社，1988 年。
44. 董志强，岳永芳：《青海古代的原始货币——海贝》，《青海民族研究》（社科）2000 年 1 期。
45. 屈小强：《三星堆的海贝和铜贝》，《寻根》1997 年 4 期。
46. 王大道：《云南出土货币概述》，《四川文物》1988 年 5 期。
47. 何锟宇：《岷江上游石棺葬的分期与年代》，《四川文物》2009 年 4 期。
48. 霍巍：《关于岷江上游牟托石棺墓几个问题的探讨》，《四川文物》1997 年 5 期。
49. 宋治民：《四川茂县牟托 1 号石棺墓若干问题的初步分析》，《四川大学考古专业创建四十周年暨冯汉骥教授百年诞辰纪念文集》，1998 年。
50. 童恩正：《略谈秦汉时期成都地区的对外贸易》，《成都文物》1984 年 2 期。
51. 作铭：《我国出土的蚀花肉红石髓珠》，《考古》1974 年 6 期。
52. 四川省文管会等：《四川宝兴汉塔山战国土坑积石墓发掘报告》，《考古学报》1999 年 3 期。
53. 高至喜：《论我国春秋战国的玻璃器及有关问题》，《文物》1985 年 12 期。
54. 炳棣：《美洲作物的引进、传播及其对中国粮食生产的影响》，《历史论丛》5 辑，1985 年。
55. 祥秀、郭平若：《清末屯垦政策在川边藏区的实施及其对环境的影响》，《西藏研究》2007 年 2 期。
56. 曾京京：《我国花椒的栽培起源和地理分布》，《中国农史》2000 年 4 期。
57. 严汝娴：《藏族的脚犁及其铸造》，《农业考古》1981 年 2 期。
58. 王川：《民国时期“西康农事试验场”的设置及其实际成效》，《西藏大学学报》2004 年 1 期。

59. 刘祥秀、郭平若：《清末屯垦政策在川边藏区的实施及其对环境的影响》，《西藏研究》2007年2期。
60. 吴吉远：《川藏贸易重镇——清代打箭炉城的产生和发展》，《西藏研究》1995年2期。
61. 刘君：《近代四川藏区鸦片贸易及其社会危害》，《中国藏学》2002年3期。
62. 何锟宇等：《浅论动物考古学中两种肉量估算方法》，《考古与文物》2009年5期。
63. 傅罗文等：《论中国甘青地区新石器时代家养动物的来源及特征》，《考古》2009年5期。
64. 王玉琴：《藏彝走廊的汉族移民与汉藏互动——以九龙为个案的考察研究》，《西藏研究》2010年1期。
65. 张保见：《民国时期四川甘孜州农业发展述论（1912—1949）》，《中国农史》2011年3期。
66. 张践：《抗战时期西康经济建设述论》，《贵州社会科学》2009年3期。
67. 李星星：《四川藏区林业问题及政策要求》，《民族论丛》9辑。
68. 四川大学历史系考古教研组：《四川理县汶川县考古调查简报》，《考古》1965年12期。
69. 宝兴县文化馆：《四川宝兴县汉代石棺墓》，《考古》1982年4期。
70. 马得志等：《1953年安阳大司空村发掘报告》，《考古学报》9册，1955年。
71. 潘洪钢：《清代乾隆朝两金川改土归屯考》，《民族研究》1988年6期。
72. 中国社会科学院考古研究所：《殷墟妇好墓》，文物出版社，1980年。
73. 朱活：《商币篇——兼谈建国以来出土的商代货币》，《四川文物》1985年1期。
74. 王振忠：《豆腐、老陕、狗，走尽天下有》（下），《读书》2006年5期。

75. 周邦君：《晚清四川鸦片生产及其动因探析》，《西华大学学报》（哲学社会版）2006 年 3 期。
76. 蔡立：《肉用型良种牦牛——九龙牦牛调查研究》，《中国牦牛》1980 年 1 期。
77. 陈庆英：《从账簿文书看吐蕃王朝的经济制度》，《中国藏学》1992 年 1 期。
78. 格勒：《对解放前四川色达草原游牧部落社会研究》，《西南民族学院学报》（哲学社会版）1982 年 4 期。
79. 何一民：《20 世纪初年川边藏区政治经济文化改革述论》，《西南民族学院学报》（哲学社会版）2001 年 6 期。
80. 杨玉坡：《关于四川西部高山森林经营的若干问题》，《四川林业科技》1987 年 2 期。
81. 罗开玉：《川滇西部及藏东石棺墓研究》，《考古学报》1992 年 4 期。
82. 康欣平：《民国时期康藏贸易中的“统治”》，《西藏民族学院学报》2011 年 2 期。
83. 秦和平：《继往不开来：有关民国初年四川地方禁烟运动的认识》，《西南民族学院学报》（哲学社会版）1999 年 6 期。
84. 郑万钧：《四川植被与森林考察简史（1869—1938 年）》，《四川林业科技》1981 年 3 期。
85. 牟永杭、宋兆麟：《浙江的石犁和破土器》，《农业考古》1981 年 1 期。
86. 鲁才全：《汉唐之间的牛耕和犁耙耱耧》，《武汉大学学报》（哲学社会版）1980 年 6 期。
87. 周伟洲：《试论清代松潘藏区的“改土设弁”》，《民族研究》2007 年 6 期。
88. 罗伯特·强南、墨哥里劳·奥里柯利：《中国西南游牧考古刍议》，《南方民族考古》7 辑，2011 年。

89.《近代外国传教士在巴塘的活动》，《四川藏学论文集》，1993 年。
90. 曹必宏：《抗战时期的康藏贸易公司》，《中国藏学》2006 年 3 期。
91. 周永卫：《西汉前期的蜀商在中外文化交流史上的贡献》，《史学月刊》2004 年 9 期。
92. 曾现江：《康北霍尔人的来源及历史演变蠡测》，《民族研究》2006 年 5 期。
93. 美朗宗贞：《“邦达昌”反叛嘎厦政府始末考》，《西藏研究》2005 年 4 期。
94. 美朗宗贞《“邦达昌”在康定设立商号后的第二次复兴》，《西藏研究》2007 年 4 期。
95. 陈一石：《清末的边茶股份有限公司》，《思想战线》1987 年 2 期。
96. 格桑扎西：《康藏贸易公司简况》，《巴塘志苑》1984 年 4 期。
97. 岩崎力：《西凉府潘罗支政权始末考》，《西北民族学院学报》（哲学社会版）1984 年 3 期。
98. 马勇：《松州商贸的历史考察》，《西北民族研究》2005 年 2 期。
99. 四川省文管会：《宝兴陇东乡老场石棺墓》，《文物》1987 年 10 期。
100. 丁永祥：《河南固始商代墓内发现花椒》，《农业考古》1991 年 3 期。
101. 杨际平：《吐蕃时期敦煌计口授田考》，《社会科学》（甘肃）1983 年 2 期。
102. 张琨：《敦煌本吐蕃纪年之分析》，《民族史译文集》9 期，1981 年。